ESTUDOS DE DIREITO ADMINISTRATIVO EM HOMENAGEM AO PROFESSOR JESSÉ TORRES PEREIRA JUNIOR

ALEXANDRE FREITAS CÂMARA
ADILSON RODRIGUES PIRES
THAÍS BOIA MARÇAL
Coordenadores

Prefácio
Luiz Fernando Ribeiro de Carvalho

ESTUDOS DE DIREITO ADMINISTRATIVO EM HOMENAGEM AO PROFESSOR JESSÉ TORRES PEREIRA JUNIOR

Belo Horizonte

2016

© 2016 Editora Fórum Ltda.

É proibida a reprodução total ou parcial desta obra, por qualquer meio eletrônico, inclusive por processos xerográficos, sem autorização expressa do Editor.

Conselho Editorial

Adilson Abreu Dallari
Alécia Paolucci Nogueira Bicalho
Alexandre Coutinho Pagliarini
André Ramos Tavares
Carlos Ayres Britto
Carlos Mário da Silva Velloso
Cármen Lúcia Antunes Rocha
Cesar Augusto Guimarães Pereira
Clovis Beznos
Cristiana Fortini
Dinorá Adelaide Musetti Grotti
Diogo de Figueiredo Moreira Neto
Egon Bockmann Moreira
Emerson Gabardo
Fabrício Motta
Fernando Rossi
Flávio Henrique Unes Pereira

Floriano de Azevedo Marques Neto
Gustavo Justino de Oliveira
Inês Virgínia Prado Soares
Jorge Ulisses Jacoby Fernandes
Juarez Freitas
Luciano Ferraz
Lúcio Delfino
Marcia Carla Pereira Ribeiro
Márcio Cammarosano
Marcos Ehrhardt Jr.
Maria Sylvia Zanella Di Pietro
Ney José de Freitas
Oswaldo Othon de Pontes Saraiva Filho
Paulo Modesto
Romeu Felipe Bacellar Filho
Sérgio Guerra

Luís Cláudio Rodrigues Ferreira
Presidente e Editor

Coordenação editorial: Leonardo Eustáquio Siqueira Araújo

Av. Afonso Pena, 2770 – 15º andar – Savassi – CEP 30130-012
Belo Horizonte – Minas Gerais – Tel.: (31) 2121.4900 / 2121.4949
www.editoraforum.com.br – editoraforum@editoraforum.com.br

E79   Estudos de direito administrativo em homenagem ao professor Jessé Torres Pereira Junior / Alexandre Freitas Câmara, Adilson Rodrigues Pires, Thaís Boia Marçal (Coords.) ; prefácio de Luiz Fernando Ribeiro de Carvalho. – Belo Horizonte : Fórum, 2016.

391 p.
ISBN 978-85-450-0166-9

1. Direito administrativo. 2. Jessé Torres Pereira Junior. I. Câmara, Alexandre Freitas. II. Pires, Adilson Rodrigues. III. Marçal, Thaís Boia. IV. Carvalho, Luiz Fernando Ribeiro de. V. Título.

CDD: 342
CDU: 342.9

Informação bibliográfica deste livro, conforme a NBR 6023:2002 da Associação Brasileira de Normas Técnicas (ABNT):

CÂMARA, Alexandre Freitas; PIRES, Adilson Rodrigues; MARÇAL, Thaís Boia (Coords.). *Estudos de direito administrativo em homenagem ao professor Jessé Torres Pereira Junior*. Belo Horizonte: Fórum, 2016. 391 p. ISBN 978-85-450-0166-9.

AGRADECIMENTOS

É com imensa satisfação que agradecemos a todas as pessoas que colaboraram direta e indiretamente para que este livro de estudos em homenagem ao querido professor Jessé Torres Pereira Junior viesse a público.

Agradecemos a todos os articulistas que elaboraram estudos a respeito dos mais diversos temas da atualidade.

Registramos nossa gratidão à Editora Fórum, na pessoa do seu Presidente e Editor, Dr. Luís Cláudio, por apoiar, desde o seu nascedouro, este projeto.

Alexandre Freitas Câmara,
Adilson Rodrigues Pires e
Thaís Boia Marçal
Coordenadores

SUMÁRIO

PREFÁCIO 17

APRESENTAÇÃO 19

O ESTADO E A REPATRIAÇÃO DE CAPITAIS
Adilson Rodrigues Pires e Thaís Boia Marçal 21
Professor exemplar e orgulho para a Magistratura 21
Palavras introdutórias ao tema da repatriação de capitais 22
Breves considerações a respeito do tema 22
A repatriação de capitais como função de Estado 23
A repatriação de capitais 25
Os objetivos da repatriação 26
Das vantagens da repatriação de capitais 28
Do comprometimento dos recursos 29
A importância do investimento em infraestrutura 32
A necessária legalidade material da repatriação 33

O NOVO CPC, O CONTRADITÓRIO E A FUNDAMENTAÇÃO DAS DECISÕES NO PROCESSO ADMINISTRATIVO
Alexandre Freitas Câmara 37
1   Introdução: o CPC de 2015 e o processo administrativo 37
2   O modelo constitucional de processo: breves
considerações 38
3   O princípio do contraditório no processo administrativo
como garantia de participação com influência
e de não surpresa 39
4   A fundamentação analítica das decisões no processo
administrativo 43
5   Conclusão 47

ALGUMAS NOTAS SOBRE O DIREITO À PRORROGAÇÃO DE LICENÇAS PARA CONSTRUIR

Alexandre Santos de Aragão e Carolina Barros Fidalgo................49

I   Introdução..49

II   O direito de construir e a polícia das construções................49

III   As licenças para construir e o direito à sua prorrogação.......54

IV   Conclusão...61

Referências 62

O NOVO MODELO DE CONTROLE DE CONTROLE DE CONSTITUCIONALIDADE NA FRANÇA – A QUESTÃO PRIORITÁRIA DE CONSTITUCIONALIDADE (QPC)

Carlos Roberto Siqueira Castro..65

I   Introdução..65

II   A criação do Conselho Constitucional................................68

III   A reforma constitucional de 2008.....................................69

IV   O conceito de *bloco de constitucionalidade* vigente na França e no Brasil..72

V   O modelo francês de exceção de inconstitucionalidade. Diferenças e semelhanças com o sistema de exceção de inconstitucionalidade vigorante no Brasil.............................84

VI   A exceção de convencionalidade na França e no sistema comunitário europeu...87

VII O *sistema de filtros* vigente na França para o controle de constitucionalidade no âmbito da QPC................................96

VIII Os órgãos e instâncias administrativas e judiciais perante os quais pode ser suscitada uma QPC 104

IX Condições gerais de admissibilidade da QPC.......................105

X   Conclusão..108

MOVIMENTOS DE REDUÇÃO DA DISCRICIONARIEDADE ADMINISTRATIVA. EFICIÊNCIA, MOTIVAÇÃO E REDUÇÃO DA DISCRICIONARIEDADE A ZERO

Cláudio Brandão de Oliveira..111

1	Considerações iniciais. A discricionariedade administrativa e os novos termos da relação entre sociedade e Estado	111
2	A discricionariedade e a reserva da administração	112
3	Poder discricionário ou função discricionária	114
4	A redução da discricionariedade pela exigência de eficiência	117
5	A redução da discricionariedade com a exigência de motivação	119
6	A redução da discricionariedade nos atos de consentimento	120
7	A redução da discricionariedade a zero	121
8	Conclusão	123
Referências		123

A CRISE DA DEMOCRACIA REPRESENTATIVA E A ASCENSÃO DO PODER JUDICIÁRIO NO BRASIL

Diogo de Figueiredo Moreira Neto 125

Uma introdução na primeira pessoa 125

Sobre o novo papel do Poder Judiciário brasileiro em face da crise das assembleias legiferantes 127

A UTILIZAÇÃO DOS BENS PÚBLICOS COMO INSTRUMENTO DE FOMENTO E O PROCESSO DE CONTRATAÇÃO COM TERCEIROS

Flávio Amaral Garcia 139

Um agradecimento ao mestre 139

A licitação e a sua natureza instrumental 140

O regime jurídico dos bens públicos 142

O fomento e a utilização dos bens públicos 144

O cabimento da inexigibilidade para os contratos de fomento que envolvam a utilização de bens públicos 147

Breves conclusões 150

PODER DE POLÍCIA E FIXAÇÃO DE ASTREINTES. UMA VISÃO DO DIREITO ADMINISTRATIVO E DO DIREITO ELEITORAL

Flávio de Araújo Willeman 153

Introdução 153
As *astreintes* são instituto privativo da atuação jurisdicional? 156
Astreintes e o direito eleitoral 161
Conclusão 166

DO DIREITO ADMINISTRATIVO AO DIREITO URBANÍSTICO: UMA NOVA PERSPECTIVA À LUZ DO ESTATUTO DA CIDADE – A INTEGRAÇÃO DOS ESPAÇOS URBANO E RURAL

Frederico Price Grechi 167
1   Introdução 167
2   Evolução dogmática do direito urbanístico no direito comparado e no direito brasileiro 168
3   Princípios informadores do direito urbanístico 172
4   Nova perspectiva do direito urbanístico à luz do Estatuto da Cidade: integração dos espaços urbano e rural 176

CONTROLE JUDICIAL DAS OMISSÕES DA ADMINISTRAÇÃO PÚBLICA SOB A PERSPECTIVA DO NEOCONSTITUCIONALISMO

Guilherme Peña de Moraes 181
1   Introdução 181
2   Neoconstitucionalismo 182
2.1   Plano metodológico 183
2.2   Plano normativo 185
3   Justiciabilidade dos direitos sociais 187
3.1   Obstáculo político 188
3.2   Obstáculo normativo 190
3.3   Obstáculo financeiro 191
4   Qualidade e quantidade da prestação estatal 193
4.1   Posição restritiva 193
4.2   Posição intermediária 194
4.3   Posição ampliativa 195
5   Responsabilidade pelas omissões administrativas 196
5.1   Meios de coerção 196
5.2   Meios de sub-rogação 197
5.2.1 Responsabilidade político-administrativa 197
5.2.2 Responsabilidade penal 198

5.2.3 Responsabilidade civil 198
6 Conclusão 199
Referências 200

ARBITRAGEM EM AMBIENTES REGULADOS E SUA RELAÇÃO COM AS COMPETÊNCIAS DAS AGÊNCIAS REGULADORAS

Gustavo Binenbojm 207
1 Introdução 207
2 Da arbitrabilidade de litígios em ambientes regulados 208
2.1 Arbitrabilidade subjetiva e objetiva: aspectos gerais 208
2.2 Arbitragem e regime jurídico-administrativo 209
2.3 Arbitrabilidade subjetiva e objetiva do caso em questão..... 211
2.4 Compatibilidade do procedimento arbitral com as competências da agência reguladora setorial 215
2.5 Cumprimento da cláusula compromissória por força dos princípios da vedação do comportamento contraditório, da proteção da confiança, da moralidade administrativa e da boa-fé 217
3 Da inexistência de litisconsórcio passivo necessário envolvendo a agência reguladora 221
4 Conclusões.. 225
Referências 226

NÃO INCLUSÃO DE RECEITAS DA CONTRIBUIÇÃO DE ILUMINAÇÃO PÚBLICA (COSIP) NA CONSIDERAÇÃO DO LIMITE DE GASTOS DO PODER LEGISLATIVO MUNICIPAL

Gustavo da Gama Vital de Oliveira e
Marco Antônio Ferreira Macedo 229
1 Delimitação da controvérsia 229
2 A necessidade de solução da controvérsia com base nos preceitos das normas gerais de direito financeiro 229
3 Conclusão 238
Referências 238

CORRUPÇÃO: PRESSUPOSTOS PARA A APLICAÇÃO DA LEI Nº 12.846

Marçal Justen Filho 241

1	A repressão à corrupção	241
2	A natureza da definição legal de "atos lesivos"	242
3	O tipo objetivo: a ilicitude	243
4	O tipo subjetivo: a culpabilidade	243
5	Infrações de mera conduta	244
6	A questão da tentativa	245
7	A questão da responsabilidade objetiva	245
8	A questão da responsabilidade civil por ato lícito	246
9	A Lei nº 12.846 e a responsabilidade por atos ilícitos	247
10	A prática no interesse ou benefício da pessoa jurídica	250
11	A necessidade de um vínculo	251
12	A utilização da oportunidade propiciada pela pessoa jurídica	251
13	O dever de diligência especial da pessoa jurídica	252
14	A duplicidade das dimensões sancionatórias	253
15	Ainda a exigência da culpabilidade das pessoas físicas	253
16	A proporcionalidade da sanção em face da culpabilidade	254
17	As diversas modalidades de atuação reprovável	254
18	Os vínculos intersocietários	255
19	O interesse da regra para o Estado brasileiro	255
20	A situação das empresas consorciadas	256
21	A responsabilidade solidária apenas pelas obrigações pecuniárias	256
Referências		257

ASPECTOS PROCESSUAIS DO CONTROLE JURISDICIONAL DE POLÍTICAS PÚBLICAS
Marco Antonio dos Santos Rodrigues 259

1	A ascensão dos direitos fundamentais e o controle jurisdicional das políticas públicas implementadas pela Administração	259
2	Aspectos processuais que se impõem no controle jurisdicional de políticas públicas	261
2.1	A preferência do controle por meio de ação coletiva	261
2.2	O papel do contraditório	263
2.3	A impositiva flexibilidade da execução, com ampla participação das partes	266

| 3 | Conclusões | 270 |
| Referências | | 271 |

A ARBITRAGEM EM CONTRATOS ADMINISTRATIVOS. REPERCUSSÕES DA NOVA LEI Nº 13.129, DE 26.5.15

Maria Sylvia Zanella Di Pietro 273

1	Das controvérsias doutrinárias	273
2	Inovações da Lei nº 13.129, de 26.5.2015, em matéria de contratos administrativos	275
3	Direitos patrimoniais disponíveis	277
4	Previsão de contratos de direito privado na Lei nº 8.666/93	280
5	Paralelo com os acordos judiciais	281
6	Arbitragem de direito	283
7	Conflito entre a exigência de sigilo e o princípio da publicidade	284
8	Conclusões	285
Referências		285

MEDIDAS JURÍDICO-ADMINISTRATIVAS INIBIDORAS DE AÇÕES CONTRÁRIAS AO DIREITO, PRATICADAS EM LICITAÇÕES E CONTRATAÇÕES PÚBLICAS, E SUA POTENCIAL REPERCUSSÃO NA GOVERNANÇA DE ORGANIZAÇÕES

Marinês Restelatto Dotti 287

1	Homenagem ao magistral Jessé Torres Pereira Junior	287
2	Os impactos da corrupção	288
3	Medidas para a profissionalização e governança de organizações	289
3.1	Atividades finalísticas preenchidas exclusivamente por meio de concurso público	289
3.2	Governança de organizações	291
3.3	Terceirização de atividades de apoio e atenção à vedação ao nepotismo	293
3.4	Segregação de funções e implementação de ações objetivando o estabelecimento de rotinas	295
3.5	Responsabilização de agentes	297
3.5.1	Responsabilidade administrativa	298

3.5.2	Responsabilidade civil	299
3.5.3	Responsabilidade penal	299
3.5.4	Responsabilidade por ato de improbidade administrativa	300
3.5.5	Responsabilidade perante os Tribunais de Contas	300
3.6	Responsabilidade perante a Controladoria-Geral da União – CGU	301
3.7	Regime jurídico de licitações e moldura regulamentar de procedimentos únicos, no âmbito de todos os poderes das três esferas da federação	303
4	Conclusão	304

A NORMA CONSTITUCIONAL NO TEMPO
Maurício Caldas Lopes ... 307
Introdução ... 307

LICITAÇÕES INCLUSIVAS: OS IMPACTOS DO ESTATUTO DA PESSOA COM DEFICIÊNCIA (LEI Nº 13.146/2015) NAS CONTRATAÇÕES PÚBLICAS
Rafael Carvalho Rezende Oliveira ... 335

1	Introdução	335
2	A proteção dos portadores de deficiência no direito administrativo	337
3	Licitações inclusivas e os impactos promovidos pelo Estatuto da Pessoa com Deficiência (Lei nº 13.146/2015): a função regulatória da licitação e a função social dos contratos administrativos	340
4	Conclusões	348
Referências		348

A ADMINISTRAÇÃO PÚBLICA CONSENSUAL COMO MEIO ALTERNATIVO À IMPOSIÇÃO DE SANÇÃO ADMINISTRATIVA DISCIPLINAR: A CONCRETIZAÇÃO DO PRINCÍPIO CONSTITUCIONAL DA EFICIÊNCIA
Tiago Bockie ... 351

| 1 | Introdução | 351 |
| 2 | A atividade punitiva do Estado: a sanção administrativa disciplinar | 352 |

3	O princípio da eficiência como vetor da Administração Pública em um Estado Neoconstitucional	353
4	A Administração Pública consensual	358
4.1	A influência da cultura na construção do consenso na Administração Pública	361
4.2	O consenso como instrumento alternativo de imposição de sanção	365
5	Conclusões	367

Referências 368

O PAPEL DA ADJUDICAÇÃO COMO MECANISMO SOCIAL DE COMPOSIÇÃO DE CONFLITOS

Vanice Regina Lírio do Valle 371

1	Introdução	371
2	Conflito social, deliberação política e adjudicação	373
3	Adjudicação e rigidez da composição do conflito	379
4	Constitucionalismo administrativo e deferência para com as escolhas administrativas	383
5	Conclusão	386

SOBRE OS AUTORES 389

PREFÁCIO

Fui honrado com a distinção de apresentar à comunidade jurídica o livro *Estudos de direito administrativo em homenagem ao professor Jessé Torres Pereira Junior*. O nome Jessé Torres dispensa apresentações: administrativista de escol, professor talentoso, autor profícuo, magistrado justo, ser humano exemplar. As homenagens, por mais intensas que sejam, sempre parecerão poucas.

No Tribunal de Justiça do Estado do Rio de Janeiro, instituição que tenho a honra de ora presidir, os preciosos votos do Desembargador Jessé Torres invariavelmente identificam o ponto nodal da questão jurídica e apresentam o mais moderno posicionamento doutrinário e jurisprudencial. Sem dúvida, é possível deles dissentir, nunca, todavia, ignorá-los. Em direito público, especialmente em direito administrativo, tal dissenso é extremamente árduo.

Porque dele sou amigo há muitos anos – pelo menos essa vantagem a idade me trouxe... –, posso testemunhar que a grandeza do mestre é diretamente proporcional à humildade, lhaneza e lealdade do ser humano. Jessé é daquelas poucas pessoas que cativam com seu sorriso sincero, o que não exclui a firmeza de caráter do homem nem a tenacidade do julgador.

Os professores que prestam esta justíssima homenagem a Jessé Torres há muito abrilhantam as letras jurídicas brasileiras. Foram todos muito bem escolhidos, porque desfrutam de reputação intelectual pública e incontestável. Privarei o leitor da enumeração dos nomes e de seus vastos títulos: são mestres respeitadíssimos que nos alimentam o espírito e permitem renovar a crença de que o Estado brasileiro, mesmo considerados alguns deslizes, pode cumprir a função que a Constituição lhe impôs: ser instrumento irrenunciável na busca pela dignidade da pessoa humana.

Imagino, por fim, que se tente apontar neste livro uma pequena impropriedade: em virtude de reunir lições dos grandes nomes do direito público, ele deveria ter sido denominado *Estudos em homenagem ao direito administrativo brasileiro.* Todavia, pergunto eu, é possível distinguir honestamente o direito administrativo de Jessé Torres Pereira Junior?

Luiz Fernando Ribeiro de Carvalho
Presidente do Tribunal de Justiça do
Estado do Rio de Janeiro.

APRESENTAÇÃO

A produção acadêmica e jurisprudencial do Professor e Desembargador Jessé Torres Pereira Junior revela-se diretamente ligada ao desenvolvimento do direito público nacional. A busca por um ordenamento jurídico pautado nas razões públicas que contribuam para o aprimoramento das práticas democráticas sempre orientou o pensamento de diversos autores que colaboram com a presente obra.

Na presente coletânea, os articulistas buscaram trazer aos leitores abordagens diferenciadas acerca dos temas que mais afligem o direito público na atualidade, tais como arbitragem, corrupção, licitações sustentáveis, controle judicial de políticas públicas, entre outros.

A preocupação em consagrar o direito público como instrumento de exercício dos poderes, com vistas a permitir o desenvolvimento social igualitário, vem ganhando contornos mais concretos nas últimas décadas, com vistas à instituição e ao aperfeiçoamento de mecanismos hábeis a atingir tal desiderato.

A contribuição do homenageado para a doutrina e a jurisprudência brasileiras vem sendo incorporada, a cada dia, à literatura nacional sobre o direito administrativo, sendo determinante para a formação de vários dos seus alunos, seguidores e admiradores.

Em nome de todos aqueles que contribuíram para esta obra, parabenizamos o professor Jessé Torres Pereira Junior nos seus 70 anos completados no presente ano, bem como agradecemos pelos ensinamentos enriquecedores que nosso homenageado dissemina em todos os lugares por onde passa.

Os coordenadores.

O ESTADO E A REPATRIAÇÃO DE CAPITAIS

Adilson Rodrigues Pires
Thaís Boia Marçal

Professor exemplar e orgulho para a Magistratura

Não há melhor para uma homenagem do que o momento em que o homenageado alcança uma etapa importante na sua vida, qual seja, completar setenta anos de uma vida plena de realizações. Da mesma forma, não existe maior alegria do que privar da amizade do querido Desembargador Jessé Torres Pereira Junior, que tem marcado a sua trajetória acadêmica e a magistratura pela dedicação sem limites ao estudo do direito e à profunda reflexão jurídica sobre os temas com que se debate no seu dia a dia.

Aplicar o direito segundo os mais elevados padrões de justiça é uma virtude, assim como transmitir conhecimentos com humildade é a grandeza que se espera de um professor, e o Desembargador Jessé Torres tem cumprido as duas missões com tanta dignidade. Por isso, é de se reconhecer que o nome do Desembargador Jessé Torres se confunde com o próprio direito administrativo, disciplina em que logrou tornar-se um dos maiores expoentes do país. O grande homenageado, como seus amigos podem testemunhar, transforma seu gabinete e as salas de aula em verdadeiro laboratório de estudo e pesquisa sobre a matéria que poucos dominam como ele.

Com muita alegria participamos dessa coletânea, integrada por inúmeros amigos e admiradores – muito menos do que os que ele colecionou durante a sua vida –, que coloca em plano maior uma das maiores personalidades do mundo jurídico na atualidade. O professor e Desembargador Jessé Torres é um exemplo a ser seguido por todos. Um ser humano terno e acessível, por um lado, justo na avaliação de seus alunos e, por outro, firme no julgamento de processos por mais intrincados que sejam.

Uma pessoa maravilhosa, sem dúvida. Compartilhar da amizade do Desembargador Jessé tem sido, para nós, um grande privilégio.

Parabéns, Dr. Jessé, por sua caminhada vitoriosa. O nosso muito obrigado pelo convívio agradável e pelas lições acadêmicas e de vida, que guardaremos para sempre no coração.

Palavras introdutórias ao tema da repatriação de capitais

O tema da repatriação de capitais mantidos no exterior desperta acirrada polêmica, tendo em vista o aspecto moral que envolve. É certo que constitui medida salutar para a economia do país e motivo de tranquilidade fiscal para o detentor, mas também é inegável que consiste em grave precedente, que, em última análise, conduz à banalização de crimes praticados contra a lei e o direito. Por oportuno, convém lembrar a velha assertiva de que a certeza da impunidade é sempre um mal.

É sabido que vários países do mundo, como Alemanha, Itália, Portugal, Argentina, Cazaquistão e México, em épocas distintas, adotaram a medida, que resultou em expressivo volume de recursos colocados à disposição das autoridades públicas para fins de aplicação em setores econômicos carentes.

Breves considerações a respeito do tema

A repatriação de capitais mediante a tributação com caráter de estímulo encontra respaldo na moderna concepção de Estado, que privilegia o desenvolvimento econômico em detrimento da inócua tentativa de criminalização de práticas corriqueiras e muitas vezes toleradas pelas autoridades. Os objetivos maiores da economia demandam uma visão mais clara sobre o impreciso limite entre o delito e o interesse nacional, que se resgata para o fim de justificar a intervenção do Estado, quando isso se faz necessário.

A repatriação geralmente é lembrada em momentos de crise econômica que demanda investimentos em infraestrutura e em atividades básicas, como na indústria de bens de capital e na pesquisa e exploração de fontes de energia, como o petróleo e o gás natural, sem contar o emprego na construção e remodelação de portos, aeroportos e vias destinadas ao escoamento da produção.

Os efeitos da repatriação também são notáveis, a saber, o incremento da arrecadação, que permite a aplicação de recursos nas atividades relacionadas com as políticas públicas, fato determinante para o crescimento econômico e a melhoria das condições de vida da população. A implementação de programas tendentes ao atendimento dos anseios da sociedade, como o saneamento básico, a difusão da cultura e o acesso ao ensino público, a assistência médica e hospitalar, a distribuição de água e o fornecimento da iluminação pública, a canalização de esgoto e de águas pluviais, entre outros, são exemplos de atividades que demandam investimentos públicos não supridos pelos escassos recursos orçamentários aprovados pelos parlamentos.

A repatriação de capitais como função de Estado

À Administração Pública compete, entre outras coisas, garantir a disponibilidade dos direitos fundamentais dos cidadãos, tarefa que requer planejamento eficaz e alocação de recursos suficientes. O programa de repatriação de capitais se tornou instrumento adequado ao cumprimento das funções de Estado em todos os países em que foi adotado.

No Estado Social e Democrático de Direito em que vivemos, a sociedade participa de maneira ativa nos desígnios estatais, sendo lícito, portanto, o retorno de capitais para fins de aplicação em finalidades econômicas e sociais, que, neste caso, se interpenetram e permitem a todos os cidadãos aspirarem condições de vida mais feliz e integrativa.

O benefício resultante da repatriação, como elemento propulsor do desenvolvimento, é estimulado pela eliminação do inconveniente que provoca a manutenção no exterior de fortunas não declaradas às autoridades tributárias e financeiras do país e, por via de consequência, ganhos consideráveis para o contribuinte. Em outros termos, a aplicação dos valores repatriados em atividades de interesse da coletividade ou em fundos indicados na lei pode representar ganhos significativos para o Estado e para o beneficiário do programa.

Contudo, a ideia de limitar o retorno de recursos obtidos e mantidos no exterior por pessoas físicas ou jurídicas que sonegaram a informação às autoridades fiscais e financeiras do país impõe a necessidade de investigação sobre a origem dos bens omitidos. Cabe frisar que, em princípio, somente o capital licitamente adquirido e mantido no exterior deve ser objeto da lei, uma vez que os valores auferidos em atividades consideradas como crimes graves não podem, por contrárias à ordem social, ser beneficiadas. Com efeito, não se deve permitir o retorno de valores oriundos de ganhos em atividades como o narcotráfico, os crimes praticados contra a Administração Pública ou o financiamento ao terrorismo, para citar apenas alguns crimes que dão causa à omissão do patrimônio.

De toda forma, o rendimento não declarado e aplicado em país estrangeiro evidencia sua origem irregular. A questão que se coloca se prende à necessidade de se precisar o conceito de ilicitude para fins de aplicação da lei, com vistas a evitar que a relevação da aplicação da pena possa servir de pretexto para que pessoas ou organizações criminosas se locupletem da concessão.

Com essa perspectiva, a autoridade financeira do país receptor, no exercício da sua função de órgão regulador do mercado, deve proceder à pesquisa sobre a forma e as circunstâncias em que o patrimônio foi adquirido e, consequentemente, promover o registro de entrada do capital repatriado. Isso feito, as informações colhidas e as providências tomadas são repassadas ao órgão arrecadador, que, então, adotará as providências visando à regularização fiscal do novo capital ingressado.

Vale recordar que, se o rendimento sonegado foi obtido no país receptor, a identificação do fato gerador da obrigação, que vai permitir a qualificação do ilícito passível de enquadramento nas hipóteses da lei, não é tarefa das mais difíceis. Quando, todavia, a renda foi auferida em país estrangeiro, a apuração do ilícito se torna bem mais trabalhosa, naturalmente. Às dificuldades naturais que se oferecem à apuração soma-se a resistência oposta por alguns governos em fornecer os elementos necessários à configuração do fato.

Em vista disso e, em face da complexidade das relações econômicas, que deriva do fenômeno da globalização, é necessário contar com a cooperação de instituições financeiras estabelecidas em outros países, além de organismos internacionais, como exemplo, a Organização para a Cooperação e Desenvolvimento Econômico (OCDE), entre outros, mediante a assinatura de convênios com essa finalidade.

A repatriação de capitais

Antes de tecer alguns comentários sobre as vantagens econômicas e as desvantagens políticas da repatriação, é oportuno indagar sobre as razões que podem levar o contribuinte a manter no exterior recursos auferidos no seu próprio país ou mesmo em um terceiro. Seja qual for a perspectiva em que se observe a questão, não resta dúvida de que, num caso ou noutro, os ganhos podem ter sido auferidos de forma lícita ou ilícita.

Se a atividade não derivou de crime praticado contra a ordem pública, tais como os acima elencados, o delito se resume à falta de declaração da renda e à consequente falta de recolhimento dos tributos devidos, ou seja, à sonegação. Presume-se, nesta hipótese, que o contribuinte foi seduzido pela taxa de retorno mais sedutora oferecida por outro mercado no qual aplicou o valor sonegado. Nesse caso, é grande o incentivo ao reingresso do capital em vista da oportunidade de regularização da situação fiscal ofertada pela disposição legal.

Antes, porém, de falar sobre os fatores que interferem na decisão do contribuinte, mister se faz a análise dos papéis desempenhados pelo Estado na era pós-moderna, que, tudo indica, influenciou o contribuinte a aplicar seu patrimônio no exterior e não em seu país.

Repassando um pouco da história econômica mundial, vale recordar que as décadas de 80 e 90 do século passado foram marcadas por grande instabilidade econômica no cenário mundial, devido às crises do petróleo, que atingiram com grande intensidade, sobretudo, os países importadores daquele produto. Nesse período, a Organização dos Países Produtores de Petróleo (OPEP) reduziu a produção do óleo, provocando aumento considerável nos preços do barril. Sem discutir as razões políticas ou econômicas que nortearam os governantes, fato é que a redução ensejou o desinteresse de investidores pela aquisição de ativos em países em desenvolvimento, gerando impacto negativo nas economias em potencial.

Em decorrência disso, os governos se lançaram à busca de solução para o desequilíbrio causado nas contas públicas. Uma das medidas pensadas e adotadas por diversos países consistiu no incentivo à repatriação de capitais de nacionais depositados ou aplicados em países estrangeiros. O programa, em regra, prevê a regularização cambial e tributária desses valores, mediante o pagamento de tributo e multa, de forma a permitir o seu regresso.

Cabem aqui duas observações. A primeira refere-se à cobrança de tributo. Em geral, exige-se o recolhimento do Imposto de Renda sobre o valor recuperado, com base em alíquota fixada para cálculo do imposto devido. Há de se indagar se este é, de fato, o imposto a ser exigido, dado que diversas são as situações que motivaram a expatriação da renda auferida.

Em certo sentido, pode-se dizer que esse é um dos motivos pelos quais o benefício encontra resistência em algumas pessoas, principalmente nos agentes do fisco, legisladores e alguns governantes, que veem na adoção da medida um incentivo à sonegação, embora, primordialmente, o objetivo seja a satisfação das necessidades de recursos não previstos no orçamento.

Outra questão interessante diz respeito à opção pela cobrança de imposto e não de taxa, o que parece correto. A incidência dessa espécie tributária se mostra mais adequada nos casos em que o Estado não participa diretamente da atividade do contribuinte que justifica a exação. Em outras palavras, o Estado não presta serviço específico e divisível diretamente ligado ao contribuinte ou exerce poder de polícia no caso em apreço, o que ensejaria, e só nestas hipóteses, a cobrança de taxa.

Por seu turno, a aplicação de penalidade tem por base o fato de que a lei não pode deixar de punir o ato ou o fato ilícito. Tendo em vista o caráter punitivo e educativo que envolve a aplicação da penalidade, cabe apenas ao legislador dosar a multa, segundo o bom senso e o princípio da razoabilidade.

E, ainda, há que se considerar a opção pela instituição do imposto sobre a renda, sem dúvida, o mais adequado ao caso em comento, tendo em vista a dificuldade que apresenta a identificação da operação que originou a renda obtida e mantida fora do país. Nada mais acertado, portanto, do que tributar o contribuinte faltoso com o Imposto de Renda, visto que, seja qual for a origem do numerário que retorna ao país, o rendimento auferido deixou de ser informado na declaração de ajuste anual.

Os objetivos da repatriação

Os países que adotam o incentivo à repatriação costumam destinar o produto da arrecadação a determinado fundo relacionado com o desenvolvimento, ao qual terão acesso como beneficiários das vantagens oferecidas os agentes econômicos designados pela lei. Muitas vezes, também, o incentivo se destina a fundo equalizador que vise compensar o desequilíbrio econômico-financeiro dos contribuintes pessoas jurídicas.

De uma forma ou de outra, tal medida vem obtendo êxito como fonte de receita e de reaquecimento da economia nacional em vários países do mundo.

Para reforçar o argumento a favor da repatriação, realçamos as lições do professor homenageado ao afirmar que "exsurge, nos últimos trinta anos, o estado pós-moderno, gerencial, mediador e garantidor".[1] Nesse sentido, a gerência é imprescindível e essencial para a produção dos resultados pretendidos segundo o planejamento de uma empreitada, da qual não se exclui a estatal. A partir de tal concepção, pode-se extrair a necessidade de os governantes pautarem a sua agenda política com item destinado ao emprego de meios adequados à efetivação das funções estatais.

Dessa lógica, surge o que se convencionou chamar de "dever fundamental de pagar impostos",[2] uma vez que essa receita pública é necessária para que o Estado implemente, entre outros objetivos, os direitos fundamentais, que possuem custos a serem suportados por recursos públicos. Vale frisar que não se está a referenciar aqui apenas os direitos fundamentais de primeira dimensão, mas também os de segunda dimensão, pois tanto os direitos de origem liberal, como os de origem social, geram custos para a sua efetivação.

Não fosse o suficiente, percebe-se que os setores em que o Poder Público é instado a se fazer presente são gradativamente crescentes, o que exige a necessidade da participação privada nos empreendimentos, que se concretiza mediante a realização de parcerias público-privadas e convênios diversos, entre outros instrumentos de cooperação.

A esse respeito, mais uma vez merecem ser citadas as lições de Jessé Torres Pereira Junior, ao enunciar que a missão do Estado evoluiu para além de um mero prestador de serviços universais,

---

[1] PEREIRA JUNIOR, Jessé Torres Pereira; MARÇAL, Thaís Boia. Orçamento público, ajuste fiscal e administração consensual. *Fórum de Contratação e Gestão Pública*, ano 14, n. 163, p. 41, jul. 2015.

[2] Sobre esse tema, ver o importante trabalho de NABAIS, José Casalta. *O dever fundamental de pagar impostos*. Coimbra: Almedina, 1998.

tornando-se o que ele chama de "executivismo", visto que agora se centra no mandato pessoal do governante como regulador e promotor de políticas públicas,[3] o que confere ao governante maior poder de decisão. Em contrapartida, esse poder implica mais responsabilidade na gestão dos interesses públicos.

Tal prática se coaduna com a tendência que norteia os ramos do direito público na atualidade, pautada pela consensualidade, muitas vezes operacionalizada pelas práticas de *compliance*, de modo a se atingir de maneira mais eficiente o resultado pretendido.

Nesse prisma a repatriação de capitais revela-se um importante instrumento de gestão, sob dois aspectos principais, quais sejam, o incentivo à cooperação privada e o estímulo à economia.

O primeiro aspecto ganha relevo, pois a adesão ao programa de repatriação é voluntária, consistindo em uma postura colaborativa do setor privado nos investimentos de capitais no país. Não se trata, pois, de medida coercitiva imposta pela Administração Pública, o que importa, inclusive, menor gasto do Estado para a sua efetivação, em perfeita harmonia com os princípios da economicidade e da eficiência.

Por sua vez, o estímulo à economia é identificado pela injeção de capital nas atividades produtivas do país, assim como pelo desejado emprego da parcela referente à multa em um fundo relacionado ao desenvolvimento.

Das vantagens da repatriação de capitais

O ingresso de capital gera estímulo à economia principalmente em períodos de baixa liquidez no mercado internacional ou de crises estruturais que abalam a economia dos países. Em razão da natural sensibilidade à redução das atividades econômicas e, consequentemente, à redução do fluxo de mercadorias e serviços no mercado internacional, os países em vias de desenvolvimento são os mais afetados pelas crises mundiais.

O incremento da arrecadação tributária advinda do programa de incentivo à repatriação de capitais se torna, por isso, importante

---

[3] PEREIRA JUNIOR, Jessé Torres. *Controle judicial da Administração Pública*: da legalidade estrita à lógica do razoável. 2. ed. Belo Horizonte: Fórum, 2009. p. 91.

fonte de recursos para investimento na economia, estimulando, dessa forma, a produção e o consumo, assim como a formação de reservas financeiras. Tudo isso propicia a implementação de políticas públicas que impulsionam o desenvolvimento nacional, regional e local. Muitas vezes, os recursos que retornam ao país são investidos em projetos destinados à implantação de obras de infraestrutura nos setores básicos e essenciais ao desenvolvimento econômico, como transportes em geral, portos, aeroportos, energia e saneamento básico.

Cabe à Administração Pública o dever de promover o efetivo emprego dos recursos repatriados no sentido de se alcançar os fins visados, quais sejam, a regularização das obrigações fiscais pelo contribuinte e a aplicação dos recursos nas finalidades previstas em lei. De outra forma, não se justifica o reingresso dos recursos mantidos no exterior.

Não sendo assim, o benefício fiscal e cambial de que se valeu o contribuinte omisso se assemelharia a uma simples benesse do governo, um favor fiscal sem propósito ou fundamento, revelando, isso sim, evidente burla às finalidades da lei.

Acrescente-se que ao contribuinte que adere ao programa não poderá ser concedido o direito de investir na área que melhor lhe convier, ou, melhor dizendo, no fim que maior proveito lhe proporcionar. Afinal de contas, não compete, se não ao Estado, disciplinar o emprego dos recursos públicos com base em planejamento, que deve ser obedecido por todos.

Do comprometimento dos recursos

Outro aspecto importante, a ser observado, diz respeito ao tempo de permanência dos valores investidos nos programas previstos e aprovados pelo Poder Público. Para isso, é preciso que a lei preveja determinado prazo no qual o patrimônio repatriado permaneça indisponível para o contribuinte. Não se trata, diga-se, de punição ou de compensação pelo tempo em que o dinheiro se manteve oculto, mas de garantia de estabilidade e credibilidade diante do possível levantamento dos recursos investidos antes da conclusão do projeto ao qual foram alocados.

Insta salientar que a retirada de tais valores antes desse prazo compromete o alcance dos objetivos do projeto. Não se quer, *a priori*, estabelecer o prazo ideal, o que deve ser deixado por conta do legislador diante da conveniência desse ou daquele prazo, segundo as circunstâncias econômicas do país recebedor dos recursos e os fins a que se propõe a aplicação.

Dependendo da aplicação, o tempo de permanência, que pode variar, deve ser vinculado a um projeto. A construção e a modernização dos portos, por exemplo, requerem a construção e a melhoria de estradas de rodagem e ferrovias, empreendimentos que exigem longo prazo para conclusão. Assim, também, a implantação de parque industrial destinado à construção naval, incluindo plataformas de pesquisa e prospecção de petróleo e gás natural, demanda, para a sua implantação e consolidação, em torno de 20 a 30 anos.

De toda forma, os prazos para implantação e funcionamento de projetos de infraestrutura são longos, impedindo o levantamento do valor investido sem prejuízo da conclusão do projeto. A imobilização dos recursos, portanto, deve estender-se por período que coincida com o tempo previsto para conclusão dos projetos. Caso contrário, os recursos se esgotam antes do tempo, ficando a obra inacabada e os investimentos perdidos.

Ao mesmo tempo, não é razoável a fixação de prazo para a imobilização do capital sem a participação do interessado no projeto, o que demonstraria ingerência injustificada na liberdade de iniciativa, cujas regras devem competir à iniciativa privada.[4] É imprescindível o diálogo prévio da Administração com o particular, visto que este detém o domínio técnico e prático da realidade, requisitos necessários e suficientes para uma análise mais acertada. À Administração Pública cabe exercer o papel de regulador, estabelecendo diretrizes, sem, no entanto, interferir na dinâmica própria do setor privado.

Sob esse aspecto, é defensável a lei que melhor atenda aos princípios da economicidade e da eficiência, mas que, ao mesmo

---

[4] Trata-se de uma "passagem da postura passiva do 'administrado' e 'governado' a pró-atividade do contribuinte, eleitor, usuário, ao qual se reconhecem direitos não apenas de receber serviços, mas, também, de participar da definição das prioridades e da gestão paritária das políticas e da gestão públicas" (PEREIRA JUNIOR, Jessé Torres. *Controle judicial da Administração Pública*: da legalidade estrita à lógica do razoável. 2. ed. Belo Horizonte: Fórum, 2009. p. 91).

tempo, imponha à administração pública o dever de fiscalizar periodicamente o investimento, embora isto não signifique intervenção do Poder Público na esfera privada.

Para esse fim, pode a Administração Pública celebrar convênios com os demais entes estatais, com vistas a estabelecer padrões de conduta e fixar critérios que permitam avaliar os resultados da aplicação dos incentivos fiscais ou financeiros decorrentes do incentivo. Não há parâmetros de avaliação previamente fixados para cada tipo de empreendimento. As diversas formas possíveis de investimento induzem a crer que cada fundo, cada empreendimento, cada aplicação terá suas regras próprias em termos de valores, de tempo de efetivação do projeto e de avaliação de resultados. Em cada caso, há que se atentar para as variáveis de cada momento da sociedade, erigindo-se daí a discricionariedade do agente eleito para fixar a prioridade a ser suprida.

Destaque-se que discricionariedade não é sinônimo de arbitrariedade, devendo o ato administrativo que fixar o percentual destinado a cada um dos fundos, em caso de haver mais de um fundo beneficiado, ser devidamente fundamentado com as razões que o determinaram. Como afirma Jessé Torres, cabe assinalar que o:

> espaço de escolha de soluções a cargo da autoridade, mitiga o voluntarismo da discricionariedade, que se torna passível de controles na medida em que se a define como escolha vinculada ao dever de justificação racional, inclusive socorrendo-se da função paradigmática e supletiva dos princípios, positivados ou não em normas escritas.[5]

Insta salientar que o programa tem em vista eliminar a manutenção de capital no exterior sem o conhecimento das autoridades fiscais e financeiras. Por isso, é fundamental que os proprietários de valores, ações e outros bens se sintam atraídos pela repatriação ofertada, o que pode ser feito mediante a cobrança da alíquota normal do imposto incidente. Certos países, porém, como a Itália, a Grã-Bretanha e a Alemanha, optaram por estabelecer encargos por demais convidativos, razão pela qual a proposta obteve forte adesão.

---

[5] PEREIRA JUNIOR, Jessé Torres. *Controle judicial da Administração Pública*: da legalidade estrita à lógica do razoável. 2. ed. Belo Horizonte: Fórum, 2009. p. 90.

A importância do investimento em infraestrutura

É dever da Administração Pública garantir a implementação das funções essenciais do Estado, principalmente no tocante à promoção da industrialização e da troca de mercadorias e serviços, não só no âmbito interno, como também no intercâmbio com outros países. Além disso, atribuições próprias do Estado, como a redução da pobreza, a preservação do meio ambiente e a segurança nacional, entre outras, são de responsabilidade inalienável dos governos.

Para tanto, revela-se imperioso o investimento de recursos no setor de infraestrutura, de modo a garantir a produção de riqueza e o escoamento dos bens produzidos. É oportuno acentuar que o desenvolvimento de um país requer a organização econômica e a colocação de bens e serviços à disposição dos consumidores.

A única forma de se implementar tais condições consiste na adoção de uma postura proativa por parte do Poder Público, que possa incentivar os investimentos em atividades e localidades que demandem serviços e demais comodidades.

No momento em que o Estado investe em infraestrutura no território nacional, está proporcionando melhoria da qualidade de vida dos indivíduos, bem como estimulando o desenvolvimento da região com a geração de emprego e renda.

Tal fato permite que o Poder Público analise a adequação das políticas públicas por meio de um planejamento responsável e realístico, suscetível, em menor grau, de variações inesperadas.

A aludida diferença de disponibilidade em matéria de infraestrutura pode ser medida pela desigualdade de desenvolvimento entre as regiões ou comunidades autônomas. Enquanto algumas regiões dos países apresentam elevado grau de desenvolvimento e satisfação das necessidades básicas, outras há que denotam carência de serviços públicos básicos, exigindo atuação mais efetiva com vistas a garantir a concorrência no plano externo.

Por essa razão, defende-se a criação de fundos específicos para cada projeto ou programa, que tenham por fim reduzir as desigualdades socioeconômicas regionais, custear a execução de projetos de investimento em infraestrutura e promover maior integração entre as diversas regiões do país e os diversos setores da economia.

Assim, o direcionamento eficaz da multa resultante do processo de repatriação de capitais constitui importante fonte de receita com vistas a incrementar a economia, mormente se aplicados os recursos em projetos ligados à infraestrutura.

O investimento estatal em infraestrutura proporciona a melhoria da qualidade de vida dos indivíduos, bem como estimula o desenvolvimento do país mediante a melhoria na geração de emprego e, consequentemente, a obtenção de renda.

Isso reduz o fluxo migratório entre as regiões, permitindo, assim, que o poder público faça o levantamento dos investimentos que precisa realizar com base em um orçamento realista e não moldado em dados extremamente variáveis, evidentemente, contando com os recursos oriundos da repatriação.

O planejamento é primordial para que o Estado cumpra as suas funções essenciais, ou seja, para que o Estado assuma, de fato, a formulação de políticas públicas com vistas ao controle e ao disciplinamento das atividades inerentes ao convívio harmônico entre os cidadãos.

A necessária legalidade material da repatriação

A lei que estatui a adesão ao programa está excepcionando o contido nos manuais de direito penal tributário, ou seja, os contribuintes que mantêm recursos próprios no exterior sem o conhecimento das autoridades fiscais e financeiras do país cometem, além de outros, o crime de sonegação fiscal.

A repatriação, portanto, consiste na incorporação ao ordenamento jurídico daquilo que a própria lei considera ilegal, em outras palavras, transforma uma atividade ilícita em lícita, legitimada pelos propósitos de robustecer as finanças do Estado e de ativar a circulação de riqueza no país de residência do contribuinte. A anistia, vale acentuar, afronta os bons costumes e a paz social.

A repatriação, vista por esse ângulo, carece de legitimação pela sociedade civil, tendo em vista a exclusão da penalidade em face da prática de crime contra a ordem tributária. Sem o apoio da sociedade, é ilegítima a violação da lei punitiva, isto é, a medida adotada em vários países do mundo precisa contar com o respaldo popular, imprescindível para a convalidação do perdão concedido.

O sonegador, em verdade, está lesando o patrimônio público ao se desviar da tributação, uma vez que se coloca em posição vantajosa em relação àqueles que pagam corretamente seus tributos. Pelo princípio constitucional da isonomia, a desigualdade de tratamento tributário só se justifica em função de situações particulares que desigualem as pessoas. O retorno de capital do exterior atribui distinção impossível de ser aceita, salvo se por motivo econômico justo, mas nunca por razões políticas.

Não é demais afirmar que o direito tributário, de forma alguma, tem a pretensão de ser considerado neutro. Associado a outros ramos do direito, como o direito econômico, o direito administrativo e o direito penal, o escopo do direito tributário consiste em mais que simplesmente obter recursos financeiros com os quais possa a administração arcar com seus custos e gastos. Visa, em verdade, atingir objetivos consubstanciados nos propósitos de justiça fiscal, em que pese contraditória a afirmação, já que o direito tributário, como o próprio nome diz, se instrumentaliza a partir da arrecadação dos tributos.

A experiência internacional tem mostrado que a fixação da alíquota mais elevada entre as fixadas na tabela do Imposto de Renda incidente sobre os ganhos da pessoa física não impede a adesão ao programa. Se, por um lado, a tributação não pode ser considerada rigorosa e desinteressante, em face do objetivo que se quer alcançar, por outro, deve contemplar a suma justiça.

A alíquota inferior à máxima prevista na tabela de cálculo do imposto não constitui o melhor paradigma para aqueles que cumprem regularmente suas obrigações tributárias. Muito pelo contrário, o privilégio concedido pode servir de estímulo à sonegação, visto que muitos dos bons pagadores podem seguir o mau exemplo estimulado pela lei. A repatriação de capitais com benefícios fiscais, financeiros e penais contém um lado de injustiça com aqueles que declaram corretamente e pagam honestamente seus tributos.

Assim, a repatriação só se legitima na medida em que conta com inteira aprovação da sociedade, quando espelha a vontade soberana dos cidadãos, que manifestam, ainda que tacitamente, a sua compreensão em face de problemas econômicos que afetam a sociedade como um todo e as pessoas de *per se*.

É preciso deixar claro que a mera edição de lei concedendo o direito de repatriação não é suficiente para que a medida seja adotada. A decisão de adotar o benefício não provém do parlamento, onde o povo se faz representar, mas diretamente do povo, de forma natural e tácita.

A repatriação, sem dúvida, comporta um indesejável caráter de imoralidade, visto colocar lado a lado contribuintes que pagam corretamente seus tributos e contribuintes sonegadores. A mínima rejeição popular é suficiente para contraindicar a edição de lei sobre repatriação.

Segundo Luiz Octávio Rabelo Neto, "a tributação consentida foi um dos primeiros direitos humanos conquistados historicamente pelos cidadãos".[6] Por isso, é preciso uma unanimidade – pressuposta, pelo menos – como condição para a adoção da medida.

Isso, porém, é possível? De que modo se pode obter a aprovação da sociedade? Mediante uma pesquisa? Através de um plebiscito? Cremos que nenhum desses tradicionais métodos de investigação da vontade do povo é aplicável na hipótese. Ao final, vale a pergunta: não sendo aplicável qualquer um desses meios, qual seria?

Fica, no ar, a inquietante indagação.

Informação bibliográfica deste texto, conforme a NBR 6023:2002 da Associação Brasileira de Normas Técnicas (ABNT):

PIRES, Adilson Rodrigues; MARÇAL, Thaís Boia. O Estado e a repatriação de capitais. *In:* CÂMARA, Alexandre Freitas; PIRES, Adilson Rodrigues; MARÇAL, Thaís Boia (Coords.). *Estudos de direito administrativo em homenagem ao professor Jessé Torres Pereira Junior.* Belo Horizonte: Fórum, 2016. p. 21-35. ISBN 978-85-450-0166-9.

---

[6] RABELO NETO, Luiz Octávio. Direito tributário como instrumento de inclusão social: ação afirmativa fiscal. *Revista da PGFN.* Disponível em: <http://www.pgfn.fazenda.gov.br/revista-pgfn/ano-i-numero-i/luiz.pdf>. Acesso em: 29 jul. 2016.

O NOVO CPC, O CONTRADITÓRIO E A FUNDAMENTAÇÃO DAS DECISÕES NO PROCESSO ADMINISTRATIVO

Alexandre Freitas Câmara

1 Introdução: o CPC de 2015 e o processo administrativo

O art. 15 do Código de Processo Civil de 2015 prevê, expressamente, sua aplicação subsidiária e supletiva ao processo administrativo. A partir de sua vigência – a ter início em março de 2016 – será, então, expressa a regra que determina um diálogo entre o processo jurisdicional civil e o processo administrativo. Esse diálogo certamente se manifestará com grande força no que diz respeito às chamadas "normas fundamentais do processo civil", assim consideradas aquelas que resultam da interpretação e aplicação dos doze primeiros artigos do CPC.

O objetivo deste breve estudo é examinar como duas dessas normas fundamentais, os princípios do contraditório e da fundamentação das decisões, se manifestarão no processo administrativo brasileiro (federal, estadual ou municipal) a partir do modo como deles trata a nova legislação processual civil brasileira.

Tem este texto, porém, outro objetivo: homenagear o professor Jessé Torres Pereira Júnior por ocasião de seu septuagésimo aniversário. Desde que ingressei no Tribunal de Justiça do Estado do Rio de Janeiro, em 2008, tive a honra (e a sorte) de ter assento na Segunda Câmara Cível, de que Jessé é, também, integrante. Durante pouco mais de sete anos privei de sua companhia nas sessões de julgamento, de seus conselhos e de sua ajuda no exame de casos que exigiam um tirocínio e uma vivência de magistratura que eu ainda não tinha. Jessé é, e sempre será, meu exemplo de magistrado (além de ser um jurista dos melhores, com um conhecimento de direito constitucional e administrativo, entre outras áreas, que sempre me impressionou). Sereno, probo, competente, estudioso, eficiente, demonstrou sempre todas as qualidades que um magistrado deve ter. Algumas vezes tive oportunidade de dizer, em tom de brincadeira, que eu queria ser como ele "quando crescesse". Agora digo isso em tom sério: espero ser, um dia, capaz de me tornar um magistrado como Jessé. E fico muito feliz de poder contribuir para esta homenagem, uma das muitas que ele, por certo, ainda receberá.

2 O modelo constitucional de processo: breves considerações

Há já alguns anos a doutrina do direito processual civil tem reconhecido a existência de um *modelo constitucional de processo*,[1] formado por uma série de princípios constitucionais que estabelecem o modo como o processo deve desenvolver-se no Brasil. Este modelo é construído a partir do princípio do *devido processo constitucional*, sendo formado também pelos princípios da isonomia, do juiz natural, da inafastabilidade da jurisdição, do contraditório, da fundamentação das decisões e da duração razoável do processo.

Embora o estudo do modelo constitucional de processo tenha se desenvolvido precipuamente a partir do processo civil, é inegável que a ele devem amoldar-se todos os processos, jurisdicionais ou não, aí incluídos os processos administrativos.[2] Com relação a este, aliás, existe expressa previsão de aplicação do princípio do contraditório (art. 5º, LV, da Constituição da República).

Não é novidade a afirmação de que o processo administrativo deve desenvolver-se em conformidade com os ditames do devido processo.[3] Pois não só este, mas todos os princípios constitucionais do processo são aplicáveis ao processo administrativo (com a devida

---

[1] ANDOLINA, Italo; VIGNERA, Giuseppe. *Il modello cositicionale del proceso civile italiano*. Turim: G. Giappichelli, 1990. *Passim*.

[2] Flaviane de Magalhães Barros afirma ser legítimo expandir-se o modelo constitucional de processo para todos os tipos de processos, não só jurisdicionais, mas também para o processo legislativo, administrativo, arbitral e de mediação (BARROS, Flaviane de Magalhães. Nulidades e modelo constitucional de processo. In: DIDIER JÚNIOR, Fredie (Org.). *Teoria do processo* – Panorama doutrinário mundial. Salvador: JusPodivm, 2010. p. 245. Segunda Série).

[3] Assim, por exemplo, STF. MS nº 27.422 AgR/DF. Rel. Min. Celso de Mello. Julg. 14.4.2015.

ressalva do princípio da inafastabilidade da jurisdição, o qual se vincula especificamente ao acesso ao Judiciário).

Assim é que, na jurisprudência, já se reconheceu a necessidade de que sejam observados, no processo administrativo, os princípios da isonomia,[4] do juiz natural,[5] do contraditório,[6] da fundamentação das decisões,[7] além do princípio da duração razoável do processo.[8] Submete-se, pois, o processo administrativo brasileiro ao mesmo modelo constitucional que rege o processo civil. E isso legitima a afirmação de que as normas fundamentais do processo civil são, também, normas fundamentais do processo administrativo, razão pela qual as disposições sobre elas contidas no Código de Processo Civil de 2015 devem, mesmo, ser supletiva e subsidiariamente aplicáveis aos processos administrativos.

Resulta daí a necessidade de se verificar como o CPC trata dos princípios do contraditório e da fundamentação, a fim de verificar como deverão eles ser respeitados no processo administrativo.

3 O princípio do contraditório no processo administrativo como garantia de participação com influência e de não surpresa

O Código de Processo Civil de 2015 adotou a respeito do princípio constitucional do contraditório uma visão extremamente moderna, e que pode ser considerada a mais compatível com o Estado Democrático de Direito.

Aliás, nunca é demais recordar que todo o sistema jurídico precisa ser pensado a partir do paradigma do Estado Democrático de Direito, estabelecido pelo art. 1º da Constituição da República. Pois nesse paradigma é preciso levar em conta a soberania popular, elemento formador do Estado, a qual "estabelece um procedimento

---

[4] STF. ADPF nº 156/DF. Rel. Min. Cármen Lúcia. Julg. 18.8.2011.
[5] STF. ARE nº 657.282 AgR/DF. Rel. Min. Luiz Fux. Julg. 26.11.2013.
[6] STF. MS nº 24.790 AgR/DF. Rel. Min. Teori Zavascki. Julg. 2.12.2014.
[7] STF. MS nº 25870/DF. Rel. Min. Marco Aurélio. Julg. 1º.9.2011.
[8] STF. MS nº 29.270 AgR/DF. Rel. Min. Dias Toffoli. Julg. 10.4.2014.

que, em razão de suas propriedades democráticas, fundamenta a suposição de resultados legítimos. Este princípio traduz-se nos direitos de comunicação e participação, que garantem a autonomia pública dos cidadãos".[9]

Ora, se no Estado Democrático de Direito não se pode prescindir dos direitos de comunicação e participação, então é preciso considerar que o direito ao contraditório é um dos pilares do Estado Constitucional brasileiro. Afinal, o contraditório precisa ser compreendido como uma garantia de participação dos interessados na formação do resultado da atividade estatal com possibilidade de influência na formação desse resultado. Sobre o tema, assim se pronunciou Nunes:[10]

> O delineamento de uma moderna concepção isonômica do contraditório somente se inicia de modo mais efetivo a partir desse momento, mediante a percepção da doutrina processual germânica de que este não poderia mais ser analisado tão-somente como mera garantia formal de bilateralidade da audiência, mas, sim, como uma possibilidade de influência (*Einwirkungsmöglichkeit*) sobre o conteúdo das decisões (BAUR, 1954, p. 403) e sobre o desenvolvimento do processo, com inexistentes ou reduzidas possibilidades de surpresa (BENDER; STRECKER, 1978, p. 554).

Seguindo essa mesma linha, Antônio do Passo Cabral leciona:[11]

> [A] compreensão do contraditório como direito de influência expressa a democracia deliberativa através do processo: a sociedade pode influir nos atos decisórios estatais através da argumentação discursiva e o contraditório é o princípio processual que materializa este procedimento dialógico, abrindo o palco jurisdicional para o debate pluralista e participativo. O julgador, dentro de suas prerrogativas funcionais, pode até reputar errôneos os argumentos utilizados, mas deve, em

---

[9] HABERMAS, Jürgen. *Sobre a legitimação baseada nos direitos humanos*. Tradução de Gisele Guimarães Cittadino e Maria Celina Bodin de Moraes. *Civilistica.com*, ano 2, n. 1, p. 4, 2013. Disponível em: <http://civilistica.com/wp-content/uploads/2015/02/Habermas-civilistica.com-a.2.n.1.2013.pdf>. Acesso em: 12 ago. 2015.

[10] NUNES, Dierle José Coelho. *Comparticipação e policentrismo* – Horizontes para a democratização processual civil. Tese (Mestrado em Direito) – Pontifícia Universidade Católica de Minas Gerais, Belo Horizonte, 2008. p. 172.

[11] CABRAL, Antônio do Passo. Contraditório. In: TORRES, Ricardo Lobo; KATAOKA, Eduardo Takemi; GALDINO, Flavio (Org.). *Dicionário de princípios jurídicos*. Rio de Janeiro: Elsevier, 2011. p. 200.

respeito ao direito de influência, além de tomá-las em consideração, fazer menção expressa às teses levantadas pelos sujeitos processuais. Trata-se do *dever de atenção* às alegações, intrinsecamente conectado ao dever de motivação das decisões estatais e correlato ao direito dos sujeitos processuais de ver sua linha argumentativa considerada pelo julgador (*Recht auf Berücksichtigung*).

Sem embargo, se o princípio se resumisse ao direito de expressão e não representasse o direito de influir nas decisões, não haveria um dever de atenção do juiz que ao contraditório estivesse ligado. O julgador atenderia ao princípio do contraditório simplesmente permitindo a manifestação e motivando a decisão, em nada o violando caso omitisse qualquer referência aos argumentos e teses veiculados e os afastasse por reputá-los infundados.

Registre-se, desde logo, que a lição de Cabral acima transcrita já delineia uma ligação – que adiante se buscará demonstrar de forma mais detida – entre os princípios constitucionais do contraditório e da fundamentação das decisões.

O contraditório deve ser compreendido, pois, não apenas como uma garantia formal de que as partes poderão se manifestar no processo, mas como a garantia substancial, exigência do Estado Democrático de Direito, de que as partes terão influência na formação do resultado final do processo, sendo dever do prolator da decisão levar em consideração seus argumentos. Não se pode, pois, ver no contraditório simplesmente um "direito de falar" no processo. Muito mais do que isso, o contraditório é o *direito de ser ouvido*.[12]

Além disso, o CPC de 2015 estabelece que, como regra geral, o contraditório deverá ser prévio à decisão (o que é essencial para que se viabilize a garantia de que a parte poderá se manifestar no processo de forma a exercer efetiva influência sobre o resultado), ressalvados apenas alguns poucos casos, expressamente previstos, e nos quais a exigência de contraditório prévio poderia inviabilizar a própria efetividade da decisão, como se daria, por exemplo, nos casos de tutela jurisdicional de urgência. É o seguinte o teor do art. 9º:

---

[12] Não é por outra razão, aliás, que em língua inglesa o direito ao contraditório é conhecido como *right to be heard*, expressão que pode ser encontrada, por exemplo, em FERRAND, Frédérique. Ideological background of the Constitution, constitutional rules and civil procedure. In: INTERNATIONAL ASSOCIATION OF PROCEDURAL LAW SEOUL CONFERENCE, 2014. *Proceedings...* Seul: IAPL, 2014. p. 10. Sobre o ponto, CÂMARA, Alexandre Freitas. Dimensão processual do princípio do devido processo constitucional. *Revista Iberoamericana de Derecho Procesal*, São Paulo, v. 1, 2015. p. 29.

Art. 9º Não se proferirá decisão contra uma das partes sem que ela seja previamente ouvida.

Parágrafo único. O disposto no caput não se aplica:

I – à tutela provisória de urgência;

II – às hipóteses de tutela da evidência previstas no art. 311, incisos II e III;

III – à decisão prevista no art. 701.

Assim é que, no processo civil, fica assegurado às partes o direito de atuar ao longo do processo com o fim de exercer influência sobre seu resultado final, manifestando-se previamente (ao menos como regra), devendo o órgão julgador levar em consideração seus argumentos. E este direito se estende, também, ao processo administrativo.

Veja-se que o princípio do contraditório está afirmado na Constituição da República como nota essencial tanto do processo judicial como do processo administrativo, como se pode verificar pelo texto normativo do inc. LV do art. 5º, segundo o qual "aos litigantes, em processo judicial ou administrativo, e aos acusados em geral são assegurados o contraditório e ampla defesa, com os meios e recursos a ela inerentes". Parece evidente, por esse texto, que o contraditório do processo judicial é o *mesmo contraditório* do processo administrativo.

A lei que rege o processo administrativo federal (Lei nº 9.784/1999) estabelece, em seu art. 2º, que "[a] Administração Pública obedecerá, dentre outros, aos princípios da legalidade, finalidade, motivação, razoabilidade, proporcionalidade, moralidade, ampla defesa, *contraditório*, segurança jurídica, interesse público e eficiência". Pois esta é, naquele diploma legal, a única referência expressa ao princípio do contraditório. Há, porém, no art. 3º, III, daquela lei a afirmação de que é direito do administrado "formular alegações e apresentar documentos antes da decisão, os quais serão objeto de consideração pelo órgão competente". Veja-se aí, então, a afirmação da garantia de contraditório prévio, nos mesmos termos do art. 9º do CPC de 2015 (afinal, o contraditório não seria prévio se fosse possível decidir antes do administrado se manifestar). Mas ali também se encontra a afirmação de que é direito do administrado que o julgador leve em consideração suas alegações e documentos, o que nada mais é do que o direito à consideração dos argumentos, do qual viemos falando, e que se revela como elemento integrante do próprio princípio do contraditório.

Fica claro, assim, que o direito ao contraditório que se consagra para o processo jurisdicional identifica-se de forma plena com o direito ao contraditório no processo administrativo, isto é, também nesta espécie de processo o contraditório deve ser compreendido como direito de participação com influência e de não surpresa.

Registre-se que no processo administrativo, dada a inevitável desigualdade de posições entre seus sujeitos (já que a Administração Pública é parte do processo mas é, também, a julgadora, ainda que atuando por órgãos distintos e com autonomia funcional), a garantia do contraditório se faz ainda mais relevante, já que importante mecanismo garantidor da legitimidade democrática das decisões, as quais só poderão ser tidas por constitucionalmente legítimas se for assegurado ao administrado o direito de participar com influência da formação do resultado do processo, não sendo por este surpreendido, uma vez que garantida a possibilidade de prévio debate de todos os argumentos que podem em tese vir a ser empregados como fundamentos da decisão a ser proferida.

4 A fundamentação analítica das decisões no processo administrativo

Existe, como anteriormente anunciado, uma forte ligação entre os princípios do contraditório e da fundamentação das decisões judiciais.[13] O princípio da fundamentação é uma exigência da necessidade de que, no Estado Democrático de Direito, haja meios eficazes de controle do conteúdo dos atos de poder (o que inclui, evidentemente, as decisões judiciais e as proferidas no processo administrativo). Como ensina Taruffo:[14]

---

[13] Identificou esta ligação DIAS, Ronaldo Brêtas de Carvalho. *Processo constitucional e Estado Democrático de Direito*. 2. ed. Belo Horizonte: Del Rey, 2012. p. 137. Sustentei o mesmo em CÂMARA, Alexandre Freitas. Dimensão processual do princípio do devido processo constitucional. *Revista Iberoamericana de Derecho Procesal*, São Paulo, v. 1, p. 23, 2015.

[14] TARUFFO, Michele. *La motivazione dela sentenza civile*. Pádua: Cedam, 1975. p. 405 (tradução livre). No original: "Nel suo significato più profondo, il principio in esame esprime l'esigenza generale e costante di controllabilità sul modo in cui gli organi statuali esercitano il potere che l'ordinamento conferisce loro, e sotto questo profilo l'obbligatorietà dela motivazione della sentenza è una specifica manifestazione di un più generale 'principio di controllabilità' che appare essenziale alla nozione moderna dello

No seu significado mais profundo, o princípio em exame exprime a exigência geral e constante de controlabilidade sobre o modo como os órgãos estatais exercitam o poder que o ordenamento lhes confere, e sob este perfil a obrigatoriedade de motivação da sentença é uma manifestação específica de um mais geral "princípio de controlabilidade" que parece essencial à noção moderna do Estado de Direito, e que produz consequências análogas também em campos diversos daquele da jurisdição.

Vê-se, da afirmação de Taruffo, que não é só no campo jurisdicional que atua o "princípio da controlabilidade", mas também em campos diversos (como, certamente é o do processo administrativo). Impõe-se, pois, que sejam *justificadas* todas as decisões.[15] Exige-se, desse modo, que as decisões proferidas nos processos administrativos – tanto quanto as prolatadas em processos jurisdicionais – sejam analiticamente fundamentadas, isto é, fundamentadas de forma substancial. E isso atrai para a hipótese o disposto no art. 489, §1º, do CPC. Estabelece este dispositivo, *verbis*:

§1º Não se considera fundamentada qualquer decisão judicial, seja ela interlocutória, sentença ou acórdão, que:
I – se limitar à indicação, à reprodução ou à paráfrase de ato normativo, sem explicar sua relação com a causa ou a questão decidida;
II – empregar conceitos jurídicos indeterminados, sem explicar o motivo concreto de sua incidência no caso;
III – invocar motivos que se prestariam a justificar qualquer outra decisão;
IV – não enfrentar todos os argumentos deduzidos no processo capazes de, em tese, infirmar a conclusão adotada pelo julgador;
V – se limitar a invocar precedente ou enunciado de súmula, sem identificar seus fundamentos determinantes nem demonstrar que o caso sob julgamento se ajusta àqueles fundamentos;
VI – deixar de seguir enunciado de súmula, jurisprudência ou precedente invocado pela parte, sem demonstrar a existência de distinção no caso em julgamento ou a superação do entendimento.

Stato di diritto, e che produce conseguenze analoghe anche in campi diversi da quelli della giurisdizione".

[15] Como ensina Lenio Luiz Streck, o dever constitucional de fundamentar implica a obrigação de justificar a decisão (STRECK, Lenio Luiz. *Hermenêutica, neoconstitucionalismo e o "problema da discricionariedade dos juízes".* p. 8. Disponível em: < www.anima-opet.com. br/pdf/anima1/artigo_Lenio_Luiz_Streck_hermeneutica.pdf>. Acesso em: 31 ago. 2015.

Assim é que, no processo administrativo, não será considerada fundamentada a decisão que "se limitar à indicação, à reprodução ou à paráfrase de ato normativo, sem explicar sua relação com a causa ou a questão decidida" (como seria, por exemplo, uma decisão que se limitasse a dizer algo como "art. 48, I, da Lei nº 8.666/1993. Desclassifico a proposta").

Também é viciada por falta de fundamentação a decisão proferida no processo administrativo que empregue conceitos jurídicos indeterminados, sem explicar o motivo concreto de sua incidência no caso (como se teria, por exemplo, em uma decisão que afirmasse algo como "rejeita-se a impugnação por falta de razoabilidade, já que o ato administrativo impugnado atendeu ao interesse geral").

É nula, por vício de fundamentação, a decisão tomada em processo administrativo que invoque motivos que se prestariam a justificar qualquer outra decisão (como, *e.g.*, a que diz algo como "ausentes os requisitos legais, indefiro"), assim como é viciada a decisão que não enfrentar todos os argumentos deduzidos no processo capazes de, em tese, infirmar a conclusão adotada pelo julgador. Esta regra (insculpida no art. 489, §1º, IV, do CPC), aliás, conjuga-se com absoluta perfeição com o disposto no art. 3º, III, da Lei nº 9.784/1999, segundo o qual é direito do administrado "formular alegações e apresentar documentos antes da decisão, os quais serão objeto de consideração pelo órgão competente". Reafirma-se, aqui, o *direito à consideração dos argumentos* (*Recht auf Berücksichtigung*) como elemento integrante do princípio constitucional do contraditório.

Interessante notar, porém, que não são só os quatro primeiros incisos do art. 489, §1º, do CPC, que têm aplicação no processo administrativo. Também os dois últimos incisos daquele dispositivo legal têm aí aplicação. É que, por força desses dois incisos, não se considera fundamentada a decisão que "se limitar a invocar precedente ou enunciado de súmula, sem identificar seus fundamentos determinantes nem demonstrar que o caso sob julgamento se ajusta àqueles fundamentos" ou que "deixar de seguir enunciado de súmula, jurisprudência ou precedente invocado pela parte, sem demonstrar a existência de distinção no caso em julgamento ou a superação do entendimento". Ora, isto é perfeitamente aplicável ao processo administrativo.

Em primeiro lugar, é preciso recordar que, nos termos do art. 103-A da Constituição da República, os enunciados de súmula vinculante do STF produzem efeito vinculante não só sobre os órgãos jurisdicionais, mas também sobre a Administração Pública direta e indireta, nas esferas federal, estadual e municipal (e do Distrito Federal, evidentemente). Pois se assim é, uma decisão proferida em processo administrativo que se limite a invocar enunciado de súmula vinculante sem identificar seus fundamentos determinantes nem demonstrar que o caso concreto se ajusta a tais fundamentos será nula por falta de fundamentação.

Do mesmo modo, será viciada por defeito de fundamentação a decisão que, proferida em processo administrativo, deixar de seguir enunciado de súmula vinculante invocado pela parte sem demonstrar a existência de distinção no caso concreto ou a superação do entendimento.

Além disso, há de se levar em consideração a existência de *orientações administrativas vinculantes* (e a elas o CPC de 2015 faz referência expressa no art. 498, §4º, IV, já que sua existência é motivo suficiente para que a sentença, proferida contra o Poder Público, mas em conformidade com tais orientações, não se submeta a reexame necessário).[16] Pois bem: se existem orientações administrativas vinculantes, deverão elas, evidentemente, ser observadas nas decisões que venham a ser proferidas nos processos administrativos.[17] Não é fundamentada, porém, a decisão que se limita a invocar uma orientação administrativa vinculante, sem apontar seus fundamentos determinantes e demonstrar que o caso concreto sob apreciação se

---

[16] A Lei Orgânica da Advocacia-Geral da União (Lei Complementar nº 73/1993) estabelece, em seu art. 4º, as atribuições da AGU, entre as quais podem ser encontradas as seguintes: fixar a interpretação da Constituição, das leis, dos tratados e demais atos normativos, a ser uniformemente seguida pelos órgãos e entidades da Administração Federal (inc. X); unificar a jurisprudência administrativa, garantir a correta aplicação das leis, prevenir e dirimir as controvérsias entre os órgãos jurídicos da Administração Federal (inc. XI); editar enunciados de súmula administrativa, resultantes de jurisprudência iterativa dos Tribunais (inc. XII).

[17] A doutrina do direito administrativo faz alusão à eficácia vinculante, para a Administração Pública Federal, dos pareceres normativos da AGU, bem assim dos pareceres aprovados pelo Advogado-Geral da União. Assim, por todos, BINENBOJM, Gustavo. Relações entre a Advocacia Geral da União e as Agências Reguladoras Federais. *Revista Eletrônica de Direito Administrativo Econômico*, Salvador, n. 24, p. 14, 2011. Disponível em: <http://www.direitodoestado.com/revista/REDAE-24-NOVEMBRO-2010-GUSTAVO-BINENBOJM.pdf>. Acesso em: 3 set. 2015.

ajusta a tais fundamentos (art. 489, §1º, V). Do mesmo modo, não é fundamentada a decisão proferida em processo administrativo que deixa de seguir orientação administrativa vinculante invocada pela parte sem demonstrar a existência de distinção ou a superação do entendimento (art. 489, §1º, VI).

Vê-se, assim, que por força da aplicação supletiva do CPC ao processo administrativo (art. 15), as decisões que tenham de ser proferidas nesse tipo de processo também exigem fundamentação analítica, sob pena de serem reputadas nulas.

5 Conclusão

De tudo quanto se viu, a conclusão a que se pode chegar é uma só: o paradigma do Estado Democrático de Direito, estabelecido pelo art. 1º da Constituição da República, precisa ser levado em consideração em todo e qualquer ato do Poder Público. E em uma democracia digna desse nome, os atos estatais de poder precisam ser construídos através de procedimentos que se desenvolvam em contraditório, entendido este como garantia de participação com influência e de não surpresa, assegurada a consideração dos argumentos. E o controle da observância do contraditório se dá através da fundamentação do ato de poder, a qual deve ser analítica, examinando verdadeiramente todos os fundamentos deduzidos pelos sujeitos do contraditório e que se revelem, ao menos em tese, capazes de infirmar a conclusão que a autoridade responsável pela emissão do pronunciamento estatal tenha apresentado. Por conta disso, é muito bem-vinda ao ordenamento jurídico brasileiro a normatização, estabelecida no CPC de 2015, acerca do contraditório e da fundamentação das decisões.

Não se está aí, é certo, diante de novas normas jurídicas. A exigência de contraditório substancial e de fundamentação analítica decorre, diretamente, dos arts. 5º, LV, e 93, IX, da Constituição da República. Mas a força simbólica de um novo Código que traz em seu interior dispositivos que descrevem, minuciosamente, o modo como essas garantias constitucionais devem ser efetivadas na prática é inegável, e isto certamente contribuirá para que o contraditório nos processos brasileiros seja cada vez mais efetivo; e para que as decisões proferidas pelos órgãos estatais brasileiros sejam cada vez mais legítimas do ponto de vista constitucional. A expressa afirmação de que o CPC de 2015 é supletivamente aplicável aos processos administrativos, então, cumpre o importantíssimo papel de deixar claro que também nos processos administrativos deve-se assegurar um contraditório prévio, dinâmico, efetivo, substancial. E que o controle disso se fará pela fundamentação analítica das decisões proferidas nessa sede. Sem isso, a democracia será apenas uma "promessa constitucional", com o quê a sociedade brasileira não pode se conformar. O Brasil merece – e isto há de ocorrer – tornar-se um verdadeiro Estado Democrático de Direito. E o respeito às garantias constitucionais é um passo essencial na construção da democracia brasileira.

Informação bibliográfica deste texto, conforme a NBR 6023:2002 da Associação Brasileira de Normas Técnicas (ABNT):

CÂMARA, Alexandre Freitas. O Novo CPC, o contraditório e a fundamentação das decisões no processo administrativo. *In*: CÂMARA, Alexandre Freitas; PIRES, Adilson Rodrigues; MARÇAL, Thaís Boia (Coords.). *Estudos de direito administrativo em homenagem ao professor Jessé Torres Pereira Junior*. Belo Horizonte: Fórum, 2016. p. 37-48. ISBN 978-85-450-0166-9.

ALGUMAS NOTAS SOBRE O DIREITO À PRORROGAÇÃO DE LICENÇAS PARA CONSTRUIR

Alexandre Santos de Aragão
Carolina Barros Fidalgo

I Introdução

O regime jurídico das licenças para construir é intrinsecamente ligado ao exercício do direito fundamental de propriedade, constitucionalmente assegurado. Trata-se de um dos mais importantes instrumentos do poder de polícia estatal sobre as edificações.

Mas, como limitação a direito fundamental que é, a criação de hipóteses subsumíveis ao licenciamento de obras e os requisitos para tanto, inclusive para a sua prorrogação, devem ser justificados com fundamento no princípio da proporcionalidade e respeitar as legítimas expectativas dos administrados.

O presente artigo tem por objetivo analisar as hipóteses nas quais deve ser garantido ao titular de uma licença de obras o direito à prorrogação da vigência desse ato administrativo, caso não tenha sido possível concluir a obra pretendida dentro do prazo inicialmente avençado pela municipalidade.

II O direito de construir e a polícia das construções

O direito de construir é, como adiantado na introdução deste artigo, um direito inerente à ideia de propriedade,[1] sendo uma das

---

[1] MEIRELLES, Hely Lopes. *Direito de construir*. São Paulo: Malheiros, 2011. p. 30. De acordo com o autor, "desde que se reconhece ao proprietário o poder legal de usar, gozar e dispor dos seus bens (Código Civil, art. 1228), reconhecido está o direito de construir, visto que no uso, gozo e disponibilidade da coisa se compreende a faculdade de transformá-la, edificá-la, enfim, com todas as obras que lhe favoreçam a utilização ou aumentem o valor econômico" (MEIRELLES, Hely Lopes. *Direito de construir*. São Paulo: Malheiros, 2011. p. 30).

possíveis e mais comuns formas de fruição desse direito; trata-se de uma das formas de usar e gozar da propriedade, como garantido pelo art. 1228 do Código Civil. Isso não significa, contudo, que esse direito seja absoluto.[2] Em um Estado de Direito, o exercício do direito de propriedade por um indivíduo é limitado não só pela necessidade de harmonização com o direito de propriedade de terceiros,[3] mas também com outros direitos de natureza difusa, como o direito ao meio ambiente equilibrado, o direito à saúde, a proteção ao patrimônio histórico e cultural, entre outros. Hely Lopes Meirelles ensinava que

> ao direito de construir opõem-se limites de ordem privada e de ordem pública. Aqueles são dados pelas restrições de vizinhança, expressas em normas civis e convenções particulares; estes são estabelecidos pelas limitações administrativas, consignadas em normas de ordem pública.[4]

A própria Constituição Federal adverte, em seu art. 5º, XXIII, que "a propriedade atenderá a sua função social". E, de acordo com o art. 39 do Estatuto da Cidade, aprovado pela Lei Federal nº 10.257/2001:

> a propriedade urbana cumpre sua função social quando atende às exigências fundamentais de ordenação da cidade expressas no plano diretor, assegurando o atendimento das necessidades dos cidadãos quanto à qualidade de vida, à justiça social e ao desenvolvimento das atividades econômicas, respeitadas as diretrizes previstas no art. 2º desta Lei.

A legislação federal, por exemplo, prevê limitações à construção em imóveis tombados e em imóveis localizados nas proximidades desses bens,[5] como uma forma de proteção ao

---

[2] Apenas a liberdade pode ser absoluta; o direito à liberdade, por ser um direito, isto é, por ter se juridicizado, já é, por definição, relativo e limitado. Em outras palavras, todo direito é ontologicamente limitado, pois, do contrário, não seria direito, mas manifestação fática do arbítrio pessoal. As limitações à liberdade definem o próprio âmbito do direito à liberdade (ex.: a liberdade que o proprietário tem de construir não é, obviamente, ilimitada. Ao se juridicizar tem de obedecer a uma série de regras de boa convivência urbanística, tais como licença prévia, número máximo de pavimentos etc.).

[3] E, para isso, a legislação prevê inúmeras regras atinentes à convivência entre vizinhos. *Vide* arts. 1277 e seguintes do Código Civil.

[4] MEIRELLES, Hely Lopes. *Direito de construir*. São Paulo: Malheiros, 2011. p. 47.

[5] O Decreto-Lei Federal nº 25/1937, nesse sentido, prevê que:
"Art. 17. As coisas tombadas não poderão, em caso nenhum ser destruídas, demolidas ou mutiladas, nem, sem prévia autorização especial do Serviço do Patrimônio Histórico e

patrimônio histórico. A Lei Federal nº 6.766/1979, que dispõe sobre o parcelamento do solo urbano, estabelece, em outro exemplo, que "ao longo das águas correntes [...] será obrigatória a reserva de uma faixa não-edificável de 15 (quinze) metros de cada lado, salvo maiores exigências da legislação específica" (art. 4º, III), como forma de proteger o meio ambiente. Cumpre aos municípios, por sua vez, editar normas sobre uso e ocupação do solo (*i.e.*, normas sobre zoneamento das cidades e suas possíveis destinações – residencial, comercial, industrial, mista etc.) e sobre edificações, definindo parâmetros como gabarito, afastamentos frontais e laterais, quantidade de pavimentos, coeficiente de aproveitamento do solo, entre outros aspectos, com o objetivo de promover a salubridade, melhoria estética e arejamento das cidades, buscando o equilíbrio do meio ambiente urbano.

Prevê o art. 1299 do Código Civil, nesse sentido, que "o proprietário pode levantar em seu terreno as construções que lhe aprouver, salvo o direito dos vizinhos e os regulamentos administrativos".

Estamos diante do que o direito administrativo cunhou como *limitações administrativas ao direito de propriedade*, mais especificamente, do *exercício de poder de polícia das construções*. Podemos definir limitação administrativa como todo condicionamento ou redução do âmbito de exercício de liberdades e propriedades, operada pela Administração Pública com base em lei ou na Constituição, ponderando-as com outros valores constitucionais, mas sem atingir o núcleo essencial de tais liberdades e propriedades. Esse também é o conceito contemporâneo de poder de polícia, feita a sua devida releitura à luz da Constituição de 1988.

Quando se fala de *limitações administrativas* não se quer dizer que elas sejam necessariamente criadas pela Administração Pública, mas sim que a aplicação delas cabe à Administração. Grande parte dessas

---

Artístico Nacional, ser reparadas, pintadas ou restauradas, sob pena de multa de cinquenta por cento do dano causado.

Parágrafo único. Tratando-se de bens pertencentes à União, aos Estados ou aos municípios, a autoridade responsável pela infração do presente artigo incorrerá pessoalmente na multa".

"Art. 18. Sem prévia autorização do Serviço do Patrimônio Histórico e Artístico Nacional, não se poderá, na vizinhança da coisa tombada, fazer construção que lhe impeça ou reduza a visibilidade, nem nela colocar anúncios ou cartazes, sob pena de ser mandada destruir a obra ou retirar o objeto, impondo-se neste caso a multa de cinquenta por cento do valor do mesmo objeto".

limitações é estabelecida na lei ou decorre diretamente da ponderação de interesses constitucionalmente tutelados. Mas também é cada vez mais aceita a possibilidade de a Administração, independentemente de lei infraconstitucional, impor limites com base diretamente em ponderações de direitos fundamentais (ex.: independentemente de haver expressa lei autorizativa, a Administração pode interditar um prédio com risco de desabamento).

As limitações aos direitos não são todas predeterminadas, unívocas, definidas diretamente pela Constituição. Muito pelo contrário, os agentes encarregados de densificá-las – do legislador ao administrador – via de regra possuem margem para impor maiores ou menores limitações à liberdade dentro do espaço das ponderações razoáveis constitucionalmente admissíveis.

Ao que interessa para o presente artigo, é importante notar que as limitações administrativas são expressões do poder de polícia estatal. As licenças de obras aparecem nesse bojo como uma hipótese de *consentimento de polícia*, partindo-se da concepção de "ciclo de polícia" criada por Diogo de Figueiredo Moreira Neto.[6] De acordo com essa definição, as normas estatais limitadoras do direito de propriedade são ordens de polícia. O consentimento de polícia, por sua vez, trata-se de atividade voltada a avaliar, previamente, se determinada atividade concreta (*in casu*, determinada pretensão de construir) é compatível com as normas jurídicas pertinentes.

O consentimento não é exigido para todo e qualquer tipo de atividade (*i.e.*, simples pintura de um apartamento ou troca de piso), mas tão somente para aquelas que envolvem riscos expressivos ao exercício de direitos fundamentais de terceiros. Esse é o caso da licença de obras para novas edificações ou alteração de elementos estruturais de edificações já existentes. Tendo em vista os riscos associados à construção de uma edificação não acompanhada por um responsável técnico ou incompatível com as normas urbanísticas, opta-se por submeter a atividade a consentimento prévio da Administração Pública. Não se pode executar certos tipos de edificações sem prévia obtenção de licença de obras junto à municipalidade.

Trata-se, enfim, de ato de anuência prévia do Poder Público com relação à execução de uma atividade, tendo em vista os riscos

---

[6] MOREIRA NETO, Diogo de Figueiredo. *Curso de direito administrativo*. Rio de Janeiro: Forense, 2014. p. 440.

a ela associados. A anuência é normalmente exarada através de licenças e autorizações. A doutrina diferencia essas hipóteses considerando a presença de discricionariedade para a emissão da anuência (a licença seria um ato de consentimento vinculado, ao passo que a autorização seria um ato discricionário) e a sua precariedade, isto é, possibilidade de revogação a qualquer tempo, por motivos de conveniência e oportunidade (a licença não seria revogável e a autorização, sim).

Fica claro do exposto que as limitações administrativas, a exemplo das normas urbanísticas que impõem parâmetros para o exercício do direito de construir e, em especial, exigem a obtenção de licenças para o exercício desse direito, decorrem de uma ponderação entre direitos, valores e princípios constitucionais contrapostos, ponderação essa feita via de regra pela lei que disciplina cada uma delas (*i.e.*, o Estatuto da Cidade e a Lei de Parcelamento do Solo já citadas acima).

A noção de limitação administrativa tem muito a ver com o adágio popular de que o "seu direito termina quando o meu começa", sendo ela um dos principais instrumentos de harmonização dos diversos direitos e interesses – individuais, coletivos ou difusos –, privados e públicos, potencialmente conflitantes na sociedade. Como já dizia Themístocles Brandão Cavalcanti, apesar de se tratar de uma atividade restritiva de direitos, o poder de polícia "tem por fim assegurar esta própria liberdade e os direitos essenciais ao homem".[7] No mesmo sentido, Odete Medauar afirma que "no exercício do poder de polícia o Estado vai arbitrar e conciliar o choque entre direitos e liberdades dos indivíduos ou grupo de indivíduos".[8]

É fundamental considerar que, justamente em vista disso, as limitações administrativas representam apenas o condicionamento ao

---

[7] CAVALCANTI, Themístocles Brandão. *Tratado de direito administrativo*. São Paulo; Rio de Janeiro: Freitas Bastos, 1956. p. 6-7. v. 3.

[8] MEDAUAR, Odete. *Direito administrativo moderno*. 16. ed. São Paulo: Revista dos Tribunais, 2012. p. 369. Vitor Rhein Schirato chama a atenção para o fato de que "em qualquer organização social reunida sob um poder, há a conformação da liberdade dos indivíduos com a finalidade de garantia do bem comum e da possibilidade de vida conjunta. No pensamento iluminista do Estado, a ideia de limitação das liberdades dos cidadãos é uma constante de todas as principais obras. No pensamento dos principais filósofos iluministas, há a discussão sobre a necessidade de limitação das liberdades dos indivíduos, com a finalidade se evitar o caos. Variam apenas as teses de fundamentação e forma de legitimidade do governante em impor essas limitações" (SCHIRATO, Vitor Rhein. O poder de polícia é discricionário? In: MEDAUAR, Odete; SCHIRATO, Vitor Rhein (Coord.). *Poder de polícia na atualidade*. São Paulo: Fórum, 2014. p. 34).

exercício de liberdades, não a sua extinção, total ou parcial. Ao editar as limitações administrativas, o Estado tem duas obrigações: (1) de fazer o particular respeitar os outros direitos e valores sociais que possam ser afetados pelo exercício indiscriminado da sua liberdade (obrigação de limitar); e (2) de respeitar o núcleo essencial de cada liberdade a ser limitada (obrigação de contenção do seu poder estatal de limitar), sob pena de transformar a limitação em restrição ou extinção da liberdade, o que será constitucionalmente vedado ou, quando aceito pelo ordenamento, gerará direito de indenização ao particular lesado.

As limitações administrativas, sejam elas gerais e abstratas, ou concretas, não atingem total ou parcialmente o conteúdo essencial da liberdade ou da propriedade, que continuam com a sua utilidade e finalidade econômica. A criação de uma limitação administrativa, portanto, deve sobreviver ao teste da proporcionalidade, que possui os seguintes elementos: (a) adequação: o meio escolhido deve ser apto a alcançar o fim visado; (b) necessidade: a restrição imposta deve ser a menos gravosa possível para a realização dos fins pretendidos; e (c) proporcionalidade em sentido estrito: ponderação entre o ônus imposto e o benefício trazido de forma a justificar o primeiro.[9]

O princípio da segurança jurídica também apresenta relevância nesse particular, impondo, como se verá, a proteção não só do direito adquirido, mas também das legítimas expectativas dos particulares no que tange às construções que já tiverem sido consentidas pela municipalidade.

É com fundamento nessas considerações gerais que passaremos a analisar o direito à prorrogação das licenças para construir.

III As licenças para construir e o direito à sua prorrogação

Como ensina Celso Antônio Bandeira de Melo, a licença

> é um ato vinculado, unilateral, pelo qual a Administração faculta a alguém o exercício de uma atividade, uma vez demonstrado pelo

---

[9] BARROSO, Luís Roberto. *Interpretação e aplicação da Constituição*. São Paulo: Saraiva, 1996. p. 209.

interessado o preenchimento dos requisitos legais exigidos. A licença para edificar, que depende do competente alvará, exemplifica a hipótese. [...] *Uma vez cumpridas as exigências legais, a Administração não pode negá-la.* Daí seu caráter vinculado [...].[10]

Dito de outra forma, a licença é um ato administrativo que via de regra apenas reconhece a existência de um direito à luz da legislação vigente à época da prática do ato, isto é, "a licença restringe-se sempre a declarar o direito, não a constituí-lo".[11] Uma vez preenchidos os requisitos previstos na legislação, o administrado na maioria das legislações tem direito à obtenção da licença, não podendo o administrador negar-se a deferi-la.

Pelos mesmos motivos e, em se tratando de ato em princípio vinculado, há consenso no sentido de que uma vez concedida regularmente a licença, a Administração não a pode revogar. Não se aplica aqui a faculdade de, com base em conveniência e oportunidade, decidir de forma discricionária sobre a manutenção da licença.[12]

Em vista disso, há o entendimento da jurisprudência brasileira, inclusive dos Tribunais Superiores, no sentido de que, uma vez iniciada a construção com fundamento em licença válida, essa licença caracteriza direito adquirido e só poderá ser revogada mediante pagamento de indenização ao particular. Confira-se:

> *Licença de construção. Revogação. Fere direito adquirido a revogação de licença de construção por motivo de conveniência, quando a obra já foi iniciada.* Em tais casos, não se atinge apenas faculdade jurídica – o denominado "direito de construir" – que integra o conteúdo do direito de propriedade, mas se viola o direito de propriedade que o dono do solo adquiriu com relação ao que já foi construído, com base na autorização válida do Poder Público. Há, portanto, em tais hipóteses, inequívoco direito adquirido, nos termos da súmula 473. Recurso extraordinário conhecido e provido.[13]

A jurisprudência da Primeira Turma firmou orientação de que *aprovado*

---

[10] BANDEIRA DE MELLO, Celso Antônio. *Curso de direito administrativo.* 26. ed. São Paulo: Malheiros, 2008. p. 432.

[11] MARTINS, Ricardo Marcondes. *Estudos de direito administrativo neoconstitucional.* São Paulo: Malheiros, 2015. p. 254.

[12] BANDEIRA DE MELLO, Celso Antônio. *Curso de direito administrativo.* 26. ed. São Paulo: Malheiros, 2008. p. 452.

[13] STF, Segunda Turma. RE nº 85.002. Rel. Min. Moreira Alves. Julg. 1º.6.1976, *DJ*, 17 set. 1976, pp. 08051. Ement. v. 01034-03, pp. 00764.

e licenciado o projeto para construção de empreendimento pelo Poder Público competente, em obediência à legislação correspondente e às normas técnicas aplicáveis, a licença então concedida trará a presunção de legitimidade e definitividade, e somente poderá ser: a) cassada, quando comprovado que o projeto está em desacordo com os limites e termos do sistema jurídico em que aprovado; b) revogada, quando sobrevier interesse público relevante, hipótese na qual ficará o Município obrigado a indenizar os prejuízos gerados pela paralisação e demolição da obra; ou c) anulada, na hipótese de se apurar que o projeto foi aprovado em desacordo com as normas edilícias vigentes.[14]

Tendo o empreendimento objurgado na ACP obtido previamente as licenças administrativas exigíveis, devidamente outorgadas pelo Poder Público competente, o que foi ressaltado no acórdão recorrido, criou-se situação jurídica definida em ato administrativo, cuja eficácia, para ser suspensa, revogada ou anulada, deve ser submetida a ponderações verticalizadas, isso porque a subitaneidade de tal medida caracteriza surpresa aos empreendedores, após realizarem investimentos vultosos, ao abrigo daqueles atos.

5. Esta Corte Superior de Justiça já decidiu, seguindo diretriz judicante capitaneada pelo eminente Ministro BENEDITO GONÇALVES, que, aprovado e licenciado pelo Poder Público competente, o projeto para construção de empreendimento, em obediência à legislação correspondente e às normas técnicas aplicáveis – conforme se deu no presente caso – a licença então concedida trará a presunção de legitimidade e definitividade.[15]

Como se vê, o Poder Judiciário preza, nos julgados acima colacionados, pela proteção à segurança jurídica dos administrados, assegurando o direito a construir com fundamento em licença regularmente expedida.

Caso sobrevenha qualquer razão de interesse público que justifique a revogação da licença, será necessário expropriar o

direito de construir adquirido nos termos da lei antiga, a fim de que o prejudicado receba prévia e justa indenização pelo sacrifício de seu direito. [...] *Licença válida gera direito adquirido. Sua supressão ulterior só pode efetivar-se mediante expropriação, que é a via constitucional prevista para a conversão de um direito em seu sucedâneo patrimonial.*[16] [17]

---

[14] Primeira Turma. REsp nº 1.011.581/RS. Rel. Min. Teori Albino Zavascki. *DJe*, 20 ago. 2008.

[15] REsp nº 119.3474/SP. Rel. Min. Napoleão Nunes Maia Filho. *DJe*, 4 ago. 2014.

[16] MEIRELLES, Hely Lopes. Licença para construção – Revogação – Desapropriação. *RDA*, v. 138, 321.

[17] Esse é o entendimento de Ricardo Marcondes Martins, que ensina os traços gerais para extinção das licenças urbanísticas: "a doutrina, sem grandes divergências, fixou o seguinte regime para as licenças urbanísticas de construção: (1) tratando-se de licença, impossível a revogação, ou seja, extinção por motivo de conveniência e oportunidade da Administração; (2) se foi deferida em desconformidade com a ordem jurídica, ou seja,

O objeto do presente artigo, contudo, é um pouco diverso.

Não estamos tratando de revogação ou declaração de caducidade de uma licença, mas, sim, do direito à prorrogação de uma licença, cujo prazo já tenha se expirado, no caso de alteração da legislação aplicável. Em casos como esse e considerando as notas sobre o regime jurídico das limitações administrativas trazidas no tópico anterior, a municipalidade teria discricionariedade para ou seria obrigada a, em face da alteração da legislação aplicável à região da construção, indeferir o pedido de prorrogação apresentado pelo administrado?

Considere-se, por exemplo, um caso concreto no qual uma licença para construção de um condomínio residencial tenha sido concedida por um curto prazo de validade, que seja claramente insuficiente para a conclusão da obra que é seu objeto. Essa situação, por si só, já seria suficiente, a nosso ver, para gerar uma legítima expectativa no administrado de que, mantido o projeto inicial, a licença seria renovada pela quantidade de vezes necessárias à conclusão da construção, dentro de um prazo razoável.

A proteção da confiança legítima decorre do princípio constitucional da segurança jurídica e do princípio da boa-fé objetiva, capitulado no inc. IV, parágrafo único, art. 2º da Lei nº 9.784/99,[18] o qual "implica em um *dever de coerência do comportamento*, que consiste na necessidade de observar no futuro a conduta que os atos anteriores faziam prever".[19]

---

se inexistia o direito que declarou existir, é passível de invalidação, mas é devida uma indenização ao administrado se este não concorreu para o vício; (3) se não houve vício, mas alteração legislativa incompatível com a licença expedida, ou se o interesse público exigir, e se ainda não foi iniciada a obra, é possível a extinção da licença (decaimento ou caducidade), mediante o pagamento de uma indenização (*rectius*; ressarcimento) ao administrado; (4) ainda, se não houve vício, mas alteração legislativa incompatível com a licença expedida, ou se o interesse público exigir, e se já foi iniciada a obra, prevalece na doutrina que a extinção da licença deve dar-se por desapropriação" (MARTINS, Ricardo Marcondes. *Estudos de direito administrativo neoconstitucional*. São Paulo: Malheiros, 2015. p. 255). O que não admitimos é a chamada "revogação expropriatória" da licença, na verdade um ato ilegal por desobedecer aos limites da revogação dos atos administrativos, que não pode ter como objeto atos vinculados ou direitos adquiridos, devendo se for o caso ser adotado o processo regular da desapropriação do Decreto-Lei nº 3.365/41.

[18] "Art. 2º A Administração Pública obedecerá, dentre outros, aos princípios da legalidade, finalidade, motivação, razoabilidade, proporcionalidade, moralidade, ampla defesa, contraditório, segurança jurídica, interesse público e eficiência. Parágrafo único. Nos processos administrativos serão observados, entre outros, os critérios de: [...] IV – atuação segundo padrões éticos de probidade, decoro e boa-fé".

[19] ARAGÃO, Alexandre Santos de. Teoria dos atos próprios e taxa regulatória. *Revista de Direito da Procuradoria Geral do Estado do Rio de Janeiro*, v. 56. Parecer.

Trata-se, assim, de um instrumento de tutela da segurança jurídica e das legítimas expectativas suscitadas no administrado pela Administração Pública, vinculando-a, por conseguinte, às suas condutas precedentes, correspondendo, dessa forma, às expectativas geradas com o seu comportamento.

Reconhece-se, com efeito, que

> um empreendedor não pode de maneira alguma operar se ele não puder ter um mínimo de confiança no Estado. As expectativas legítimas compelem a Administração a ser confiável, uma vez que o indivíduo não tem outra escolha, a não ser confiar nela ao desenvolver as suas atividades.[20]

A segurança jurídica é um dos pilares do Estado Democrático de Direito, exigindo do Estado não só a observância do direito adquirido, do ato jurídico perfeito e da coisa julgada, nos termos do art. 5º, XXXVI, da Constituição Federal, mas também a proteção da confiança legítima dos administrados,[21] impondo, dessa forma, a *previsibilidade e estabilidade* das ações e comportamentos estatais.

Nesse sentido, se a municipalidade entendeu, em determinado momento, que a construção de determinada construção atendia aos requisitos legais, negar a prorrogação do prazo da licença, desde que fundamentada e compatível com o prazo natural de construções semelhantes, equivaleria à revogação da licença.

Toshio Mukai, em sentido semelhante, afirma:

> uma lei que venha a modificar o zoneamento existente pode encontrar alguém que, tendo obtido alvará de construção ao tempo da lei anterior, *tenha iniciado a construção antes do advento da nova lei*; supondo-se que a alteração promovida pela lei nova implique a mudança da zona, ainda assim, nessa hipótese, haverá direito adquirido do proprietário de levantar sua construção até o final.[22]

---

[20] THOMAS, Robert. *Legitimate expectations and proportionality in administrative law*. Oxford; Oregon: Hart Publishing, 2000. p. 45.

[21] Cf. SILVA, Almiro Couto e. O princípio da segurança jurídica (proteção à confiança) no direito público brasileiro e o direito da Administração Pública de anular seus próprios atos administrativos: o prazo decadencial do art. 54 da Lei do Processo Administrativo da União (Lei nº 9.784/99). *Revista Eletrônica de Direito do Estado – REDE*, n. 2, abr./jun. 2005; BAPTISTA, Patrícia Ferreira. A tutela da confiança legítima como limite ao exercício do poder normativo da Administração Pública – A proteção às expectativas legítimas dos cidadãos como limite à retroatividade normativa. *Revista de Direito do Estado*, n. 3, jul./set. 2006.

[22] MUKAI, Toshio. *Direito urbano e ambiental*. 3. ed. Belo Horizonte: Fórum, 2006. p. 346.

O autor, contudo, não faz menção expressa ao direito à prorrogação e se refere à jurisprudência, já citada acima, sobre a impossibilidade de *revogação* de licença de obras.

Diogo de Figueiredo Moreira Neto, por sua vez, trata especificamente do assunto, defendendo que *a prorrogação da licença de obras é um direito do administrado, desde que a obra seja iniciada dentro do prazo*: "se não foi iniciada dentro do prazo, não há direito a prorrogação, mas poderá ser pedida sua *renovação*, sujeitando-se, neste caso, o requerente à satisfação das novas condições legais, que estiverem em vigor à época da renovação".[23]

Veja-se que o autor faz uma diferenciação entre a prorrogação e a renovação de uma licença de obras. A primeira garantiria ao administrado a manutenção de todas as condições da licença original, desde que a obra tenha sido iniciada dentro do prazo inicial por ela previsto. Já a segunda seria aplicável aos casos em que a obra não tenha sido iniciada e, em vista disso, o licenciamento seria submetido aos novos parâmetros urbanísticos vigentes no momento do requerimento.

O Tribunal de Justiça de Minas Gerais, encampando esse entendimento, já decidiu em 2015 que o indeferimento de pedido de renovação de licença de construção, ainda que com fundamento na alteração dos parâmetros urbanísticos, constitui ato abusivo da municipalidade, violador de direito líquido e certo do administrado:

ADMINISTRATIVO – MANDADO DE SEGURANÇA – ALVARÁ DE CONSTRUÇÃO – RENOVAÇÃO – NEGATIVA DO MUNICÍPIO FUNDADA EM CRITÉRIOS ALTERADOS PELA LEI Nº 9.725/2009 (CÓDIGO DE EDIFICAÇÕES) – ABUSIVIDADE – PRESERVAÇÃO DO ATO JURÍDICO PERFEITO E DA SEGURANÇA JURÍDICA – DIREITO LÍQUIDO E CERTO CONFIGURADO – SEGURANÇA CONCEDIDA – SENTENÇA CONFIRMADA. Ofende direito líquido e certo do impetrante o ato do Poder Público que lhe nega a revalidação do Alvará de Construção, uma vez que as disposições da Lei nº 9.725/2009 (Código de Edificações do Município de Belo Horizonte) não podem ser aplicadas a situação já consolidada sob a égide da norma anterior, pena de ofensa ao ato jurídico perfeito e à segurança jurídica, cuja abusividade é passível de correção pela via mandamental.[24]

---

[23] MOREIRA NETO, Diogo de Figueiredo. *Curso de direito administrativo*. Rio de Janeiro: Forense, 2014. p. 519.

[24] TJ-MG, 6ª Câmara Cível. AC nº 10024140032814001/MG. Rel. Edilson Fernandes. Julg 10.3.2015. Public. 20.3.2015. No mesmo sentido: "MANDADO DE SEGURANÇA. DIREITO

No precedente supracitado, foi assegurada a renovação da licença nos termos da legislação anterior, sob o argumento de que a aplicação da lei nova feriria direito adquirido do impetrante. Em seu voto, o Desembargador-Relator Edilson Fernandes afirmou:

> Embora o ato administrativo impugnado seja fundamentado no Poder de Polícia inerente à fiscalização administrativa, nas peculiaridades do caso concreto a pretensão do impetrante merece provimento jurisdicional, pois *à época da obtenção do Alvará de Construção em comento vigorava o Decreto Municipal nº 84/1940, o qual mesmo dispondo sobre o prazo de validade por até dezoito meses, não impunha limite ao pedido de sua renovação (artigo 13).* [...] *Preenchidos os requisitos estabelecidos em lei vigente à época da concessão do alvará de construção, a licença deve ser concedida, pois se trata de direito do impetrante (proprietários do imóvel), em que a Administração não realiza juízo de conveniência e oportunidade, tratando-se, ao contrário, de ato vinculado.*

Esse entendimento está em linha com a *natureza essencialmente definitiva* da licença de obras, conforme ensina José Afonso da Silva. De acordo com esse autor:

> quando se alude a um "prazo de vigência da licença", há de se entender isso no sentido de que seu titular dispõe de um período de tempo para sua utilização; desde que isso aconteça, ela perdurará para sempre regendo o exercício do direito de construir *in concreto*, até a conclusão da edificação; a menos que haja a interrupção prolongada, que, na forma prevista em lei, poderá gerar sua caducidade.[25]

Há, contudo, decisão judicial do Tribunal de Justiça de Santa Catarina em sentido contrário:

ADMINISTRATIVO. *ALVARÁ DE CONSTRUÇÃO. RENOVAÇÃO. ATO JURÍDICO PERFEITO. SEGURANÇA JURÍDICA.* PRESENÇA DOS REQUISITOS AUTORIZADORES DA LIMINAR. – [...]. – *Frente à lei inovadora, que é o caso da Lei municipal nº 9.725/2009, o ato jurídico perfeito, o direito adquirido e a coisa julgada podem ser confrontados de maneira a assegurar que situações pretéritas mantenham-se inalteradas, posto que consolidadas no âmbito da ordem legal anterior.* – Verifica-se o *fumus boni iuris*, pela plausibilidade jurídica nos fundamentos que sustentam a afronta ao direito líquido e certo, notadamente, infringe os princípios da segurança jurídica e do ato jurídico perfeito, enquanto cláusulas constitucionais pétreas. – O *periculum in mora* caracteriza-se pela necessidade imediata do alvará, para prosseguimento da obra, visto que as unidades em construção foram quase todas vendidas, fazendo-se necessário o pronto término da edificação, posto que os compradores têm expectativa de receber os seus imóveis" (TJ-MG. AI nº 1.0024.13.335745-9/001. Rel. Des. Duarte de Paula, *DJe*, 10 jun. 2014).

[25] SILVA, José Afonso da. *Direito urbanístico brasileiro*. 6. ed. São Paulo: Malheiros, 2010. p. 444.

ADMINISTRATIVO – RENOVAÇÃO DE ALVARÁ PARA CONSTRUÇÃO – NEGATIVA DE FORNECIMENTO EM RAZÃO DA ALTERAÇÃO NA LEGISLAÇÃO MUNICIPAL – AUSÊNCIA DE DIREITO LÍQUIDO E CERTO – PROVA PRÉ-CONSTITUÍDA – DESPROVIMENTO DO APELO. "O início da obra gera direito adquirido à sua continuidade pela legislação em que foi aprovado o projeto, e, mais que isso, o só ingresso do projeto em conformidade com a legislação vigente assegura ao requerente a sua aplicação [...]. Todavia, se houver prazo legal para a conclusão da obra e esta, embora aprovada e iniciada tempestivamente, não se concluir na vigência da licença, o primeiro alvará somente poderá ser renovado com adaptação da construção às novas imposições legais." (RMS n. 7.882/SE, Min. William Patterson, DJU n. 75, 22/04/97, p. 14.456).[26]

Em nossa opinião, há, como regra, direito à prorrogação da licença de construção sem nova análise da compatibilidade da obra pretendida com a legislação urbanística vigente no momento do pedido de prorrogação, desde que o projeto não tenha sido alterado, que a obra tenha sido iniciada e que o prazo inicial da licença não seja factível para a conclusão da obra licenciada, já sendo desde o seu início natural se esperar uma prorrogação, por exemplo, se a licença havia sido deferida por um ano para a construção de um grade empreendimento, com dezenas de pavimentos. Há de ser assegurado um prazo no todo razoável à conclusão da obra, sem que o particular, depois de fazer todos os investimentos na obra por um ano, seja surpreendido por uma nova legislação, tendo talvez que modificar todo o seu projeto, o que até mesmo pode alterar toda a modelagem e equilíbrio econômico que havia planejado para seu empreendimento quando do seu início e deferimento da licença.

IV   Conclusão

Em se tratando de uma atividade limitadora de direitos, o exercício do poder de polícia sobre as construções deve ser sempre fundamentado na ponderação entre direitos fundamentais e

---

[26] TJ-SC. Apelação Cível em Mandado de Segurança – MS nº 205567 SC 2000.020556-7. Public. 19.6.2001.

observar, entre outras coisas, os princípios da proporcionalidade e da segurança jurídica.

Com fundamento no entendimento jurisprudencial e doutrinário esposado neste artigo, uma vez iniciadas as obras, o licenciado tem direito adquirido à construção nos termos deferidos no alvará concedido.

O direito à prorrogação dessa licença, por sua vez, existirá, em regra, nos casos em que se demonstrar que o prazo inicialmente concedido para a conclusão da obra era exíguo, isto é, claramente insuficiente para a conclusão da edificação pretendida. Isso porque, em casos como esse, podia legitimamente o administrado esperar, à luz do princípio da segurança jurídica, que seriam mantidas as condições de licenciamento nas prorrogações futuras e necessárias à conclusão da obra.

Referências

ARAGÃO, Alexandre Santos de. *Curso de direito administrativo*. 2. ed. Rio de Janeiro: Forense, 2013.

ARAGÃO, Alexandre Santos de. Teoria dos atos próprios e taxa regulatória. *Revista de Direito da Procuradoria Geral do Estado do Rio de Janeiro*, v. 56. Parecer.

BANDEIRA DE MELLO, Celso Antônio. *Curso de direito administrativo*. 26. ed. São Paulo: Malheiros, 2008.

MEIRELLES, Hely Lopes. Licença para construção – Revogação – Desapropriação. *RDA*, v. 138, 321.

BAPTISTA, Patrícia Ferreira. A tutela da confiança legítima como limite ao exercício do poder normativo da Administração Pública – A proteção às expectativas legítimas dos cidadãos como limite à retroatividade normativa. *Revista de Direito do Estado*, n. 3, jul./ set. 2006.

BARROSO, Luís Roberto. *Interpretação e aplicação da Constituição*. São Paulo: Saraiva, 1996.

CAVALCANTI, Themístocles Brandão. *Tratado de direito administrativo*. São Paulo; Rio de Janeiro: Freitas Bastos, 1956. v. 3.

MARTINS, Ricardo Marcondes. *Estudos de direito administrativo neoconstitucional*. São Paulo: Malheiros, 2015.

MEDAUAR, Odete. *Direito administrativo moderno*. 16. ed. São Paulo: Revista dos Tribunais, 2012.

MEIRELLES, Hely Lopes. *Direito de construir*. São Paulo: Malheiros, 2011.

MOREIRA NETO, Diogo de Figueiredo. *Curso de direito administrativo*. Rio de Janeiro: Forense, 2014.

MUKAI, Toshio. *Direito urbano e ambiental*. 3. ed. Belo Horizonte: Fórum, 2006.

SCHIRATO, Vitor Rhein. O poder de polícia é discricionário? In: MEDAUAR, Odete; SCHIRATO, Vitor Rhein (Coord.). *Poder de polícia na atualidade*. São Paulo: Fórum, 2014.

SILVA, Almiro Couto e. O princípio da segurança jurídica (proteção à confiança) no direito público brasileiro e o direito da Administração Pública de anular seus próprios atos administrativos: o prazo decadencial do art. 54 da Lei do Processo Administrativo da União (Lei nº 9.784/99). *Revista Eletrônica de Direito do Estado – REDE*, n. 2, abr./jun. 2005.

SILVA, José Afonso da. *Direito urbanístico brasileiro*. 6. ed. São Paulo: Malheiros, 2010.

THOMAS, Robert. *Legitimate expectations and proportionality in administrative law*. Oxford; Oregon: Hart Publishing, 2000.

Informação bibliográfica deste texto, conforme a NBR 6023:2002 da Associação Brasileira de Normas Técnicas (ABNT):

ARAGÃO, Alexandre Santos de; FIDALGO, Carolina Barros. Algumas notas sobre o direito à prorrogação de licenças para construir. *In*: CÂMARA, Alexandre Freitas; PIRES, Adilson Rodrigues; MARÇAL, Thaís Boia (Coords.). *Estudos de direito administrativo em homenagem ao professor Jessé Torres Pereira Junior*. Belo Horizonte: Fórum, 2016. p. 49-63. ISBN 978-85-450-0166-9.

O NOVO MODELO DE CONTROLE DE CONTROLE DE CONSTITUCIONALIDADE NA FRANÇA – A QUESTÃO PRIORITÁRIA DE CONSTITUCIONALIDADE (QPC)

Carlos Roberto Siqueira Castro

I Introdução

Tradicionalmente, segundo o modelo inaugurado pela Constituição da 5ª República de 1958, o sistema francês de jurisdição constitucional não comportava o controle de constitucionalidade das leis e dos atos normativos de tipo *repressivo* ou *a posteriori*. Nesse sentido, apenas o controle de natureza preventivo ou *a priori*, incidente no processo de formação das leis no âmbito da Assembleia Nacional, era passível de ser exercido. Tal se deve, por certo, ao histórico apego à proeminência parlamentar e ao absolutismo das leis que desde a revolução francesa informa o funcionamento das instituições políticas naquela nação que foi berço do iluminismo. Bem por isso, tão somente restou previsto na atual Constituição da França o mecanismo de controle preventivo de constitucionalidade dos atos de feição legislativa, denominado *controle préalable*, de início incidente apenas sobre a produção das leis orgânicas e dos regulamentos das assembleias parlamentares, tudo nos termos do art. 61, ao dispor:

> As leis orgânicas, antes da sua promulgação, e os regulamentos das Assembleias parlamentares, antes de se tornarem efetivas, devem ser submetidas ao Conselho Constitucional, que se pronunciará sobre sua conformidade à Constituição (*Les lois organique; avant leur promulgation, et les règlements des Assemblées parlamantaires, avant leur mise en application; doivent être soumis au Conseil constitutionnel qui se prononce sur leur conformité à la Constitution*).

Posteriormente, por força da reforma da Constituição introduzida pela *Loi constitutionnelle* nº 74-904, de 29.10.1974, as leis ordinárias também se tornaram suscetíveis ao exame prévio do Conselho Constitucional, desde que observado o quórum de iniciativa da proposição estabelecida na redação acrescida ao mesmo art. 61 da Constituição, nos termos seguintes:

> Do mesmo modo, as leis podem ser submetidas ao Conselho Constitucional antes da sua promulgação, pelo Presidente da República, pelo Primeiro Ministro, pelo Presidente da Assembleia Nacional, pelo Presidente do Senado ou por sessenta deputados ou sessenta senadores (*Aux mêmes fins, les lois peuvent être déférées au Conseil constitutitionnel avant leur promulgation, par le Président de la République; le Premier Ministre, le président de l'Assemblée Nationale, le président du Sénat ou soixante députés ou soixante sénateurs*).

Assim, mediante provocação do Presidente da República, do Primeiro Ministro, do Presidente da Assembleia Nacional, do Presidente do Senado ou de sessenta deputados ou sessenta senadores, o Conselho Constitucional poderá apreciar, em caráter preventivo, ou seja, no âmbito de um processo legislativo em curso, a conformidade à Constituição da lei ainda em formação. Em seguida, ajunta essa mesma disposição constitucional:

> Nos casos previstos nas duas alíneas precedentes, o Conselho Constitucional deverá deliberar no prazo de um mês. Entretanto, a pedido do governo, se houver urgência, este prazo poderá ser reduzido para oito dias. Nesse caso, a convocação do Conselho Constitucional suspende o prazo de promulgação (*Dans les cas prévus aux deux alinéas précédents, le Conseil constitutionnel doit statuer dans le délai d'un mois. Toutefois, à la demande du gouvernement, s'il y a urgence, ce délai est ramené à huit jours. Dans ces mêmes cas, la saisine du Conseil constitutionnel suspend le délai de promulgation*).

Com efeito, o sistema constitucional francês foi sempre refratário à ideia de controle dito *repressivo* ou *a posteriori* das leis após a sua promulgação e início de vigência. A adesão ao princípio da supremacia parlamentar e da proeminência das casas de representação política, na esteira do pensamento de Rousseau, impedia a desconsideração da validade das leis por órgãos estranhos ao Poder Legislativo. Em verdade, razões históricas e até mesmo preconceitos da psicologia política contrários ao controle externo dos órgãos de representação popular se opuseram à ideia de um controle extraparlamentar da atividade legislativa, no que respeita especialmente à perspectiva de invalidação das leis e atos legislativos em geral aprovados pelo Parlamento. Prevaleceu sempre, desde a revolução de 1789, um enraizado desconforto em face das instituições judiciárias, desconfiança essa que provinha do papel antipopular desempenhado pelos Parlamentos Judiciários do Antigo Regime (*Parlements Judiciaires de l'Ancien Régme*). Bem por isso, o art. 6º da Declaração Universal dos Direitos do Homem e do Cidadão, promulgada pela Assembleia Nacional Francesa em 1789, deixou estabelecida a premissa maior de que "a lei é a expressão da vontade geral" (*la loi est l'expression de la volonté générale*). O postulado da incontrastabilidade da lei tornou-se, assim, o âmago nuclear da concepção francesa de separação de poderes, esta a sua vez alçada pelo art. 16 da mesma declaração, juntamente com os direitos do homem, em elemento essencial do Estado Constitucional, com a solene advertência: "toda sociedade na qual a garantia dos direitos não for assegura, nem a separação de poderes determinada, não tem constituição" (*Toute société dans laquelle la garantie des droits n'est pas assurée, ni la séparation de pouvoir déterminée, n'a point de constitution*). Essa *concepção francesa de separação de poderes calcada na supremacia da lei enquanto expressão da vontade geral da nação*, segundo a expressão utilizada por Michel Troper,[1] gerou a indisposição histórica de se adotar o instrumento da revisão judicial como meio de controle da validade constitucional das leis. Como bem elucida Didier Maus, essa desconfiança histórica por certo impediu que a questão do controle de constitucionalidade das leis, diferentemente do que se passou nos Estados Unidos da América, se transformasse num tema central do direito público francês:

> la méfiance envers l'institutions judiciaire en tant que telle, le refus d'une médiation sociale à travers la justice, les volontés politiques successives de réaliser de profondes transformations législatives, la peur du « gouvernement des juges, la présence d'un fort courant politique à vocation révolutionaire [...] ont fait que la question de l'établissement

---

[1] TROPER, Michel. *La séparation des pouvoirs et l'histoire constitutionnelle française*. Paris: LGDJ, 1973 e TROPER, Michel. *La séparation des pouvoirs et l'histoire constitutionnelle française*. 2. ed. Paris: LGDJ, 1980.

d'un controle de constitutionnalité de la loi n'a pas constitué l'un des thèmes essentiels des grands débats constitutionnels français.[2]

II A criação do Conselho Constitucional

Em realidade, a criação do Conselho Constitucional pela Constituição da 5ª República na França, em 1958, não teve por objetivo instituir um órgão de feição jurisdicional para inaugurar e exercer a prática do controle de constitucionalidade das leis, o que seria contrário à tradição do sistema político e do direito público francês. Longe disso. A previsão do Conselho Constitucional deveu-se à intenção proclamada pelo constituinte francês de limitar as competências do Poder Legislativo (Assembleia Nacional e Senado) e, desse modo, enquadrar, controlar e pôr fim ao arbítrio parlamentar que tanto perturbou e comprometeu a vigência das constituições antecedentes, notadamente os estatutos políticos das 3ª e 4ª Repúblicas, promulgados respectivamente em 1875 e 1946. Mas isto, porém, sem judicializar o controle da conformidade das leis ao texto da Constituição, o que pode parecer contraditório em um primeiro exame. Veja-se, a propósito, a exposição doutrinária de Dominique Rousseau:

> La création, en 1958, du Conseil constitutionnel repose sur une intention claire: mettre fin à l'arbitraire et à l'hégémonie du Parlement. Mais elle se heurte aussitôt à une autre intention, tout aussi clairment exprimée: éviter d'instaurer une véritable juridiction constitutionnelle; contraire à la tradition politique française. De ces deux volontés contradictoires, naît ainsi un Conseil dont on attend qu'il maintienne le législateur dans le nouveau cadre, limité, de ses attributions (A) sans pour autant lui reconnaître expressément un controle général de la constitutionnalité des lois (B).[3]

Essa visão antiparlamentarista do constituinte francês de 1958 resultou na previsão expressa na Constituição de 1958 de

---

[2] MAUS, Didier. Les origines: avant 1958, l'impossible controle de constitutionnalité In: VERPEAUX, Michel; BONNARD, Maryonne (Dir.). *Le Conseil Constitutionnel*. Paris: La Documentation Française, 2007. Coleção Les Études de la Documentation Française.

[3] ROUSSEAU, Dominique. *Droit du Constentieux Constitutionnel*. 8. ed. Paris: Montchrestien, 2008. p. 45 e ss.

vários mecanismos destinados a coibir os abusos e desvios da função parlamentar, a exemplo da enunciação minuciosa dos regramentos aplicáveis às assembleias da representação política e ao processo legislativo (*Règlements des Assembléees*) (arts. 24 a 51); ao fortalecimento das funções do Presidente da República e do Governo de Gabinete (arts. 5º a 23); à obrigação do voto pessoal dos deputados e senadores (art. 27); à incompatibilidade das funções ministeriais com o exercício do mandato parlamentar (art. 23); à regulamentação da dissolução do Parlamento pelo Presidente da República (art. 12); à disciplina da moção de censura ao Governo por parte da Assembleia Nacional (art. 49); à demarcação entre os campos das matérias sujeitas à deliberação legislativa e aquelas sujeitas à esfera do poder regulamentar do Executivo (arts. 34 e 37); e, por certo, à criação do Conselho Constitucional (arts. 56 a 63). Essa determinação constituinte no sentido de estabelecer o controle da atividade parlamentar bem explica a previsão do controle prévio e compulsório, a cargo do *Conseil Constitutionnel*, incidente na fase do processo legislativo, incialmente sobre as leis orgânicas e os regulamentos das Assembleias e, posteriormente, sobre as leis ordinárias, de qualquer modo antes que pudessem ser promulgados e entrar em vigor (art. 61).

III   A reforma constitucional de 2008

Por esse conjunto de razões históricas, só muito recentemente, no ano de 2008, após 40 anos de vigência da Constituição de 1958, e mesmo assim após acalorada discussão parlamentar e no meio acadêmico da França, tornou-se possível a adoção de um mecanismo de controle de constitucionalidade das leis, já agora de feição concentrada e enfeixado nas mãos do Conselho Constitucional, ao qual já competia o controle preventivo (*a priori*) e não repressivo (*a posteriori*) de constitucionalidade dos atos legislativos. Enfim, desde a Revolução Francesa de 1789, foi preciso mais de dois séculos de evolução institucional para a França amoldar-se ao padrão das Cortes Constitucionais europeias que prevaleceu após a Segunda Guerra Mundial, a exemplo dos protótipos vigorantes na Alemanha, Itália, Espanha e

Portugal, entre outros. Na visão do constitucionalismo francês, tal representou uma verdadeira revolução no modo de funcionamento das instituições políticas, ao passar a confiar de forma exclusiva, a um órgão de natureza mais política que judicial, inteiramente autônomo e independente dos demais poderes orgânicos da soberania (notadamente independente do Poder Legislativo), a função exponencial de proferir julgamentos *judiciariformes* e dar a última e definitiva palavra acerca da constitucionalidade das leis. Assim é que, por força da reforma constitucional implementada pela *Loi Constitutionnel* de 23.7.2008, foi acrescentado ao texto da Constituição da 5ª República a disposição constante do art. 61-1, estabelecendo a previsão da denominada *questão prioritária de constitucionalidade* (*question prioritaire de constitutionnalité*), que ficou conhecida pela sigla *QPC*, com o teor seguinte:

> Quando, por ocasião de um processo em curso perante uma jurisdição [administrativa ou judiciária], for sustentado que uma disposição legislativa viole direitos e liberdades garantidos pela Constituição, o Conselho Constitucional poderá ser chamado a apreciar tal questão mediante iniciativa do Conselho de Estado ou da Corte de Cassação, o qual se pronunciará dentro de um prazo determinado. Uma lei orgânica determinará as condições de aplicação do presente artigo (*Lorsque; à l'occasion d'une instance en cours devant une juridiction, il est soutenu qu'une disposition législative porte atteinte aux droits et libertés que la Constitution garantit, le Conseil constitutionnel peut être saisi de cette question sur renvoi du Conseil d'Etat ou de la Cour de cassation qui se prononce dans un délai déterminé. Une loi organique détermine les conditions d'application du présente article*).

Em seguida, o art. 62, de igual modo alterado pela reforma constitucional de 2008, dispõe:

> Uma disposição declarada inconstitucional sob o fundamento do artigo 61 não poderá ser promulgada nem posta em aplicação. Uma disposição declarada inconstitucional sob o fundamento do artigo 61-1 é considerada ab-rogada a contar da publicação da decisão do Conselho Constitucional ou de uma data posterior fixada por essa decisão. O Conselho Constitucional determinará as condições e limites com relação aos efeitos jurídicos já produzidos pela norma declarada inconstitucional. As decisões do Conselho Constitucional não são suscetíveis de recurso e são oponíveis aos Poderes Públicos e a todas as autoridades administrativas e judiciais (*Une disposition déclarée*

inconstitutionnelle sur le fondement de l'article 61 ne peut être promulguée ni mise en application. Une disposition déclarée inconstitutionnelle sur le fondement de l'article 61-1 est abrogée à compter de la publication de la décision du Conseil constitutionnel ou d'une date ultérieur fixée par cette décision. Le Conseil Constitutionnel détermine les conditions et limites dans lesquelles les effets que la disposition a produits sont susceptibles d'être remis en cause. Les décision du Conseil constitutionnel ne sont susceptibles d'aucun recours. Elles s'imposent aux pouvoirs publics et à toutes les autorités administratives et juridictionnelles).

Finalmente, concluindo a disciplina constitucional dessa instituição de cada vez mais crescente importância criada pelo constituinte de 1958, preceitua o art. 63:

Uma lei orgânica determinara as regras de organização e de funcionamento do Conselho Constitucional, os procedimentos a serem observados e notadamente os prazos aplicáveis à apresentação de contestações (*Une loi organique détermine les règles d'organisation et de fonctionement du Conseil constitutionnel, la procédure qui est suivie devant lui et notamment les d'elais ouverts pour le saisir de contestations*).

A normativa supralegal concernente ao Conselho Constitucional, tal qual previsto no art. 63 acima transcrito, foi regulamentada pela Lei Orgânica nº 2009-1523, de 10.12.2009, que dispôs sobre os requisitos e procedimentos aplicáveis ao nível das instâncias ordinárias e perante o Conselho de Estado e a Corte de Cassação, por ocasião da provocação da questão prioritária de constitucionalidade perante essas duas instituições de cúpula, respectivamente da ordem administrativa e da ordem judiciária do sistema constitucional francês, o qual remonta à era napoleônica, como também sobre as normas procedimentais regentes do processo e julgamento da QPC já no âmbito do Conselho Constitucional. Por sua vez, essa *loi organique* restou regulamentada pelo Decreto do Presidente da República nº 2010-148, de 10.12.2009. Além disso, a matéria foi objeto de uma regulamentação interna editada por deliberação do próprio Conselho Constitucional, denominada *Règlement Intérieur du Conseil Constitutionnel*, de 4.2.2010. Releva notar, com efeito, que com a introdução desse novo modelo de controle de constitucionalidade o Conselho Constitucional investiu-se na prerrogativa de guardião por excelência da supremacia da Constituição, passando a ombrear-se com a experiência das prestigiosas Cortes Constitucionais europeias, segundo o modelo imaginado por Hans Kelsen na primeira metade do século passado e simbolizado na Constituição da Áustria de 1º.10.1920, elaborada sob sua inspiração e influência. Segundo esse paradigma, idealizado por Kelsen em seu festejado artigo sob o título *Qui doit être le guardian de la Constitution?*, essa função só pode ser exercida em caráter de exclusividade por um tribunal especialmente concebido para esse fim e dedicado a proferir julgamentos constitucionais. Trata-se, em síntese, de órgãos colegiados aos quais é atribuído o monopólio do exercício da jurisdição constitucional, a exemplo do Tribunal Constitucional Federal alemão, previsto na Constituição da Alemanha de 1949, da Corte Constitucional italiana, prevista na Constituição da Itália de 1947, do Tribunal de Garantias Constitucionais, previsto na Constituição de Portugal de 1976, do Tribunal Constitucional espanhol, previsto na Constituição da Espanha de 1978 e, já agora, do Conselho Constitucional da França, instituído pela Emenda Constitucional de 23.7.2008.

Dada a extensão e minudência dessas regras de organização e procedimento, considerei útil sistematizar a disciplina legal da *questão prioritária de constitucionalidade* em itens temáticos, a saber: (i) o conceito de *bloco de constitucionalidade* vigente na França e no Brasil; (ii) o modelo francês de exceção de inconstitucionalidade, diferenças e semelhanças com relação ao modelo brasileiro; (iii) a exceção de convencionalidade no sistema comunitário europeu e francês; (iv) o *sistema de filtros* vigente na França; (v) os órgãos e instâncias administrativas e judiciais perante os quais pode ser suscitada uma QPC; (vi) os requisitos de admissibilidade da QPC; (vii) o papel dos advogados na provocação da QPC; (viii) o procedimento aplicável perante as instâncias ordinárias; (ix) o procedimento aplicável perante o Conselho de Estado e a Corte de Cassação; (x) o procedimento aplicável perante o Conselho Constitucional; (xi) a jurisprudência ilustrativa do Conselho Constitucional.

IV   O conceito de *bloco de constitucionalidade* vigente na França e no Brasil

Primeiramente, é importante ressaltar a diferença conceitual, no plano do direito formal e material constitucional, do sentido e alcance do *bloco de constitucionalidade* prevalente na França e no Brasil. Ou seja: cuida-se de identificar o que são, no Brasil e na França, normas constitucionais alçadas a paradigma *supralegal* para o controle de constitucionalidade. No Brasil, a ordem constitucional consiste na Constituição promulgada em 5.10.1988, aí incluídas a parte dita permanente e o Ato das Disposições Constitucionais Transitórias (ADCT), além das sucessivas emendas introduzidas pelo poder constituinte derivado, ao todo 6 (seis) emendas ditas de *revisão* (promulgadas com base no art. 3º do ADCT) e mais 88 (oitenta e oito) emendas constitucionais promulgadas até a presente data, que podem ter natureza supressiva, aditiva ou modificativa do nosso estatuto supremo. Destarte, o direito positivo constitucional abrange em nosso país as normas e princípios editados pelo poder constituinte originário e pelo poder constituinte derivado, conforme interpretadas e aplicadas pelo Supremo Tribunal Federal que, por imperativo do art. 102 da Lei Maior, está investido na função de guardião e intérprete final e conclusivo do sentido e alcance das normas constitucionais. Assim, para fins de parâmetro do controle de constitucionalidade, compõem o bloco de constitucionalidade em nosso país os diversos títulos, capítulos e seções do texto da Constituição, que tematicamente se decompõem nos princípios fundamentais (arts. 1 a 4), os direitos e garantias fundamentais, aí incluídos os direitos e deveres individuais e coletivos (art. 5º), os direitos sociais (art. 6º a 11), a nacionalidade (arts. 12 e 13), os direitos políticos (arts. 14 a 16), os partidos políticos (art. 17), o Título III referente à organização do Estado (arts. 18 a 43), o Título IV, referente à organização dos poderes (arts. 44 a 135), o Título V, referente à Defesa do Estado e das Instituições Democráticas (art. 136 a 144), o Título VI, referente à Tributação e ao Orçamento (art. 145 a 169), o Título VII, referente à Ordem Econômica e Financeira (art. 170 a 192), o Título VIII, referente à Ordem Social (art. 193 a 232), o Título IX, referente às Disposições Gerais (arts. 233 a 250), além do Ato das Disposições Constitucionais Transitórias, contendo 97 artigos, tudo acrescido das 6 (seis) emendas constitucionais de revisão, editadas com base no art. 3º do Ato das Disposições Constitucionais Transitórias (ADCT), e mais as 88 (oitenta e oito) emendas constitucionais, estas últimas editadas pelo poder constituinte derivado, com supedâneo no art. 60 da Constituição. Esse conjunto de regras constitucionais compreende mais de 5 (cinco) centenas de artigos, muitos deles decompostos em parágrafos, incisos e alíneas. Trata-se, enfim, de uma das mais extensas e analíticas constituições da era contemporânea, que se insere na categoria das chamadas "constituições mistas", segundo a conhecida classificação de Sanches Agesta, que exibem um certo hibridismo ideológico e que, por isso mesmo, combinam os ideários do liberalismo clássico, no plano das liberdades fundamentais, com as reivindicações do contemporâneo *Estado Social e de Justiça*, no plano dos direitos sociais e econômicos.

Além desse vasto complexo de normas constitucionais, incluem-se, no bloco de constitucionalidade vigorante no Brasil, os tratados e convenções internacionais dispondo sobre direitos e garantias fundamentais, nos termos do art. 5º da Constituição Democrática de 1988, que reza: "Os direitos e garantias expressos nesta Constituição não excluem outros decorrentes do regime e dos princípios por ela adotados, ou dos tratados internacionais em que a República Federativa do Brasil seja parte". Com efeito, após a relação de 78 incisos contendo a especificação dos direitos e garantias fundamentais, a Constituição adota uma enunciação aberta e solícita à assimilação de outros direitos e garantias que tenham sido ou venham a ser contemplados nos tratados e convenções celebrados pelo Brasil na esfera internacional. Em seguida, conforme determinado pela Emenda Constitucional nº 45, de 2004, nossa Constituição atribui *status* de emenda constitucional, portanto com assento no bloco de constitucionalidade, os tratados e convenções internacionais sobre direitos humanos, cuja tramitação legislativa haja satisfeito as condições que menciona, nos termos seguintes: "Os tratados e convenções internacionais sobre direitos humanos que forem aprovados, em cada Casa do Congresso Nacional, em dois turnos, por três quintos dos votos dos respectivos membros, serão equivalentes às emendas constitucionais". Desse modo; a maior parte dos tratados e convenções internacionais concernentes aos direitos humanos subscritos pelo Brasil já restaram incorporados ao bloco de constitucionalidade, a exemplo da Declaração Universal dos Direitos do Homem aprovada pela Organização das Nações Unidas, em Paris em 1948; como também o Pacto Internacional de Direitos Civis e Políticos e o Pacto de Direitos Econômicos, Sociais e Culturais, ambos aprovados pela Assembleia Geral da ONU em 1966, a Convenção Interamericana de Direitos do Homem, aprovada em 1969, entre tantos outros. Nesse sentido, o Brasil segue a tendência mundial do direito constitucional internacional que favorece a incorporação ao sistema jurídico interno de cada país das normas de nível internacional a respeito das variadas espécies de direitos do homem. Assim, enquanto a Convenção Europeia de Direitos do Homem, assinada em Roma, em 1950, está forçosamente integrada à ordem interna dos países-membros da União Europeia, essa diversidade de tratados e convenções internacionais está igualmente integrada ao sistema jurídico brasileiro. Sendo consideradas normas jurídicas de nível constitucional, na mesma categoria das emendas à Constituição, esses tratados e convenções internacionais dispondo sobre direitos humanos não podem mais ser denunciados ou revogados pelo governo brasileiro, isso nem mesmo por força de emenda constitucional, por imperativo da disposição que se contém no art. 60, §4º, da Constituição, que estabelece: "Não será objeto de deliberação a proposta de emenda tendente a abolir: I – a forma federativa de Estado; II – o voto direto, secreto, universal e periódico; III – a separação de poderes; IV – os direitos e garantias individuais".

Na França, diferentemente do Brasil, a expressão *bloc de constitutionnalité* compreende não apenas o texto integral da Constituição da 5ª República promulgada em 4.10.1958, sob a presidência do General de Gaulle, sendo então Primeiro Ministro Michel Debré, e que foi submetida ao referendo da nação naquele mesmo ano. Com efeito, inclui, ainda, a célebre Declaração Universal dos Direitos do Homem e do Cidadão de 1789, os "princípios fundamentais reconhecidos pelas leis da República" (*principes fondamentaux reconnus par les lois de la République*), referenciados sob a sigla PFRLR, os *princípios particularmente necessários ao nosso tempo*, enumerados no Preâmbulo da Constituição de 1946 (*les principes particulièrement nécéssaire à notre temps enumerées dans le Preambule de 1946*) e os princípios que possuem valor constitucional (*principes ayant valeur constitutionnel*). Cuida-se, enfim, de um conglomerado de regras de preceito e de princípios que extrapolam o texto positivado na Constituição de 1958 e suas emendas, designadas naquele país de *leis constitucionais* (*lois constitutionnelles*).

Os *princípios fundamentais reconhecidos pelas leis da República* (PFRLR) foram objeto de definição pelo próprio Conselho Constitucional na Decisão nº 88-244, de 20.7.1988, que identificou sob essa enigmática ementa diversos direitos e liberdades, ora se reportando a atos legislativos específicos, ora apenas referindo-se ao enunciado do princípio fundamental, mas sem associá-lo a uma fonte legislativa específica. Assim, foram incluídos entre esses princípios fundamentais a liberdade de associação, a liberdade de ensino, a liberdade individual, o respeito aos direitos da defesa, a independência da jurisdição administrativa, a independência dos professores universitários, a competência própria da jurisdição administrativa em matéria de contencioso de excesso de poder, a importância das atribuições conferidas à autoridade judiciária no campo da proteção da propriedade imobiliária, a especificidade do direito penal dos menores, o art. 91 da Lei de Finanças de 1931 referente à liberdade de ensino, entre outros. Vê-se, assim, que o Conselho Constitucional se autoinvestiu na função de definir, caso a caso, esse importante componente do bloco de constitucionalidade. É bem verdade que em diversas oportunidades o Conselho Constitucional recusou reconhecer o *status* de supralegalidade constitucional a diversos preceitos e princípios previstos na legislação. Em realidade, por cerca de treze anos, de 1989 a 2002, em que pese inúmeras tentativas de demandantes diversos, o Conselho Constitucional negou a qualificação de PFRLR a pretensões e postulados jurídicos de variado teor. Tal se deu, por exemplo, com relação à questão da aquisição automática da nacionalidade em decorrência do nascimento no território francês com base no princípio do *jus solis*, conforme a Decisão nº 93-321, de 20.7.1993. O mesmo ocorreu com relação ao *princípio do favor* (*principe du faveur*), nos termos da Decisão nº 96-383, de 6.11.1996; com relação ao princípio segundo o qual a carta de antigo combatente (*carte d'ancien combattant*) da 2ª Grande Guerra seja reservada apenas aos combatentes pertencentes às tropas francesas e que tiverem combatido em operações militares determinadas pelo governo da França, conforme a Decisão nº 96-386, de 30.12.1996; com relação ao princípio da universalidade das alocações familiares (*principe de l'université des allocations familiales*), segundo a Decisão nº 97-393, de 18.12.1997; com relação ao princípio segundo o qual, em caso de igualdade de voto, o mais velho terá a preferência (*principe selon lequel en cas d'égalité des voix, le plus agé a la préference*), consoante a Decisão nº 99-407, de 14.1.1999; bem como com relação ao princípio da proibição de limitar a cumulação de funções executivas (*principe d'interdition de limiter le cumul des fonctions exécutives*), de acordo com a Decisão nº 2000-426, de 30.3.2000. Essa série de decisões revela a ampla margem de discricionariedade exercida pelo Conselho Constitucional no que respeita à enunciação dos PFRLR. *Como* sustenta Dominique Rousseau em sua festejada obra sobre o contencioso constitucional:

> La décision du 20 juillet 1988 apprend ainsi, notamment aux auteurs des recours que...tout ne peut être qualifié de principe fondamental reconnu par les lois de la République; mais les conditions qu'elle pose à leur reconaissance constitutionnelle ne sont assez contraignantes pour savoir à l'avance ce qui peut mériter cette qualification: le Conseil Constitutionnel reste largement maître de la découverte et du contenu de cet élément du bloc de constitutionnalité.[4]

Quanto aos "princípios particularmente necessários ao nosso tempo" (*les principes particulièrement nécessaires à notre temps*), estão eles enumerados no Preâmbulo da Constituição da 4ª República, de 1946, ao qual se reporta expressamente o Preâmbulo da Constituição em vigor de 1958. São eles o princípio da igualdade entre os sexos, o direito de asilo, o direito de obter emprego, a liberdade sindical, o direito de greve, o direito de participação dos trabalhadores nas convenções coletivas sobre as condições de trabalho e gestão das empresas, o princípio da apropriação coletiva dos serviços públicos nacionais e dos monopólios de fato, o princípio de organização do ensino público, gratuito e laico, os princípios do respeito às regras de direito público e internacional e do não emprego da força contra a liberdade de qualquer povo, o princípio da limitação, sob reserva de reciprocidade, da soberania necessária à organização e à defesa da paz. Além desses, incluem-se nessa mesma ementa do bloco de constitucionalidade os princípios políticos, econômicos e sociais particularmente necessários ao nosso tempo, como informa o citado professor da Universidade de Paris I, Dominique Rousseau:

> Après les hésitations traditionnelles dues à une jurisprudence en formation récente et continue, il est clair aujourd'hui que tous les principes politiques, économiques e sociaux particulièrement nécessaires à notre temps on reçu valeur constitutionnelle et sont opposable au législateur par le Conseil Constitutionnelle dans l'exercise de son controle de la constitutionnalité des lois.[5]

---

[4] ROUSSEAU, Dominique. *Droit du Constentieux Constitutionnel*. 8. ed. Paris: Montchrestien, 2008. p. 107.

[5] ROUSSEAU, Dominique. *Droit du Constentieux Constitutionnel*. 8. ed. Paris: Montchrestien, 2008. p. 111.

Ao lado desses princípios, que podem encontrar referência em texto expresso de natureza e padrão constitucional, o *Conseil Constitutionnel* incluiu no bloco de constitucionalidade outros "princípios, disposições ou regras com valor constitucional" (*principes, dispositions ou règles à valeur constitutionnelle*), bem como "objetivos de valor constitucional" (*objectifs de valeur constitutionnelle*) e até mesmo "exigência de valor constitucional" (*exigence de valeur constitutionnelle*).

Nesse sentido, sem se reportar a um dispositivo textual e específico da Constituição, o Conselho Constitucional da França qualifica como princípio constitucional a continuidade do serviço público, a liberdade pessoal do assalariado, a transparência da lei, a publicidade dos debates judiciários em matéria penal, a salvaguarda da ordem pública, o respeito da liberdade dos outros e a preservação do caráter pluralista das correntes de expressão socioculturais, a possibilidade de toda pessoa dispor de uma habitação decente, a acessibilidade e inteligibilidade da lei, a luta contra a fraude fiscal, a limitação de concentração da imprensa a fim de assegurar o pluralismo de opinião, a luta contra o abstencionismo eleitoral, entre outros. A atribuição de valor constitucional a esse grande número de princípios, objetivos e exigências revela a assunção pelo Conselho Constitucional do poder político de impor ao legislador princípios, valores e aspirações civilizatórias e democráticas que não restaram expressamente afirmados ao ensejo da positivação constituinte, o que traduz um autêntico poder de criação de normas constitucionais pela via da jurisdição constitucional ou, ao menos, de amplo poder de revelação do sentido e alcance da Constituição. A observação crítica de Dominique Rousseau faz-se oportuna nesse contexto:

> Ces différentes expressions soulèvent un problème autrement plus difficile que celui posé par les PFRLR. Elles permettent en effet au Conseil Constitutionnel d'opposer au législateur des principes qui n'ont pas été, en tant que tels, affirmés par le Constituant, s'octroyant ainsi un pouvoir de création de textes constitutionnelles [...] Il faut donc admettre, quitte à le regretter comme François Luchaire, que ces principes, objetctifs, exigence de valeur constitutionnelle ne trouvent pas leur siège dans un texte écrit mais sont dégagés, déduits, par le Conseil Constitutionnel de l'esprit général de dispositions diverses ou d'une réflexion sur la nécessité de la chose publique selon le même raisonnement par lequel le Conseil d'État crée les principes généraux du droit.[6]

---

[6] ROUSSEAU, Dominique. *Droit du Constentieux Constitutionnel*. 8. ed. Paris: Montchrestien, 2008. p. 111-112.

Com efeito, o sentido juspositivo, formal e material, da Constituição corresponde na França a uma série de atos normativos e documentos da história política daquele país que ultrapassa o texto da Constituição promulgada em 1958. Como visto, essa Constituição comporta um Preâmbulo, o qual se reporta à Declaração dos Direitos do Homem e do Cidadão de 1789 e ao texto do Preâmbulo da Constituição da 4ª República de 1946, os quais, por via dessa reportação constitucional, continuam em vigor e integram o bloco de constitucionalidade. Aí se incluem, além disso, princípios, objetivos e exigências que se irradiam do espírito do ordenamento constitucional e das leis da República, cuja indicação promana da jurisprudência do Conselho Constitucional. Tem-se aí uma variada gama de aspirações democráticas e de reivindicações no plano dos direitos humanos aos quais o Conselho Constitucional atribui *valor constitucional*. Com isso o direito constitucional positivo vigorante na França é dinâmico e em constante evolução, o que é próprio dos sistemas jurídicos em que avulta o vigor e a criatividade da jurisprudência constitucional.

São, porém, excluídos do bloco de constitucionalidade as leis orgânicas e os regimentos internos das assembleias de representação popular (*Règlements interireurs des Assemblées*), assim como, de uma maneira geral, os tratados, convenções e acordos internacionais, que possuem hierarquia superior à das leis, mas inferior à dogmática constitucional, salvo aqueles relativos aos direitos do homem e que simbolizam o direito internacional humanitário, conforme atualmente já se começa a se reconhecer na França. Com relação aos *Réglements des Assemblées*, embora cuidando de regras do processo legislativo, que normalmente traduz normas materialmente constitucionais (e que no Brasil são formalmente previstas na Constituição), entendeu o Conselho Constitucional, na Decisão nº 80-117, proferida em 22.7.1980, que tais regulamentos não possuem valor constitucional. Quanto às leis orgânicas (*lois organiques*), pela importância da matéria que lhe é objeto, uma vez que dispõem sobre a organização das instituições da República, sujeitam-se elas a um regime especial de tramitação parlamentar. Bem por isso foram todas editadas nos quatro meses que se seguiram à promulgação do estatuto constitucional, de conformidade com os arts. 91 e 92 do Título XII da Constituição da França, referente às Disposições Transitórias (*Dispositions Transitoires*). Contudo, essa importante categoria de atos legislativos, como elucidado pelo Conselho Constitucional na Decisão nº 78-96, prolatada em 27.7.1978, não integra o texto da Constituição. Conquanto posicionadas as leis orgânicas num patamar acima das leis ordinárias, e por isso não podem contrariá-las, são elas dotadas de eficácia supralegislativa, porém infraconstitucional. Assim, não integram o bloco de constitucionalidade. Dada a importância dos regulamentos das casas de representação popular (notadamente a Assembleia Nacional, mas também o Senado da República) e das leis orgânicas no sistema constitucional francês, ambos se sujeitam obrigatoriamente ao controle preventivo de constitucionalidade (*controle préalable de constitutionnalité*), consoante determinado pelo art. 61 da Constituição, incidente ao ensejo de sua tramitação legislativa.

Por sua vez, são também excluídos do bloco de constitucionalidade os tratados e convenções internacionais celebrados pela França, que, entretanto, possuem superioridade juspositiva em face das leis, desde que de igual modo aplicados pelos demais Estados signatários em regime de reciprocidade, consoante preceituado no art. 55 da Constituição. Essa compreensão da matéria já foi objeto de diversos pronunciamentos do Conselho Constitucional, cabendo destacar a Decisão nº 75-54, de 15.1.1975. Para assim decidir, considerou o Conselho Constitucional que a superioridade do tratado sobre a lei é *conditionnelle*, ou seja, sujeita-se à condição de reciprocidade, ao passo que a superioridade da Constituição à lei é *inconditionnelle*, ou seja, opera-se de pleno direito e independentemente de qualquer condição. De fato, embora protegendo direitos e garantias semelhantes e convergentes, a saber, de um lado, os direitos e liberdades garantidos pela Constituição francesa de 1958 e, de outro lado, os direitos e liberdades assegurados na Convenção Europeia de Direitos Humanos, é certo que o Conselho Constitucional e a Corte Europeia dos Direitos do Homem (Corte de Strasbourg) por longo período se mantiveram equidistantes, o que se deveu notadamente em razão da opção do Conselho Constitucional no sentido de não controlar a *convencionalidade* das leis (ou seja: a compatibilidade das leis em face da Convenção Europeia dos Direitos do Homem e demais tratados e convenções internacionais de direitos humanos), deixando essa função às instâncias administrativas e judiciais ordinárias. Isso não impediu, contudo, que ambas essas prestigiosas instituições se relacionassem e se influenciassem reciprocamente no plano de suas respectivas jurisprudências. Nesse sentido, bem observa Marc Guillaume, atual Secretário Geral do Conselho Constitucional da França em judicioso artigo doutrinário:

> Conseil constitutionnel et Cour eurpéenne des droits de l'homme ont longtemps vécu éloignés l'un de l'autre. C'était là la conséquence naturel du choix fondamental du Conseil constitutionnel de ne pas controler la conventionnalité des lois. Depuis 1975, le Conseil juge en effet que, dans le cadre de l'article 61 de la Constitution et du controle de la constitutionnalité des lois a priori, il ne lui appartient pas d'examiner la compatibilité d'une loi avec les engagements internationaux et europeens de la France... Ce refus du Conseil constitutionnel d'exercer un controle de conventionnalité a longtemps conduit à l'absence de lien entre le juge de la rue Montpensier et la Cour de Strasbourg. Cette absence de lien ne veut cependant pas dire que les deux institutions n'aient jamais eu à se fréquenter.[7]

Nada obstante, observa-se uma tendência nas mais recentes decisões do Conselho Constitucional no sentido de atribuir valor constitucional aos tratados internacionais, máxime aqueles que dizem respeito aos direitos humanos, o que de resto traduz uma tendência universal do direito contemporâneo. Na França, essa tendência, que levaria de certo modo à revisão da jurisprudência estampada no citado acordão do Conselho Constitucional de 1975, sofre ainda a pressão advinda de julgados da Corte Europeia de Direitos Humanos – CEDH. Assim é que, no julgamento do caso *Zielinski et Pradal et autres c. France*, em 28.10.1999, a Corte europeia condenou a França por aplicação pela Corte de Cassação de uma lei declarada constitucional pelo Conselho Constitucional, com base na regra de competência prevista no art. 61 da Constituição francesa. Esse tipo de julgado estremece a segurança e a estabilidade do modelo francês, sobretudo por que o Conselho Constitucional não possui atribuição para exercer o *controle de convencionalidade* das leis, mas tão apenas o

---

[7] GUILLAUME, Marc. Question prioritaire de constitutionnalité et Convention européenne des droits de l'homme. *Les Nouveaux Cahiers du Conseil Constitutionnel*, n. 32, jul. 2011.

controle de constitucionalidade, seja o preventivo ou *a priori*, seja o repressivo ou *a posteriori*. Daí a pertinência do comentário doutrinário de Dominique Rousseau nesse particular aspecto:

> Car cette mise à l'épreuve révèle surtout l'inanité de l'argument de sécurité régulièrement invoqué en faveur du modèle français puisqu'il est maintenant établi qu'une loi contrôlée par le Conseil ne signifie pour personne, pas même pour l'Etat, la possibilité de fonder sur elle, en toute tranquillité contentieuse future, des relations juridiques sans attendre l'épreuve supplémentaire que serait la mise à l'écart par le juge ordinaire national d'une loi declarée confome à la Constitution par le Conseil mais qu'il jugerait contraire à la Convention, le Conseil doit donc se résoudre à intégrer les textes de droit international pertinent dans le bloc des instruments de controle de la loi [...] Ce qu'a parfaitement compris le nouveau Président du Conseil constitutionnel, Jean-Louis Debré, qui a défendu, devant le comité Balladur, la nécessité logique de réunir entre les mains du Conseil controle de constitutionnalité a posteriori et controle de conventionnalité afin d'assurer l'unité de l'ordre juridique.[8]

Sucessivas decisões do Conselho Constitucional denotam a intenção de buscar certa unidade entre a ordem constitucional e o ordenamento comunitário europeu. Na Decisão nº 86-216, de 3.9.1986, o Conselho Constitucional, com prudência, adotou interpretação da lei conforme a Convenção Internacional, chamada de interpretação *neutralizante (interprétation neutralisante)* da inconstitucionalidade da lei, caso esta seja interpretada de outro modo considerado incompatível com a norma internacional. Estava em questão, aí, a compatibilidade da lei francesa sobre direito de asilo com a Convenção de 28.7.1951, que estabelece determinados benefícios em favor dos refugiados, os quais não constam da lei nacional que, desse modo, apresenta-se subprotetora, na medida em que oferece menos proteção aos refugiados políticos do que a norma internacional. Para tanto, deliberou o Conselho Constitucional que o respeito à Convenção Internacional se impõe mesmo sobre a lacuna e o silêncio da lei nacional ("[...] le respect s'impose, même dans le silence de la loi [...]").

Com efeito, embora evitando declarar a inconstitucionalidade da lei interna em razão da quebra do paradigma consubstanciado

---

[8] ROUSSEAU, Dominique. *Droit du Constentieux Constitutionnel*. 8. ed. Paris: Montchrestien, 2008. p. 118-119.

na norma internacional, o *Conseil Constitutionnel* deixou assente que, a não ser mediante a imposição dessa *interpretação conforme* ou *neutralizante* da inconstitucionalidade, a validade da lei francesa não se sustentaria. E é assinalável, nesse contexto, que a Constituição da França não prevê dispositivo comparável ao do art. 10, §2º, da Constituição da Espanha, com a determinação de que a interpretação das normas sobre direitos e liberdades se efetive à luz (à la lumière) ou em consonância com a Convenção Europeia dos Direitos do Homem, o que equivale a dizer "de acordo com a interpretação conferida a ela pela Corte de Strasbourg". Com efeito, desde as decisões proferidas em 10.6.2004 (Decisão nº 2004-496), em 27.7.2006 (Decisão nº 2006-540) e em 30.11.2006 (Decisão nº 2006-543), o Conselho Constitucional passou a considerar o direito comunitário como parte integrante dos paradigmas aplicáveis ao controle do conteúdo material das leis. Para tanto, tem sustentado o Conselho Constitucional que a remição às diretivas e normas do direito comunitário europeu se fundamenta, não na regra geral do art. 55, mas sim na fonte específica do art. 88.1 da Constituição, segundo o qual "la République participe aux Communautés européennes constitués d'Etats qui ont choisi librement, en vertu des traités qui les ont institués, d'exercer en commun certaines de leur compétences". Assim sendo, e para conclusão deste tópico, é justo reconhecer que, mesmo não estando habilitado a exercer o controle de convencionalidade e mesmo não tendo, até o momento, incluído explicitamente a Convenção Europeia dos Direitos do homem no bloco de constitucionalidade, o Conselho Constitucional da França tem avançado bastante nesse contexto e vela para que a missão de controle de constitucionalidade das leis, que lhe é própria e exclusiva, guarde coerência e sintonia com a jurisprudência da Corte Europeia de Direitos Humanos. Esse intercâmbio de influências ou "diálogo interinstitucional de juízes" (*dialogue des juges*) entre as duas Cortes é, por certo, sobremodo sadio e busca promover o máximo de efetividade conciliatória entre a jurisdição constitucional e a jurisdição convencional do direito comunitário. Como bem diz o precitado professor Marc Guillaume: "Les échanges entre les deux institutions se sont multipliês au point qu'il est possible d'affirmer qu'aucune décision de portection de droits et libertés n'est prise par le Conseil sans analyse préalable de la jurisprudence de Strasbourg".[9] Com isso, busca-se prestigiar a unidade sistêmica entre a normativa nacional e internacional com vistas à otimização da proteção dos direitos humanos.

V O modelo francês de exceção de inconstitucionalidade. Diferenças e semelhanças com o sistema de exceção de inconstitucionalidade vigorante no Brasil

De acordo com a reportada reforma da Constituição francesa de 2008, o novo modelo de controle de constitucionalidade das leis dá-se por via de exceção, o que significa dizer mediante um incidente que exsurge no âmbito de um processo principal, seja ele de natureza administrativa ou judicial, seja no âmbito do Conselho de Estado ou da Corte de Cassação (respectivamente as duas instâncias máximas na jurisdição administrativa e na jurisdição judiciária prevalente em França), ou então perante uma corte ordinária inferior, porém sujeita à esfera recursal e hierárquica de uma dessas instâncias colegiadas superiores, em qualquer caso sempre que uma das partes interessadas na composição da matéria de fundo do litígio, por intermédio de seus advogados, suscitar uma questão prévia consistente na inconstitucionalidade de uma lei (ou de alguns de seus dispositivos) que seja aplicável para a solução da controvérsia de interesses. Trata-se, enfim, da mesma formulação celebrizada pelo *Chief Justice* John Marshall na decisão do histórico caso *Marbury versus Madison*, julgado pela Suprema Corte dos Estados Unidos da América em 1803. Como se sabe, nesse festejado julgado o juiz Marshall aduziu um conjunto de argumentos fundamentais para a teoria da constituição da era moderna, primeiramente sobre o sentido e alcance do princípio da supremacia da Constituição e, em seguida, sobre a função primária e indeclinável dos juízes de apreciar eventual

---

[9] GUILLAUME, Marc. Question prioritaire de constitutionnalité et Convention européenne des droits de l'homme. *Les Nouveaux Cahiers du Conseil Constitutionnel*, n. 32, jul. 2011.

conflito de antinomia juspositiva que possa ocorrer entre as normas e princípios inscritos na Constituição e as leis ordinárias e normas infraconstitucionais em geral aplicáveis à solução da controvérsia sob seu julgamento. É o quanto se dá, entre nós, na esteira do protótipo norte-americano introduzido no Brasil pela primeira Constituição da era republicana em 1891, no campo do controle difuso de constitucionalidade, em cuja sede qualquer das partes ou intervenientes num litígio concreto, ou mesmo o juiz ou tribunal competente fazendo-o de ofício, podem agitar uma questão preliminar atinente à inconstitucionalidade da lei aplicável ao deslinde do conflito de interesses para fins de declará-la inconstitucional e, com isso, afastar a sua aplicação no julgamento da causa.

Nesse sentido, é importante observar que o atual sistema francês, embora aparentemente de controle concentrado de constitucionalidade, uma vez que apenas o Conselho Constitucional pode proferir decisão acerca de uma *questão prioritária de constitucionalidade*, com exclusão de qualquer outro órgão ou autoridade estatal, não contempla a previsão de instrumentos de ação direta de inconstitucionalidade ou de ação declaratória de constitucionalidade, a serem dirigidas direta e exclusivamente à Corte Suprema, consoante ocorre no Brasil com base no art. 102, I, da Constituição Democrática de 1988, que se inclui entre os casos de competência originária do Supremo Tribunal Federal. Em realidade, por força da disposição constante do art. 61-1 da Constituição francesa, já antes transcrita, o Conselho Constitucional somente aprecia as QPCs que lhe sejam enviadas seja pelo Conselho de Estado seja pela Corte de Cassação, após prévia decisão nesse sentido por parte desses órgãos colegiados de cúpula das ordens administrativa e judiciária, respectivamente, segundo o secular modelo de contencioso administrativo prevalente na França.

Assim, os administrados e jurisdicionados, pela representação de seus advogados, poderão suscitar nas instâncias administrativas ou judiciais próprias, conforme o caso, uma *questão prioritária de constitucionalidade*, que poderá, ou não, merecer o julgamento final e definitivo do Conselho de Estado ou da Corte de Cassação no sentido do envio (*renvoi*) dela ao Conselho Constitucional, juntamente com as razões que possam ser aduzidas por cada uma daquelas Cortes, isto a fim de que o *Conseil Constitucional* possa dar o seu veredito exclusivo e conclusivo sobre a preliminar de exceção de inconstitucionalidade, para efeito de declarar, ou não, a inconstitucionalidade das disposições legais increpadas de inconstitucionais ou, então, declarar sua conformidade com o texto da Constituição. Vale mencionar que o próprio Conselho Constitucional, ao exercer o controle obrigatório a respeito da Lei Orgânica nº 1.523, de 10.12.2009, que regulamentou o art. 61-1 da Constituição, objeto da reforma constitucional de 2008, proferiu decisão em que esclarece o espírito e o alcance dessa importante alteração da Constituição. Transcreve-se, aqui, na versão original, excerto dessa decisão esclarecedora acerca do novo modelo de controle de constitucionalidade *a posteriori* que se passou a adotar:

> De um lado, reconheceu a todo jurisdicionado o direito de sustentar, em apoio à sua demanda, que uma disposição legislativa viola os direitos e liberdades garantidos pela Constituição; ele confiou ao Conselho de Estado e à Corte de Cassação, jurisdições posicionadas no ápice de cada uma das ordens de jurisdição reconhecidas pela Constituição, a competência para julgar se o Conselho Constitucional deve se manifestar sobre essa questão de constitucionalidade; o constituinte, em suma, reservou ao Conselho Constitucional a competência para deliberar sobre tal questão e, se for o caso, declarar um disposição legislativa contrária à Constituição (*D'une part, le constituant a ainsi reconnu à tout justiciable le droit de soutenir, à l'appui de sa demande, qu'une disposition législative porte atteinte aux droits et libertés que la Constitution garantit; il a confié au Conseil d'Etat et à la Cour de cassation, juridictions placées au sommet de chacun des deux ordres de juridiction reconnus par la Constitution, la compétence pour juger si le Conseil Constitutionnel doit être saisi de cette question de constitutionnalité; il a, enfin, réservé au Conseil Constitutionnel la compétence pour statuer sur une telle question et, le cas écheant, déclarer une disposition législative contraire à la Constitution*).

Com efeito, a questão prioritária de constitucionalidade (QPC) não poderá jamais constituir a questão principal da controvérsia de fundo; será sempre uma questão incidente no processo principal já em curso perante as instâncias inferiores ordinárias da jurisdição administrativa ou judicial ou perante os órgãos de cúpula de cada uma delas, ou seja, o Conselho de Estado ou a Corte de Cassação. Esse prequestionamento incidental vem inovar o *thema decidendum* objeto da lide, ou seja, a contraposição entre a pretensão do autor e a resistência oposta pelo réu, com a consequência de agregar uma questão preliminar e prioritária de conteúdo específico, consistente na pretensa desconformidade à Constituição das normas jurídicas que servem de paradigma para a solução do litígio.

VI A exceção de convencionalidade na França e no sistema comunitário europeu

Como se sabe, a França é um dos 27 Estados-membros da União Europeia e bem assim da Comunidade Europeia de Nações. Como tal, a Constituição francesa reconhece, de um modo geral, a autoridade dos tratados e convenções internacionais assinados pelo governo e, de um modo particular, os atos internacionais celebrados no âmbito comunitário europeu, segundo as regras e procedimentos constantes do Tratado sobre a União europeia assinado em 7.2.1992, com as alterações e consolidação introduzidas pelo Tratado de Lisboa, que entrou em vigor em 1º.12.2009. Nesse sentido, dispõe, primeiramente, o art. 55 da Constituição:

> Os tratados e acordos regularmente ratificados ou aprovados, possuem, desde a sua publicação, uma autoridade superior à das leis, sob a condição, para cada acordo ou tratado, de sua aplicação pela outra parte (*Les traités ou accords régulièrement ratifiés ou approuvés ont, dès leur application, une autorité supérieure à celle des lois, sous réserve, pour chaque accord ou traité, de son application par l'autre partie*).

Em seguida, estabelecem os arts. 88-1, 88-2 e 88-4 da mesma Constituição:

> Art. 88-1 – A Republica participa das Comunidades europeias e da União europeia, constituídas pelos Estados que decidiram livremente, com base nos tratados que as instituíram, exercer em comum algumas de suas competências (*La République participe aux Communautés européennes et à l'Union européenne, constituées d'Etats qui ont choisi librement, en vertu des traités qui les ont instituées, d'exercer en commun certaines de leurs compétences*).
>
> Art. 88-2 – Sob reserva de reciprocidade, e de acordo com as modalidades previstas no Tratado sobre a União europeia celebrado em 7 de fevereiro de 1992, a França consente na transferência das competências necessárias ao estabelecimento da união econômica et monetária europeia, assim como à determinação de regras relativas ao tráfego nas

fronteiras exteriores dos Estados membros da Comunidade Europeia. (*Sous réserve de réciprocité, et selon les modalités prévues par le Traité sur l'Union européenne signé le 7 février 1992, la France consent aux transfert de compétences nécessaires à l'établissement de l'union économique et monétaire européenne ainsi qu'à la détermination des règles relatives au franchissement des frontières extérieures des Etats membres de la Communauté européenne*).
[...]
Art. 88-4 – O Governo submete à Assembleia Nacional e ao Senado, desde sua transmissão ao Conselho das Comunidades, as proposições dos atos comunitários contendo disposições de caráter legislativo (*Le Gouvernement soumet à l'Assembléee nationale et au Sénat, dès leur transmission au Conseil de Communautés, les propositions d'actes communautaires comportant des dispositions de nature législative*).

Vale ajuntar, neste tópico, que a Corte de Justiça da União Europeia (CJUE) adota amplamente em sua jurisprudência o princípio do primado do direito comunitário (*primauté du droit communautaire*), o que permite a qualquer juiz nacional, bem como aos jurisdicionados (pessoas físicas e jurídicas) submeter à CJUE uma questão prejudicial consistente na não conformidade da norma ou ato jurídico de direito público interno com a regra de direito comunitário. É de ver, em primeiro lugar, segundo a dicção do art. 19 do Tratado da União Europeia, que a Corte de Justiça da União Europeia compreende a Corte de Justiça, o Tribunal e os tribunais especializados. Cabe-lhe primordialmente assegurar o respeito e eficácia dos tratados vigentes na União Europeia, além de interpretá-los e aplicá-los aos litígios concretos. Em textual:

1. A Corte de Justiça da União europeia compreende a corte de Justiça, o Tribunal e os Tribunais especializados. Ela assegura o respeito do direito na interpretação e aplicação dos tratados. Os Estados membros estabelecem as vias de recursos necessárias para assegurar uma proteção jurisdicional efetiva nas situações cobertas pelo direito da União Europeia [...] A Corte de Justiça da União Europeia decide de acordo com os tratados: a) sobre os recursos interpostos por um Estado membro, uma instituição ou pessoas físicas ou jurídicas; b) em caráter prejudicial, a requerimento das jurisdições nacionais, sobre a interpretação do direito da União ou sobre a validade dos atos adotados pelos órgãos da União Europeia; c) nos demais casos previstos nos tratados (*1. La Cour de justice de l'Union Euopéenne comprend la Cour de Justice, le Tribunal et des tribunaux spécialisés. Elle assure le respect du droit dans l'interprétation et l'application des traités. Les Etats membres établissent les voies de recours nécessaires pour assurer une protection juridictionnelle*

effective dans le domaines couverts par le droit de l'Union [...] 3. La Cour de justice de l'Union européenne statue conformément aux traités: a) Sur les recours formés par un Etat membre, une institution ou des personnes physiques ou morales; b) A titre préjudiciel, à la demande des juridictions nationales, sur l'interprétation du droit de l'Union ou sur la validitée d'actes adoptés par les institutions; c) Dans les autres cas prévus par les traités).

Segundo o *leading case* na matéria, consistente na decisão da CJUE proferida no caso *Simmenthal*, julgado em 9.3.1978, é de ser desconsiderada toda disposição legislativa, bem como toda prática legislativa, administrativa ou judiciária que impeça a aplicação imediata das regras de direito comunitário, assim como a possibilidade de um juiz nacional de provocar a atuação da Corte de Justiça da União Europeia mediante o envio de uma questão prejudicial (*renvoi préjudiciel*), consoante previsto no art. 177 do Tratado da União Europeia (atualmente art. 267 do TFUE), consoante a lúcida exposição do Prof. Guillaume Drago, da Universidade de Paris.[10]

A questão mais instigante que ora se põe nesse contexto tem a ver com a convivência de instrumentos díspares para afirmação de duas espécies de relação de supralegalidade, a saber a supremacia da Constituição, de um lado, e a superioridade dos tratados e convenções celebrados no âmbito do direito comunitário em face das leis votadas pelo Parlamento. É bem de ver, nesse sentido, que o direito público francês adota a coexistência desses dois mecanismos de controle, a saber, a exceção de constitucionalidade e a *exceção de convencionalidade*, atribuindo-as, porém, a órgãos e instâncias distintas. Como já abordado em tópico anterior, ao Conselho Constitucional cumpre apenas, em regime de exclusividade, exercer o controle preventivo (*a priori*) ou repressivo (*a posteriori*) de constitucionalidade, não lhe cabendo exercer o controle da compatibilidade das leis às normas internacionais ou de direito comunitário europeu. Em síntese, não lhe cabe exercer o controle de *convencionalidade*. Desde a decisão proferida em 15.1.1975, no caso envolvendo a interrupção voluntaria da gravidez – IGV (Processo nº 75-54 DC), o Conselho Constitucional tem entendido que refoge à sua esfera de competência controlar a conformidade de uma lei a

---

[10] DRAGO, Guillaume. *Contentieux Constitutionnel Français*. 3. ed. Paris: Presses Universitaires de France, 2011. p. 460.

um compromisso internacional da França. Como então decidido: "Le Conseil Constitutionnel n'est pas juge de la conformité des lois aux engagements internationaux de la France". Também por essa razão, os tratados e convenções internacionais celebrados pelo governo francês não integram o chamado bloco de constitucionalidade que serve de paradigma para o controle da conformidade das leis à Constituição. Releva anotar, por outro lado, que a exceção de convencionalidade pode ser suscitada perante qualquer juízo ou tribunal para fins de prevalência das regras do direito comunitário europeu sobre as normas de direito interno de cada Estado-membro da União Europeia, ao contrário da exceção de constitucionalidade, que recai no monopólio competencial do *Conseil Constitutionnel*. Assim é que, nesse mesmo acordão de 1975, deixou placitado esse órgão de cúpula da jurisdição constitucional na França:

> l'articulation entre le controle de conformité des lois à la constitution, qui incombe au Conseil Constitutionnel, et le controle de leur compatibilité avec les engagements internationaux ou européens de la France, qui incombe aux juridictions administratives et judiciaires; ainsi, le moyens tiré du défaut de compatibilité d'une disposition législative aux engagements internationaux et européens de la France ne saurait être regardé comme un grief d'inconstitutionnalité.

Assim, caso seja arguida pelos órgãos e instâncias do sistema administrativo ou judicial operantes na França, com base no art. 61-1 da Constituição, uma *questão prioritária de constitucionalidade*, o Conselho Constitucional deverá necessariamente dar prioridade apenas ao julgamento da QPC, o que constitui sua função constitucional precípua. Com isso, deixará de apreciar a eventual arguição de contrariedade à norma internacional ou de direito comunitário europeu, até porque não se inclui nas suas atribuições decidir exceções de convencionalidade, cuja apreciação compete exclusivamente às instâncias próprias da jurisdição administrativa ou judicial, inclusive aos seus órgãos de cúpula, ou seja, o Conselho de Estado ou a Corte de Cassação.

É de ver que a própria Lei Orgânica de 2009, ao dispor sobre a aplicação do art. 61-1 da Constituição francesa, foi categórica ao impor às instâncias ordinárias a preferência e anterioridade do exame da questão prioritária de constitucionalidade em face da exceção de convencionalidade. Assim, dispõe o art. 23-2, alínea "e":

Em qualquer caso, a jurisdição [administrativa ou judicial] deverá, quando for provocada a decidir sobre as questões contestando a conformidade de uma disposição legislativa aos direitos e liberdades garantidos pela Constituição, de um lado, e aos compromissos internacionais da França, de outro lado, se pronunciar com prioridade acerca da transmissão da questão de constitucionalidade ao Conselho de Estado ou à Corte de Cassação (*En tout état de cause, la juridiction doit, lorsqu'elle est saisie de moyens contestant la conformité d'une disposition législative, d'une part, aux droits et libertés garantis par la Constitution et, d'autre part, aux engagements internationaux de la France, se prononcer par priorité sur la transmission de la question de constitutionnalité au Conseil d'Etat ou à la Cour de Cassation*).

A sua vez, o mesmo Conselho Constitucional deixou patente essa ordem de preferência ao ensejo da decisão que proferiu em 3.12.2009, na qual esclareceu:

> [...] ao impor o exame com prioridade das questões de constitucionalidade com antecedência às questões relativas à falta de conformidade de uma disposição legislativa aos compromissos internacionais da França, o legislador orgânico decidiu garantir o respeito à Constituição e ressaltar o seu lugar de destaque no cume da ordem jurídica interna ([...] *en imposant l'examen par priorité des moyens de constitutionnalité avant que les moyens tirés du défaut de conformité d'une disposition législative aux engagements internationaux de la France, le législateur a entendu garantir le respect de la Constitution et rappeler sa place au sommet de l'ordre juridique interne*).

Além disso, essa mesma decisão do Conselho Constitucional deixou esclarecido que as instâncias ordinárias, após apreciarem a questão constitucional, poderão perfeitamente exercer a competência que lhe é própria de examinar eventual exceção de convencionalidade, em que se discute um conflito em tese entre a legislação francesa e as regras do direito comunitário europeu. Inexiste, com efeito, qualquer restrição a esse poder cognitivo amplo por parte dos órgãos judicantes das ordens administrativas e judiciais. Para melhor ilustração da matéria, vale transcrever, nesse sentido, o seguinte excerto da mencionada decisão de 2009:

> [...] certe priorité a pour seul effet d'imposer, en tout état de cause, l'ordre d'examen des moyens soulevés devant la juridiction saisie; elle ne restreint pas la compétence de cette dernière, après avoir appliquée les dispositions relatives à la question prioritaire de constitutionnalité,

de veiller au respect et à la supériorité sur les lois des traités ou accords légalement ratifiés ou approuvés et des normes de l'Union européénne; ainsi, elle ne méconnaît ni l'article 55 de la Constitution, ni son article 88-1 aux termes duquel: la République participe à l'Union européenne constituée d'Etats qui ont choisi librement d'exercer en commun certaines de leurs compétences en vertu du traité sur l'Union européenne et du traité sur le fonctionement de l'Union européenne, tels qu'ils résultent du traité signé à Lisbonne le 13 février 2007.

Essa preferência na ordem de julgamento em favor da questão constitucional suscitada mediante a QPC sem dúvida enaltece o seu caráter dito *prioritário*, bem como, e, sobretudo, reforça a supremacia das normas e princípios da Constituição. Nessa linha de convicções, veja-se o pertinente comentário do Prof. Guillaume Drago, da Universidade de Paris, em sua festejada obra acerca do contencioso constitucional francês:

Cette interprétation souligne l'une des motivations majeures de la création d'une procédure de question prioritaire de constitutionnalité: redonner à la Constitution sa fonction de norme de référence ultime du juge ordinaire français. Jusqu'à la réforme de 2008, les normes internationales et particulèrement européennes étaient utilisées par le juge comme permettant d'écarter une loi française dans une espèce particulière, privilégiant ainsi des normes externes sur la loi française en exerçant ce controle de conventionnalité. Avec la QPC, le juge doit faire prévaloir la Constitution sur toute norme conventionnelle d'origine externe, permettant enfin au juge de se servir des droits et libertés constitutionnels là il ne pouvait jusqu'à maintenant que se servir de normes internationales relatives aux droits fondamentaux, particulièrement de la Convention européenne des droits de l'homme (CEDH).[11]

Em realidade, percebe-se uma nítida e essencial diferença entre o controle de convencionalidade e o controle de constitucionalidade instituído pela QPC. Um e outro não possuem o mesmo conteúdo, tampouco a mesma finalidade, revestindo-se cada qual de função e órbita de atuação diversa. No que toca ao seu objeto, observe-se que, na exceção de convencionalidade, o requerente formula pedido de comparação entre uma disposição de nível legislativo nacional em face de uma norma internacional

---

[11] DRAGO, Guillaume. *Contentieux Constitutionnel Français*. 3. ed. Paris: Presses Universitaires de France, 2011. p. 457.

integrante do direito comunitário europeu, seja a Convenção Europeia de Direitos Humanos (CEDH), seja um tratado ou convenção relativos aos direitos fundamentais, a exemplo do Pacto Internacional de Direitos Civis e Políticos, entre outros. Com efeito, a apreciação da preliminar de convencionalidade deverá examinar o sentido e o alcance da lei questionada exclusivamente sob esse ângulo da contrariedade ao paradigma internacional, nada aduzindo com respeito à confrontação da lei com os direitos e liberdades assegurados pela Constituição. A sua vez, a exceção de constitucionalidade focaliza direta e unicamente a compatibilidade dos atos legislativos subconstitucionais com os comandos constitucionais de superior hierarquia.

É bem verdade que os direitos fundamentais contemplados na ordem internacional muitas vezes reproduzem, no todo ou em parte, direitos e liberdades assegurados e constantes na matriz constitucional, o que pode gerar uma certa superposição entre esses dois mecanismos de controle de supralegalidade. De todo modo, ainda que tal possa ocorrer, os vetores objetivos de cada um desses instrumentos de controle da validade das normas do direito interno não se substituem e continuam a se diferenciar quanto ao seu alcance e efeitos. No primeiro caso (exceção de convencionalidade), enseja-se ao juiz da causa principal encarregado do julgamento da controvérsia de fundo afastar, ou não, a aplicação da lei increpada de *inconvencionalidade*, com isso afirmando a superioridade da norma de direito internacional por sobre a norma de direito interno. No direito francês, essa decisão opera efeitos apenas *inter partes*, não alcançando quem não tenha figurado na relação litigiosa. Já a declaração de inconstitucionalidade ocorrente no julgamento da *questão prioritária de constitucionalidade* opera efeitos *erga omnes*, ou seja, alcança e impõe-se à esfera jurídica de todos os jurisdicionados, além de gerar efeitos gerais e vinculantes para todos os órgãos e autoridades do Estado. Coerente com esse esquema de compreensão, o art. 62 da Constituição da França proclama que uma disposição legislativa declarada inconstitucional com base no art. 61-1, no âmbito do julgamento de uma QPC, é ab-rogada ou desconstituída ("une disposition déclarée inconstitutionnelle sur le fondement de léarticle 61-1 est abrogée [...]").

Em razão dessa duplicidade de controle (convencionalidade e constitucionalidade), é interessante notar que, com a adoção da QPC por obra da reforma constitucional de 2008, os advogados se beneficiaram da possibilidade de promover diferentes estratégias processuais tanto ao nível da primeira instância, quanto em grau de apelação ou na instância final de cassação, conforme anota Guillaume Drago:

> La procédure de QPC ouvre pour les avocats de construire une stratégie contentieuse, en premièere instance, en appel, en cassation, en privilégiant en première instance la convencionnalité pour laquelle le juge du fond a compétence pour répondre immédiatement et écarter la disposition législative, sans surseoir à statuer. Puis, en appel et en cassation, l'avocat peut privilégier le contentieux de la constitutionnalité pour obternir l'abrogation de la disposition législative en réduissant ainsi le temps du sursis à statuer.[12]

Conquanto seja vedado ao Conselho Constitucional apreciar exceção de convencionalidade, uma vez que lhe cumpre apenas processar e julgar, em regime de exclusividade, as questões prioritárias de constitucionalidade, já as instâncias ordinárias da jurisdição administrativa ou judicial podem suscitar e desde logo julgar as questões prévias de convencionalidade e (ou), uma vez arguida pelos advogados das partes do processo principal uma questão prioritária de constitucionalidade, podem de igual modo decidir quanto a encaminhá-la (*renvoir*), ou não, à superior apreciação do Conselho de Estado ou da Corte de Cassação, conforme o caso. Destarte, os advogados possuem uma ampla margem de manobra estratégica perante os juízes e tribunais franceses, o que lhes faculta escolher, em cada caso e a depender da natureza da matéria e da instância envolvida, a melhor opção de conveniência entre suscitar a convencionalidade ou a constitucionalidade, ou ambas a um só tempo, extraindo de cada uma dessas alternativas o melhor resultado ou a linha de argumentação que se apresente mais apropriada para o julgamento da causa versada no processo principal. De todo modo, é certo que, uma vez manifestada a exceção de inconstitucionalidade mediante a arguição da *questão prioritária de constitucionalidade*, esta terá preferência na ordem de apreciação por parte dos órgãos julgadores com relação à exceção de convencionalidade. Embora a solução para essa concomitância de questões preliminares e

---

[12] DRAGO, Guillaume. *Contentieux Constitutionnel Français*. 3. ed. Paris: Presses Universitaires de France, 2011. p. 459.

incidentais no âmbito de um processo principal, em que ambas estejam a arguir dissonância de um lei de direito interno em face de norma de superior hierarquia (seja a Constituição seja um tratado ou convenção internacional), ainda apresente algum dissenso doutrinário e jurisprudencial, tem prevalecido, como não poderia deixar de ser, a orientação do Conselho Constitucional no sentido de que seja dada preferência ao julgamento da questão prioritária de constitucionalidade. Com efeito, a questão constitucional guarda prioridade e antecedência vis-à-vis a questão de convencionalidade. Essa orientação, de resto, presta reverência à regra do art. 23-2 da citada Lei Orgânica nº 2009-1523, de 10.12.2009, que dispõe:

> [...] En tout état de cause, la juridiction doit, lorsqu'elle est saisie de moyens contestant la conformité d'une disposition législative, d'une part, aux droits et libertés garantis par la Constitution et, d'autre part, aux engagements internationaux de la France, se prononcer par priorité sur la transmission de la question de constitutionnalité au Conseil d'Etat ou à la Cour de cassation.

Tal se deve também por força da determinação que se contém logo a seguir, no art. 23-2 desse mesmo diploma legal, que determina a suspensão do processo principal sempre que for suscitada uma questão prioritária de constitucionalidade, caso em que o juiz processante somente poderá dar continuidade à instrução processual para fins de adotar medidas com caráter de urgência ou para evitar perecimento de direitos das partes. Em textual:

> Lorsque la question est transmise, la juridiction sursoit à statuer jusqu'a réception de la décision du Conseil d'Etat ou de la Cour de cassation ou; s'il a été saisi, du Conseil Constitutionnel. Le cours de l'instruction n'est pas suspendu et la juridiction peut prendre les mesures provisoires ou conservatoires nécessaires.

No âmbito do Conselho de Estado e da Corte de Cassação prevalece também semelhante procedimento, por força do art. 23-5 da precitada Lei Orgânica, dando-se preferência à apreciação da exceção de inconstitucionalidade com relação à exceção de convencionalidade e operando-se a suspensão do julgamento de mérito da causa principal, ressalvadas as questões de urgência:

En tout état de cause, le Conseil d'Etat ou la Cour de cassation doit, lorsqu'il est saisi de moyens contestant la conformité d'une disposition législative, d'une part, aux droits et libertés garantis par la Constitution et, d'autre part, aux engagements internationaux de la France, se prononcer par priorité sur le renvoi de la question de constitutionnalitée au Conseil constitutionnel...Lorsque le Conseil Constitutionnel a été saisi, le Conseil d'Etat ou la Cour de cassation sursoit à statuer jusqu'à ce qu'il se soit prononcé. Il en va autrement quand l'intéressé est privé de liberté à raison de l'instance et que la loi prévoit que la Cour de cassation statue dans un délai déterminé. Si le Conseil d'Etat ou la Cour de cassation est tenu de se prononcer en urgence, il peut n'être pas sursis à statuer.

VII O *sistema de filtros* vigente na França para o controle de constitucionalidade no âmbito da QPC

A primeira observação a fazer, neste tópico, é que uma questão prioritária de constitucionalidade (QPC) não pode ser apresentada direta e primariamente pelos jurisdicionados (*justiciables*) ao Conselho Constitucional. Assim, esse órgão supremo da jurisdição constitucional em França não possui competência originária para conhecer e julgar uma QPC mediante provocação direta e primária dos jurisdicionados, com supressão dos demais órgãos e instâncias da jurisdição administrativa ou judicial previstas no sistema de contencioso vigente em França. Ao contrário, esse instrumento de controle de constitucionalidade das leis *a posteriori* deverá ser suscitado primeiramente perante uma das instâncias ordinárias das ordens administrativa ou judiciária que por tradição secular integram o sistema das instituições de controle e de cognição das ações e procedimentos que veiculam pretensões jurídicas naquele país ou, então, perante os órgãos de cúpula dessas mesmas ordens, a saber o Conselho de Estado ou a Corte de Cassação. Tal sistemática difere grandemente do modelo de controle concentrado vigente no Brasil, onde, a teor do art. 103 da Constituição Democrática de 1988, o Supremo Tribunal Federal possui competência originária para processar e julgar a ação direta de inconstitucionalidade, por ação ou omissão, a ação declaratória de constitucionalidade, bem como a arguição de descumprimento de preceito fundamental

(ADPF). A reforma constitucional empreendida em França, no ano de 2008, como também a legislação regulamentar que se seguiu são claríssimas nesse ponto. Em rigorosa síntese, a QPC somente poderá ser deflagrada e encaminhada ao Conselho Constitucional pelas instâncias máximas da ordem administrativa ou judiciária, especificamente o Conselho de Estado ou a Corte de Cassação. Nenhum outro órgão poderá realizar esse encaminhamento (*renvoi*) ao Conselho Constitucional. Trata-se de um *sistema de filtro* (*système de fliltre*) obrigatório e indissociável da concepção francesa de controle de constitucionalidade das leis *a posteriori*. Assim é que, por força da reforma constitucional implementada pela *Loi Constitutionnel*, de 23.7.2008, foi acrescentado ao texto da Constituição da 5ª República, de 1958, a disposição constante do art. 61-1, contemplando a *questão prioritária de constitucionalidade* (*question prioritaire de constitutionnalité*) – QPC, com o teor seguinte:

> Quando, por ocasião de um processo em curso perante uma jurisdição [administrativa ou judiciária], for sustentado que uma disposição legislativa viole direitos e liberdades garantidos pela Constituição, o Conselho Constitucional poderá ser chamado a apreciar tal questão mediante iniciativa do Conselho de Estado ou da Corte de Cassação, o qual se pronunciará dentro de um prazo determinado. Uma lei orgânica determinará as condições de aplicação do presente artigo (*Lorsque, à l'occasion d'une instance en cours devant une juridiction, il est soutenu qu'une disposition législative porte atteinte aux droits et libertés que la Constitution garantit, le Conseil constitutionnel peut être saisi de cette question sur renvoi du Conseil d'Etat ou de la Cour de cassation qui se prononce dans un délai déterminé. Une loi organique détermine les conditions d'application du présente article*).

Em seguida, o art. 62, de igual modo alterado pela reforma constitucional de 2008, dispõe:

> Uma disposição declarada inconstitucional sob o fundamento do artigo 61 não poderá ser promulgada nem posta em aplicação. Uma disposição declarada inconstitucional sob o fundamento do artigo 61-1 é considerada ab-rogada a contar da publicação da decisão do Conselho Constitucional ou de uma data posterior fixada por essa decisão. O Conselho Constitucional determinará as condições e limites com relação aos efeitos jurídicos já produzidos pela norma declarada inconstitucional. As decisões do Conselho Constitucional não são suscetíveis de recurso e são oponíveis aos Poderes Públicos e a todas as autoridades administrativas

e judiciais (*Une disposition déclarée inconstitutionnelle sur le fondement de l'article 61 ne peut être promulguée ni mise en application. Une disposition déclarée inconstitutionnelle sur le fondement de l'article 61-1 est abrogée à compter de la publication de la décision du Conseil constitutionnel ou d'une date ultérieur fixée par cette décision. Le Conseil Constitutionnel détermine les conditions et limites dans lesquelles les effets que la disposition a produits sont susceptibles d'être remis en cause. Les décision du Conseil constitutionnel ne sont susceptibles d'aucun recours. Elles s'imposent aux pouvoirs publics et à toutes les autorités administratives et juridictionnelles*).

Com efeito, segundo esse novel mecanismo de controle de constitucionalidade das leis, que representou uma verdadeira revolução no constitucionalismo francês, somente o Conselho de Estado e a Corte de Cassação, na qualidade de instâncias máximas da ordem administrativa e judiciária, possuem legitimidade para provocar o Conselho Constitucional e encaminhar ao seu superior exame uma QPC, o que deflagra a oportunidade para a declaração de inconstitucionalidade de um ato legislativo aprovado pelo Parlamento. Tal significa dizer, em primeiro lugar, que o Conselho Constitucional não possui – ele próprio – um poder de autoconvocação, tampouco atribuição para conhecer de ofício as exceções de inconstitucionalidade por via da QPC. Por outro lado, inexiste no sistema francês a previsão de instrumentos de acesso direto ao Conselho Constitucional para fins de controle de constitucionalidade das leis, a exemplo da ação direta de inconstitucionalidade, seja por ação ou por omissão, ou de ação declaratória de constitucionalidade (ADC), tampouco de arguição de descumprimento de preceito fundamental (ADPF), como ocorre no Brasil, onde dispomos de uma multiversidade de mecanismos de controle concentrado de constitucionalidade, a sua vez manejáveis por uma pluralidade de agentes, órgãos e autoridades públicas. Em França, sem a iniciativa dessa natureza e propósito por parte, exclusivamente, do Conselho de Estado ou da Corte de Cassação, não há possibilidade de sobrevir uma declaração de inconstitucionalidade pelo Conselho Constitucional, único órgão constitucionalmente habilitado a fazê-lo. Vai daí outra característica essencial do novo modelo francês inaugurado com a previsão da *questão prioritária de constitucionalidade* (QPC) ao ensejo da reforma constitucional de 2008: nenhum outro órgão, autoridade ou instância do sistema de contencioso, seja no âmbito político ou nas instâncias administrativas e judiciárias, salvo o Conselho Constitucional, possui competência para declarar a inconstitucionalidade de uma lei ou dos demais atos normativos infraconstitucionais. Nesse sentido, pode se afirmar que o atual sistema francês é de tipo "concentrado" no que respeita à exclusividade e ao monopólio enfeixado pelo Conselho Constitucional para proferir julgamentos acerca da validade constitucional das leis. De outra parte, em havendo recusa, ainda que motivada, por parte do Conselho de Estado ou da Corte de Cassação no sentido de submeter a QPC ao julgamento do Conselho Constitucional, a inviabilidade de tal apreciação dar-se-á em caráter definitivo, uma vez que inexiste previsão de recurso contra a decisão de indeferimento do *renvoi* da QPC ao Conselho Constitucional, como inexiste também a previsão de qualquer outra providência de natureza avocatória capaz de atrair e deflagrar a cognição da disputa abstrata de constitucionalidade no âmbito do Conselho Constitucional. Assim sendo, a QPC haverá necessariamente de ser suscitada de forma incidente e expressa no curso de um processo principal cujo julgamento esteja a cargo de um dos órgãos e instâncias ordinárias da ordem administrativa ou judiciária ou, então, em final instância, ao ensejo da tramitação recursal e já no âmbito derradeiro do Conselho de Estado ou da Corte de Cassação. Nesse particular aspecto, é justo sustentar que o novo modelo francês de controle de constitucionalidade dito *repressivo* ou *a posteriori* apresenta também similitudes com o sistema de controle difuso de constitucionalidade concebido pelo sistema norte-americano e introduzido no Brasil com a Constituição da 1ª República em 1891, isso no que respeita à incidentalidade da exceção de inconstitucionalidade, a ocorrer no âmbito e no curso de uma processo principal em trâmite nas instâncias ordinárias da jurisdição administrativa ou judiciária, e a ser deflagrada pelas partes em litígio e sob o patrocínio de seus advogados. Trata-se, pois, de um modelo híbrido, que combina a um só tempo, sob o original sistema de filtros, nuances dos tradicionais modelos concentrado e difuso de controle de constitucionalidade das leis.

A Lei Orgânica nº 2009-1523, de 10.12.2009, que regulamentou a aplicação do art. 61-1 da Constituição, estabeleceu procedimentos específicos e bem definidos para cada fase e perspectiva de tramitação de uma QPC, a saber, primeiramente, no âmbito das instâncias ordinárias e inferiores sujeitas à jurisdição de superior hierarquia a cargo do Conselho de Estado e da Corte de Cassação – *Dispositions applicables devant les juridictions relevant du Conseil d'Etat ou de la Cour de cassation* (arts. 23-1 a 23-4), e, em seguida, na esfera do próprio Conselho de Estado e da Corte de Cassação – *Dispositions applicables devant le Conseil d'Etat et la Cour de assation* (arts. 23-4 a 23-7) e, por fim, com relação aos procedimentos aplicáveis perante o próprio Conselho Constitucional – *Dispositions applicables devant le Conseil Constitutionnel* (arts. 23-8 a 23-12). Essas normas procedimentais cuidam de variados aspectos da tramitação da QPC, dispondo sobre os órgãos e instâncias perante as quais ela pode ser suscitada, sobre o modo de formalização da QPC, os requisitos para a sua admissibilidade, os requisitos da decisão que pronuncia em primeira e segunda instância acerca da admissibilidade da QPC, sobre o procedimento para a submissão da matéria ao Conselho de Estado e à Corte de Cassação, sobre a suspensão do processo principal até que sobrevenha a decisão do Conselho de Estado ou da Corte de Cassação ou, se já tiver havido a convocação do Conselho Constitucional, acerca do procedimento interno a ser seguido no âmbito de órgão que detém o monopólio da jurisdição constitucional em França, bem como sobre os efeitos da eventual extinção do processo principal na instância de origem e, ainda, sobre os efeitos temporais da decisão do Conselho Constitucional que declara a inconstitucionalidade de uma lei em face das situações jurídicas pré-constituídas. Vale destacar, neste passo, a higidez do sistema de filtro, as regras de procedimento previstas no art. 23-2, parte final, e no art. 23-3, que estabelecem:

> Art. 23-2 – Em qualquer caso, a jurisdição [entenda-se: administrativa ou judiciária] deverá, tão logo seja chamada a se pronunciar sobre a medida contestando a conformidade de uma disposição legislativa, de um lado, aos direitos e liberdades garantidos pela Constituição e, de outro lado, aos compromissos internacionais da França, se pronunciar com prioridade sobre a transmissão da questão de constitucionalidade ao Conselho de Estado ou à Corte de Cassação. A decisão de transmitir a questão é dirigida ao Conselho de Estado ou à Corte de Cassação no prazo de oito dias contados da sua prolação, juntamente com os memoriais ou as razões das partes. Essa decisão e' irrecorrível. A recusa de submeter a QPC só poderá ser impugnada por ocasião do recurso cabível contra decisão de mérito no todo ou em parte do litigio (*En tout état de cas, la juridiction doit, lorsqu'elle est sasie de moyens contestant la conformité d'une disposition législative, d'une part, aux droits et libertés*

garantis par la Constitution et, d'autre part, aux engagements internationaux de la France, se prononcer par priorité sur la transmission de la question prioritaire de constitutionnalité au Conseil d'Etat ou à la Cour de Cassation. La décision de transmettre la question est adressé au Conseil d'Etat ou à la Cour de Cassation dans les huit jours de son prononce avec les mémoires ou les conclusions des parties. Elle n'est suscetible d'aucun recours. Le refus de transmettre la question ne peut être contesté qu'a l'occasion d'un recours contre la décision réglant tout ou partie du litige).

Art. 23-3 – Quando a QPC for transmitida, a jurisdição de origem suspende o julgamento da causa até o recebimento da decisão do Conselho de Estado ou da Corte de Cassação ou, se este já tiver sido convocado a se pronunciar, do Conselho Constitucional. O curso da instrução probatória não se suspende e a jurisdição de origem poderá adotar as medidas acautelatórias e urgentes que sejam necessárias (*Lorsque la question est transmise, la juridiction sursoit à statuer jusqu'à réception de la décision du Conseil d'Etat ou de la Cour de Cassation ou, s'il a été saisi, du Conseil Constitutionnel. Le cours de l'instruction n'est pas suspendu et la juridiction peut prendre les mesures provisoires ou conservatoires nécessaires*).

Releva notar, nesse passo, que a eventual extinção do processo principal perante o órgão judicante de origem, qualquer que seja o motivo determinante, não tem a consequência de impedir o julgamento da QPC pelo Conselho Constitucional. Até mesmo eventual desistência da ação pelo autor ou transação extintiva do litígio celebrada pelas partes não intercede com o curso forçado do julgamento da QPC, que desse modo fica fora do alcance da livre disponibilidade da parte que a arguiu no que concerne à extinção de sua tramitação. Tal significa dizer que, uma vez submetida a QPC ao julgamento final e exclusivo do Conselho Constitucional, ela terá curso forçado e insuscetível de paralização, seja por iniciativa de ofício dos órgãos julgadores nas instâncias de origem, seja pela iniciativa das partes figurantes no litígio ou até mesmo por eventuais terceiros interessados no resultado do processo principal. Nesse sentido, dispõe o art. 23-9 da citada Lei Orgânica nº 2009-1523:

Quando o Conselho Constitucional já tiver sido convocado a examinar a questão prioritária de constitucionalidade, a extinção do processo, por qualquer que seja o motivo, na instância perante a qual a questão tenha sido proposta não tem consequência para o julgamento da QPC (*Lorsque le Conseil constitutionnel a été saisie de la question prioritaire de constitutionnalité, l'extinction, pour quelque cause que ce soit, de l'instance à l'occasion de laquelle la question a été posée est sans conséquence sur l'examen de la question*).

Esse conjunto de regras e procedimentos recebeu, por acréscimo, um detalhamento ainda mais meticuloso pelo Decreto nº 2010-148, designado de Decreto de Aplicação da Lei Orgânica nº 2009-1523 (relativa à aplicação do art. 61-1 da Constituição da França).

Esse sistema de filtragem sucessiva da discussão constitucional bem denota a intenção do constituinte e do legislador francês no sentido de não admitir em absoluto, o que seria contrário à tradição secular daquele país, a adoção de um controle autenticamente difuso de constitucionalidade, ao estilo da *judicial review* norte-americana. Sabe-se que esse modelo de paradigma, que sobremodo influenciou o sistema brasileiro de controle de constitucionalidade inaugurado com a era republicana, autoriza e habilita qualquer juiz ou tribunal, de qualquer nível ou grau de jurisdição, a conhecer, seja de ofício ou seja mediante o acolhimento de uma exceção de inconstitucionalidade incidente no curso de um processo principal, uma controvérsia de conformidade constitucional acerca da lei aplicável à solução do litígio e, por essa via, proferir um julgamento de natureza preliminar acerca da constitucionalidade ou da inconstitucionalidade do ato legislativo de que se trate. Em França tal não é rigorosamente admissível. Nenhum órgão ou instância das ordens administrativa ou judiciária está autorizado a prolatar decisão de semelhante natureza e com efeito invalidatório da autoridade das leis.

É bem de ver que, no Brasil, como também de resto nos Estados Unidos da América, não vigora a repartição estanque e sistêmica entre a ordem administrativa e a ordem judiciária, como se passa em França desde a revolução de 1789. Bem por isso, não há previsão entre nós de uma alta corte da jurisdição administrativa, nos moldes do Conselho de Estado da França. Prevalece em nosso país o princípio da unicidade da jurisdição e da livre acessibilidade dos jurisdicionados aos órgãos e alçadas prestadoras de jurisdição (juízes e tribunais), segundo as regras de competência traçadas na Constituição e nas leis processuais. Segundo esse modelo, nenhuma lesão ou ameaça de lesão a direito pode ser subtraída à apreciação do Poder Judiciário, o qual, por isso mesmo, acha-se aberto para conhecer e julgar todo tipo de pretensão individual ou coletiva, inclusive aquelas que ponham em questão a validade dos atos normativos em geral em face da Constituição. Nesse sistema, que tem origem no protótipo estadunidense, todo e qualquer juiz, das primeiras instâncias aos níveis mais altos e culminantes da organização judiciária, pode declarar um ato legislativo ou um ato administrativo de caráter normativo contrário à Constituição. Assim, nós não adotamos um *sistema de filtro* preparatório e conducente ao exercício subsequente da jurisdição constitucional, à semelhança do modelo ultrassingular concebido em França pela reforma constitucional de 2008 e pela legislação regulamentar que se seguiu.

Nessa linha de exposição, creio que o constituinte francês preferiu optar por uma alternativa singular entre o modelo norte-americano de controle difuso e aberto, segundo o qual todo órgão jurisdicional possui legitimidade para proferir julgamentos constitucionais que importem na declaração de inconstitucionalidade ou na não aplicação ao caso concreto da lei considerada desconforme à Constituição, de um lado, e o modelo europeu de tipo concentrado, pelo qual apenas o tribunal escalado para exercer a jurisdição constitucional está exclusivamente habilitado a fazê-lo, de outro lado. A bem dizer, a tipologia seguida pelo constituinte francês adota, apenas parcialmente, algumas características de cada um desses modelos paradigmáticos que historicamente estruturam as duas vertentes do controle de constitucionalidade, a saber o modelo norte-americano e o modelo austríaco/kelseniano. Com efeito, como antes afirmado, o sistema da QPC é *concentrado* no sentido de que tão só o Conselho Constitucional pode declarar *a posteriori* a inconstitucionalidade de um ato legislativo aprovado pelo Parlamento. Porém, pode ser considerado *difuso* na perspectiva de que a questão da contrariedade constitucional, pela via da QPC, somente pode ser suscitada, incidentemente num processo principal, perante outros órgãos e instâncias que não o próprio *Conseil Constitutionnel*, sejam eles os colegiados julgadores de cúpula da ordem administrativa ou judiciária – Conselho de Estado ou Corte de Cassação – sejam eles os múltiplos órgãos e instâncias ordinárias e inferiores a eles vinculados. Prevalece aí, de conseguinte, a um só tempo, a incompetência dos órgãos e juízes ordinários para proceder à declaração de inconstitucionalidade, o que difere do modelo norte-americano, ao lado da incompetência do Conselho Constitucional para deflagrar de ofício, ou para ser acessado direta e originariamente pelos jurisdicionados pela via do procedimento relativo à QPC. O *sistema de filtro* exige, de forma inovadora à la française, que a competência judicante em sede de controle de constitucionalidade, sob a titularidade exclusiva do Conselho Constitucional, dependa da provocação antecedente e da transmissão (*renvoi*) da *questão prioritária de constitucionalidade* a essa Corte Constitucional, a ser efetivada necessariamente pelo Conselho de Estado ou pela Corte de Cassação. Ausente esse requisito procedimental, inviabiliza-se e não se pode operar em França o mecanismo de controle de constitucionalidade das leis *a posteriori*.

VIII Os órgãos e instâncias administrativas e judiciais perante os quais pode ser suscitada uma QPC

Em princípio, de acordo com o art. 61-1 da Constituição francesa, em conjugação com o art. 23-1 da *ordonnance organique*, de 7.11.1958, uma QPC pode ser suscitada perante todos os órgãos e instâncias da jurisdição administrativa e judiciária que estejam, respectivamente, sujeitos à competência recursal do Conselho de Estado ou da Corte de Cassação. Embora a disposição constante do referido art. 23-1 da *ordonnace organique* de 1958 não faça um detalhamento dos órgãos e instâncias perante os quais a QPC possa ser arguida, entende-se que essa enumeração seja a mais ampla possível, ressalvadas as restrições expressas ou os casos que, por implicitude do sistema binário (administrativo e judiciário) vigorante na França, apresentem-se incompatíveis ao esquema constitucional de cognição da questão prioritária de constitucionalidade. Assim, no plano da competência para conhecer e fazer processar a QPC, a condição geral de processabilidade consiste apenas na sujeição do órgão ou da instância processante aos órgãos de cúpula da jurisdição administrativa ou judiciária, ou seja, à jurisdição superior do Conselho de Estado ou da Corte de Cassação. A exceção expressa de admissibilidade da QPC está contemplada no reportado art. 23-1, ao dispor que essa medida de controle de constitucionalidade não pode ser suscitada perante a *cour d'assises*, que corresponde aos juizados de instrução criminal de primeira instância. Nada obstante, a lei orgânica em referência deixa claro que, ao ensejo da interposição de recurso de apelação contra uma decisão da *cour d'assises*, a QPC já poderá ser arguida e seguir o seu regular itinerário, segundo o *sistema de filtros* previsto na legislação aplicável, até alcançar, se for o caso, a jurisdição constitucional a cargo do Conselho Constitucional, sabidamente o único órgão constitucionalmente apto a proferir julgamentos de mérito acerca da constitucionalidade das leis. É bem de ver que essa restrição legal foi considerada compatível com o art. 61-1 da Constituição da França pela decisão do Conselho Constitucional nº 2009-595, publicada em 3.12.2010.

IX Condições gerais de admissibilidade da QPC

De um modo geral, segundo a redação do art. 61-1 da Constituição da França de 1958, a QPC é cabível para questionar a constitucionalidade das disposições legislativas (*disposition législative*) que violam os *direitos e liberdades garantidos pela Constituição* (*droits et libertés garantis par la Constitution*). Assim, para viabilizar o cabimento da QPC é preciso, em primeiro lugar, que o ato impugnado tenha a natureza de uma *disposição legislativa,* segundo a concepção francesa acerca dos atos formal e materialmente com *valor legislativo* (*actes de valeur législative*), e, em segundo lugar, que a disposição legislativa increpada de inconstitucional seja aplicável à solução do litígio. Nesse sentido está a decisão do Conselho Constitucional nº 11-13.488, de 27.9.2011. Em consequência, segundo a jurisprudência dessa alta Corte Constitucional, descabe a QPC para impugnar uma lei anterior à promulgação da Constituição de 1958, que tenha sido alterada por um decreto em nível de Conselho de Estado, com fundamento no art. 37, item 2, da Constituição. De igual modo, é incabível a QPC para se questionar a validade constitucional de uma *ordonnance* não ratificada (*ordonnace non ratifiée*) e que tenha valor regulamentar (*valeur réglementaire*) e não legislativo.

Por outro lado, de acordo com a normativa constitucional respeitante ao cabimento da QPC, exige-se que a disposição de caráter legislativo esteja a violar, direta ou indiretamente, "direitos e liberdades garantidas" pela Constituição de 1958. Descabe, pois, desde logo, a arguição da QPC para se impugnar a conformidade constitucional de uma lei em face das constituições francesas anteriores a da 5ª República. De um modo geral, não são todas e quaisquer normas constantes formalmente do *bloco de constitucionalidade* adotado pela teoria constitucional francesa que podem servir de paradigma supralegal para a implementação do controle de constitucionalidade *a posteriori*. Assim, por exemplo, por não se tratar de direitos e liberdades protegidos pela Constituição (que tocam aos direitos e garantias individuais e coletivos e às liberdades públicas em geral), as normas de natureza orgânicas alusivas à modelagem da Administração Pública não servem de paradigma para o controle de constitucionalidade. De um modo geral, se incluem nesse enunciado *droits et libertés garantis* aqueles enunciados pela própria Constituição de 1958, o Preâmbulo da Constituição de 1946, os princípios fundamentais reconhecidos pelas leis da República, a Declaração dos Direitos do Homem e do Cidadão de 1789 e a Carta do Meio Ambiente de 2004 (*Charte de l'environnement de 2004*). Em síntese, todos os direitos e liberdades previstos no bloco de constitucionalidade podem ser invocados para fins de proteção em sede de controle de constitucionalidade via QPC. Nesse sentido, são inúmeras as decisões do Conselho Constitucional que, caso a caso, e nos mais variados contextos, deliberaram em prol da proteção de específicos direitos e liberdades, no exercício da jurisdição constitucional no campo das liberdades públicas (*libertés publiques*). Assim, por exemplo, os arestos que decidiram sobre a aplicação do princípio da igualdade na partilha dos encargos públicos (Decisão nº 2010-11 QPC); sobre o direito de propriedade (Decisão nº 2010-26 QPC); e sobre a livre administração e autonomia financeira das coletividades territoriais (Decisão nº 210-29/37 QPC). Outro exemplo marcante está na Decisão nº 2011-123 QPC, quando o Conselho Constitucional considerou que a outorga de benefícios sociais pelo Poder Público às pessoas adultas portadoras de deficiência (*allocations aux adultes handicapés*) se inclui entre os direitos sociais garantidos pelo item XI do Preâmbulo da Constituição de 1946, a sua vez incorporado expressamente ao texto da Constituição de 1958.

Ademais, releva assinalar que a arguição da QPC deve se materializar mediante um instrumento de memorial distinto e motivado (*memoire distinct et motivé*). Esse requisito de admissibilidade visa assegurar uma tramitação processual autônoma e apartada do processo principal em que se discute o litígio de fundo, como também permitir que a QPC tenha um tratamento célere e efetivamente prioritário, de consonância com a sua concepção constitucional e as normas que disciplinaram o seu processamento. Em reforço, o Conselho Constitucional já decidiu que a exigência da apresentação de memoriais distintos e motivados se aplica de igual modo a toda e qualquer manifestação das partes e em todas as fases de processamento da QPC, até seu julgamento final (Decisão nº 2009-595 QPC). O mesmo se aplica ao ensejo da interposição de recurso de apelação (*appel*) contra a decisão das instâncias inferiores da jurisdição administrativa ou judiciária, na hipótese de recusa em transmitir (*renvoi*) o conhecimento da QPC para o Conselho de Estado ou para a Corte de Cassação.

A observância desses requisitos é essencial para que o juiz *a quo*, designado "juiz de fundo" (*juge du fond*) nas instâncias primárias da jurisdição administrativa ou judiciária, possa apreciar os requisitos de admissibilidade (*récevabilité*) da questão prioritária de constitucionalidade, inclusive no que respeita à seriedade de seus fundamentos. Assim é que a Lei Orgânica nº 2009-1523, de 10.12.2009, estabelece os requisitos específicos de cabimento da QPC, nos termos seguintes:

> Art. 23-2 – A jurisdição [administrativa ou judiciária] decide sem atraso mediante uma decisão motivada acerca da transmissão da questão prioritária de constitucionalidade ao Conselho de Estado ou à Corte de Cassação. Procede-se a essa transmissão se preenchidas as condições seguintes: (*La juridiction statue sans délai par une décision motivée sur la transmission de la question prioritaire de constitutionalité au Conseil d'État ou à la Cour de cassation. Il est procédé à cette transmission si les conditions suivantes sont remplies:*) 1º. A disposição legislativa contestada é aplicável ao litígio ou ao procedimento, ou constitui fundamento dos pedidos (*La disposition contestée est applicable au litige ou à la procedure, ou constitue le fondement des poursuites*); 2º. Ela não tenha sido já declarada conforme à Constituição de acordo com a motivação e o dispositivo de uma decisão do Conselho Constitucional, salvo no caso de alteração das circunstâncias do julgamento (*Elle n'a pas déjà été déclarée conforme à la Constitution dans les motifs et le dispositif d'une décision du Conseil constitutionnel, sauf changement des circonstances*); 3º. A questão não esteja destituída de seriedade (*La question n'est pas dépourvue de caractère sérieux*).

Vale anotar que esses requisitos de admissibilidade da QPC foram esclarecidos e detalhados na decisão do Conselho Constitucional nº 2009-595, de 3.12.2009. Por fim, e para espanto de um país, como o Brasil, onde as sessões de julgamento no Supremo Tribunal são públicas às escâncaras, valendo-se inclusive da divulgação televisiva em tempo real pela TV Justiça, faz-se oportuno assinalar que os julgamentos no Conselho Constitucional da França, no que toca às sessões de deliberação (*séances de délibération*), são fechados e em sessões "secretas" (à huis clos), das quais não participam nem as partes interessadas, nem seus advogados, tampouco o público em geral. Somente os nove membros do Conselho Constitucional, com o apoio unicamente do Secretário Geral da instituição, podem estar presentes na sala de sessão no momento em que a QPC é levada a debate pelos julgadores e é objeto de deliberação conclusiva, com as sucintas motivações que sejam pertinentes.

De um modo geral, e diferentemente do que ocorre nos julgados da Suprema Corte dos Estados Unidos da América e do Supremo Tribunal Federal no Brasil, os acórdãos do Conselho Constitucional da França são ultrassucintos e se desdobram em pouquíssimas páginas, sem qualquer possibilidade de manifestação escrita de voto divergente, tampouco de sua publicação. Com isso, e embora as decisões possam não ser unânimes (o que não se pode perscrutar), pretende-se manter a unidade e coesão nos julgamentos da Corte, ao menos para efeito externo. O mesmo se diga a fim de se evitar que possa ocorrer uma exploração política, até mesmo no âmbito do Governo, da Assembleia Nacional e do Senado da França, com relação a divergências internas no âmbito do Conselho Constitucional no que respeita à interpretação do sentido e alcance das normas constitucionais.

X Conclusão

Isso posto, é justo afirmar que a tipologia da novel jurisdição constitucional adotada em França com base na *Loi Constitutionnelle* de 2008, com *status* e eficácia de emenda à Constituição de 1958, perfaz um sistema de todo singular de controle de constitucionalidade à la française. Nesse sentido, o modelo francês não reproduz inteiramente nenhum dos protótipos clássicos de jurisdição constitucional, notadamente o sistema de controle difuso ou o sistema de controle concentrado de aferição da conformidade das leis às normas e princípios da Constituição. Em realidade, aproveita apenas parcialmente certos aspectos de cada um desses paradigmas consagrados da jurisdição constitucional, ajuntando outros assaz peculiares, fruto da criatividade do constituinte e do legislador daquela nação berço do *iluminismo* e das liberdades públicas. Nessa ordem de reflexões, pode se dizer que o modelo francês é *sui generis*. Assume feição de um aparente sistema concentrado na medida em que apenas o Conselho Constitucional, em regime de exclusividade e monopólio de atribuição, pode declarar, *a posteriori*, a inconstitucionalidade das leis formais ou dos atos normativos considerados materialmente legislativos. A outro ângulo, assemelha-se ao sistema difuso na perspectiva de que a questão da contrariedade constitucional pelo instrumento da QPC, que se viabiliza pelo mecanismo da exceção de inconstitucionalidade, somente pode ser suscitada incidentemente em processos de natureza contenciosa em curso perante outros órgãos e instâncias que não o próprio Conselho Constitucional. Nessa perspectiva, opera-se um desdobramento competencial da modalidade difusa de controle de constitucionalidade mediante a adoção do denominado *sistema de filtro*, uma vez que o órgão ou instância perante a qual é deduzida a QPC não é nem poderá ser o órgão única e exclusivamente incumbido pela Constituição para decidir o mérito da *questão prioritária de constitucionalidade* (QPC), a saber, o Conselho Constitucional.

Assim, o órgão ou a instância que conhece e processa a QPC, no curso de um processo principal contencioso, não é o mesmo que irá julgá-la quanto ao mérito da questão constitucional. Com efeito, cada órgão judicante interveniente nas sucessivas etapas do *sistema de filtro* apenas decide quanto à continuidade da tramitação da QPC para o degrau superior da jurisdição administrativa ou judiciária, proferindo julgamento apenas periférico quanto à admissibilidade da medida, bem como acerca da seriedade e pertinência dos fundamentos em que radicam a QPC. Por esse original *sistema de filtro* a QPC poderá chegar, ou não, à instância superior do Conselho de Estado ou do Conselho Constitucional, respectivamente na esfera da jurisdição administrativa ou judiciária, que darão a palavra final sobre a acessibilidade ou envio (*renvoi*) da *questão prioritária de constitucionalidade* (QPC) ao órgão único e culminante da jurisdição constitucional, investida pelo Conselho Constitucional. Talvez esteja aí uma deficiência do modelo francês de controle de constitucionalidade inaugurado com elevada inspiração pela Constituição da 5º República, em 1958, e que possa ser melhor aperfeiçoado. Posto que não cabe recurso da decisão do Conselho de Estado ou da Corte de Cassação no caso de recusa de enviar (*renvoir*) a QPC àquela Corte Constitucional, temas constitucionais de relevo podem ter o destino inglório do arquivamento insuperável. Bem por isso, já se discute hoje, na esfera política e acadêmica, inclusive com o apoio do notável Presidente do Conselho Constitucional da França, Jean-Louis Debré, a conveniência de se encontrar uma solução para remediar tal impasse de obstrução, quiçá mediante a adoção de um mecanismo de avocatória, a ser deflagrado por iniciativa do próprio Conselho Constitucional, com relação às QPCs que envolvam temas constitucionais transcendentes para a vida republicana e a efetividade dos direitos fundamentais na França.

Informação bibliográfica deste texto, conforme a NBR 6023:2002 da Associação Brasileira de Normas Técnicas (ABNT):

CASTRO, Carlos Roberto Siqueira. O novo modelo de controle de controle de constitucionalidade na França – a questão prioritária de constitucionalidade (QPC). *In:* CÂMARA, Alexandre Freitas; PIRES, Adilson Rodrigues; MARÇAL, Thaís Boia (Coords.). *Estudos de direito administrativo em homenagem ao professor Jessé Torres Pereira Junior.* Belo Horizonte: Fórum, 2016. p. 65-110. ISBN 978-85-450-0166-9.

MOVIMENTOS DE REDUÇÃO DA DISCRICIONARIEDADE ADMINISTRATIVA. EFICIÊNCIA, MOTIVAÇÃO E REDUÇÃO DA DISCRICIONARIEDADE A ZERO

Cláudio Brandão de Oliveira

1 Considerações iniciais. A discricionariedade administrativa e os novos termos da relação entre sociedade e Estado

Existem temas que não envelhecem. No direito administrativo, a discricionariedade, materializada na liberdade atribuída aos agentes públicos para escolher entre dois ou mais objetos, juridicamente possíveis, é um deles. A razão de fundo para tamanho interesse pelo tema não é de difícil compreensão, e tem como fundamento o esforço, sempre atual, no âmbito do próprio direito administrativo, de buscar o aprimoramento dos instrumentos de controle do exercício do poder. O que há de novo, nessa busca, é o movimento de reposicionamento da sociedade e do Estado, em tempos de pós-modernidade.

Após as duas Grandes Guerras Mundiais e a Guerra Fria, todas letais, inaugurou-se no mundo uma nova etapa, designada por muitos de pós-modernidade. A denominação é útil para indicar que não se trata de mera evolução dos valores da modernidade, mas do rompimento com paradigmas anteriores, adotando-se outros modelos, atuais e compatíveis com as novas demandas sociais.

A sociedade e o Estado, criador e criatura, respectivamente, vêm se revezando, ao longo da história moderna, nos postos de protagonista e coadjuvante, numa relação que de forma equivocada tende a exigir que um deles exerça posição de predomínio em relação ao outro. A partir da segunda metade do século passado é possível identificar significativa mudança nessa relação, indicando que a preponderância dos interesses estatais sobre os da sociedade cede espaço diante das novas demandas, típicas da pós-modernidade.

O Estado não é mais o senhor absoluto das ações. A sociedade, cada vez mais interativa e participativa, reassume parcelas esquecidas de seu poder original e amplia o que se convencionou chamar de "espaço público não estatal", indicando que nem tudo que é público origina-se no Estado. No mesmo sentido, surge olhar mais atento e crítico sobre o comportamento dos gestores públicos, fruto da maior conscientização da população e do acesso às informações através dos meios de comunicação social e da rede mundial de computadores.

A mundialização, ou globalização como prefere a maioria, esvaziou a noção clássica de Estado surgida com os Estados nacionais posteriores à Idade Média. Povos e culturas se misturam, os limites territoriais não têm o mesmo significado de outrora e a própria soberania, como concebida orginalmente, sofre as temperanças da atualidade. São novos tempos e desafios, com indagações que não encontram respostas nas instituições clássicas da modernidade.

É diante dessa nova realidade, cada vez mais surpreendente, que devemos revisitar alguns institutos que foram criados para sobreviver ao longo do tempo, desde que amoldados às mutações que surgem na relação entre sociedade e Estado, entre a política e o poder, entre liberdade ou regramento na conduta dos agentes.

Ampliar ou estreitar os limites do exercício do poder é tema reservado aos domínios da sociedade, sempre visando à contenção dos abusos e a eliminação do arbítrio.

2 A discricionariedade e a reserva da administração

A liberdade de escolha, característica da discricionariedade, está presente no desempenho das diversas funções do Estado. Tomando como parâmetro as funções estatais clássicas, observa-se que, além da atividade administrativa, a legislativa e a jurisdicional também conferem aos seus agentes alguma margem de liberdade nas escolhas, ainda que não atrelada à valoração dos conhecidos critérios de conveniência e oportunidade, típicos da discricionariedade administrativa.

No mesmo sentido, existe um sistema de reserva que é próprio dos Estados que convivem com a lógica da separação das funções estatais. A reserva legal (matérias que só podem ser tratadas em lei) e a reserva de jurisdição (decisões que só podem ser tomadas por órgãos constitucionalmente investidos em funções jurisdicionais), de maior notoriedade, não são juridicamente mais relevantes do que a reserva da Administração.

A discricionariedade, é importante destacar, é fruto do direito, que diante da impossibilidade ou da inconveniência de prever, na lei, a melhor solução em determinadas situações, reconhece espaço reservado à Administração (reserva da administração) no qual só ela, através de seus agentes, poderá formular escolhas.

A reserva da Administração indica que existe espaço decisório próprio, do administrador público, que não pode ser ocupado por órgãos externos, sob pena de violação do princípio constitucional da separação entre os poderes. Essa garantia não induz imunidade em relação aos diversos tipos de controle que incidem sobre a Administração. Ocorre que nenhuma das modalidades de controle, constitucionalmente reconhecida, pode incidir sobre escolhas feitas dentro dos limites definidos pelo direito.

Por óbvio, também não há previsão de liberdade absoluta de agir em um ambiente republicano, caracterizado pela existência de mecanismos de contenção do poder e apuração de responsabilidade e responsividade[1] de agentes. O uso correto da discricionariedade administrativa, dentro dos limites e de acordo com as condições impostas pelo direito, constitui o que se convencionou chamar de mérito administrativo, imune a interferências externas indevidas. Já os abusos cometidos pelo administrador, sob pretexto de exercer a discricionariedade administrativa, devem ser controlados, por ação interna ou externa.

---

[1] Segundo Diogo de Figueiredo Moreira "a responsividade consiste na obrigação de o administrador público responder pela violação da legitimidade, ou seja, pela postergação ou deformação administrativa da vontade geral, que foi regularmente expressa, explicita ou implicitamente, na ordem jurídica" (MOREIRA NETO, Diogo de Figueiredo. *Considerações sobre a Lei de Responsabilidade Fiscal*: finanças públicas democráticas. Rio de Janeiro: Renovar, 2001. p. 60). Em síntese, o administrador público deve prestar contas à sociedade pela legitimidade de seus atos.

É evidente que qualquer estudo que leve em consideração realidades sociais diferentes indicará que a margem de liberdade varia conforme a natureza do ato, o momento, o regime jurídico e político adotado e o sistema de controle da atividade administrativa do Estado.

No mesmo sentido, o direito, e não apenas a lei em sentido formal, pode reduzir a margem de liberdade e, consequentemente, o mérito da atividade administrativa.

No Brasil e no mundo, muito se produziu sobre a discricionariedade administrativa. Porém, enquanto houver um processo dinâmico nas relações entre sociedade e Estado, haverá, também, margem para estudos sobre a liberdade de formulação de escolhas atribuída ao administrador público.

O presente estudo, de forma simples e objetiva, pretende despertar novas reflexões sobre o uso da discricionariedade em tempos de pós-modernidade e diante da constante exigência de maior efetividade das normas definidoras de direitos e garantias fundamentais.

3 Poder discricionário ou função discricionária

Os atos administrativos são classificados de várias formas e de acordo com critérios que levam em consideração o número de manifestações dos agentes envolvidos, a possibilidade de identificação de seus destinatários e a existência de margem de liberdade para justificar as escolhas feitas pela Administração. No último caso, a possibilidade de valoração de critérios de conveniência e oportunidade, na escolha do objeto, gera importante classificação que divide os atos administrativos em discricionários e vinculados.

Nos atos vinculados, o legislador indica o único objeto que pode ser adotado pela Administração. Qualquer outra solução se revela ilegal e evidentemente comprometida por vício que retira sua validade.

Nos atos discricionários, ao contrário, por obra do direito, a Administração Pública recebe liberdade para escolher entre dois ou mais objetos juridicamente possíveis. Observe-se que a discricionariedade não pode ser fruto da omissão ou do descaso do legislador ou intérprete. A discricionariedade decorre do proposital reconhecimento da incapacidade ou inconveniência de previamente definir aquele que seria o melhor resultado a ser alcançado. Se já se sabe, antes da prática do ato, qual o melhor resultado a ser obtido, não há margem para discricionariedade.

Não se deve confundir o ato administrativo, que pode ser discricionário ou vinculado, com a atividade discricionária que antecede a prática do ato e que permite ao agente público decidir sobre o momento e sobre a prática ou não do ato. Em um concurso público, por exemplo, o ato de nomeação do candidato aprovado dentro do número de vagas oferecidas é vinculado, porém, a atividade discricionária permite que a Administração escolha, dentro do prazo de validade, o momento de convocação dos candidatos aprovados. A Administração também poderá decidir se vai prorrogar o prazo de validade inicialmente definido, como lhe faculta a Constituição.

O emprego da discricionariedade envolve valoração de critérios, análise da situação de fato e adequação da solução pretendida com o direito. O manejo correto da liberdade conferida ao administrador é chamado de mérito administrativo. Em um ambiente de juridicidade, e não de legalidade formal, os limites para o correto exercício da discricionariedade administrativa não são exatamente aqueles mencionados no corpo de uma lei, mas também os decorrentes de princípios previstos na Constituição ou reconhecidos pelo direito.

A aplicabilidade das normas definidoras de direitos fundamentais e a força dos princípios asseguram a perspectiva real de redução da margem de discricionariedade, interferindo na definição do mérito administrativo. Nenhuma conduta administrativa, aparentemente compatível com a lei em sentido formal, pode atentar contra a dignidade da pessoa humana ou violar princípios como a moralidade, razoabilidade, isonomia, proporcionalidade e eficiência.

A discricionariedade sempre foi tratada como um dos poderes administrativos, junto com os poderes de polícia administrativa, hierárquico, disciplinar, vinculado e regulamentador. A denominação "poder discricionário" mostrava-se útil para caracterizar que o agente é competente para decidir de acordo com sua livre escolha, sem que se mostre viável qualquer tipo de controle, desde que o objeto seja compatível com o direito. Por outro lado, por ser um poder, acreditava-se que seria absolutamente indiferente a escolha do objeto, competindo apenas ao agente público, sem qualquer fundamentação, decidir sobre o que será oferecido ou disponibilizado para as pessoas. Assim, construiu-se teoria na qual o exercício do "poder discricionário" não exigia motivação e não comportava controles rígidos.[2]

Os tempos mudaram. Entende-se, na atualidade, que a atividade administrativa do Estado tem por finalidade assegurar a fruição de direitos que a ordem jurídica reconhece para os membros da comunidade. O Estado, de modo geral, e a Administração Pública, em especial, devem prestar os serviços necessários para viabilizar o pleno exercício dos direitos fundamentais. Assim, a função da atividade administrativa é a de criar condições para que as pessoas usufruam dos seus direitos, legitimamente reconhecidos. Não se mostra mais tão relevante o poder que se atribui a determinados órgãos ou agentes, mas sim as medidas efetivamente adotadas para que os interesses da sociedade sejam alcançados.

Nesse contexto, muito mais do que um "poder", o correto exercício da atividade discricionária é um dever, que se exterioriza com o desempenho de uma função administrativa, que é a de criar condições efetivas para fruição de direitos.[3] A sociedade espera bons resultados e não apenas que os atos sejam praticados por agentes competentes e com objeto compatível com a lei em sentido formal. Assim, a redução da margem de discricionariedade pode ser feita de acordo com a exigência social da eficiência, como a seguir examinado.

---

[2] Na feliz afirmação de Diogo de Figueiredo Moreira Neto "[...] a presunção de legalidade e, desse modo, o que tinha como um suposto e incontestável atendimento ao princípio da finalidade, nada mais era que um mítico legado absolutista, que ainda continuaria a sustentar, por mais algum tempo, a confortável desnecessidade de se explicitar, nos atos administrativos, e de modo claro e racional, a sua – hoje pacificamente exigida – conformidade finalística com o direito" (MOREIRA NETO, Diogo de Figueiredo. *Poder, direito e Estado*. Belo Horizonte: Fórum, 2011. p. 105).

[3] Segundo Celso Antônio Bandeira de Mello: "Tomando-se consciência deste fato, deste caráter funcional da atividade administrativa, (por isto se diz 'função administrativa') desta necessária submissão da Administração à lei, percebe-se que o chamado poder discricionário tem que ser simplesmente o cumprimento do dever de alcançar a finalidade legal" (BANDEIRA DE MELLO, Celso Antônio. *Discricionariedade e controle judicial*. 2. ed. São Paulo: Malheiros, 1993. p. 15).

4 A redução da discricionariedade pela exigência de eficiência

O Estado não precisa e não deve ser ineficiente. Na sociedade pós-moderna, exige-se que as escolhas da Administração, através de seus órgãos e agentes, busquem o real atendimento das necessidades do povo, individuais e coletivas.

Ao contrário do que muitos sustentam, a eficiência como princípio não se relaciona de forma exclusiva com a prestação de serviços públicos. O princípio foi inserido no *caput* do art. 37 da Constituição, sendo aplicável a todas as atividades administrativas desenvolvidas pelo Estado, no âmbito dos três poderes. Se o propósito do constituinte derivado, na Emenda nº 19, era criar um princípio setorial de eficiência para serviços públicos, o art. 175 da Constituição seria topograficamente mais adequado.

A Constituição não é conselheira. A eficiência, por ser um princípio, tem força normativa suficiente para impor a obrigação de buscar por melhores resultados possíveis em tudo que a Administração Pública faz. A ineficiência administrativa é inconstitucional e pode ser controlada, inclusive na via judicial.

Sobre o tema, parece claro que no ambiente constitucional brasileiro não há espaço para o obsoleto argumento de que haverá uma indevida substituição da vontade do administrador pela vontade do juiz. O Poder Judiciário, ao controlar, mediante provocação, a escolha ostensivamente ineficiente, não estará administrando, mas apenas cumprindo seu papel de zelar pela correta aplicação da Constituição.

A eficiência pode ser considerada também em situações individuais. Assim, quando se nega a determinado administrado a satisfação de um interesse que estava ao alcance do Poder Público, quando a manifestação da Administração é feita com atraso ou de forma deficiente, há ineficiência capaz de justificar o controle ou o pedido de reparação.

Nos casos acima mencionados, a eventual lesão a direito do administrado pode ser resolvida no campo da responsabilidade. A culpa administrativa, que gera responsabilidade estatal, ocorre tradicionalmente em três situações: a) o serviço não foi prestado quando deveria ter sido, b) foi prestado de forma deficiente, c) foi prestado de forma atrasada. Apesar de antiga, a teoria da culpa administrativa nada mais é do que a tradução, para o campo da responsabilidade, da ineficiência administrativa, apurada em situações concretas.

Na pós-modernidade a informação circula com maior velocidade e se mostra acessível à grande parcela da sociedade, fruto da evolução dos meios de comunicação social e da conexão à rede mundial de computadores. Como consequência, o conhecimento é difundido, as pessoas se organizam, ainda que por meio virtual, reivindicam maior participação e, por força de uma nova cidadania, tornam-se mais exigentes na cobrança por melhores resultados na atuação dos órgãos e agentes públicos. Não há mais a incômoda tolerância com a ineficiência que sempre caracterizou a atuação estatal.

Assim, constata-se que a discricionariedade não pode justificar a escolha de resultados medíocres, insuficientes. Qualquer serviço prestado pressupõe a real possibilidade de sua fruição por parte dos usuários. A ineficiência, ainda que com outras denominações, pode ser invocada, por exemplo, para justificar o controle judicial de políticas públicas, como já admitiu o Supremo Tribunal Federal:

AGRAVO REGIMENTAL NO RECURSO EXTRAORDINÁRIO. AÇÃO CIVIL PÚBLICA. SEGURANÇA PÚBLICA. LEGITIMIDADE. INTERVENÇÃO DO PODER JUDICIÁRIO. IMPLEMENTAÇÃO DE POLÍTICAS PÚBLICAS. OMISSÃO ADMINISTRATIVA. 1. O Ministério Público detém capacidade postulatória não só para a abertura do inquérito civil, da ação penal pública e da ação civil pública para a proteção do patrimônio público e social do meio ambiente, mas também de outros interesses difusos e coletivos (artigo 129, I e III, da CB/88). Precedentes. 2. O Supremo fixou entendimento no sentido de que é função institucional do Poder Judiciário determinar a implantação de políticas públicas quando os órgãos estatais competentes, por descumprirem os encargos político-jurídicos que sobre eles incidem, vierem a comprometer, com tal comportamento, a eficácia e a integridade de direitos individuais e/ou coletivos impregnados de estatura constitucional, ainda que derivados de cláusulas revestidas de conteúdo programático. Precedentes. Agravo regimental a que se nega provimento. (Segunda Turma. RE nº 367.432-AgR. Rel. Min. Eros Grau. *DJe*, 14 maio 2010)

Por fim, a eficiência, como princípio previsto na Constituição, indica que o administrado/cidadão não tem apenas o direito de exigir que a Administração observe o que determina a lei, mas também o direito de exigir os melhores resultados possíveis.

5 A redução da discricionariedade com a exigência de motivação

Na sua origem, o exercício da discricionariedade administrativa dispensava maiores explicações. O agente público, responsável pelo ato, não tinha o dever de esclarecer as razões que justificaram sua escolha. É evidente que o desconhecimento da motivação do ato fere a ideia de transparência e inviabiliza qualquer pretensão de controle.

A Constituição de 1988[4] contribuiu para o debate ao prever que as decisões administrativas dos tribunais devem ser motivadas, sem ressalva a qualquer tipo de ato, vinculado ou discricionário. Entendeu-se que o princípio motivação, finalmente expresso na Constituição, teria aplicação no âmbito de todos os poderes. Posteriormente, no art. 50 da Lei nº 9.784/99, que trata do processo administrativo no âmbito da Administração Pública Federal, foi definida a obrigação de motivar os atos administrativos de conteúdo decisório.

A leitura do mencionado artigo indica que alguns dos atos ali previstos refletem o exercício de discricionariedade, como exemplo, a dispensa de licitação e a revogação de atos administrativos. Assim, para efeito de motivação, o que interessa é o conteúdo decisório do ato, sendo indiferente sua classificação em vinculado ou discricionário.

Não tem sentido admitir como regra a desnecessidade de motivação dos atos discricionários. Qualquer pessoa, diretamente interessada ou não, tem o direito de saber as razões que levaram a Administração a decidir. Ter acesso ao motivo do ato, através da divulgação da motivação, já é um direito, independentemente da existência de interesse específico. Trata-se de desdobramento natural do ambiente democrático e republicano. A motivação é uma forma de prestação de contas a ser feita pelo agente público junto ao administrado/cidadão.

A cidadania permite, também, que qualquer pessoa natural, no gozo de seus direitos políticos, ajuíze ação popular para anular ato lesivo ao patrimônio público, à moralidade, ao meio ambiente e ao patrimônio histórico e cultural.

Assim, a exigência de motivação serve para redução da margem de discricionariedade por criar, para o agente, a obrigatoriedade de

---

4 Art. 93, X: "as decisões administrativas dos tribunais serão motivadas e em sessão pública, sendo as disciplinares tomadas pelo voto da maioria absoluta de seus membros".

ponderar, quando da prática do ato, todas as questões relativas a fatos e ao direito. Privilegia-se o entendimento de que a Administração deve expor com a profundidade necessária, de forma clara e compreensível, as razões de fato e de direito que justificaram seu comportamento. A motivação viabiliza o controle da atividade discricionária através da verificação da compatibilidade das razões de fato com a realidade e das razões jurídicas com o direito. A eventual incompatibilidade, em qualquer um dos aspectos, permite o controle do ato através da chamada "teoria dos motivos determinantes".

A motivação, por deixar claras as razões empregadas na prática do ato, também viabiliza o controle da atividade administrativa discricionária quando lesiva a outros princípios, da mesma relevância, como a moralidade, a razoabilidade e a proporcionalidade. Assim, são poucos os atos e procedimentos, ainda que discricionários, que dispensam fundamentação.

6 A redução da discricionariedade nos atos de consentimento

Banaliza-se na Administração Pública o uso cômodo, maldoso ou preguiçoso da discricionariedade de dizer não, ou seja, de negar aos administrados pretensões legitimamente formuladas junto a órgãos públicos. Tal situação ocorre nos atos administrativos em que a Administração deve manifestar sua concordância com o desempenho, por particulares, de atividades sujeitas a algum tipo de controle estatal. São os atos de consentimento, que têm, na sua maioria, fundamento no exercício da polícia administrativa.

No Brasil, ninguém produz, trabalha, constrói ou progride, de forma lícita, sem depender de várias manifestações favoráveis da Administração. São licenças, autorizações, alvarás, habilitações e outros atos de concordância, praticados em processos administrativos demorados e burocráticos.[5] Discute-se com profundidade o excesso ou a real necessidade de tantos atos de consentimento no direito

---

[5] São processos que acabam por justificar o reconhecimento, como agente de colaboração, da pessoa do despachante, encarregado de acompanhar a tramitação dos requerimentos junto aos órgãos e repartições públicas.

brasileiro, mas, no presente trabalho, será abordado apenas o manejo da discricionariedade na apreciação dos requerimentos feitos por particulares junto aos órgãos públicos.

Os atos de consentimento, em princípio, devem ser vinculados e nesse sentido deve caminhar a legislação que tratar da matéria. Assim, sempre que o administrado preencher os requisitos legais, seu pedido deve ser deferido, dentro de prazo razoável.[6] Em sentido oposto, se a Administração negar a pretensão do requerente de forma indevida ou retardar a apreciação de requerimentos feitos, surge para o destinatário do ato a possibilidade de deflagração dos instrumentos de controle.

Por não ser possível eliminar de forma completa a discricionariedade nos atos de consentimento, deve-se estimular a redução da margem de discricionariedade como forma de não permitir qualquer tipo de interferência indevida do Estado sobre o exercício de direitos considerados fundamentais, notadamente a liberdade e a propriedade. Qualquer limitação a direitos deve ser excepcional e devidamente fundamentada. Assim, nos atos de consentimento discricionários, a Administração somente poderia indeferir o pedido feito por particulares, nas hipóteses expressamente autorizadas em lei e de forma justificada. Trata-se de medida que inibe a recusa injustificada, imotivada ou com motivação precária.

7 A redução da discricionariedade a zero

Discute-se a possibilidade de modulação da margem de discricionariedade inicialmente conferida ao administrador pelo direito. É razoável o entendimento de que a mesma ordem jurídica, que fixa em abstrato os limites que não podem ser vencidos pelo administrador, pode, diante de situações concretas e com base também no direito, reduzir o campo de liberdade das escolhas.

Reduzir a discricionariedade significa preservar os interesses do cidadão/administrado, junto às autoridades, investidas em atribuições discricionárias, que se recusam a fazer o certo e da melhor forma possível.

---

[6] O princípio da razoável duração do processo, previsto no art. 5º, LXXVIII, também tem aplicação no processo administrativo.

Em situações especiais, a redução acima mencionada poderia significar a eliminação da liberdade de escolha entre objetos inicialmente possíveis. Trata-se da redução a zero da discricionariedade, com a consequente eliminação da possibilidade de valoração, por parte do agente público, de critérios de conveniência e oportunidade. A redução da discricionariedade a zero pode resultar da influência dos direitos fundamentais, de outras normas constitucionais ou de princípios positivados ou reconhecidos na ordem jurídica.

Assim, por exemplo, se no exercício de sua atividade discricionária a administração defere pretensão formulada por A e, no momento imediatamente posterior, sem que houvesse qualquer modificação da situação de fato ou de direito, B formula requerimento idêntico, não parece lógico, a luz do princípio da isonomia, que a Administração adote comportamento diferente do anterior.

Constatada a redução a zero da discricionariedade, o que deve ser feito para obrigar a Administração a fazer o certo ou como corrigir o ato que indevidamente adotou solução diversa daquela esperada? Duas possibilidades de controle merecem destaque.

Na primeira, considera-se nulo o ato que não adotar solução remanescente, única compatível com o direito. A pronúncia de nulidade pode ser feita pela própria Administração ou pelo Poder Judiciário. Na hipótese de controle judicial, não tem sentido invocar possível lesão ao princípio da separação entre os poderes. Não há invasão judicial no mérito administrativo simplesmente por ele não mais existir. Sem margem de liberdade para formulação de escolhas, não há mérito, aqui considerado o uso correto da discricionariedade administrativa. Assim, o controle judicial seria feito na preservação do direito que indicou, naquele caso, como deveria se comportar a Administração.

Na segunda hipótese, diante da inércia da Administração na adoção da única solução agora considerada lícita pelo direito, a parte interessada poderia buscar o controle judicial. Surge, nesse momento, a dúvida quanto ao alcance do pedido e das possibilidades de controle judicial.

A primeira opção seria a de provocar manifestação jurisdicional para determinar que a Administração pratique o ato administrativo de acordo com a única possibilidade que restou viável. O Poder Judiciário deve reconhecer a redução ao nível zero da discricionariedade, em decisão corretamente fundamentada, e fixar prazo para que a Administração cumpra o seu dever. Outra possibilidade seria a de buscar, judicialmente, a superação da ausência de manifestação administrativa, a ser substituída pela decisão judicial. A viabilidade jurídica de suprir omissões administrativas através de provimento jurisdicional é controvertida e deve ser avaliada em cada caso e de acordo com a natureza do ato.

8 Conclusão

Por fim, fica o registro de que o propósito do presente artigo é o de estimular reflexões sobre tema antigo, mas de extrema importância e que se renova diante das novas relações entre sociedade e Estado.

Em uma sociedade de risco, com novas demandas e ferramentas, o grau de exigência é grande e tem como maior destinatário o Estado no desempenho da função administrativa.

A discricionariedade, por décadas, foi usada por gestores para negar direitos, encobrir motivos descompromissados com o atendimento do interesse público e sonegar as verdadeiras razões que motivaram a prática do ato.

É necessário reduzir para níveis confiáveis e controláveis o grau de discricionariedade administrativa, impedindo abusos no exercício da função administrativa. Em tempos de democracia, não há espaço para atos praticados com imunidade, sendo lícito viabilizar as novas formas de controle sobre a atividade administrativa do Estado.

Referências

BANDEIRA DE MELLO, Celso Antônio. *Discricionariedade e controle judicial*. 2. ed. São Paulo: Malheiros, 1993.

CHEVALLIER, Jacques. *O Estado Pós-Moderno*. Belo Horizonte: Fórum, 2009.

MOREIRA NETO, Diogo de Figueiredo. *Considerações sobre a Lei de Responsabilidade Fiscal*: finanças públicas democráticas. Rio de Janeiro: Renovar, 2001.

MOREIRA NETO, Diogo de Figueiredo. *Poder, direito e Estado*. Belo Horizonte: Fórum, 2011.

QUEIRÓ, Afonso Rodrigues. *O poder discricionário da Administração*. 2. ed. Coimbra: Coimbra Editora, 1948.

SOUSA, Francisco de. *Conceitos indeterminados no direito administrativo*. Coimbra: Almedina, 1994.

VALLE, Vanice Regina Lírio do. *Políticas públicas, direitos fundamentais e controle judicial*. Belo Horizonte: Fórum, 2009.

Informação bibliográfica deste texto, conforme a NBR 6023:2002 da Associação Brasileira de Normas Técnicas (ABNT):

OLIVEIRA, Cláudio Brandão de. Movimentos de redução da discricionariedade administrativa. Eficiência, motivação e redução da discricionariedade a zero. *In:* CÂMARA, Alexandre Freitas; PIRES, Adilson Rodrigues; MARÇAL, Thaís Boia (Coords.). *Estudos de direito administrativo em homenagem ao professor Jessé Torres Pereira Junior*. Belo Horizonte: Fórum, 2016. p. 111-124. ISBN 978-85-450-0166-9.

A CRISE DA DEMOCRACIA REPRESENTATIVA E A ASCENSÃO DO PODER JUDICIÁRIO NO BRASIL

Diogo de Figueiredo Moreira Neto

Uma introdução na primeira pessoa

Normalmente, não me sinto à vontade a empregar o tratamento coloquial da primeira pessoa; muito raramente o faço enquanto escritor de direito, penso, porém, que esta introdução perderia muito da emoção, que desejo passar aos leitores ao oferecer esta pequena contribuição à obra *Estudos de direito administrativo em homenagem ao professor Jessé Torres Pereira Junior*, uma oportuna iniciativa de seus discípulos Alexandre Câmara, Adilson Rodrigues Pires e Thaís Marçal, com que prestam um justíssimo tributo à essa figura admirável do mundo jurídico nacional.

Este ensaio é uma nova e atualizada apresentação de um estudo que, há algum tempo, ofereci para compor uma obra em homenagem ao ilustre jurista espanhol Professor Doutor Tomás-Ramón Fernández, Catedrático de Direito Administrativo da Universidade Complutense de Madri, por ocasião de sua jubilação acadêmica; um dos mais expressivos nomes do pensamento jurídico europeu da atualidade, discípulo dileto e autor do famoso *Curso de derecho administrativo* com nosso grande mestre comum, Eduardo García de Enterría.

Há, portanto, uma interessante coincidência, que explica a razão da retomada do tema para esta homenagem: se, então, em Madri, me haviam pedido para versar a importância da contribuição da jurisprudência das altas cortes de justiça no desenvolvimento do direito administrativo, agora, entre nós, logo me ocorreu que este haveria de ser o veio adequado para voltar a ser garimpado, pela dupla coincidência de o homenageado, sobre ser um superlativo administrativista, ser também um dos mais reputados magistrados de sua geração, que honra e exorna o Tribunal de Justiça do Estado do Rio de Janeiro, como condutor de doutrinas consistentes com o melhor filão da pós-modernidade jurídica.

Mas coincide, também, a escolha do tema, com uma nova e auspiciosa fase da atuação do Poder Judiciário brasileiro, em busca de novos caminhos para a solução das cada vez mais pletóricas e diversificadas demandas que estão sendo levadas à sua apreciação, o que bem se revela na recente evolução da jurisprudência do mais elevado pretório do país – o Supremo Tribunal Federal.

Com efeito, poucos se têm dedicado tanto, como o Desembargador Jessé, a penetrar a *selva selvaggia* desse impressionante fenômeno nacional da explosão do acesso ao Judiciário, notadamente em ações contra a Fazenda Pública de todos os níveis federativos. Enfrentou o tema em recente prefácio a uma de minhas últimas publicações, um opúsculo *Relações entre poderes e democracia. Crise e superação*,[1] com uma impressionante riqueza de dados, por ele pacientemente coligidos e organizados, em abono da tese, que desenvolvi, da importância da multiplicação de canais de expressão da cidadania.

Aliás, essa notável capacidade de escolher e de enfrentar problemas complexos, com paciência e minudência, está evidente em numerosos de seus escritos, o que deixa até a impressão de que seu espírito inquieto se compraz em descobrir ordem, coerência e sentido em temas complexos e intricados, algo que sua bibliografia, que já passa uma dezena de obras, também o comprova...

Dela destaco dois trabalhos, que muito de perto me dizem respeito, são eles: o livro *Controle judicial da Administração Pública: da legalidade estrita à lógica do razoável*[2] e o artigo *A efetividade dos princípios do direito administrativo no exercício da tutela jurisdicional*, inserto na coletânea *Direito administrativo – Coletânea de estudos em homenagem a Diogo de Figueiredo Moreira Neto*, carinhosamente coordenado por dois excelentes e queridos discípulos, que se tornaram famosos e reputados juristas: Fábio Medina Osório e Marcos Juruena Villela Souto,[3] o que, incidentalmente, abre-me a ocasião de manifestar reciprocidade à homenagem que me fez com o precioso artigo nele inserto.

---

[1] MOREIRA NETO, Diogo de Figueiredo. *Relações entre poderes e democracia*. Crise e superação. Belo Horizonte: Fórum, 2014.

[2] PEREIRA JUNIOR, Jessé Torres. *Controle judicial da Administração Pública*: da legalidade estrita à lógica do razoável. 2. ed. Belo Horizonte: Fórum, 2006.

[3] PEREIRA JUNIOR, Jessé Torres. A efetividade dos princípios do direito administrativo no exercício da tutela jurisdicional. In: OSÓRIO, Fábio Medina; SOUTO, Marcos Juruena Villela. *Direito administrativo – Coletânea de estudos em homenagem a Diogo de Figueiredo Moreira Neto*. Rio de Janeiro: Lumen Juris, 2006.

Em ambos os trabalhos, Jessé, com sua linguagem clara, que um longo exercício da judicatura submeteu a uma rigorosa busca da precisão, particularmente revelou a sua convicta e profunda sintonia com o que de mais significativo introduziram notáveis pensadores contemporâneos no direito pós-moderno: os *princípios* – como portadores de valores que iluminam e humanizam a aplicação das normas legais, como ele próprio praticou com mestria em seus julgados e tão bem exemplificou, no ensaio mencionado, com a transcrição de cinco magníficos acórdãos de sua lavra.

Muito, muito mesmo, teria ainda a dizer sobre essa admirável personalidade, que permanentemente contrasta o brilho e a modéstia, a firmeza e a suavidade, a quem me ligaram fortes laços de amizade, de admiração e de profundo carinho... Porém, para que me seja possível entrar sem mais tardança no tema, sei que devo abreviar esta introdução e, para tanto, nada mais apropriado que devolver-lhe suas próprias palavras, com as quais ele fechou a introdução do ensaio que me dedicou no referido livro em minha homenagem:

> Mais renovam, a cada dia, a aliança entre a humildade e a perseverança no serviço da Justiça, como dever de ofício e de consciência individual e social, para o presente e com olhos postos no futuro, posto que o compromisso do jurista não é apenas com a sua geração.

Muito mais justamente elas lhe cabem... Querido Jessé: jurista e magistrado, mestre e exemplo.

Sobre o novo papel do Poder Judiciário brasileiro em face da crise das assembleias legiferantes

Como é de geral sabença, às Cortes Constitucionais já não cabe mais atuar apenas como "legislador negativo", em atendimento, claramente de corte kelseniano,[4] ao vetusto princípio da separação e independência entre os poderes do Estado (consagrado no art. 2º da Constituição brasileira), senão que, muito ao revés, frequentemente, em situações concretas, ora em razão da lentidão,

---

[4] KELSEN, Hans. *Jurisdição constitucional*. São Paulo: Martins Fontes, 2003.

ora do anacronismo, ora da perda de qualidade e até da flagrante antijuridicidade da produção legislativa, o Poder Judiciário se vê chamado a intervir na construção interpretativa da norma aplicável, notadamente com vistas a salvaguardar direitos fundamentais.[5]

Isso se deve, entre outros fatores, à ascensão dos novos cânones renovadores do pós-positivismo,[6] materializados na textura aberta e na força normativa dos princípios constitucionais,[7] bem como à crise de legitimidade, que vem sendo experimentada pelo modelo de democracia apenas formal e meramente representativa, quando não, quase totalmente reduzida a periódicos sufrágios colhidos nas urnas, o dominante em toda a modernidade.

Reforça, essa crise a necessidade da intervenção da justiça para a integração casuística dos, cada vez mais frequentes, vazios legislativos e para a correção dos abusos antijurídicos de eventuais maiorias assembleístas e, ainda, pelo impulso da evolução contemporânea experimentada pelo neoconstitucionalismo – tudo levando a uma constatada ascensão da importância do Judiciário no cenário juspolítico, tanto no Brasil como, de resto, nos Estados Democráticos de Direito, para a afirmação da *democracia substantiva*, que é a que se realiza pela observância dos valores fundamentais explícitos ou implícitos em suas respectivas constituições.

Não há, contudo, uma necessária conjugação entre o *judicial review* e o atributo de supremacia das decisões judiciais.[8] No Brasil, o

---

[5] O fenômeno da judicialização das questões envolvendo direitos fundamentais e os excessos nele cometidos são abordados por Luís Roberto Barroso em: BARROSO, Luís Roberto. Da falta de efetividade à judicialização excessiva: direito à saúde, fornecimento gratuito de medicamentos e parâmetros para a atuação judicial. In: BARROSO, Luís Roberto. *Temas de direito constitucional*. Rio de Janeiro: Renovar, 2009. t. IV, p. 217-254.

[6] BARROSO, Luís Roberto. Fundamentos teóricos e filosóficos do novo direito constitucional brasileiro (pós-modernidade, teoria crítica e pós-positivismo). In: BARROSO, Luís Roberto (Org.). *A nova interpretação constitucional*. Ponderação, direitos fundamentais e relações privadas. Rio de Janeiro: Renovar, 2003. p. 1-48.

[7] Konrad Hesse foi o primeiro a alertar para a força normativa das disposições constitucionais em sua obra seminal *A força normativa da Constituição* (HESSE, Konrad. *A força normativa da Constituição*. Tradução de Gilmar Ferreira Mendes. Porto Alegre: Sérgio Antônio Fabris, 1991).

[8] A desvinculação ocorreu, desde a sua formatação original, cunhada nos Estados Unidos da América, em que somente em um passado recente o panorama foi alterado: "As has so often been noted, Marshall never claimed supremacy for the Court in Marbury. The opinion ends, after all, with Marshal saying that courts have an equal right to the other departments in interpreting the Constitution. The Court committed itself explicitly to judicial supremacy only relatively recently" (GRIFFIN, Stephen. *The age of Marbury*: judicial review in a democracy of rights. *Public Law and Legal Theory Working Papers Series*, Tulane, set. 2003. Disponível em: <http://papers.ssrn.com/sol3/papers.cfm?abstract_id=441240>. Acesso em: 23 set. 2011).

reconhecimento da "última palavra" ao Judiciário se deu, principalmente, pelo fato de representar uma garantia cidadã proporcionada pela abertura política ocorrida no país nas últimas décadas.

Tal fenômeno se deve à adoção de um conjunto de valores que caracterizam um efetivo Estado Democrático de Direito, na Constituição brasileira de 1988, superando anos de autoritarismo e arbítrio, durante os quais não vigiam direitos e garantias fundamentais dos cidadãos.

Nesse novo cenário, a recém-instituída ordem constitucional conferiu ao Supremo Tribunal Federal um papel protagônico na proteção dos direitos fundamentais e, consequentemente, na afirmação da democracia.[9]

Com base nessa salutar mudança axiológica da atuação funcional que atingiu a todos os Poderes da República e se propagou a outros órgãos constitucionalmente independentes instituídos, aquela Corte Constitucional passou a exercer cada vez mais efetivamente a sua reforçada legitimação, com o desenvolvimento de práticas inovativas voltadas à resolução de controvérsias de relevância nacional,[10] diante das quais inexistiam soluções preceituais específicas, ou para as quais a legislação vigente confrontava os valores constitucionais da democracia substantiva.

Assim é que veio a se caracterizar o denominado *ativismo* do Poder Judiciário,[11] tornando-o protagonista nessa paulatina conquista da democracia material, com maior viés participativo, que vem a ser, sem dúvida, uma tendência justificada pela indeclinável necessidade de se garantir a proteção dos direitos fundamentais permanentes das minorias em face de maiorias políticas e partidárias eventuais.

A proeminência, assim justamente alcançada pelo Poder Judiciário, se insere ainda, consoante apreciação comum a vários

---

[9] SILVA, Cecília de Almeida *et al. Diálogos institucionais e ativismo*. Curitiba: Juruá, 2011. p. 29.

[10] Confira-se, nesse sentido, o discurso proferido por Celso de Mello, quando da posse de Gilmar Mendes como presidente do Supremo Tribunal Federal: "Nem se censure eventual ativismo judicial exercido por esta Suprema Corte, especialmente porque, dentre as inúmeras causas que justificam esse comportamento afirmativo do Poder Judiciário, de que resulta uma positiva criação jurisprudencial do direito, inclui-se a necessidade de fazer prevalecer a primazia da Constituição da República, muitas vezes transgredida e desrespeitada por pura, simples e conveniente omissão dos poderes públicos" (Disponível em: <http://www.stf.jus.br/arquivo/cms/noticiaNoticiaStf/anexo/discursoCMposseGM.pdf>. Acesso em: 23 set. 2011).

[11] VALLE, Vanice Regina Lírio do (Coord.). *Ativismo judicial e o Supremo Tribunal Federal*. Laboratório de Análise Jurisprudencial do STF. Curitiba: Juruá, 2009.

autores contemporâneos, no processo em marcha de construção de uma sociedade global, na qual, aos olhos do homem comum, os *tribunais de julgadores*, conformados por imparciais cultores do direito com investidura democrática *seletiva*, pelo mérito, seriam mais confiáveis do que *assembleias de legisladores*, conformadas por cidadãos com investidura democrática *eletiva*, pelo sufrágio, de seus membros não estarem entranhadamente atentos aos valores do direito.

Ao contrário, a confiabilidade é reduzida pelo fato de os representantes políticos se encontrarem permanentemente premidos ou por demandas de política partidária, ou por manobras de acesso e de manutenção de poder, quando não, por preocupações ditadas por meros interesses eleitoreiros, não mais que de apelo populista, tantas vezes até antagônicas com os autênticos fundamentos de valor da *ordo juris*.[12]

Outros entendem que a razão do deslocamento da confiança, do sistema representativo para o sistema jurisdicional, se deve a constituições rígidas, casuísticas, quando não dirigentes, nas quais se constata uma hiperconstitucionalização dos fenômenos sociais, tantas vezes a conferir direitos sociais e transindividuais aos cidadãos, relegando, embora, aos poderes Legislativos e Executivos, a missão de efetivar a vontade constitucional.[13]

Esses fenômenos ganharam novas dimensões políticas no Brasil, como já destacado, precisamente em virtude das competências conferidas ao Supremo Tribunal Federal, pela Constituição brasileira de 1998, no desempenho das quais este Pretório passou a exercer, simultaneamente, várias funções relevantes: (1) a de *tribunal constitucional*,[14] por caber-lhe um onímodo controle de

---

[12] Cf. VIERA, Oscar Vilhena. Superdemocracia. In: SARMENTO, Daniel (Coord.). *Filosofia e teoria constitucional contemporânea*. Rio de Janeiro: Lumen Juris, 2009. p. 2009.

[13] Acerca do fenômeno da constitucionalização do direito e seus reflexos, inclusive quanto à profusão da jurisdição constitucional, cf. BARROSO, Luís Roberto. Neoconstitucionalismo e constitucionalização do direito. In: BARROSO, Luís Roberto. Da falta de efetividade à judicialização excessiva: direito à saúde, fornecimento gratuito de medicamentos e parâmetros para a atuação judicial. In: BARROSO, Luís Roberto. *Temas de direito constitucional*. Rio de Janeiro: Renovar, 2009. t. IV, p.61-120.

[14] Confira-se o teor do art. 102 da Constituição Brasileira: "Art. 102. Compete ao Supremo Tribunal Federal, precipuamente, a guarda da Constituição, cabendo-lhe: I – processar e julgar, originariamente: a) a ação direta de inconstitucionalidade de lei ou ato normativo federal ou estadual e a ação declaratória de constitucionalidade de lei ou ato normativo federal; [...] p) o pedido de medida cautelar das ações diretas de inconstitucionalidade; [...] II – julgar, mediante recurso extraordinário, as causas decididas em única ou última

constitucionalidade, tanto de modo difuso como concentrado; (2) a de *órgão da cúpula do Poder Judiciário brasileiro*, por se constituir na última instância julgadora de recursos extraordinários; e (3) e a de foro especializado[15] para o julgamento de autoridades do mais alto patamar hierárquico da República, bem como (4) a de garante último para certas matérias que defina como de relevante interesse para o país, o que implica a salvaguarda de valores essenciais de uma democracia substantiva.

Tais funções se viram ainda mais ampliadas com a promulgação da Emenda Constitucional nº 45, de 30.12.2004, ao introduzir uma reforma no Poder Judiciário brasileiro, que dilargou consideravelmente a *vinculação aos precedentes*[16] da Suprema Corte e, por consequência, conferindo maior relevância à sua atuação, como uma espécie de "poder moderador" no que tange à proteção de direitos fundamentais.

Institutos novos, como as *súmulas vinculantes*, a *exigência de repercussão geral* na interposição de recursos extraordinários, os efeitos conferidos aos mandados de injunção e às *reclamações*, confluíram para reforçar a missão e a responsabilidade da Suprema Corte na resolução de demandas de repercussão social, já denotando com nitidez um processo de "substituição parcial" à atuação tradicional do Poder Legislativo.[17]

---

instância, quando a decisão recorrida: a) contrariar dispositivo desta Constituição; b) declarar a inconstitucionalidade de tratado ou lei federal; [...]".

[15] Vejam-se algumas dessas competências previstas na Constituição brasileira: "Art. 102. [...] I – processar e julgar, originariamente: [...] b) nas infrações penais comuns, o Presidente da República, o Vice-Presidente, os membros do Congresso Nacional, seus próprios Ministros e o Procurador-Geral da República; c) nas infrações penais comuns e nos crimes de responsabilidade, os Ministros de Estado e os Comandantes da Marinha, do Exército e da Aeronáutica, ressalvado o disposto no art. 52, I, os membros dos Tribunais Superiores, os do Tribunal de Contas da União e os chefes de missão diplomática de caráter permanente; d) o 'habeas-corpus', sendo paciente qualquer das pessoas referidas nas alíneas anteriores; o mandado de segurança e o 'habeas-data' contra atos do Presidente da República, das Mesas da Câmara dos Deputados e do Senado Federal, do Tribunal de Contas da União, do Procurador-Geral da República e do próprio Supremo Tribunal Federal; [...]".

[16] Sobre o tema, confira-se MELLO, Patrícia Perrone Campos. *Precedente*: o desenvolvimento judicial do direito no constitucionalismo contemporâneo. Rio de janeiro: Renovar, 2008.

[17] Consultem-se, a respeito, alguns dos novos dispositivos acrescentados no ordenamento constitucional brasileiro: "Art. 102. [...] §2º – As decisões definitivas de mérito, proferidas pelo Supremo Tribunal Federal, nas ações diretas de inconstitucionalidade e nas ações declaratórias de constitucionalidade *produzirão eficácia contra todos e efeito vinculante*, relativamente aos demais órgãos do Poder Judiciário e à administração pública direta e indireta, nas esferas federal, estadual e municipal. (Redação dada pela Emenda

Sob outro prisma, a própria atuação debilitada do Poder Legislativo, observada em todos os graus federativos, não só permitiu como induziu a ampliação desse espaço de proeminência do Judiciário na vida social e política brasileira. Com efeito, está-se – e não apenas no Brasil – diante de uma grave crise de *representatividade*, quiçá de envelhecimento da hegemonia política do bicentenário modelo assembleísta rousseauniano, pois que as sociedades já não mais veem como legítimas muitas das decisões de seus representantes políticos, notadamente por senti-los mais preocupados com assuntos partidários e disputa de espaços de influência do que com os legítimos interesses populares, levando as pessoas a confiarem cada vez mais em instituições outras, as quais sintam mais próximas e responsivas ao dia a dia de suas necessidades e de seu atendimento.[18]

Eis porque, entre essas instituições não políticas, portanto *neutrais*, que se observam em ascensão na avaliação popular, além dos diversos órgãos do Judiciário, atuando em suas missões tradicionais, somam-se os órgãos exercentes das *funções essenciais à justiça*, que atuam como canais híbridos, de expressão constitucionalizada de contra-poderes, conformando todas as funções de natureza representativa e advocatícias *lato sensu*, consagradas a partir do art. 127 da Constituição brasileira, constituídas pelo ramo privado – a Advocacia Geral – e pelos seus ramos públicos: as carreiras do Ministério Público, da Advocacia Pública de Estado e da Defensoria Pública.

No caso brasileiro, lamentáveis escândalos – passados e presentes – de corrupção, de acobertamento de irregularidades,

---

Constitucional nº 45, de 2004). Art. 103-A. O Supremo Tribunal Federal poderá, de ofício ou por provocação, mediante decisão de dois terços dos seus membros, após reiteradas decisões sobre matéria constitucional, aprovar súmula que, a partir de sua publicação na imprensa oficial, *terá efeito vinculante em relação aos demais órgãos do Poder Judiciário e à administração pública direta e indireta, nas esferas federal, estadual e municipal*, bem como proceder à sua revisão ou cancelamento, na forma estabelecida em lei. (Incluído pela Emenda Constitucional nº 45, de 2004) (Vide Lei nº 11.417, de 2006)".

[18] Pesquisas recentes mostram que 33% da população crê na confiabilidade do Judiciário, enquanto que apenas 20% confia no Congresso Nacional. Demonstrando também o problema, a confiança nos partidos políticos foi avaliada em espantosos 8% da população nacional. Apenas a título de comparação, a confiança nas Forças Armadas é de 60%, enquanto que a Igreja Católica possui credibilidade de 56%. A pesquisa foi feita pela Escola de Direito da Fundação Getúlio Vargas de São Paulo (*Relatório ICJBrasil*, ano 2, 4º trimestre, 2010. Disponível em: <http://bibliotecadigital.fgv.br/dspace/bitstream/handle/10438/7837/RelICJBrasil4TRI2010%27.pdf?sequence=1>. Acesso em: 21 set. 2011).

de morosidade na atividade legiferante, de abusos legislativos das maiorias parlamentares e, em alguns casos, de omissão diante de um nítido dever de legislar, também podem ser, em conjunto, apontados como concausas desse difundido fenômeno contemporâneo da hiperatividade exigida do Poder Judiciário.

Quanto aos *abusos* legislativos, um nítido e recentíssimo exemplo do mau uso parlamentar da regra da maioria – por contrária ao direito, não apenas em princípios explícitos na Constituição, como em outros nela implícitos por força mesmo de regra nela expressa, no seu art. 5º, §2º – se encontra na Lei nº 12.734, de 15.3.2013, que inovou as regras sobre a partilha dos *royalties* compensatórios da exploração de petróleo entre entes da Federação, para beneficiar até mesmo aqueles estados e municípios que não têm qualquer prejuízo, nem acrescidos encargos, nem danos e inconvenientes, que a atividade exploratória ocasione, ou seja: nada existe a compensar.[19]

Quanto à *omissão* legislativa, cite-se, como exemplo, a da lei disciplinadora do exercício do direito de greve pelos servidores públicos (prevista no art. 37, inciso VII, da Constituição), portanto, aguardada há vinte e dois anos, desde a promulgação da Carta Magna em 1988. Ante esta clara omissão legislativa, o Supremo Tribunal Federal, ao apreciar o Mandado de Injunção nº 712/PA, resolveu estender a aplicabilidade da Lei nº 7.783, de 28 de junho de 1989, que dispõe sobre o exercício do direito de greve dos trabalhadores do setor privado, à greve dos servidores públicos, até que sobrevenha a exigida norma disciplinadora.[20]

---

[19] A execução da lei foi suspensa pela Ministra Cármen Lúcia, que deferiu liminar em ação direta de inconstitucionalidade por solicitação do Estado do Rio de Janeiro, em 18.3.2013, invocando "a esteira de precedentes e urgência qualificada comprovada no caso, dos riscos objetivamente demonstrados da eficácia dos dispositivos e dos seus efeitos, de difícil desfazimento [...]".

[20] Confira-se o seguinte relevante trecho do julgado: "A norma veiculada pelo artigo 37, VII, da Constituição do Brasil reclama regulamentação, a fim de que seja adequadamente assegurada a coesão social. 10. A regulamentação do exercício do direito de greve pelos servidores públicos há de ser peculiar, mesmo porque 'serviços ou atividades essenciais' e 'necessidades inadiáveis da coletividade' não se superpõem a 'serviços públicos'; e vice-versa. 11. Daí porque não deve ser aplicado ao exercício do direito de greve no âmbito da Administração tão-somente o disposto na Lei n. 7.783/89. A esta Corte impõe-se traçar os parâmetros atinentes a esse exercício. 12. O que deve ser regulado, na hipótese dos autos, é a coerência entre o exercício do direito de greve pelo servidor público e as condições necessárias à coesão e interdependência social, que a prestação continuada dos serviços públicos assegura. 13. O argumento de que a Corte estaria então a legislar – o que se afiguraria inconcebível, por ferir a independência e harmonia entre os poderes [art. 2º da Constituição do Brasil] e a separação dos poderes [art. 60, §4º, III] – é insubsistente. 14. O Poder Judiciário está vinculado pelo dever-poder de, no mandado de injunção, formular supletivamente a norma regulamentadora de que carece o ordenamento jurídico. 15. No

Além disso, a impressionante *morosidade* na edição de leis, que supostamente deveriam acompanhar a celeridade das modificações advindas do contexto histórico e das circunstâncias fáticas do país, vem tornando o ordenamento jurídico em vigor cada vez mais anacrônico, em razão do contínuo avanço das tecnologias e da evolução das interpretações jurídicas, fenômenos esses que caracterizam as sociedades pluralistas contemporâneas, nas quais as reivindicações sociais não apenas se multiplicam, como frequentemente colidem entre si, levando os cidadãos em massa aos tribunais.

Lembre-se, ainda, que alguns dos principais diplomas legislativos de nível infraconstitucional no Brasil padecem de inexplicável defasagem: exemplificativamente, citem-se o Código Penal brasileiro, quanto aos princípios constitucionais da presunção de inocência e da individualização da pena, e, até mesmo, legislações recentes, como a Lei de Licitações e Contratos Administrativos, de 21.6.1993, que com menos de duas décadas de publicação já é considerada inapta para servir a uma administração gerencial, que se pretende mais célere, menos formalista e mais condizente com o princípio constitucional da eficiência, levando à edição de sucessivas leis parciais, em lugar de uma nova lei geral, tão importante setor da Administração Pública.

O paulatino descolamento entre o texto legal vigente e a realidade fática emergente deixa um grande número de questões sem resposta satisfatória da ordem jurídica positiva, daí porque, frequentemente, se recorre ao Estado-juiz para que este possa solucionar as demandas decorrentes da ausência de uma previsão normativa preceitual adequada e atual, que bem reflita necessidades da sociedade brasileira em cada contexto conjuntural, altamente mutável.

Essa situação tanto mais legítima tornará o produto jurisdicional, se o processo de interpretação não se tornar um exercício circunscrito aos tribunais, mas, como de fato se vem tornando, uma viva e legítima expressão de toda a sociedade, tal como iluminadamente preconizado por Peter Häberle, ainda na década

---

mandado de injunção o Poder Judiciário não define norma de decisão, mas enuncia o texto normativo que faltava para, no caso, tornar viável o exercício do direito de greve dos servidores públicos. 16. Mandado de injunção julgado procedente, para remover o obstáculo decorrente da omissão legislativa e, supletivamente, tornar viável o exercício do direito consagrado no artigo 37, VII, da Constituição do Brasil (STF, Tribunal Pleno. MI nº 712/PA. Rel. Min. Eros Grau. Julg. 10.2007.).

de setenta do século passado, em sua *Hermenêutica constitucional: a sociedade aberta dos intérpretes da Constituição: contribuição para a interpretação pluralista e procedimental da Constituição,* obra que influenciou e continua a influenciar fortemente os rumos do direito na pós-modernidade

Não se apregoa aqui, portanto, a idealização da imagem de um "juiz Hércules",[21] tal como concebida por Ronald Dworkin, porque dela não se necessita, senão que, cada vez mais, de um sistema judiciário aberto à sociedade, participando das soluções que ela demande em importantes julgamentos, para os quais os juízes serão beneficiados não apenas por conhecimentos de mérito que sejam necessários, como pela sensibilidade social, diretamente haurida da sabedoria popular difusa, de várias mentes, cuja audiência o tornará cada vez mais capaz de antecipar as consequências remotas de suas decisões.

Acresce que, graças a essa efetiva participação cooperativa da sociedade na vida do direito – que se faz, notadamente, por meio de uma intensa e profícua participação de seus intérpretes habilitados nos processos decisórios – pouco poderá se arguir acerca de uma eventual dificuldade contramajoritária dos tribunais.[22]

Além da necessária participação das funções essenciais à justiça – a advocacia privada, as advocacias públicas de Estado, os ministérios públicos e as defensorias públicas – que devem, necessariamente ou não, intervir nos feitos, é possível alcançar-se altos níveis de excelência decisória do sistema judiciário se ampliada for a participação social em prestações pré e extrajurisdicionais, tais como em audiências de mediação e de conciliação,[23] bem como em decisões judiciárias de interesse geral, tanto atuando nas audiências públicas,[24] como colhendo depoimentos de

---

[21] DWORKIN, Ronald. *O império do direito*. São Paulo: Martins Fontes, 1999.

[22] O debate acerca do argumento contramajoritário é tradicional em solo norte-americano, atribuindo-se a Bickel a sua definição (BICKEL, Alexander. *The least dangerous branch*: the Supreme Court at the bar of the politics. 2. ed. New Haven: Yale University, 1986).

[23] Uma prática cujo fortalecimento ingressou na pauta do Tribunal de Justiça do Estado do Rio de Janeiro impulsionada pela clarividência de sua Presidente, então a Desembargadora Leila Mariano.

[24] As previsões legais seminais para a instauração de audiências públicas em sede de controle de constitucionalidade se encontram no art. 9º, §1º da Lei nº 9.686/99, que trata da ação direta de inconstitucionalidade e da ação declaratória de constitucionalidade, e no art. 6º, §1º da Lei nº 9.882/99, que trata da arguição de descumprimento de preceito fundamental.

pessoas com experiência e autoridade na matéria conflituosa, ampliando o ingresso do *amicus curiae*[25] em casos de controle abstrato de constitucionalidade ou convocando entidades direta ou indiretamente interessadas nas futuras decisões prolatadas,[26] bem como as autoridades ou entidades capacitadas a oferecer esclarecimentos relevantes sobre as questões postas sob juízo.

Está-se, pois, diante de um importante fator de pluralização e de legitimação[27] do debate judicial, que o reforça e se torna ainda mais importante, quando as decisões possam repercutir e se estender no espaço e no tempo, como geralmente ocorre em se tratando de matéria contenciosa constitucional.

Para exemplificar a atuação, com essas características pós-modernas, que vem apresentando o Poder Judiciário no Brasil, cabem ser lembrados dois casos recentemente levados à agenda do Supremo Tribunal Federal, ambos com clara origem na crise de representatividade parlamentar que leva à anomia, como o são, emblematicamente: a questão judicial em que o fulcro da discussão terçou a *juridicidade da antecipação do parto de feto anencéfalo* e outra, em que a Suprema Corte foi chamada a decidir sobre a viabilidade da *utilização de células-tronco obtidas de embriões humanos, descartados no processo de fertilização in vitro*, em ambos os casos, em ações proficientemente propostas pelo então advogado Luís Roberto Barroso, hoje prestigiado Juiz da Suprema Corte, que por muitos anos atuou brilhantemente como Procurador do Estado do Rio de Janeiro, inclusive na postulação de que resultou a suspensão dos efeitos da chamada Lei dos *Royalties* do Petróleo, a que já se fez menção.

Parece não haver dúvida, encerrando estas considerações, de que os avanços referidos se estão incorporando definitivamente à

---

[25] Já a admissão da manifestação de *amici curiae* encontra guarida no art. 7º, §2º da Lei nº 9.868/99

[26] O autor se sente muito à vontade para mencionar esse instituto, uma vez que tem advogado a sua introdução no Brasil desde 1999, conforme se lê na obra *O sistema judiciário brasileiro e a reforma do Estado* (MOREIRA NETO, Diogo de Figueiredo. *O sistema judiciário brasileiro e a reforma do Estado*. São Paulo: IBDC – Celso Bastos Editor, 1999. p. 82).

[27] "[...] Legitimação, que não há de ser entendida apenas em sentido formal, resulta da participação, isto é, da influência qualitativa e de conteúdo dos participantes sobre a própria decisão. Não se trata de um 'aprendizado' dos participantes, mas de um 'aprendizado' por parte dos Tribunais em face dos diversos participantes" (HÄBERLE, Peter. *Hermenêutica constitucional: a sociedade aberta dos intérpretes da Constituição*: contribuição para a interpretação pluralista e "procedimental" da Constituição. Tradução de Gilmar Ferreira Mendes. Porto Alegre: Sergio Antônio Fabris, 2002. p. 31- 32).

prática do direito, não apenas em nosso país, como globalmente, em sua nova e expandida dimensão transnacional, de modo que a democracia substantiva, esta que não se realiza apenas pela regra da maioria, mas pela supremacia de valores, é já uma conquista sem volta da civilização.

Informação bibliográfica deste texto, conforme a NBR 6023:2002 da Associação Brasileira de Normas Técnicas (ABNT):

MOREIRA NETO, Diogo de Figueiredo. A crise da democracia representativa e a ascensão do Poder Judiciário no Brasil. *In:* CÂMARA, Alexandre Freitas; PIRES, Adilson Rodrigues; MARÇAL, Thaís Boia (Coords.). *Estudos de direito administrativo em homenagem ao professor Jessé Torres Pereira Junior.* Belo Horizonte: Fórum, 2016. p. 125-137. ISBN 978-85-450-0166-9.

A UTILIZAÇÃO DOS BENS PÚBLICOS COMO INSTRUMENTO DE FOMENTO E O PROCESSO DE CONTRATAÇÃO COM TERCEIROS

Flávio Amaral Garcia

Um agradecimento ao mestre

O meu primeiro contato com o professor Jessé Torres Pereira Junior foi por intermédio da leitura de suas obras, em especial os *Comentários à Lei de Licitações e Contratos Administrativos*. A relação entre autor e leitor é paradoxal, eis que íntima e distante ao mesmo tempo: íntima porque permite conhecer o pensamento e o raciocínio do autor, mas distante porque, não raro, não é comum o contato pessoal entre ambos.

Em um segundo momento, já como aluno, tive a oportunidade de assistir as suas palestras e conferências. A admiração cresceu mais ainda, porquanto além de extremamente inteligente, perspicaz, didático e profundo nas suas colocações, já era possível perceber o ser humano simples, bondoso e íntegro que, generosamente, partilhava o seu conhecimento com a comunidade jurídica.

Em outra fase da minha vida, já como advogado e Procurador do Estado do Rio de Janeiro, comecei a ter contato direto com o professor Jessé por força de outros dois mestres e queridos amigos que guiaram e conduziram a minha carreira profissional: Marcos Juruena Villela Souto e Diogo de Figueiredo Moreira Neto. Após conferências e palestras, comecei a trocar, ainda que timidamente, algumas palavras e ideias com um mestre que acompanhou os meus estudos e pensamentos desde que o direito administrativo se tornou parte importante e fundamental da minha vida.

Esse saudável contato foi se transformando em uma bonita amizade, com convites recíprocos para aulas, palestras, participação conjunta em bancas de concursos públicos, além de outras atividades no meio acadêmico, o que aumentou ainda mais a minha admiração profissional e pessoal, sempre compartilhada com a minha esposa Aline Almeida que, como eu, percorreu idêntico percurso e hoje o tem igualmente como um querido amigo e grande professor.

Esse foi um breve relato de uma relação que se iniciou entre autor e leitor, foi transformada em aluno e professor, e agora brota para uma sincera relação de amizade, o que muito me orgulha por se tratar de um ser humano raro nos dias de hoje.

Considero-me, portanto, profundamente honrado por poder, singelamente, contribuir para uma merecidíssima homenagem ao meu querido mestre e amigo Jessé Torres Pereira Junior, professor de toda uma geração de administrativistas.

A licitação e a sua natureza instrumental

O art. 37, inc. XXI, da Constituição Federal explicita a regra de que o procedimento licitatório é impositivo para a Administração Pública direta e indireta de qualquer dos poderes da União, dos estados, do Distrito Federal e dos municípios.

Mas é a própria norma constitucional que reconhece que nem sempre a licitação é o caminho para atender ao interesse público, quando expressamente prevê que "ressalvados os casos especificados na legislação, as obras, serviços, compras e alienações serão contratados mediante processo de licitação pública".

A essência da contratação direta é, exatamente, a constatação de que o interesse público pode ser atendido por outros modos, revelando a natureza instrumental da licitação. Não é um fim em si mesmo, mas um meio para concretização de outros valores, materializados na consecução do contrato administrativo.

Por óbvio, o princípio licitatório, como qualquer outro, notadamente os de natureza formal, tem caráter relativo e cede perante a concorrência de princípios que expressem valores substantivos fundamentais, a serem satisfeitos. Em outros termos, este princípio formal, como qualquer outro da mesma categoria, não vale *per se*, mas, em todos os casos, como um instrumento para o atendimento de princípios de natureza substantiva relevantes. E é o próprio ordenamento jurídico que consagra tais superiores valores substantivos, como a proteção à vida e à saúde, a dignidade da pessoa humana, a educação, a segurança – e tantos outros – tais como aceitos e vivenciados pelas sociedades pluralistas pós-modernas do século XXI.[1]

Para concretizar esses valores, o Estado utiliza, entre outros instrumentos, o instituto do contrato administrativo como um dos mecanismos para atender às demandas e necessidades coletivas, coordenando esforços conjuntos do Poder Público e da sociedade.

São, em última análise, os valores substantivos os que prioritariamente devem ser tutelados e protegidos pela Administração Pública e que determinam e condicionam a forma como a contratação administrativa se desenvolverá e não o contrário, sob pena de absoluta subversão da sua natureza instrumental. Como dito, esse reconhecimento está expresso no próprio art. 37, inc. XXI, da Constituição Federal, que prevê o afastamento da licitação nas hipóteses determinadas pelo legislador e comumente denominadas de contratação direta.

Daí porque encerra um enorme equívoco forçar a realização da licitação quando não é cabível ou mesmo quando não se revelar o instrumento mais adequado para a satisfação do interesse público.

No setor público ocorre com bastante frequência a preferência por realizar licitação, ainda quando evidente a sua inviabilidade, seja por proporcionar maior segurança aos gestores frente aos órgãos de controle, seja por conferir uma aparência de legalidade ao processo de contratação pública. São licitações ilegais porquanto não encerram uma disputa efetiva e concreta no mercado, eis que abertas por razões estranhas à essência do princípio constitucional meritório de seleção da proposta mais vantajosa para o atendimento do interesse público.

Por vezes, a licitação não é viável, pois envolve bens ou serviços incomparáveis ou mesmo porque é necessário conferir maior grau de discricionariedade administrativa para o gestor no atendimento do interesse público. As hipóteses de contratação direta são, naturalmente,

---

[1] MOREIRA NETO, Diogo de Figueiredo; GARCIA, Flávio Amaral. Desastres naturais e as contratações emergenciais. *RDA – Revista de Direito Administrativo*, Rio de Janeiro, v. 265, p. 149-178, jan./abr. 2014. Transcrição adaptada do texto original MOREIRA NETO, Diogo de Figueiredo. Das normas de transição nas concessões de serviços públicos de transportes coletivos urbanos (um estudo de caso). *Revista de Direito da Associação dos Procuradores do Novo Estado do Rio de Janeiro*, Rio de Janeiro, v. IX – Direito das Concessões, p. 105-126, 2009.

dotadas de uma percepção mais subjetiva no processo racional de escolha do contratado e não há nisso nenhuma violação à ordem jurídica. As escolhas nos processos de contratação direta devem estar pautadas por critérios de eficiência, economicidade, moralidade e devem estar motivadas no processo administrativo para demonstrar a razoabilidade intrínseca na racionalidade utilizada pelo gestor, permitindo o necessário controle externo da sua juridicidade. Mas ainda assim são dotadas de grau de discricionariedade inexistente nas escolhas que decorrem do processo licitatório. Aliás, é exatamente essa maior dose de subjetividade que poderá ser o fiel da balança na concretização do interesse público e efetivação de uma contratação balizada pelo princípio da eficiência.

O dogma da licitação como único caminho viável para o atendimento ao interesse público e a desconfiança permanente dos gestores (levando-os a adotar cada vez mais posturas conservadoras e protetivas da sua situação pessoal) não tem se revelado como o melhor caminho para evitar imoralidades e improbidades praticadas no campo das contratações públicas. Os sucessivos escândalos bem demonstram que é preciso mudar a cultura e a prática no Brasil.

O contrário, frise-se, também não pode ocorrer. Quando o objeto for licitável e a busca da melhor proposta no mercado se revelar como o caminho adequado para a concretização do interesse público, não pode o gestor transmudar ou forçar o processo de contratação direta para eleição de preferências pessoais ou subjetivas.

Os contornos concretos de cada situação é que delinearão a melhor forma de contratação, seja por meio de licitação ou diretamente. O importante é que, em qualquer caso, a motivação seja explícita, congruente e razoável, demonstrando que a opção eleita é a que melhor concretiza o atendimento do interesse público.

O regime jurídico dos bens públicos

O ordenamento jurídico pátrio estabelece um regime jurídico próprio para disciplinar os bens públicos.[2] A adoção desse regime

---

[2] "Art. 98. São públicos os bens do domínio nacional pertencentes às pessoas jurídicas de direito público interno; todos os outros são particulares, seja qual for a pessoa a que pertencerem".

específico decorre da necessidade de estabelecer princípios e regras adequados que zelem pelo atendimento ao interesse público – neste caso, mais especificamente, pelo patrimônio público.

Na gestão dos bens públicos, a Administração goza de algumas prerrogativas previstas em lei, mas também se sujeita a condições especiais para a prática de determinados atos. Essas delimitações têm por objetivo que o gestor público se paute pela observância dos princípios aplicáveis à Administração Pública. Se confrontadas com o regime jurídico aplicável à gestão do patrimônio privado, essas condições normalmente podem ser tratadas como restrições às formas de usar, gozar e dispor dos bens.

Basta mencionar o princípio da finalidade pública – aplicável a todo e qualquer ato administrativo – para entender que a destinação dada aos bens públicos deve atender ao interesse público, gerando proveito à coletividade.

Todavia, esse compromisso pode ser concretizado de diferentes formas, existindo, por isso, discricionariedade no trato da questão, podendo o gestor promover escolhas que observem o regime jurídico aplicável e os princípios incidentes.

Os bens destinados ao uso comum do povo ou à execução de serviço público – denominados, estes últimos, como bens de uso especial – vinculam-se a interesses públicos específicos. Isso ocorre mediante o ato administrativo denominado "afetação".

Admite-se, ainda, uma terceira categoria de bens públicos sobre o prisma de sua destinação: a dos bens dominicais. Segundo o art. 99, III do Código Civil, os bens dominicais "constituem o patrimônio das pessoas jurídicas de direito público, como objeto de direito pessoal, ou real, de cada uma dessas entidades".

Na realidade, os bens dominicais são aqueles que não estão diretamente vinculados a uma atividade pública, sendo, por isso, classificados como desafetados. Temporariamente, pode ocorrer de alguns desses bens não terem realmente qualquer tipo de aproveitamento, à espera de alguma condição mais favorável.

Todavia, impõe-se ao gestor, na administração do bem, maximizar a sua utilização, com vistas a produzir os maiores e melhores benefícios à população. A demora em conferir algum destino para bem público imóvel, sem justificativa para tanto, colide com o compromisso que o Estado brasileiro possui com o desenvolvimento econômico e social e até mesmo com o cumprimento da função social da propriedade.

Cabe a cada entidade federada, no âmbito da sua autonomia política, administrativa e financeira, a gestão dos seus bens públicos. Significa dizer que, em matéria de sua administração, a disciplina normativa rege-se também pela lei de cada ente estatal (princípio federativo), que, via de consequência, dispõe de uma margem de liberdade para disciplinar a forma de alienação dos seus bens, que não se circunscreve apenas as situações previstas na Lei nº 8.666/93.

Entender o contrário, restringindo o direito dos demais entes federativos em legislar sobre o próprio patrimônio, implica violar o princípio federativo. Esse, aliás, é o fundamento da ADI nº 927-3, que reconheceu expressamente essa legítima esfera de exercício de competências normativas pelos estados e municípios.

Se assim não for, estar-se-á admitindo uma indevida ingerência na gestão pública dos bens estaduais e municipais pelo legislador federal, vulnerando a autonomia de cada entidade federada. A União detém competência constitucional para editar normas gerais, que, todavia, não podem descer a detalhes que afrontem os espaços de competência dos demais entes políticos.

O mesmo não se aplica às hipóteses de dispensa de licitação e inexigibilidade, porquanto normas de caráter geral que não podem ser elastecidas pelos demais entes federados.

O fomento e a utilização dos bens públicos

O fomento[3] é um modo de intervenção estatal na economia que utiliza técnicas de indução para atrair os particulares para o exercício de determinadas atividades que possam produzir benefícios à sociedade. É, por natureza, não coercitivo e se vale de instrumentos de persuasão e convencimento para que os particulares

---

[3] Sobre o tema fomento, são relevantes os ensinamentos de Diogo de Figueiredo Moreira Neto: "Através dessa atividade administrativa pública de elevado valor, que a doutrina contemporânea também tem denominado de ação propulsora, mas que tradicionalmente é conhecida como de fomento público, o Estado contemporâneo antecipa a realização do Estado de Justiça, que, de futuro, possibilitará a plena conciliação das conquistas da liberdade com as da dignidade do ser humano, para sua realização plena em sociedade" (MOREIRA NETO, Diogo de Figueiredo. *Curso de direito administrativo*. 16. ed. Rio de Janeiro: Forense, 2014. p. 389-390).

atuem em determinado setor que se revele importante para o atendimento de públicos interesses.[4]

Os estímulos positivos ao desenvolvimento de atividades empresariais concretizadoras de interesses públicos primários pode se materializar por diversos mecanismos de concessão de vantagens aos agentes econômicos privados. Não cabe aqui mencioná-los todos, mas apenas destacar como mais usuais o fomento fiscal (renúncias à tributação condicionada ao investimento), financeiro (concessão de financiamento por instituições financeiras oficiais a taxas de juros subsidiadas, menores que as praticadas no mercado) ou por aportes diretos (de bens ou recursos públicos no projeto privado).[5]

É importante que os programas de fomento estejam orientados pelo planejamento estatal que se revela como um referencial seguro para o desenvolvimento das atividades estatais, conforme asseveram Jessé Torres Pereira Junior e Thaís Boia Marçal:[6]

> Assim visto e praticado, o planejamento se torna referencial seguro e politicamente consensual, sobretudo quando se está a tratar de finanças públicas, ao mesmo tempo que se revela instrumento essencial para o desenvolvimento da atividade administrativa estatal de fomento público. Segue-se que o planejamento fiscal é um dos subsistemas mais importantes da Lei de Responsabilidade Fiscal, nos termos de seu art. 4º, §1º.

---

[4] Em percuciente trabalho sobre o tema, José Vicente Santos de Mendonça identifica as características do fomento público: "O fomento público possui seis características principais. São elas: (i) seu exercício se dá, num primeiro momento, sem coerção; (ii) não há qualquer obrigação de o particular aderir a ele; (iii) não se trata de liberalidade pública; (iv) é seletivo, porém não injustificadamente anti-isonômico; (v) é unilateral, isto é, não há qualquer sujeito ativo para reclamar a execução da atividade fomentada, mas, apenas, para controlar o uso da verba pública; (vi) é, em princípio, transitório" (MENDONÇA, José Vicente Santos. Uma teoria do fomento público: critérios em prol de um fomento público democrático, eficiente e não paternalista. *Revista de Direito da Procuradoria Geral do Estado do Rio de Janeiro*, n. 65, p. 115-176, 2010.

[5] Rafael Valim identifica o caráter de prestações positivas da atividade de fomento: "Significa dizer que a atividade de fomento implica, nas palavras do Professor Ramón Parada, uma atribuição patrimonial em favor dos administrados. Ou seja, há uma ampliação da esfera jurídica dos administrados mediante a transação de bens e direitos e não pela mera supressão de obrigações, deveres, encargos e limitações a direitos. Como assinala o Professor Manuel María Diez, a atividade de fomento traduz obrigações de dar, em cuja estrutura relacional comparece o particular como sujeito ativo e a Administração pública como sujeito passivo" (VALIM, Rafael. *A subvenção no direito administrativo brasileiro*. São Paulo: Contracorrente, 2015. p. 57).

[6] PEREIRA JUNIOR, Jessé Torres; MARÇAL, Thaís Boia. Orçamento público, ajuste fiscal e administração consensual. *Fórum de Contratação e Gestão Pública – FCGP*, Belo Horizonte, ano 14, n. 163, p. 41-52, jul. 2015.

Aqui importa mencionar a utilização dos bens públicos como mecanismo de fomento. É muito comum que os entes públicos, para atrair grandes investimentos e, via de consequência, gerar desenvolvimento econômico e social, incremento nos empregos e mesmo aumento na arrecadação dos tributos, se utilizem dos bens públicos para atração de investimentos na formação de parcerias que sejam benéficas para o atendimento do interesse público.

Cogita-se, para essa finalidade, utilizar os contratos de concessão de direito real de uso e concessão de uso. Nesses casos, esses ajustes podem ser denominados como contratos de fomento, espécie de contrato administrativo, e objeto de classificação por Marçal Justen Filho e Eduardo Ferreira Jordão,[7] que o distinguem do *contrato de colaboração*, pelo qual a Administração contrata a aquisição de bens ou serviços, regido pela Lei nº 8.666/93, e do *contrato de delegação*, pelo qual a Administração delega a prerrogativa de prestação de serviços públicos ou de interesse geral, regido pela Lei nº 8.987/95.

Apesar de a referida classificação não ser exaustiva das espécies de contratos administrativos, é suficiente para demonstrar que o regime jurídico do contrato de fomento distingue-se dos regimes jurídicos dos contratos de colaboração e delegação, uma vez que, nos contratos de fomento, o interesse público que determina a contratação reside nas externalidades positivas (efeitos indiretos) de um empreendimento empresarial privado e não em prestações diretas à Administração (contratos de colaboração) ou prestações diretas a usuários de serviços públicos (contratos de delegação).

Importante registrar que o particular não é obrigado a assumir a tarefa fomentada pelo Estado, mas, se o faz e se compromete a

---

[7] Os autores definem o contrato de fomento da seguinte forma: "O contrato de fomento corresponde a instrumento de implantação de uma política pública. Nele, o interesse público que determina a contratação reside nos benefícios indiretos decorrentes da execução de alguma atividade (nas suas 'externalidades positivas') – e não na atividade em si. Por isso mesmo, a Administração tem menor ingerência sobre como a atividade será desempenhada, e o particular tem maior liberdade para executá-la de acordo com os seus critérios empresariais. O poder público meramente estimula a execução de um empreendimento privado, que remanesce totalmente privado e cuja configuração segue nas mãos do particular. Essas diferenças explicam porque o regime jurídico aplicável aos contratos de fomento não é o mesmo que se aplica aos contratos administrativos em sentido estrito" (JUSTEN FILHO, Marçal; JORDÃO, Eduardo Ferreira. A contratação administrativa destinada ao fomento de atividades privadas de interesse coletivo. *Revista Internacional de Contratos Públicos*, n. 1, fev. 2013. Disponível em: <www.direitodoestado.com.br>. Acesso em: 4 ago. 2015).

realizar um empreendimento e aportar recursos em determinada atividade econômica, deve o ente público se precaver e utilizar, aí sim, mecanismos coercitivos para o adimplemento da parceria na forma convencionada.

O cabimento da inexigibilidade para os contratos de fomento que envolvam a utilização de bens públicos

A depender da situação concreta, a realização de licitação pode ser contrária à própria viabilização da parceria e do objetivo de fomento. Por vezes, o empreendimento proposto por determinado grupo econômico revela uma singularidade e benefícios que não podem ser comparáveis por meio de licitação formal. Retoma-se a ideia de que a licitação é essencialmente instrumental e não tem a exclusividade de ser o único meio para a concretização dos interesses públicos.[8]

---

[8] O Tribunal Regional Federal da 2ª Região adotou o entendimento de que a singularidade de determinados empreendimentos aponta para a inexigibilidade de licitação, como no caso de contratos de concessão de direito real de uso utilizados como mecanismo de fomento. Confira-se: "DIREITO ADMINISTRATIVO. AGRAVO DE INSTRUMENTO. AÇÃO POPULAR. PERMUTA DE IMÓVEL. MUNICÍPIO DO RIO DE JANEIRO. AUTORIZAÇÃO DO COMANDANTE DO EXÉRCITO. CONCESSÃO DE USO PARA CONSTRUÇÃO DE CENTRO TECNOLÓGICO. DANO AMBIENTAL. AUSÊNCIA. [...] 5. A celebração do Termo de Concessão de Direito Real de Uso tem respaldo na Lei Orgânica do Município, art. 234, na Lei Complementar municipal nº 115/2011 e em lei ordinária municipal específica. Como o Município impôs à GE a obrigação de fazer investimentos de R$ 500 milhões, exsurge tratar-se de atividade estatal de fomento, em princípio lícita. 6. A inalienabilidade dos bens públicos diz respeito ao estrito comércio privado, não inibindo os atos de gestão recomendáveis e conforme o interesse público, tal como ocorre nas hipóteses de concessão de uso para fins especiais. 7. O processo de desafetação somente é exigível para a prática de alienação em caráter predominantemente privado, mas não para casos de melhor aproveitamento dos bens públicos, podendo incluir a permuta de áreas pertencentes a entes federativos diversos, ainda com participação de particulares, integrados a amplo projeto de fomento industrial ou comercial. 8. O poder discricionário exercido pelos agentes públicos, para sofrer interdições, sobretudo à força judicial, depende da demonstração inequívoca de desvio de finalidade ou dos motivos determinantes e nunca efeito de meras alegações sob considerações abstratas e à míngua de fatos convincentes da ilicitude do ato administrativo hostilizado. 9. *A participação da GE, que se obrigou a construir o centro tecnológico, não se faz arbitrariamente e sim com base em inexigibilidade de licitação por inviabilidade de competição, em razão da alta especialização para o desenvolvimento simultâneo de tecnologias em áreas díspares como motores de aeronaves, turbinas para a geração de energia, fontes de energia renováveis, petróleo e gás e exploração de outros recursos naturais, transportes e tecnologias relacionadas à área de saúde. Inteligência da Lei nº 8.666/93, art. 25, caput.* 10. No estágio da lide, os fatos argumentados de parte a parte não justificam a paralisação das obras já iniciadas, cabendo prevenir-se a eventualidade de risco de mora

Daí não se vislumbrar óbice legal para que, atendidos os requisitos de singularidade da parceria e comprovação dos benefícios para a sociedade, a utilização/alienação de bens públicos para determinado particular se concretize por intermédio de inexigibilidade de licitação, aplicando-se o disposto no *caput* do art. 25 da Lei nº 8.666/93.[9]

Afinal, é a própria Constituição Federal que, no seu art. 37, inc. XXI, ressalva que até mesmo as alienações, nos casos especificados na legislação, podem comportar exceção à regra da licitação. Portanto, a utilização/alienação para terceiros dos bens públicos pode comportar hipóteses de inviabilidade de competição que acarretem a inexigibilidade de licitação, mormente porque vinculadas a situações fáticas que não estão necessariamente previstas de forma taxativa na lei.

Essas premissas se reforçam nos casos em que o contrato assume a função de fomentar determinada atividade.

Com isso não se quer dizer que podem os entes públicos praticar liberalidades com o patrimônio público que caracterizem

---

inversa, em prejuízo irreversível para o bem comum, que é o objetivo final do negócio de permuta encetado pela administração pública. 11. Agravo de instrumento provido" (TRF-2, Sexta Turma Especializada. AG nº 201202010177605. Rel. Des. Fed. Nizete Lobato Carmo. Julg. 20.3.2013. Public. 3.4.2013).

[9] Egon Bockmann Moreira e Renato Geraldo Mendes também concluem nesse sentido ao analisarem os critérios objetivo e subjetivo utilizados nas contratações: "Em resumo, se não podemos aplicar critérios objetivos para realização da escolha de um objeto que se traduz em uma solução insuscetível de avaliação por padrões objetivos, não há que se falar em licitação, mas sim em inexigibilidade" (MOREIRA, Egon Bockmann; MENDES, Renato Geraldo. A lógica do regime jurídico da contratação pública que precisa ser entendida por todos nós. *Revista Zênite – Informativo de Licitações e Contratos (ILC)*, Curitiba, n. 251, p. 5-9, jan. 2015).

"Logo, a resposta completa para a pergunta de como selecionar o terceiro a ser contratado é a seguinte: a seleção do terceiro será feita tanto por meio de licitação quanto sem licitação. Assim como é um dever licitar quando a licitação for cabível, é dever equivalente não licitar quando ela for inexigível. *Por isso, não é apropriado afirmar que a licitação é a regra, e a inexigibilidade, e exceção.* Ambas são soluções com prestígio equivalente – em sede constitucional e na legislação ordinária. [...]

O adequado é dizer que *a seleção de terceiro por meio de licitação deve ser a regra quando houver a possibilidade, fática e concreta, de definição, comparação e julgamento por meio de critérios objetivos.* A licitação deve ser a regra se houver padrão objetivo, que permita à Administração a escolha isonômica daquela proposta capaz de satisfazer a necessidade pública. Só nesse caso a licitação é a regra – em todos os demais, a regra é a inexigibilidade. [...] A administração não pode pretender criar supostas condições de competitividade em setores em que a competição e a disputa são objetivamente impossíveis e, assim, promover licitações em casos nos quais o seu dever seria o de justamente realizar a contratação direta" (MOREIRA, Egon Bockmann; MENDES, Renato Geraldo. Inexigibilidade de licitação como dever no RDC e na Lei nº 8.666/93. *Revista Zênite – Informativo de licitações e Contratos (ILC)*, Curitiba, n. 254, p. 329-334, abr. 2015. Grifos no original).

favorecimentos ou preferências pessoais que violem os princípios da isonomia e da impessoalidade.

O fomento pressupõe uma vinculação direta com o planejamento da ação estatal, com a transparência na ação do gestor e com a motivação clara e congruente que explicite a racionalidade do processo decisório a justificar a utilização de um bem público como mecanismo de fomento.

Portanto, na hipótese de um empreendimento assumir características tão singulares que tornem inviável a licitação, é imprescindível que fique demonstrada a conexão entre a atividade que se deseja fomentar por meio da utilização de bens públicos e os objetivos de atendimento de interesse público primário e secundário que promovam valores constitucionalmente protegidos.

Nada impede que a inexigibilidade cogitada seja objeto de prévio debate com a sociedade por intermédio de consulta pública. Toda e qualquer medida que promova a transparência é salutar, permitindo que outros agentes privados saibam da intenção na cessão/alienação de um bem público para fins de fomento e possam, também, propor parcerias e novos empreendimentos.[10]

A consulta pública, em hipóteses como essas, não configura uma obrigação imposta ao gestor, mas pode ser um instrumento de ampliação da transparência com a divulgação prévia do interesse

---

[10] A respeito da inviabilidade de competição, pelo fato de só um sujeito ser capaz de satisfazer o interesse público, interessante observar o escólio de Carlos Ari Sundfeld e Jacintho Arruda Câmara: "A presente situação encarna tipicamente um caso de inexigibilidade. *A licitação é inviável justamente porque não é possível realizar o procedimento de competição entre interessados diferentes, tendo em vista os fins objetivados pelo Poder Público.* Deveras, seria até cogitável que acudissem 'interessados' na gestão dos bens objeto dessa consulta: administradoras de condomínio ou empresas assemelhadas, por exemplo. Todavia, realizar licitação entre eles colidiria com uma das finalidades buscadas pela Administração, qual seja, incentivar a gestão de bens públicos por particulares legitimamente interessados nela. O fim almejado não é propiciar a exploração econômica de bens públicos (objetivo que, se viável fosse, comportaria a licitação), mas a gestão gratuita e coletiva de tais bens pelos próprios legitimados. Nessas condições, o objeto a ser outorgado só interessa (fala-se aqui, por óbvio, de interesse juridicamente qualificado) a um determinado grupo de pessoas: a coletividade de moradores dos loteamentos envolvidos; sendo assim, não havendo legitimados diferentes na outorga, afastada está a disputa e inexigível é a licitação" (SUNDFELD, Carlos Ari; CÂMARA, Jacintho Arruda. Concessão de direito real de uso de utilidade pública – Possibilidade de o Poder Público conferir a particular a gestão exclusiva de seus bens para fins de utilidade pública. Hipótese em que a outorga independerá de licitação, por ser esta inexigível. *Boletim de Licitações e Contratos*, v. 10, n. 12, p. 594, dez. 1997.).

em ceder o bem público para determinado particular. A lógica ora proposta seria similar ao que ocorre nos procedimentos de manifestação de interesse, muito utilizados nas parcerias público-privadas e nas concessões.

Breves conclusões

A gestão dos bens públicos comporta um importante espaço para que estados e municípios possam legislar com maior liberdade e disciplinar a partir de critérios racionais e lógicos, como os bens públicos podem ser utilizados como legítimos instrumentos de fomento.

Daí ser razoável cogitar do surgimento de leis de fomento editadas nos respectivos espaços de competência dos entes públicos, que disciplinem os diversos mecanismos de indução e estímulos positivos para que os agentes econômicos possam aderir aos projetos de relevante interesse público concretizadores dos valores constitucionais.

A edição de leis dessa natureza conferirá maior segurança jurídica aos investidores, vinculando a atuação estatal a um prévio planejamento, e evitará o maior risco inerente à atividade do fomento, a saber, a violação ao princípio da isonomia, que pode ser utilizado indevidamente, com a transmudação da legítima atividade estatal do fomento público em benefícios indevidos e ilegítimos para determinados agentes privados, sem critérios de racionalidade e explicitação adequada dos motivos e dos benefícios que serão produzidos para a sociedade.

A realização de licitação nem sempre se revela como a melhor ou a única opção para concretizar o interesse público. Para tanto, contudo, é indispensável que sejam observados os princípios da transparência, economicidade, eficiência, isonomia e motivação, demonstrando, no caso concreto, as vantagens que determinada parceria com a iniciativa privada pode apresentar para o atendimento do interesse público primário.

Daí porque a realização de consultas públicas e procedimentos que sejam transparentes em relação à racionalidade que orienta o processo decisório do gestor permite conferir a necessária segurança jurídica a empreendimentos privados que produzirão inequívocos benefícios para toda a coletividade, mas que demandem a utilização de bens públicos como instrumento legítimo de fomento.

Informação bibliográfica deste texto, conforme a NBR 6023:2002 da Associação Brasileira de Normas Técnicas (ABNT):

GARCIA, Flávio Amaral. A utilização dos bens públicos como instrumento de fomento e o processo de contratação com terceiros. *In:* CÂMARA, Alexandre Freitas; PIRES, Adilson Rodrigues; MARÇAL, Thaís Boia (Coords.). *Estudos de direito administrativo em homenagem ao professor Jessé Torres Pereira Junior.* Belo Horizonte: Fórum, 2016. p. 139-151. ISBN 978-85-450-0166-9.

PODER DE POLÍCIA E FIXAÇÃO DE ASTREINTES. UMA VISÃO DO DIREITO ADMINISTRATIVO E DO DIREITO ELEITORAL

Flávio de Araújo Willeman

Introdução

O poder de polícia (ou polícia administrativa)[1] está conceituado, segundo conhecimento doutrinário convencional, no art. 78 do Código Tributário Nacional (CTN), nos seguintes termos:

> considera-se poder de polícia atividade da administração pública que, limitando ou disciplinando direito, interesse ou liberdade, regula a prática de ato ou abstenção de fato, em razão de interesse público concernente à segurança, à higiene, à ordem, aos costumes, à disciplina da produção e do mercado, ao exercício de atividades econômicas dependentes de concessão ou autorização do Poder Público, à tranquilidade pública ou ao respeito à propriedade e aos direitos individuais ou coletivos.

Apesar da amplitude dos termos utilizados pelo art. 78 do CTN, a polícia administrativa apresenta-se como um poder estatal

---

[1] A expressão "poder de polícia" recebe críticas por parte da doutrina brasileira, merecendo destacar, por todos, os ensinamentos de Celso Antônio Bandeira de Mello: "Trata-se de designativo manifestamente infeliz. [...]. Além disso, a expressão 'poder de polícia' traz consigo a evolução de uma época pretérita, a do 'Estado de Polícia', que precedeu ao Estado de Direito. Traz consigo a suposição de prerrogativas dantes existentes em prol do 'príncipe' e que se faz comunicar inadvertidamente ao Poder Executivo. Em suma: raciocina-se como se existisse uma 'natural' titularidade de poderes em prol da Administração e como se dela emanasse intrinsecamente, fruto de um abstrato 'poder de polícia'" (BANDEIRA DE MELLO, Celso Antônio. *Curso de direito administrativo*. 13. ed. São Paulo: Malheiros, 2000. p. 687). Sobre a necessidade de se construir um novo conceito para o poder de polícia, colha-se a lição de Juarez Freitas: "Destarte, imperioso é repensar o poder de polícia administrativa ou limitação administrativa como o exercício de um poder-dever subordinado aos princípios superiores regentes da Administração Pública, que consiste em restringir ou limitar, de modo gratuito e sobretudo preventivo, a liberdade e a propriedade, de maneira a obter, mais positiva do que negativamente, uma ordem pública capaz de viabilizar e de universalizar a existência das liberdades" (FREITAS, Juarez. *Estudos de direito administrativo*. São Paulo: Malheiros, 1995. p. 58).

não jurisdicional de restringir, condicionar ou limitar bens, direitos e atividades em prol do interesse coletivo.

É bastante comum encontrar em doutrina o fundamento da polícia administrativa no *princípio da supremacia do interesse público sobre o interesse particular*.[2] Todavia, em razão da reformulação que este princípio vem sofrendo na atualidade, autores há que sustentam que a base constitucional do poder de polícia mudou: passou a ser a defesa dos *direitos fundamentais* e da *democracia*.[3]

Nada obstante o conceito acima delineado, não se pode olvidar que, para bem compreendê-lo, melhor estudá-lo sob dois enfoques ou sentidos: um *amplo*, em que a polícia administrativa é exercida não só pelo Poder Executivo (com a edição de atos administrativos normativos), mas, também pelo Poder Legislativo, quando impõe, por lei, restrições aos administrados (por exemplo, zoneamento urbano); e um sentido mais *restrito*, em que os condicionamentos de polícia seriam praticados apenas pelas pessoas administrativas com personalidade jurídica de direito público, por intermédio de seus agentes.

Importante salientar que não é incomum atribuir-se à polícia administrativa a característica de uma *atuação negativa* do Estado, na medida em que não traduz para a sociedade uma prestação positiva, tal como acontece, por exemplo, com o serviço público.

A polícia administrativa se expressa por fases, a saber: ordem de polícia (que expressa uma obrigação de fazer ou de não fazer), consentimento de polícia (expressa por meio de licenças, autorizações e permissões), fiscalização de polícia e sanção de polícia. Segundo Diogo de Figueiredo Moreira Neto, tais fases representam o "ciclo de polícia".[4]

No campo do *direito eleitoral* não é diferente o tratamento conferido ao poder de polícia. Segundo o art. 41 da Lei Federal

---

[2]   Por todos, mencione-se a doutrina de Hely Lopes Meirelles: "A *razão* do poder de polícia é o interesse social e o seu *fundamento* está na supremacia geral que o Estado exerce em seu território sobre todas as pessoas, bens e atividades, supremacia que se revela nos mandamentos constitucionais e nas normas de ordem pública, que a cada passo opõem condicionamentos e restrições aos direitos individuais em favor da coletividade, incumbindo ao Poder Público o seu policiamento administrativo" (MEIRELLES, Hely Lopes. *Direito administrativo brasileiro*. 40. ed. atual. São Paulo: Malheiros, 2014. p. 147).

[3]   JUSTEN FILHO, Marçal. *Curso de direito administrativo*. São Paulo: Saraiva, 2005. p. 385.

[4]   MOREIRA NETO, Diogo Figueiredo. *Curso de direito administrativo*: parte introdutória, parte geral e parte especial. 15. ed. Rio de Janeiro: Forense, 2009. p. 444.

nº 9.504/97 (Lei das Eleições), com a redação que lhe conferiu a Lei Federal nº 12.034/2009, compete aos juízes eleitorais o exercício da polícia administrativa para controlar a atividade de propaganda eleitoral, o que significa dizer que essa atribuição não é tipicamente jurisdicional; consiste na atuação administrativa de condicionar o exercício deste direito constitucionalmente garantido aos candidatos aos limites estabelecidos pela legislação, tendo como consequência a legal atuação de fiscalização e de punição. Confira-se o que dispõe o citado art. 41 e seu §1º:

> Art. 41. A propaganda exercida nos termos da legislação eleitoral não poderá ser objeto de multa nem cerceada sob alegação do exercício do poder de polícia ou de violação de postura municipal, casos em que se deve proceder na forma prevista no art. 40. (Redação dada pela Lei nº 12.034, de 2009)
>
> §1º. O poder de polícia sobre a propaganda eleitoral será exercido pelos juízes eleitorais e pelos juízes designados pelos Tribunais Regionais Eleitorais.

Feita a introdução, é hora de afirmar que o tema objeto deste estudo surge com a dúvida sobre a eficácia de uma ordem de polícia, fruto de uma *sanção de polícia* ou de uma *medida de polícia*,[5] que imponha ao cidadão ou a uma pessoa jurídica obrigação de fazer ou de não fazer, isto é, se possível, para tanto, ser acompanhada da cominação de *astreintes*, assim entendidas, segundo doutrina tradicional do direito processual civil, como

> a multa periódica pelo atraso no cumprimento de obrigação de fazer ou de não fazer, incidente em processo executivo (ou na fase executiva de um processo misto), fundado em título executivo judicial ou extrajudicial, e que cumpre a função de pressionar psicologicamente o executado, para que cumpra sua prestação.[6]

Esse despretensioso estudo buscará identificar se há base no ordenamento jurídico para fixação das *astreintes* na via administrativa ou se este instituto é de utilização privativa do Poder Judiciário.

---

[5] A diferença entre *sanção de polícia* e *medida de polícia* será esclarecida adiante.

[6] CÂMARA, Alexandre Freitas. *Lições de direito processual civil*. 22. ed. São Paulo: Atlas, 2013. p. 278.

As *astreintes* são instituto privativo da atuação jurisdicional?

Autores há que sustentam ser o instituto das *astreintes* de utilização privativa do Poder Judiciário, o que, por decorrência lógica, torna proibida a sua utilização por poderes outros, sobretudo pela Administração Pública, aqui compreendida como atividade administrativa exercida no Poder Executivo ou nos demais poderes. Em resumo, para essa corrente de entendimento, todo ato administrativo que fixar *astreintes* para garantir a execução de uma ordem de polícia é nulo, quiçá inconstitucional, por violação do postulado da separação de poderes, já que o instituto seria de utilização privativa dos juízes no exercício da função jurisdicional típica. Por todos, cite-se a doutrina de Candido Rangel Dinamarco:[7]

> É jurisdicional a tutela oferecida mediante a execução forçada e também jurisdicionais as próprias atividades do juiz que a comanda. O resultado institucional desse processo (satisfação do credor) constitui um modo de pacificar as pessoas envolvidas em crises de adimplemento, eliminando os conflitos pendentes entre elas – o que é inerente à função jurisdicional [...].

No âmbito da Justiça Eleitoral do Estado do Rio de Janeiro, o Tribunal Regional Eleitoral (TRE-RJ) possui precedentes que respaldam a posição doutrinária anteriormente transcrita. Destaque-se, a propósito, a ementa do acordão proferido em 2012, quando do julgamento do Mandado de Segurança nº 267-18, que teve como relator o Juiz Antônio Augusto Gaspar:

> MANDADO DE SEGURANÇA. ARBITRAMENTO DE ASTREINTES E APLICAÇÃO DE MULTA POR ATO ATENTATÓRIO À DIGNIDADE DA JURISDIÇÃO EM SEDE DE PROCESSO ADMINISTRATIVO DE FISCALIZAÇÃO DA PROPAGANDA. IMPOSSIBILIDADE. CONCESSÃO PARCIAL DA ORDEM.
> 1. O poder de polícia atribuído ao juiz eleitoral responsável pela fiscalização da propaganda não permite a aplicação de sanção pecuniária. O arbitramento de multa e fixação de astreintes exigem

---

[7] DINAMARCO, Candido Rangel. *Instituições de direito processual civil*. São Paulo: Malheiros, [s.d.]. p. 50-51. v. IV.

a observância ao princípio da demanda, devendo haver provocação do exercício da função jurisdicional, mediante ajuizamento de representação por propaganda eleitoral irregular, assegurando-se o exercício do contraditório e da ampla defesa.

2. A aplicação da penalidade de multa pela prática de ato atentatório à dignidade da jurisdição, prevista no artigo 14, inciso V e parágrafo único, do CPC, igualmente não cabível em sede de procedimento administrativo de fiscalização da propaganda eleitoral, ante a sua evidente natureza judicial.

3. A determinação de retirada do vídeo postado no YouTube não enseja violação a direito líquido e certo da impetrante, eis que se trata de material de autoria anônima, o que é vedado pelo artigo 5º, inciso IV, da Constituição da República.

Pela concessão parcial da segurança, determinando-se a exclusão, nos autos da Petição 150-37, das astreintes e da multa aplicada com fundamento no artigo 14, inciso V e parágrafo único, do Código de Processo CIVIL.

Entendo, porém, que a matéria merece reflexões e conclusão outras.

Para o deslinde da questão jurídica em análise é necessário fazer, de início, a distinção entre *sanção de polícia administrativa* e *medida de polícia administrativa*, para, ao depois, perquirir se o instituto das *astreintes* é de utilização *privativa* do Poder Judiciário no exercício de sua função típica ou se poderá ser utilizado no exercício da atividade administrativa de polícia, mormente à luz do *poder geral de cautela administrativo* expressamente previsto no art. 45 da Lei de Processo Administrativo Federal e, no âmbito do Estado do Rio de Janeiro, no art. 43 da Lei Estadual nº 5427/2009.[8]

Segundo Diogo de Figueiredo Moreira Neto, citando Otto Mayer, o instituto da *sanção de polícia* pode ser compreendido da seguinte forma:

> *Finalmente, falhando a fiscalização preventiva, e verificada a ocorrência de infrações* às ordens de polícia, *desdobra-se a fase final* do ciclo aplicativo, com a sanção de polícia, que vem a ser a submissão coercitiva do infrator a medidas inibidoras (compulsivas) ou dissuasórias (suasivas) impostas pela Administração. *Distingue-se, nesta fase, com Otto Mayer,* a pena de polícia, *que é a sanção coercitiva que se aplica uma vez consumada*

---

[8] "Art. 43. Em caso de perigo ou risco iminente de lesão ao interesse público ou à segurança de bens, pessoas e serviços, a Administração Pública poderá, motivadamente, adotar providências acauteladoras".

a infração, do constrangimento de polícia, *que é sanção coercitiva aplicada contemporaneamente à infração ou na iminência de ser consumada.* [...]. *Na atividade* polícia, *dá-se a atuação aplicativa de* sanção externa, *ou* extroversa, *que a Administração pode impor a todos os administrados, em geral, em oposição à* sanção interna, *ou introversa, que recai apenas sobre os servidores públicos. São ambas espécies do gênero* sanção unilateral, *imposta imperativamente pelo Poder Público, que, por sua vez, se opõe ao gênero* sanção convencional, *que só é aplicável quando* consensualmente *pactuada.*[9]

A *medida administrativa de polícia*, por sua vez, se diferencia da *sanção de polícia*. Sanção de polícia, como visto anteriormente, é penalidade aplicável *após* o devido processo legal e que tem por pressuposto a violação de uma regra (*ordem de polícia*) prevista em lei; *medidas de polícia são atos preparatórios à atuação fiscalizatória e sancionatória de polícia, com o objetivo de preservar a intangibilidade do interesse público ou de garantir a eficácia da ordem de polícia prevista em lei e materializada na decisão administrativa.*

Nas palavras de Fabio Medina Osório, as *medidas coercitivas de polícia administrativa* "podem ser adotadas pela Administração Pública ou por outros Poderes Públicos na aplicação das leis, que não constituem sanções administrativas, embora causem sofrimento e efeitos aflitivos na esfera pessoal do agente atingido". Segundo o autor citado, "as medidas coercitivas ostentam um elemento teleológico distinto, diferente daquele que caracteriza as sanções administrativas, e, portanto, não estão sujeitas aos mesmos princípios". E em lapidar arremate, que julgo importante para o deslinde da questão jurídica vertida neste estudo, prossegue o doutrinar dizendo que "as chamadas medidas preventivas podem ser compreendidas nesse âmbito. Tais medidas são adotadas antes de se produzir determinados perigos. O objetivo é, justamente, evitar a ocorrência de determinados fatos, impedir que se consume uma violação da ordem jurídica"[10] (grifos nossos).

Pois bem. Fixadas essas premissas, não tenho dúvidas, respeitadas as opiniões em sentido contrário, de que *as astreintes podem ser fixadas em decisões administrativas no exercício do poder de*

---

[9] MOREIRA NETO, Diogo Figueiredo. *Curso de direito administrativo*: parte introdutória, parte geral e parte especial. 15. ed. Rio de Janeiro: Forense, 2009. p. 391.

[10] OSÓRIO, Fábio Medina. *Direito administrativo sancionador*. São Paulo: Revista dos Tribunais, 2000. p. 96-101.

polícia, desde que motivadas e que tenham previsão legal, ainda que genérica, isto porque se inserem no instituto das *medidas coercitivas de polícia administrativa*. Visam a prestigiar a eficácia de um comando normativo editado para preservar o interesse público, sem o qual se esvairia com a produção de efeitos do ato, tornando a futura sanção de polícia inócua, já que não atingida a finalidade da norma.

A propósito, as *astreintes* não são medida de utilização exclusiva e privativa do Poder Judiciário. Elas surgiram para aplicação de juízes como forma de garantia da efetividade de provimentos jurisdicionais, mas não há no ordenamento jurídico vedação a que sejam utilizadas por todos os demais poderes no exercício da atividade administrativa de polícia, inclusive pelo Poder Judiciário quando do exercício atípico desta função constitucional.

Evidente que as *astreintes* não terão o *atributo da autoexecutoriedade*,[11] inerente à maioria das manifestações do poder de polícia da Administração Pública, como também não as detém a sanção pecuniária de polícia (multa). Mas a mitigação desse atributo não lhes torna ilegais; apenas impede que a autoridade administrativa as execute sem a interveniência do Poder Judiciário, vez que exige que a exação se faça mediante executivo fiscal.

Por outro lado, a fixação das *astreintes* como medida coercitiva de polícia administrativa deve ser admitida como exercício do *atributo da coercitividade*[12] (também atinente ao poder de polícia), bem assim como instrumento indispensável à *efetividade*[13] da ordem

---

[11] Para José dos Santos Carvalho Filho: "A prerrogativa de praticar atos e colocá-los em imediata execução, sem dependência à manifestação judicial, é que representa a *autoexecutoriedade*. Tanto é autoexecutória a restrição imposta em caráter geral, como a que se restringe diretamente ao indivíduo, quando, por exemplo, comete transgressões administrativas. É o caso da apreensão de bens, interdição de estabelecimentos e destruição de alimentos nocivos ao consumo público. Verificada a presença dos pressupostos legais do ato, a Administração pratica-o imediatamente e o executa de forma integral. Esse o sentido da autoexecutoriedade" (CARVALHO FILHO, José dos Santos. *Manual de direito administrativo*. 27. São Paulo: Atlas, 2014. p. 89).

[12] Conforme lição de José dos Santos Carvalho Filho: "Essa característica [coercibilidade] estampa o grau de imperatividade de que se revestem os atos de polícia. A Polícia Administrativa, como é natural, não pode curvar-se ao interesse dos administrados de prestar ou não obediência às imposições. Se a atividade corresponder a um poder, decorrente do *ius imperii* estatal, há de ser desempenhada de forma a obrigar todos a observarem os seus comandos" (CARVALHO FILHO, José dos Santos. *Manual de direito administrativo*. 27 ed. São Paulo: Atlas, 2014. p. 91).

[13] Nas palavras de Diogo de Figueiredo Moreira Neto: "a efetividade é atributo do ato administrativo, tanto quanto o é de todo ato jurídico, no sentido amplo, pois é evidente que qualquer ação, ainda que não referenciada ao Direito, pressupõe o alcance de resultados

de polícia estabelecida não só na lei, mas também na decisão administrativa que imponha um fazer ou um não fazer ao cidadão. Em juízo de proporcionalidade/razoabilidade, é o meio adequado e eficaz ao atingimento do fim estabelecido pela norma legal.

As *astreintes* podem e devem ser inseridas como "medidas de polícia com grau de eficácia máximo", definidas por Marçal Justen Filho como a capacidade de a Administração Pública "promover medidas concretas e materiais necessárias à satisfação das determinações impostas", sustentando ser possível e legal que "o ato administrativo já nasça com esse grau de eficácia máximo, em vista da urgência ou gravidade da situação a ser atendida".[14]

Com efeito, é indispensável informar que possibilidade de aplicação de multas coercitivas no processo administrativo, denominadas *astreintes*, encontra amparo em diversos diplomas legais brasileiros. Cumpre destacar, nesse sentido, a redação do art. 11 da Lei nº 12.529/2011 (Lei do CADE), seguindo o que anteriormente previa o revogado art. 9º, inc. IV da Lei nº 8.884/94, quando estabelece ser da competência do Presidente do Tribunal Administrativo de Defesa Econômica a adoção de medidas preventivas, fixando o valor da multa diária pelo seu descumprimento. Confira-se:

> Art. 11. Compete aos Conselheiros do Tribunal:
> IV – adotar medidas preventivas, fixando o valor da multa diária pelo seu descumprimento; [...].

A Comissão de Valores Mobiliários (CVM) também tem competência para impor a aplicação de multa em caso de descumprimento de suas decisões, conforme previsão dos arts. 9º, II e 11, §11, da Lei nº 6.385/76. Confira-se:

> Art. 9º A Comissão de Valores Mobiliários, observado o disposto no §2º do art. 15, poderá: [...]

---

práticos. Sua referência, portanto, é metajurídica, pois se considera efetivo o ato que logra produzir todas as consequências dele esperados por seu autor [...] Além de se exigir o atingimento de resultados, tão-somente referidos a cada ato praticado, se pretende uma satisfação estatisticamente referida a todo o grupo, campo ou setor administrativo a que se dirige, capaz de indicar, afinal, uma aptidão coletiva do ato para a produção dos efeitos sociais, almejados pelo direito" (MOREIRA NETO, Diogo Figueiredo. *Curso de direito administrativo*: parte introdutória, parte geral e parte especial. 15. ed. Rio de Janeiro: Forense, 2009. p. 162).

[14] JUSTEN FILHO, Marçal. *Curso de direito administrativo*. São Paulo: Saraiva, 2005. p. 395.

II – intimar as pessoas referidas no inciso I a prestar informações, ou esclarecimentos, sob cominação de multa, sem prejuízo da aplicação das penalidades previstas no art. 11; (Redação dada pela Lei n. 10.303, de 31/10/2001) [...]
Art. 11. [...]
§11. A multa cominada pela inexecução de ordem da Comissão de Valores Mobiliários, nos termos do inciso II do caput do art. 9º e do inciso IV de seu §1º não excederá a R$ 5.000,00 (cinco mil reais) por dia de atraso no seu cumprimento e sua aplicação independe do processo administrativo previsto no inciso V do caput do mesmo artigo. (Redação pelo Decreto n. 3.995, de 31/10/2001).

Vislumbra-se, desse modo, que havendo previsão legal (ainda que genérica), não há falar-se em ilegalidade ou em inconstitucionalidade da adoção de medida coercitiva de polícia (*astreintes*, por exemplo) para forçar a efetividade de uma ordem de polícia que contenha uma obrigação de fazer ou de não fazer, desde que seja praticada por autoridade competente e que esteja devidamente fundamentada.

Astreintes e o direito eleitoral

Tendo por base o raciocínio jurídico que legitima a utilização das *astreintes* nas relações regidas pelo direito administrativo, não há óbice à sua aplicação às demandas reguladas pelo direito eleitoral. Isso porque a Justiça Eleitoral necessita, face às suas vicissitudes, ser mais célere e eficiente, sobretudo no período eleitoral (que precede ao pleito eleitoral), para que seja garantida a igualdade do pleito, vertente maior da democracia representativa pelo sufrágio.

Não se pode crer que será atingido o fim da lei eleitoral com a simples proibição, por parte de juízes eleitorais, mormente aqueles incumbidos do árduo dever de fiscalização no período eleitoral, de realização de propaganda eleitoral irregular; será necessário que essas proibições (medidas de polícia ou mesmo sanções de polícia), em muitas das vezes, sejam acompanhadas de medidas coercitivas concretas, fruto de decisão objetivamente motivada, para que sejam efetivamente respeitadas e cumpridas. Do contrário, eventual futura sanção pecuniária pelo ilícito eleitoral perpetrado não será suficiente para atingir o objetivo da vedação legal e da garantia de igualdade de condições para disputa da eleição.

Com efeito, em juízo de avaliação dos interesses, poderá ser mais vantajoso ao candidato violar a lei eleitoral, porquanto pagar multas pode significar mais vantagem considerando que atividade ilícita poderá render ao candidato maior número de votos. A Justiça Eleitoral não pode permitir que prevaleça esta lógica que, em análise simples, representa burla ao sistema eleitoral, que visa, acima de tudo, repita-se, a *igualdade* na disputa entre os candidatos.

Resta saber, nesse contexto, se há suporte legal para a fixação das *astreintes*, como medida coercitiva de polícia administrativa por parte dos juízes eleitorais coordenadores da fiscalização da propaganda eleitoral. A resposta, a meu sentir é, desenganadamente, afirmativa. O *§2º do art. 41 da Lei Federal nº 9.504/97* autoriza-as explícita e expressamente ao dispor que, na Justiça Eleitoral, "O poder de polícia se restringe às providências necessárias para inibir práticas ilegais, vedada a censura prévia sobre o teor dos programas a serem exibidos na televisão, no rádio ou na internet".

Não fosse a Lei das Eleições suficiente para dar embasamento legal à permissão de fixação de *astreintes* por juízes eleitorais encarregados do exercício da fiscalização eleitoral, o suporte normativo advém, também, do art. 45 da Lei Federal nº 9.784/99,[15] quando estabelece o *poder geral de cautela nos processos administrativos federais*, bem assim, da aplicação *analógica* ao processo administrativo de fiscalização da propaganda eleitoral do art. 461 e parágrafos do Código de Processo Civil. Sobre a adoção de medidas cautelares com fundamento no poder geral de cautela administrativo, confira-se o entendimento firmado pelo Supremo Tribunal Federal – STF quando do julgamento do *ROMS nº 25.104-6*, em que se reconheceu à Administração Pública o poder de, cautelarmente, afastar juiz classista de suas funções.

> EMENTA: RECURSO ORDINÁRIO. MANDADO DE SEGURANÇA. DIREITO ADMINISTRATIVO. DIREITO DO TRABALHO. *JUIZ CLASSISTA. AFASTAMENTO LIMINAR DO EXERCÍCIO DE SUAS FUNÇÕES PELO RELATOR DO PROCESSO ADMINISTRATIVO.*

---

[15] "Art. 45. Em caso de risco iminente, a Administração Pública poderá motivadamente adotar providências acauteladoras sem a prévia manifestação do interessado".

FLÁVIO DE ARAÚJO WILLEMAN | 163
PODER DE POLÍCIA E FIXAÇÃO DE ASTREINTES. UMA VISÃO DO DIREITO ADMINISTRATIVO...

POSSIBILIDADE. *PODER GERAL DE CAUTELA*. ART. 61, PARÁGRAFO ÚNICO, DA LEI N. 9.784/99. INTERPRETAÇÃO EM CONJUNTO COM O PRECEITO DO ART. 663, §2º, DA CLT. DIREITO DO TRABALHO. EQUIPARAÇÃO DOS JUÍZES CLASSISTAS AOS MAGISTRADOS TOGADOS. IMPOSSIBILIDADE. MÁ-FÉ. CONFIGURAÇÃO. DEVOLUÇÃO DOS VALORES PERCEBIDOS ENQUANTO INVESTIDO DAS FUNÇÕES DE MAGISTRADO CLASSISTA. IMPOSSIBILIDADE. VALOR SOCIAL DO TRABALHO. ENRIQUECIMENTO ILÍCITO DA ADMINISTRAÇÃO. ART. 1º, IV, E ART. 170, DA CB/88. DECISÃO EXTRA PETITA. NULIDADE. RECURSO PARCIALMENTE PROVIDO. 1. *O poder geral de cautela alcança as decisões administrativas.* Embora o preceito do art. 662, §3º, da CLT determine que as impugnações à investidura dos juízes classistas sejam recebidas no efeito meramente devolutivo, o preceito do art. 61, parágrafo único, da Lei n. 9.784/99 – aplicável ao processo administrativo no âmbito do Poder Judiciário [art. 1º, §1º] – permite que, em determinadas hipóteses, havendo justo receio de prejuízo de difícil ou incerta reparação, a autoridade recorrida ou imediatamente superior, de ofício ou a pedido, dê efeito suspensivo ao recurso. 2. Os representantes classistas da Justiça do Trabalho, ainda que ostentem títulos privativos da magistratura e exerçam função jurisdicional nos órgãos cuja composição integram, não se equiparam e nem se submetem ao regime jurídico-constitucional e legal aplicável aos magistrados togados. Precedente [MS nº 21.466. Rel. Min. Celso de Mello. *DJ*, 6 maio 94]. 3. A má-fé do candidato à vaga de juiz classista resta configurada quando viola preceito constante dos atos constitutivos do sindicato e declara falsamente, em nome da entidade sindical, o cumprimento de todas as disposições legais e estatutárias para a formação de lista enviada ao Tribunal Regional do Trabalho – TRT. 4. O trabalho consubstancia valor social constitucionalmente protegido [arts. 1º, IV e 170, da CB/88], que sobreleva o direito do recorrente a perceber remuneração pelos serviços prestados até o seu afastamento liminar. Entendimento contrário implica sufragar o enriquecimento ilícito da Administração. 5. A decisão judicial extra petita gera nulidade da ordem no ponto em que excede o pedido deduzido pela parte. 6. Recurso ordinário parcialmente provido, para tornar inexigível a ordem do Tribunal Superior do Trabalho – TST no ponto em que determina a devolução dos valores recebidos pelo recorrente a título de remuneração pelo exercício da função de magistrado classista entre 04.05.98 e 08.08.2000. (Primeira Turma. RMS nº 25.104/DF. Rel. Min. Eros Grau. Julg. 21.2.2006)

Parece não fazer sentido, à luz de uma interpretação razoável e proporcional do instituto da intervenção cautelar, admitir que a autoridade administrativa, no exercício do poder geral de cautela administrativo, possa editar medida de polícia para interditar um estabelecimento comercial, proibir uma propaganda manifestamente ilegal ou mesmo afastar um servidor de suas funções e não possa estabelecer *astreintes* como meio coercitivo de cumprimento de uma ordem de não fazer que vise a proteger o interesse público, sobretudo a igualdade em um pleito eleitoral. Mais contraditório ainda se afigura um juiz poder aplicar *astreintes* no exercício de sua função jurisdicional típica e não poder, com previsão legal neste sentido, aplicá-las no exercício atípico de administrar. Representa uma contradição que depõe contra a efetividade do comando "cautelar" (medida de polícia) emitido pela autoridade administrativa. Mencione-se, a propósito, a doutrina de Miguel Seabra Fagundes:

> Quando se dá o choque entre a Administração e o indivíduo, na aferição prática dos pontos em que confinam o poder estatal de exigir e o dever individual de prestação, recusando-se o administrado a cumprir as suas obrigações públicas, torna-se preciso coagi-lo à obediência. Não seria possível admitir que a ação realizadora do direito, confiada à Administração Pública, ficasse sumariamente entrevada pela simples oposição do indivíduo. Tem assim lugar a execução coativa da vontade do Estado.
>
> *À autoridade administrativa dá o legislador meios coercitivos, destinados a assegurar o cumprimento das suas determinações.* Algumas vezes são leis gerais que estipulam os preceitos e as medidas utilizáveis nos casos de oposição ou desobediência. Outras vezes, mesmo no texto das leis especiais, se determinam as sanções a que dá lugar a sua inobservância. *Tais medidas, imprescindíveis a tornar eficazes a norma legal e os atos administrativos, que, sem elas, acabariam desautorados e inoperantes, podem classificar-se em meios diretos e indiretos de coerção administrativa.* Os primeiros coíbem à realização imediata da prestação em espécie, tal como foi exigida, compelindo o administrado com o uso de força física sobre as pessoas ou sobre coisa, se se tratar de prestação infungível, ou, nos casos de prestações fungíveis, convertendo-as em outras de diferente natureza, a cuja execução do mesmo modo se obriga imediatamente o devedor
>
> *Os meios indiretos (ex. multas impostas pela autoridade administrativa, em qualquer caso de recusa de prestação) sobrecarregam o infrator, majorando a prestação inicialmente exigida, ou criando o dever de outras prestações pela instituição de novas obrigações, além da primitiva. Tendem a forçar o cumprimento da obrigação originária com sobrecargas. Revestem, assim, um caráter apenas intimidativo.*[16] (Grifos nossos)

---

[16] FAGUNDES, Miguel Seabra. *O controle dos atos administrativos pelo Poder Judiciário*. 6. ed. São Paulo: Saraiva, 1984. p. 180.

Desse modo, não há dúvidas de que poderá e deverá o juiz eleitoral responsável pela fiscalização da propaganda eleitoral decidir de modo a impedir que ilícitos eleitorais sejam perpetrados, o que pode resultar na fixação de *astreintes* para "inibir práticas ilegais" por parte dos candidatos.

Por fim, é de se considerar que não sendo as *astreintes* sanção de polícia (multa), *mas sim medida coercitiva de polícia*, inaplicável ao caso o entendimento firmado no verbete 18 da súmula da jurisprudência prevalente no Tribunal Superior Eleitoral (*TSE*).[17] Este é, inclusive, o entendimento doutrinário de Luciana Costa Aglantzakis a respeito do tema:

> Como deve ser a atuação do Magistrado Eleitoral para controlar o abuso da propaganda eleitoral?
>
> Em razão da específica atuação do magistrado eleitoral no Poder de Polícia, verifica-se a possibilidade de abertura de procedimento administrativo de ofício, para cessar a propaganda irregular, mesmo que seja manifesta ou velada, subliminar, estilo promoção pessoal e justifica-se uma atuação célere e efetiva do juiz em notificar o candidato ou a empresa responsável pela divulgação da propaganda para inibir a sua publicação, sob pena de multa com fulcro no artigo 461 e seguintes do CPC.
>
> *Nessa seara o magistrado deve notificar o aludido infrator e a empresa de comunicação responsável para que cesse a propaganda em certo prazo, sob pena de desobediência e multa de astreintes, com base no artigo 461 e seguintes do CPC, pois a sua inação resulta no descumprimento de uma obrigação de não fazer, ou de não entrega, que tem o condão de ferir o princípio da igualdade dos candidatos.* [...]
>
> Depreende-se, então, que o ordenamento jurídico pátrio é possível uma leitura diferenciada da súmula 18 do Tribunal Superior Eleitoral, enquanto o magistrado esteja investido do Poder de Polícia, pois a multa impeditiva do enunciado deve ser somente aquela aplicada após o julgamento de uma representação eleitoral.[18] (Grifos nossos)

Não há, por isso, fundamento jurídico para impedir que juízes eleitorais responsáveis pela fiscalização eleitoral ou pela Coordenação da Propaganda Eleitoral no período eleitoral de

---

[17] Súmula – TSE nº 18: "Conquanto investido de poder de polícia, não tem legitimidade o juiz eleitoral para, de ofício, instaurar procedimento com a finalidade de impor multa pela veiculação de propaganda eleitoral em desacordo com a Lei nº 9.504/97".

[18] AGLANTZAKIS, Luciana Costa. *Revista Jurídica TRE-TO*, v. 4, n. 1, jan./jul. 2010.

fixarem *astreintes* para a hipótese de descumprimento do seu comando decisório, desde que tal seja devidamente fundamentado à luz da circunstância concreta que se apresentar, tendo por fundamento, sempre, a intangibilidade do princípio da igualdade entre os candidatos que lancem ao pleito eleitoral.

Conclusão

Em conclusão das ideias lançadas neste artigo, entende-se que as *astreintes* não são instituto de utilização privativa do Poder Judiciário. Ao contrário, podem e devem ser utilizadas por todos os poderes da República no exercício da função administrativa, como medida coercitiva de polícia administrativa.

As *astreintes* serão utilizadas, inclusive, no direito eleitoral, com o objetivo de garantir a efetividade de uma ordem de polícia que, na maioria das vezes, tem o condão de impedir a prática de condutas ilícitas. A adoção das *astreintes* não prescinde de previsão legal (ainda que genérica) e deve ser, sempre, objeto de decisão devidamente motivada, como soem ser as demais medidas que representam o poder geral de cautela administrativo.

Informação bibliográfica deste texto, conforme a NBR 6023:2002 da Associação Brasileira de Normas Técnicas (ABNT):

WILLEMAN, Flávio de Araújo. Poder de polícia e fixação de astreintes. Uma visão do direito administrativo e do direito eleitoral. *In:* CÂMARA, Alexandre Freitas; PIRES, Adilson Rodrigues; MARÇAL, Thaís Boia (Coords.). *Estudos de direito administrativo em homenagem ao professor Jessé Torres Pereira Junior.* Belo Horizonte: Fórum, 2016. p. 153-166. ISBN 978-85-450-0166-9.

DO DIREITO ADMINISTRATIVO AO DIREITO URBANÍSTICO: UMA NOVA PERSPECTIVA À LUZ DO ESTATUTO DA CIDADE – A INTEGRAÇÃO DOS ESPAÇOS URBANO E RURAL

Frederico Price Grechi

1 Introdução

Eduardo Juan Couture,[1] no prólogo de uma obra clássica de Piero Calamandrei, assevera que uma escola jurídica processual precisar reunir muitas coisas, mas, antes de tudo, necessita de mestres. O professor Jessé Torres é, pois, o nosso mestre da Escola Jurídica de Direito Administrativo do Rio de Janeiro, que, ao longo de várias décadas, vem influenciando gerações de estudantes, advogados, defensores, promotores e juízes.

Com efeito, é um privilégio colaborar com a magnífica obra coletiva em homenagem ao culto professor e Desembargador Jessé Torres Pereira Junior que dignifica o Egrégio Tribunal de Justiça do Estado do Rio de Janeiro.

Modernamente, o direito urbanístico assumiu novos contornos compreendendo uma abordagem mais ampla do que apenas o seu aspecto quantitativo relacionado à ordenação do solo urbano nas cidades para também contemplar o aspecto qualitativo atinente à qualidade do meio ambiente.[2] Na primeira parte do artigo, apresentaremos uma breve digressão da evolução dogmática do direito urbanístico no direito comparado e no direito brasileiro.

---

[1] CALAMANDREI, Piero. *Introducción al estúdio sistemático de las providencias cautelares*. Tradução de Marino Ayerra Merín. Prólogo de Eduardo J. Couture. Buenos Aires: Librería El Foro, 1997. p. 10.

[2] GRECHI, Frederico Price. O meio ambiente artificial (urbano): elementos comuns para um diálogo coordenado entre o direito ambiental e o direito urbanístico. In: COUTINHO, Ronaldo; AHMED, Flávio (Coord.). *Cidade, direito e meio ambiente: perspectivas e críticas*. Rio de Janeiro: Lumen Juris, 2011. p. 73-78.

Em seguida, discorreremos sobre os princípios informadores do direito urbanístico. Por fim, teceremos comentários sobre a nova perspectiva do direito urbanístico à luz diretriz do Estatuto da Cidade (Lei nº 10.251/2001), consubstanciada na integração dos espaços urbano e rural.

2 Evolução dogmática do direito urbanístico no direito comparado e no direito brasileiro

Nesta última quadra histórica, a evolução do direito urbanístico é acentuada tanto no direito comparado[3] como no direito brasileiro.

Na Itália, o direito urbanístico, de acordo com a lição de Giorgio Pagliari:

etimologicamente sta ad indicare il diritto della 'urbs, cioè della città. [...], è, quindi, la disciplina giuridica dell'insediamento dell'uomo sul território, al fine di consentir ela realizzazione, organica e coordinata, di tutto quanto (strutture e infrastrutture) costituisce la città. [...]. Lo sviluppo del diritto urbanístico, come è avvenuto per altre materie settoriali o specialistiche, ha determinato un dibattito sull'autonomia del diritto urbanistico dal diritto ammnistrativo. [...]. Di conseguenza non ci si attarderà su di essa, da un lato, a sottolineare che i principi fondamentali o di base sono, comunque, quelli del diritto amministrativo, e, dall'altro, ad evidenziare che existe ormai un'ampia letteratura specialistica, sì che, comunque, il diritto urbanistico ha indiscutibilmente un proprio autonomo ambito di elaborazione e di studio.[4]

Acrescenta o jurista italiano Federico Spantigati que a disciplina urbanística é um todo único, um complexo de normas dispostas a assegurar a boa organização do território, cujo interesse fundamental é orientado pela boa administração.[5]

---

[3] Consulte-se, por todo, ANTUNES, Luís Filipe Colaço. *Direito urbanístico*. Um outro paradigma: a planificação modesto-situacional. Coimbra: Almedina, 2002. p. 70.

[4] PAGLIARI, Giorgio. *Corso di diritto urbanistico*. 4. ed. Milano: Giuffrè, 2010. p. 3-7.

[5] SPANTIGATI, Federico. *Manuale di diritto urbanistico*. Milano: Giuffrè, 1969. p. 47.

Na Argentina, Adriana Taller e Analía Antik afirmam que:

el Derecho Urbanístico busca tener vida propia como disciplina jurídica, argumentando a su favor que nació como consecuencia de la necessidade de normatizar el espacio físico de las ciudades y el uso de la propriedad, en miras a compatibilizar el interés privado del particular con el interés público de la comunidad. [...] En los hechos, la propriedade y el suelo urbano han estado sujetos al régimen clássico del derecho de propriedade que ha impedido su uso social. Son escasos los ejemplos en que la dinâmica de las cuidades há sido guiada por planes de desarrollo orientados con critérios de ordenación y racionalización del uso del suelo, incluso, pese a la existência de los Planes Reguladores y/o Directores, los mismos han sido dejados de lado a veces por las mismas autoridades o por los agentes u operadores inmobiliarios, de modo que la ciudad se expandió desornadamente. [...] En nuestro país, aunque demoradamente, en relación con otros, se observa un avance en esta matéria, que, aunque en algunos espacios jurisdiccionales se presenta asistematizado, la lectura integradora u complementaria de las normas jurídicas urbanísticas existentes va mostrando el perfil de ciudad que se pretende regular, en distintos âmbitos geográficos del país. [...]. Como señalamos al inicio de este capítulo, en nuestro país, a diferencia de lo que ocorre en tros países latinoamercianos o europeos, el Derecho Urbanístico aún no se le reconece autonomia cientifica ni didátctica, considerándoselo como un capítulo o apêndice del Derecho Administrativo, al interpretar que se trata de la proyección de aquél sobre un objeto específico: el urbanismo. No obstante no constituir esta disciplina un Derecho com autonomia por las falencias señaladas, la importância y el contenido de sus instituciones justifican que se lo estudie e imparta su enseñanza en forma separada del Derecho Administrativo, aún cuando no llega a constituir un Derecho especial ni autónomo. [...]. Luego, este Derecho Urbanístico, que tiene como objeto específico de estúdio y de regulación: "la ciudad", "lo urbano" (espacio público y doméstico, a la vez, que se hace necessário concretar por sus funciones, su alta densidad de población y su extensión, así como por ser emissor de servicios y estar perfectamente dotado de infraestruturas), requiere un tratamiento particular y próprio desde el ámbito del Derecho Público. Esta circunstancia es la que determina su vinculación con el Derecho Administrativo. En suma, podemos decir que en la Argentina, pese a su falta actual de autonomía científica, la disciplina urbanística, como un capítulo del Derecho Administrativo, está conformada por el conjunto normativo que regula la vida urbana e incide sobre los derechos de los particulares, propietarios del suelo, y podemos definirlo como: 'el conjunto de princípios y normas jurídicas – de contenido político, administrativo, financeiro, económico, social o técnico – que integram el Derecho Administrativo como rama del Derecho Público interno reguladoras de los processos de ordenación del território e sy transformación física, y de las relaciones jurídicas entre la administración y los propietarios del suelo. De lo que resulta que el objeto de regulación del Derecho Urbano es: a) el ordenamento territorial; b) el uso del suelo; c) la ciudad – urbanización/edificación – para asegurar su desarrollo ordenado, conducir su dinâmica y dar solución a sus problemas, y d) las relaciones con los propietarios inmobiliarios – derechos y obligaciones del propietario del suelo.[6]

No Brasil, Hely Lopes Meirelles concebeu o direito urbanístico como "o conjunto de medidas estatais destinadas a organizar os espaços habitáveis, de modo a propiciar melhores condições de vida ao homem na comunidade".[7] Esses espaços habitáveis, ainda segundo Hely Lopes Meirelles, são compreendidos como "todas as áreas em que o homem exerce coletivamente qualquer das quatro funções sociais: habitação, trabalho, circulação, recreação". Conclui o autor que o urbanismo

é incumbência de todos os níveis de governo e se este a todas as áreas da cidade e do campo, onde as realizações humanas ou a preservação da natureza possam contribuir para o bem-estar individual e coletivo. Mas, como nas cidades se concentram populações, suas áreas exigem mais e maiores empreendimentos urbanísticos, visando a oferecer o maior bem para o maior número – objetivo supremo do moderno Urbanismo.[8]

Já Diogo de Figueiredo Moreira Neto define o direito urbanístico como "o conjunto da disciplina jurídica notadamente de natureza administrativa, incidente sobre os fenômenos do Urbanismo, destinado ao estudo das normas que visem impor valores e convivências na ocupação e utilização dos espaços habitáveis".[9]

Por seu turno, José Afonso da Silva, defendendo a autonomia em relação ao direito administrativo, conceitua o direito urbanístico, sob o prisma objetivo, como "o conjunto de normas que têm por objetivo organizar os espaços habitáveis", através da intervenção

---

[6] TALLER, Adriana; ANTIK, Analía. *Curso de derecho urbanístico*. Buenos Aires: Rubinzal-Culzoni, 2011. p. 28-30; 43-49.

[7] MEIRELLES, Hely Lopes. *Direito municipal brasileiro*. 11. ed. São Paulo: Malheiros, 2000. p. 433.

[8] MEIRELLES, Hely Lopes. *Direito municipal brasileiro*. 11. ed. São Paulo: Malheiros, 2000. p. 433.

[9] MOREIRA NETO, Diogo de Figueiredo. *Introdução ao direito ecológico e ao direito urbanístico*. 2. ed. Rio de Janeiro: Forense, 1977. p. 46.

do Poder Público, que visa "propiciar melhores condições de vida ao homem na cidade".[10] Infere-se das definições acima reproduzidas que os contornos do direito urbanístico estão intimamente relacionados à cidade e às necessidades conexas com o estabelecimento humano nela. Pode-se, assim, dizer que o urbanismo evolui com a cidade.

Em virtude dos influxos políticos e socioeconômicos da segunda metade do século XX, esse centro populacional urbano[11] cresceu em proporção superior à população rural, gerando graves e sérios problemas cuja solução demanda a ordenação e a correção dos espaços habitáveis por meio de um planejamento adequado com vistas a assegurar a preservação do meio ambiente natural e cultural e o desenvolvimento sustentável econômico-social da *urbs* em favor do bem-estar da coletividade,[12] presente e futura.

Sobreleva salientar que o direito urbanístico foi alçado pela Constituição Federal de 1988 como uma disciplina autônoma,[13] dispensando-lhe o próprio legislador constituinte um tratamento específico.

A propósito, Lúcia Valle Figueiredo pontifica:

> O Direito Urbanístico terá de encontrar seu respaldo no Texto Constitucional e suas normas deverão ser cumpridas pela Administração Pública, dentro de sua competência-dever de prosseguir seus cometimentos, aqueles, para os quais as normas legais outorgarem-lhe competência. Portanto, deverá exercer integralmente sua função fiscalizadora. A intervenção administrativa na propriedade resulta da lei, à qual se curva a Administração. As limitações ou restrições administrativas vão resultar diretamente da lei, portanto, como já dissemos, a intervenção levada a cabo pela Administração é *sub legem*.[14]

---

[10] SILVA, José Afonso da. *Direito urbanístico brasileiro*. 5. ed. São Paulo: Malheiros, 2008. p. 49.

[11] SILVA, José Afonso da. *Direito urbanístico brasileiro*. 5. ed. São Paulo: Malheiros, 2008. p. 19-27.

[12] Expressão tomada numa acepção mais ampla para albergar direitos difusos e coletivos, espécies do gênero transindividual. A garantia do direito a cidades sustentáveis para as gerações presentes e futuras está assegurada no art. 2º, I, da Lei nº 10.257/2001 (Estatuto da Cidade).

[13] LIRA, Ricardo Pereira. Direito urbanístico, Estatuto da Cidade e regularização fundiária. In: BONIZZATO, Luigi; COUTINHO, Ronaldo (Coord.). *Direito da cidade*. Novas concepções sobre as relações jurídicas no espaço social urbano. Rio de Janeiro: Lumen Juris, 2007. p. 5: "[...] a autonomia do Direito Urbanístico deita suas raízes no próprio Direito Constitucional".

[14] FIGUEIREDO, Lúcia Valle. *Disciplina urbanística da propriedade*. 2. ed. São Paulo: Malheiros, 2005. p. 31

Dessa forma, foram traçadas normas de competência em favor da União, dos estados e dos municípios, facultando-lhes o estabelecimento de regramento sobre o urbanismo (arts. 21, IX, XX e XXI; 24, I; 30, I, II, VIII e IX, da CF/88). Também foram consagradas normas sobre a política do desenvolvimento urbano[15] e a ordenação do pleno desenvolvimento das funções da cidade e da garantia do bem-estar dos seus habitantes, da propriedade urbana e a sua função social, a desapropriação dos imóveis urbanos, bem como mecanismos para o adequado aproveitamento do solo urbano (arts. 30, VIII; 182 e 183 da CF/88), e, ainda, proteção ao patrimônio paisagístico, artístico e histórico (arts. 30, IX, 215 e 216 da CF/88).[16]

Forçoso é concluir que no direito urbanístico são tutelados interesses e direitos transindividuais, notadamente difusos.[17] Isso porque a localização da cidade, a sua extensão, a sua configuração e a sua magnitude não são e não podem ser realizações apenas privadas, mas, sobretudo, realizações públicas porquanto interessam à coletividade, condicionando a vida comunitária e a pessoa de todos os membros da comunidade no espaço urbano.[18]

3 Princípios informadores do direito urbanístico

Nesse contexto, as realizações públicas que interessam à coletividade devem ser orientadas pelos princípios informadores do direito urbanístico.

O princípio da função pública do urbanismo confere ao direito urbanístico a sua característica de instrumento normativo por meio do qual o Poder Público atua no meio social e no direito privado com

---

[15] VICHI, Bruno de Souza. *Política urbana*. Sentido jurídico, competências e responsabilidades. Belo Horizonte: Fórum, 2007.

[16] MACHADO, Paulo Affonso Leme. *Direito ambiental brasileiro*. 16. ed. São Paulo: Malheiros, 2008. p. 929-945.

[17] Cf. CAVALAZZI, Rosangela Lunardelli. O estatuto epistemológico do direito urbanístico brasileiro: possibilidades e obstáculos na tutela do direito à cidade. In: BONIZZATO, Luigi; COUTINHO, Ronaldo (Coord.). *Direito da cidade*. Novas concepções sobre as relações jurídicas no espaço social urbano. Rio de Janeiro: Lumen Juris, 2007. p. 57: "[...] como direito humano na categoria dos interesses difusos".

[18] LIRA, Ricardo Pereira. *Elementos de direito urbanístico*. Rio de Janeiro: Renovar, 1997. p. 371.

vistas à ordenação da realidade no interesse coletivo,[19] observando-se – acrescento eu – os princípios constitucionais da Administração Pública (art. 37 da CF/88).

O princípio da conformação da propriedade urbana, pública e particular, significa que esta deve ser conformada por meio da ordenação urbanística, a qual guarda conexão com o princípio anterior da função pública do urbanismo.[20]

O princípio da coesão dinâmica, integradora e coordenada das normas urbanísticas tem a sua eficácia assentada em conjuntos normativos procedimentais, os quais preferem as normas isoladas (individuais).[21]

Para Odete Medauar,[22] a partir da evolução do direito administrativo em decorrência da crescente efetividade dos direitos fundamentais, a estrutura e a codificação de um processo administrativo permite uma melhoria das relações entre cidadãos e Administração.[23]

Do sobredito princípio infere-se o princípio da integração e remissão,[24] por meio do qual as instituições jurídicas urbanísticas (planejamento urbano; planos gerais, diretores, reguladores, particulares ou específicos, uso do solo etc.) são produtos da integração de normas jurídicas que compreendem distintos níveis do ordenamento jurídico, tais como as leis, regulamentos, atos administrativos pelos diversos órgãos administrativos, exercício

---

[19] SILVA, José Afonso da. *Direito urbanístico brasileiro*. 5. ed. São Paulo: Malheiros, 2008. p. 45.

[20] SILVA, José Afonso da. *Direito urbanístico brasileiro*. 5. ed. São Paulo: Malheiros, 2008. p. 45.

[21] SILVA, José Afonso da. *Direito urbanístico brasileiro*. 5. ed. São Paulo: Malheiros, 2008. p. 45.

[22] MEDAUAR, Odete. *A processualidade no direito administrativo*. 2. ed. São Paulo: RT, 2008. p. 238.

[23] MEDAUAR, Odete. *O direito administrativo em evolução*. São Paulo: Revista dos Tribunais, [s.d.]. p. 224-225: "O caráter processual da formação do ato administrativo contrapõe-se, desse modo, a operações internas e secretas, à concepção dos *arcana imperii*, dominante na época do poder absoluto, lembrada por Bobbio ao discorrer sobre a publicidade e o poder invisível, considerando essencial à democracia um grau elevado de visibilidade do poder. Na Administração inserida em sociedade e Estado caracterizados pela complexidade sócio-político-econômica e pela multiplicidade de interesses, o procedimento também é meio para que os diversos interesses aflorem antes da tomada de decisões; permite o confronto objetivo e mesmo a coexistência de interesses, com isso propicia, ainda, o controle dos indivíduos e grupos sobre a atividade administrativa".

[24] Na Argentina, confira-se TALLER, Adriana; ANTIK, Analía. *Curso de derecho urbanístico*. Buenos Aires: Rubinzal-Culzoni, 2011. p. 55-56: "A esta integración normativa y de actuación se suma la remisión a las normas superiores – ley de suelo provincial o planes generales – que fijan limite de la competência material de lós órganos inferiores dentro de cada jurisdicción y que, a sua vez, establecen de manera previsora los estándares urbanísticos a los cuales debe sujetarse la autoridad administrativa en el ejercício de su potestade planificadora".

da função legislativa pelos entes federativos (União, estados, Distrito Federal, municípios), inclusive no âmbito das regiões metropolitanas, aglomerações urbanas e microrregiões.

A remissão das normas urbanísticas integrantes de um sistema coeso requer a observância da norma imediatamente superior (legítima, válida e eficaz) numa perspectiva de um escalonamento hierárquico.

Também deriva o subprincípio da compatibilidade que diz respeito à adequada coordenação e integração dos planos urbanísticos dentro da mesma competência (jurisdição) territorial como com relação àquelas cuja execução possa afetar de maneira direta ou indireta. A título de ilustração, citem-se os efeitos (positivos e negativos) que um plano de utilização de superfícies pode gerar entre municípios vizinhos. Em matéria de regulação de uso do solo ou ordenamento territorial, as medidas a serem adotadas devem ser consequência de uma finalidade integradora da região, de sorte que nenhum município pode ser considerado isoladamente e com independência (absoluta) dos demais.[25]

O direito urbanístico também é informado pelo princípio da delimitação de competência. O ordenamento jurídico urbanístico confere aos órgãos de nível nacional, regional ou municipal atribuições específicas que não podem ser assumidas por outros órgãos, ainda que sejam de hierarquia superior. O objetivo desse princípio é, pois, reduzir o exercício da discricionariedade dos órgãos de Estado e facilitar o controle hierárquico ou administrativo, através dos superiores ou repartições criadas em efeito também dos cidadãos ou organismos não governamentais, com legitimação suficiente para eles.[26]

De acordo com o princípio da perdurabilidade da normativa urbanística, para uma parcela da doutrina,[27] as regulamentações e

---

[25] TALLER, Adriana; ANTIK, Analía. *Curso de derecho urbanístico*. Buenos Aires: Rubinzal-Culzoni, 2011. p. 56-57.

[26] TALLER, Adriana; ANTIK, Analía. *Curso de derecho urbanístico*. Buenos Aires: Rubinzal-Culzoni, 2011. p. 56.

[27] TALLER, Adriana; ANTIK, Analía. *Curso de derecho urbanístico*. Buenos Aires: Rubinzal-Culzoni, 2011. p. 57: "[...] Edgardo O. Scotti apud Taller e Antik (2011) [...] destacan como específico del Derecho Urbanístico a nuestro critério es irreconciliable con la dinâmica y flexibilidade, características propia de ius in fieri. Para esse sector de la doctrina, las regulaciones urbanísticas en el Derecho argentino adolecen de perdurabilidad o permanencia en el tiempo, perdurabilidad que sólo se alcanza si de manera previsora se plantean y resuelven los problemas urbanos, dejando de lado soluciones inconsultas y carentes de fundamentación y razonabilidad".

intervenções urbanas, ao modificar os usos admitidos, os índices edilícios (capacidade edificatória) etc., não podem de maneira arbitrária causar prejuízos concretos ou eventuais aos proprietários do solo. O titular do direito de propriedade, restringido e limitado em seu exercício pelas normas urbanísticas, deve conhecer de forma certa e determinada qual é a extensão do seu direito quanto às possibilidades de uso do solo e de edificação sobre ele. Bem por isso as normas urbanísticas devem ser suficientemente perduráveis no tempo para que não apenas a autoridade possa planejar de maneira prevista como também para que o titular do domínio ou operadores do solo imobiliário saibam com clareza o destino possível que possam exercer os seus direitos e atividades.[28]

No tocante ao princípio da edificabilidade, o imóvel urbano, de rigor, tem como destino específico a edificabilidade, com exceção dos espaços reservados para circulação e áreas verdes. Por isso, as leis que regulam o uso do solo determinam como princípio retor que os espaços destinados às parcelas urbanas, de acordo com a sua finalidade, se denominam espaços edificáveis. Da aplicação desse princípio podemos identificar as seguintes derivações: (i) a limitação do destino dos imóveis urbanos, impossibilitando a alteração do seu uso, reservando-os, por exemplo, para explorações agrícolas, florestais e análogas; (ii) os solos urbanos são no âmbito para receber os assentamentos humanos intensivos e permitir o desenvolvimento das atividades de serviço e produção compatíveis; (iii) a faculdade do proprietário do terreno urbano de mantê-lo sem a edificação, em condição de baldio (vazio),[29] de maneira que para essa situação incumbe à autoridade administrativa a imposição e aplicação das sanções (penalidades) legais para assegurar o cumprimento dos deveres atinentes à conservação daquele, suportando o proprietário, entre outras, a penalidade de pagamento de uma "sobretaxa" (*v.g.* progressividade do IPTU).

---

[28] TALLER, Adriana; ANTIK, Analía. *Curso de derecho urbanístico*. Buenos Aires: Rubinzal-Culzoni, 2011. p. 57.

[29] TALLER, Adriana; ANTIK, Analía. *Curso de derecho urbanístico*. Buenos Aires: Rubinzal-Culzoni, 2011. p. 58: "La falta de edificacipon de los solares urbanos como consecuencia de la especulación del propietario inmobiliario es preocupación constante de los planificadores urbanos. Por ello es de buena técnica legislativa que las leyes que regulan el uso del suelo faculten a los gobiernos municipales a hacer uso de mecanismos legales y ordenado de completamiento y renovación de la trama urbana".

Todavia, esse princípio admite exceções previstas no planejamento urbano (*v.g.* espaços de circulação, áreas verdes etc.), bem como aquelas exceções nas quais também o titular do domínio queira edificar, como as condições físicas (*v.g.* terrenos com índices ou cotas baixas) ou saneamento (*v.g.* terrenos com dunas, áreas contaminadas etc.) impeditivas do terreno, o qual deve ser apto à habitação.[30]

No princípio da afetação das mais-valias ao custo da urbanificação é imposto aos proprietários dos terrenos, que foram beneficiados pelas intervenções urbanísticas, os custos (gastos) decorrentes da urbanificação, como compensação pela melhoria das condições de edificabilidade que dela deriva para seus lotes.[31]

Por fim, cite-se o princípio da justa distribuição dos benefícios e dos ônus derivados da atuação urbanística.[32] No processo de intervenção urbanística, alguns proprietários de terrenos (imóveis) poderão ser beneficiados por ela, enquanto outros proprietários suportam os ônus dela decorrentes, segundo a dimensão de uma justiça distributiva.

4 Nova perspectiva do direito urbanístico à luz do Estatuto da Cidade: integração dos espaços urbano e rural

O art. 182 da Constituição Federal de 1988 anuncia o direito urbanístico como direito da política de desenvolvimento urbano que, segundo a doutrina de Carlos Ari Sundfeld, é compreendida em três sentidos:

a) como conjunto das normas que disciplinam a fixação dos objetivos da política urbana (exemplos: normas constitucionais); b) como conjunto de textos normativos em que estão fixados os objetivos da política urbana (os planos urbanísticos, por exemplo); c) como conjunto de normas em

---

[30] TALLER, Adriana; ANTIK, Analía. *Curso de derecho urbanístico*. Buenos Aires: Rubinzal-Culzoni, 2011. p. 58-59.

[31] SILVA, José Afonso da. *Direito urbanístico brasileiro*. 5. ed. São Paulo: Malheiros, 2008. p. 45.

[32] SILVA, José Afonso da. *Direito urbanístico brasileiro*. 5. ed. São Paulo: Malheiros, 2008. p. 45.

que estão previstos e regulados os instrumentos de implementação da política urbana (o próprio Estatuto da Cidade, entre outros).[33]

José dos Santos Carvalho Filho define política urbana como:

o conjunto de estratégias e ações do Poder Público, isoladamente ou em cooperação com o setor privado, necessárias à constituição, preservação, melhoria e restauração da ordem urbanística em prol do bem-estar das comunidades. [...] Por fim, não poderia deixar de estar contido no conceito de bem-estar das comunidades, visto que toda a política urbana tem como direção, afinal, o atendimento ao interesse público. [...] Com efeito, o mandamento constitucional refere-se ao objetivo de garantir o bem-estar dos habitantes da cidade, além do concernente ao desenvolvimento das funções sociais da cidade. [...] Analisando o texto constitucional, pode-se muito bem considerar que, a rigor, o objetivo de garantir o bem-estar dos habitantes da cidade já está contido no desenvolvimento das funções sociais da cidade. Desenvolver as funções sociais de uma cidade representa implementar uma série de ações e programas que tenham por alvo a evolução dos vários setores de que se compõe uma comunidade, dentre eles os pertinentes ao comércio, à indústria, à prestação de serviços, à assistência médica, à educação, ao ensino, ao transporte, à habitação, ao lazer e, enfim, todos os subsistemas que sirvam para satisfazer as demandas coletivas e individuais. Ora, esse desenvolvimento social, que lato sensu inclui também o desenvolvimento econômico, não tem outra finalidade senão a de, em última instância, proporcionar e garantir o bem-estar dos habitantes. Não se podendo identificar dois objetivos diversos, deve interpretar-se o art. 182 da CF como resultante da ênfase que o Constituinte quis dispensar à satisfação que os habitantes da cidade devem merecer, mas que se possa deixar claro que o desenvolvimento social já produz necessariamente a garantia de bem-estar da coletividade.[34]

Ao lado dos sobreditos princípios informadores do urbanismo, o Estatuto da Cidade (Lei nº 10.257/2001), novel pilar do direito urbanístico, fixou recentes diretrizes gerais da política urbana, estabelecendo, ademais, relevantes instrumentos para

---

[33] SUNDFELD, Carlos Ari. O Estatuto da Cidade e as suas diretrizes gerais. In: DALLARI, Adilson Abreu; FERRAZ, Sérgio (Coords.). *Estatuto da Cidade (Comentários à Lei Federal nº 10.257/2001)*. 2. ed. São Paulo: Malheiros, 2006. p. 48-49.

[34] CARVALHO FILHO, José dos Santos. *Comentários ao Estatuto da Cidade*. 3. ed. Rio de Janeiro: Lumen Juris, 2009. p. 12-14

implementação das funções sociais da cidade e da propriedade urbana, de modo a ordenar o seu pleno desenvolvimento e garantir o bem-estar dos seus habitantes.

No âmbito do Estatuto da Cidade, a atividade de ordenação dos espaços urbanos deve ser dirigida à promoção do triplo objetivo de humanização, ordenação e harmonização dos ambientes em que o homem vive: o urbano e o rural.

Portanto, a integração do urbano-rural (art. 2º, III, da Lei nº 10.257/2001) é, pois, um imperativo indeclinável na política urbana dentro do contexto das novas perspectivas do direito urbanístico à luz do Estatuto da Cidade.

Destarte, as fronteiras da separação entre os espaços urbano e rural são flexibilizadas e, por sua vez, as atividades devem ser integradas, eis que tanto o urbano e o rural fazem parte do território do município (art. 40, §2º, da Lei nº 10.257/2001).

Cumpre, então, o urbano estar atento ao rural, e dele não se olvidar. A política pública urbana deve direcionar-se no sentido de promover a integração entre as áreas rural e urbana da cidade, levando em conta as peculiaridades que são próprias do setor rural.

O setor rural produz artigos agrícolas, alimentícios e laticínios direcionados ao setor urbano, no qual, por sua vez, estão localizados os setores industrial, comercial e de prestação de serviços mais desenvolvidos. Não se pode, pois, conceber a ideia de considerá-los – urbano e rural – em separado, mas, sim, é necessário promover a integração entre as atividades urbanas e rurais, harmonizando-as e compatibilizando-as. Tal exigência impõe ao Poder Público o dever de promover ações com vistas a estreitar as relações sociais e econômicas entre o campo e a cidade, notadamente nas áreas de influência desta, através das técnicas e dos instrumentos urbanísticos no planejamento da cidade, disciplinando o seu crescimento e suprindo as necessidades básicas do homem.

A harmonização adequada entre o espaço urbano (arts. 182 e 183 da CF/88) e o espaço rural (arts. 184 e 191 da CF/88) pressupõe um modelo de cidade capaz de promover o desenvolvimento econômico sustentável e apto a garantir, a um só tempo, um padrão mínimo de qualidade de vida digna do homem e o atendimento às necessidades da coletividade, presente e futura (arts. 1º, III; 3º, I, II, III, IV, 6º; 170; 225, todos da CF/88).

Somente assim se poderá, concretamente, implementar a sobredita diretriz da integração dos espaços urbano e rural estabelecida no Estatuto da Cidade, a qual caracteriza essa nova perspectiva do direito urbanístico.

Informação bibliográfica deste texto, conforme a NBR 6023:2002 da Associação Brasileira de Normas Técnicas (ABNT):

GRECHI, Frederico Price. Do direito administrativo ao direito urbanístico: uma nova perspectiva à luz do Estatuto da Cidade – a integração dos espaços urbano e rural. *In:* CÂMARA, Alexandre Freitas; PIRES, Adilson Rodrigues; MARÇAL, Thaís Boia (Coords.). *Estudos de direito administrativo em homenagem ao professor Jessé Torres Pereira Junior.* Belo Horizonte: Fórum, 2016. p. 167-179. ISBN 978-85-450-0166-9.

CONTROLE JUDICIAL DAS OMISSÕES DA ADMINISTRAÇÃO PÚBLICA SOB A PERSPECTIVA DO NEOCONSTITUCIONALISMO

Guilherme Peña de Moraes[1]

1 Introdução

O trabalho que ora vem a lume encerra uma proposta de sistematização das possibilidades materiais e processuais de implementação jurisdicional dos direitos sociais de natureza prestacional, pelo fio do paradigma neoconstitucionalista, tendo sido dividido em cinco partes.

A primeira é referente à proposta teórica, ideológica ou metodológica de superação da antinomia entre jusnaturalismo e juspositivismo, traduzida como neoconstitucionalismo.

A segunda é relativa à justiciabilidade dos direitos sociais, firmada a possibilidade de se reconhecer uma pretensão a prestações do Estado dedutível do enunciado de normas constitucionais de direitos fundamentais, independentemente de interposição legislativa.

A terceira é reservada à qualidade e quantidade do bem da vida, em razão da sindicabilidade das prestações materiais do Estado previstas em normas constitucionais definidoras de direitos sociais.

A quarta é respeitante aos mecanismos de responsabilização da Administração Pública pelas omissões na implementação dos direitos sociais, fixadas a qualidade e quantidade do objeto das prestações do Estado.

A quinta sintetiza as conclusões do presente.

---

[1] Inicialmente, devo consignar a gratidão, a estima e a admiração que nutro pelos profs. Drs. Alexandre Freitas Câmara, Adilson Rodrigues Pires e Thaís Marçal, organizadores, e Jessé Torres Pereira Junior, homenageado pela presente coletânea, de quem fui aluno no Centro de Estudos, Pesquisa e Atualização em Direito (CEPAD).

2 Neoconstitucionalismo

O neoconstitucionalismo é delineado como teoria, ideologia ou método de investigação dos sistemas jurídicos contemporâneos, com vistas à superação da antinomia entre naturalismo e positivismo jurídicos.[2][3]

A partir da constatação de que "as insuficiências do jusnaturalismo e do juspositivismo explicam uma nova concepção do Direito, um novo paradigma jurídico",[4] o neoconstitucionalismo pode ser examinado sob os ângulos metodológico e normativo.[5][6]

---

[2] CARBONELL, Miguel. *Neoconstitucionalismo(s)*. Madrid: Trotta, 2002. p. 13.

[3] Com efeito, Paolo Comanducci estabelece a diferenciação entre o neoconstitucionalismo teórico, ideológico e metodológico. O primeiro descreve as transformações não somente da estrutura, mas também do funcionamento dos sistemas jurídicos contemporâneos. O segundo destaca o sistema de proteção dos direitos fundamentais. O terceiro expõe a vinculação entre direito e moral, à luz dos princípios constitucionais (COMANDUCCI, Paolo. Formas de (neo)constitucionalismo. *Isonomia*, n. 16, p. 89-112, 2002).

[4] FIGUEROA, Alfonso. Teorias de direito neoconstitucionalistas. *Anuário de Filosofia do Direito*, n. 1, p. 337-339, 2002.

[5] Demais disso, Ricardo Guastini enumera as condições do neoconstitucionalismo, *exempli gratia*: "(i) a existência de uma Constituição rígida, que incorpore o catálogo dos direitos fundamentais; (ii) a garantia da Constituição, mediante um sistema de controle sobre a produção legislativa; (iii) a força vinculante do texto da Constituição; (iv) a 'sobreinterpretação' da Constituição; (v) a aplicação direta das regras da Constituição para regular as relações de Direito Privado; (vi) a interpretação conforme a Constituição, ou adequadora das leis e atos normativos, e (vii) a influência dos princípios da Constituição sobre as relações políticas" (GUASTINI, Ricardo. *A constitucionalização do ordenamento jurídico*. México D. F.: Fontamara, 2001. p. 69).

[6] Sobre o conceito de neoconstitucionalismo, na doutrina estrangeira, v.: POZZOLO, Susanna. *Neoconstituzionalismo e positivismo giuridico*. Torino: Giappichelli, 2001. v. XLVII; ARIZA, Santiago Sastre. *Ciencia jurídica positivista y neoconstitucionalismo*. Madrid: McGraw-Hill, 1999; BARBERIS, Mauro. Neoconstitutionalismo e imperialismo della morale. *Ragion Pratica*, n. 14, p. 147-162, 2000; e SANCHÍS, Luis Prieto. Neoconstitucionalismo y ponderación judicial. *Anuario de la Facultad de Derecho de la Universidad Autónoma de Madrid*, n. 5, p. 201-222, 2001. Também, na doutrina nacional, v.: ADEODATO, João Maurício. *(Neo)constitucionalismo*: ontem, os Códigos; hoje, as Constituições. Porto Alegre: Instituto de Hermenêutica Jurídica, 2005. v. II; DUARTE, Écio Oto Ramos. *Neoconstitucionalismo e positivismo jurídico*: a teoria do direito em tempos de interpretação moral da Constituição. São Paulo: Landy, 2006; BARROSO, Luís Roberto. Neoconstitucionalismo e constitucionalização do direito (o triunfo tardio do direito constitucional no Brasil). *Revista de Direito Administrativo*, n. 240, p. 1-42, 2005; BARCELLOS, Ana Paula de. Neoconstitucionalismo, direitos fundamentais e controle das políticas públicas. *Revista de Direito Administrativo*, n. 240, p. 83-103, 2005; SCHIER, Paulo. Neoconstitucionalismo e direitos fundamentais. In: JORNADA DE DIREITO CONSTITUCIONAL, I, 2004. *Conferências...* Curitiba: Faculdades Integradas do Brasil – UniBrasil, 2004; e CLÈVE, Clèmerson. Estado Constitucional, neoconstitucionalismo e tributação. In: CONGRESSO BRASILEIRO DE DIREITO TRIBUTÁRIO, XVIII, 2004. *Conferências...* São Paulo: IDEPE, 2004.

2.1 Plano metodológico

Sob o ângulo metodológico, o neoconstitucionalismo é direcionado a salientar a importância dos princípios gerais de direito, a reflexão sobre o papel desempenhado pela hermenêutica jurídica e a relevância da perspectiva argumentativa na compreensão do funcionamento do direito nas sociedades democráticas contemporâneas.[7]

Os princípios gerais de direito adquiriram normatividade, ostentando a qualidade de fonte material primária, com predominância hierárquica sobre a lei, o costume e o negócio jurídico, em virtude da distinção entre regras e princípios, reunidos sob a epígrafe "normas".

A hermenêutica jurídica é individualizada por métodos modernos de interpretação constitucional, como exemplo, o científico-espiritual, o tópico-problemático, o normativo-estruturante e o hermenêutico-concretizador. O método científico-espiritual é deduzido a partir da crítica à interpretação jurídica, por intermédio da apreciação global do texto constitucional, em seus aspectos teleológicos e materiais, com a finalidade de tornar a Constituição mais política do que jurídica. O método tópico-problemático é desenvolvido a partir do caráter prático da interpretação constitucional, visto que procura resolver os problemas concretos, e o caráter aberto, fragmentário ou indeterminado das normas constitucionais, posto que necessitam de uma operação de concretização, na qual é conferida ao intérprete a liberdade de conformação, para a obtenção da solução particularmente mais adequada para o caso concreto. O método normativo-estruturante é elaborado a partir da diferenciação entre texto e norma constitucional, de maneira que a interpretação constitucional reduzir-se-ia à análise do programa normativo, simbolizado pelo enunciado prescritivo, e domínio normativo, traduzido pela parcela da realidade social consubstanciada pelo programa normativo, destinada à revelação da norma de decisão, isto é, norma imediata e concretamente aplicável ao caso concreto. O método hermenêutico-concretizador é extraído a partir

---

[7] MAIA, Antonio Carlos de Souza Cavalcanti. *Perspectivas atuais da filosofia do direito*. Rio de Janeiro: Lumen Juris, 2005. p. 3.

da submissão da atividade hermenêutica a pressupostos de natureza subjetiva e objetiva, de sorte que a interpretação constitucional
restringir-se-ia a dois elementos, consistentes na pré-compreensão,
ou seja, formação de um juízo, abstrato e antecipado, sobre a norma
constitucional que figura como objeto da interpretação, e problema
concreto, vale dizer, situação de fato em relação a qual a norma
constitucional, uma vez interpretada, é aplicada.

A teoria da argumentação é concebida como articulação de
meios e técnicas para provocar e obter a adesão a teses sustentadas
em face de auditórios, com a distinção entre demonstração e
argumentação.[8]

A demonstração é indigitada por raciocínios lógico-formais,
fundada na ideia de evidência, de arte que no silogismo, a partir
de premissas incontroversas, são obtidas conclusões necessárias, às
quais deve aderir a universalidade de pessoas.[9]

A argumentação é individualizada por raciocínios persuasivos,
fundamentada na ideia de argumento, de molde que no entimema,
a partir de premissas verossímeis, são obtidas conclusões relativas,
às quais pode aderir o auditório particular, sendo certo que a
efetividade do direito deflui da coercitividade das decisões judiciais
(atos de autoridade) e da adesão voluntária da comunidade jurídica
pela força dos argumentos (ato discursivamente legitimado), com
a legitimação da primeira pela última.[10] [11]

---

[8] ATIENZA, Manuel. *As razões do direito*. Teorias da argumentação jurídica. 2. ed. São Paulo: Landy, 2002. p. 17.

[9] ANSCOMBRE, Jean-Claude. *L'argumentation*. Bruxelles: Pierre Mardaga, 1983. p. 47.

[10] HABERMAS, Jürgen. *Faktizität und Geltung, Beiträge zur Diskurstheorie des Rechts und des Demokratischen Rechsstaats*. Frankfurt: Suhrkamp, 1992. p. 131.

[11] As principais teorias da argumentação jurídica são a nova retórica, elaborada por Chaïm Perelman, e o discurso racional, engendrado por Robert Alexy.
Chaïm Perelman, a partir da crítica ao positivismo normativo de Hans Kelsen, segundo o qual os princípios morais não seriam recobertos de valor jurídico, pois a validade das regras decorreria da produção em conformidade com a norma superior, assinala que os princípios gerais de direito são considerados tópicos (*topoi*), aos quais a autoridade judiciária pode recorrer no processo argumentativo de fundamentação das decisões judiciais, com a diferenciação entre lugares comuns, que correspondem ao senso comum, e lugares específicos, que compreendem os pontos de partida compartilhados por determinado ramo de conhecimento. Sobre a matéria, o autor desenvolveu a sua crítica filosófica em dois domínios: de um lado, o racionalismo cartesiano, consistente no modelo filosófico que preconiza o raciocínio analítico, pelo qual, com fundamento em premissas incontroversas, mediante regras de inferência previamente estatuídas, são obtidas conclusões necessárias, e, de outro lado, o positivismo lógico, consubstanciado no modelo jurídico que privilegia o raciocínio demonstrativo, pelo qual são afastadas as

2.2 Plano normativo

Sob o ângulo normativo, o neoconstitucionalismo é dirigido a salientar a força normativa da Constituição nos sistemas jurídicos contemporâneos, as transformações do conceito de Estado e a tutela dos direitos fundamentais como limitação à soberania do Estado.[12] A força normativa advém da nova visão da supremacia da Constituição, que ocupa o centro do ordenamento jurídico, de onde irradia os seus efeitos, revestida de efetiva preeminência no sistema das fontes de direito positivo, da qual se infere o processo de "constitucionalização do direito".

As transformações do Estado são inerentes à nação e soberania. A nação não é suficiente para a instituição da ordem econômica em vista da sociedade de massa, na medida em que a globalização proporciona o alargamento das relações econômicas, que alcançam todas as comunidades nacionais, com a nova divisão transnacional do trabalho, a concentração empresarial e a abertura e integração de

---

possibilidades de argumentação racional sobre valores no discurso filosófico, de modo a possibilitar a formulação de uma concepção de razão preocupada em estabelecer um plano discursivo não matemático, com a valorização da dialética e retórica, em detrimento da lógica e experiência, respectivamente (PERELMAN, Chaïm. *Justice et raison*. Bruxelles: Ferdinand Larcier, 1972. p. 73. V., também, do mesmo autor: *Droit, morale et philosophie*. Paris: Librairie Générale Droit et Jurisprudence, 1968. p. 75).

Robert Alexy, a partir da complementação da teoria moral material de Ronald Dworkin, segundo a qual a única resposta correta ou verdadeira seria obtida pelo recurso à noção monolítica do juiz Hércules, formula uma teoria moral procedimental, já que o sistema jurídico seria formado por um complexo de princípios, regras e procedimentos, com a aplicação daqueles regulada por estes. Sobre o tema, o autor enumera as regras procedimentais de razão prática, que assegurariam a racionalidade do processo argumentativo, de forma a regular o discurso jurídico e a interação discursiva: por um lado, aquelas são divididas em regras que regulam a estrutura do argumento (regra que exige a universalidade, regra que exige a não contradição, regra que exige a correção linguístico-conceitual e regra que exige a veracidade das premissas empíricas utilizadas) e o procedimento discursivo (forma de argumento que leva à completude dedutiva, forma de argumento que leva à consideração das consequências e forma de argumento da ponderação), orientadas por regras de prioridade para a resolução de conflitos entre princípios jurídicos, inclusive os relacionados a direitos individuais e bens coletivos, e, por outro lado, estas compreendem as regras que regulam a possibilidade de participação de todas as pessoas no discurso, introduzindo ou questionando alguma asserção, a possibilidade de todas as pessoas expressarem os seus desejos, opiniões e necessidades e a impossibilidade de qualquer pessoa ser excluída do discurso pelo exercício dos direitos anteriores (ALEXY, Robert. *Theorie der Juristischen Argumentation*. Frankfurt: Suhrkamp, 1978. p. 87. V., também, do mesmo autor: *Theorie der Grundrechte*. 2. ed. Frankfurt: Suhrkamp, 1986. p. 57).

[12] GUERRA FILHO, Willis Santiago. *Filosofia do direito aplicada ao direito processual e à teoria da Constituição*. 2. ed. São Paulo: Atlas, 2002. p. 31.

mercados. A soberania não satisfaz aos imperativos de segurança, uma vez que, na ordem interna, o Estado perde a capacidade de regular todas as condutas desenvolvidas nos limites do seu território, bem assim, na ordem externa, a superioridade bélica de algumas organizações políticas possibilita intervenções militares sobre as outras, que não dispõem de força para dissuadir pretensões externas.

A relativização dos conceitos de nação e soberania é revelada pelo patriotismo constitucional, isto é, fator de integração social em torno de uma cultura política sobre princípios constitucionais, que não depende necessariamente de uma origem étnica, geográfica, institucional, linguística ou religiosa comum, capaz de respeitar tanto os direitos humanos quanto a integridade de diferentes formas de vida na sociedade multicultural, politicamente organizada em Estados cujos poderes supremos e independentes podem ser restringidos sob o aspecto quantitativo, e não também sob o aspecto qualitativo.

Os direitos fundamentais são conceituados como direitos subjetivos, assentes no direito objetivo, positivados no texto constitucional, ou não, com aplicação nas relações públicas e privadas, inclusive os de natureza social, cuja justiciabilidade é objeto de controvérsia doutrinária e jurisprudencial.[13] [14]

---

[13] KRELL, Andreas Joachim. *Direitos sociais e controle jurisdicional no Brasil e na Alemanha.* Porto Alegre: Sergio Antonio Fabris, 2002. p. 19.

[14] A fundamentalidade dos direitos sociais também não é imune ao debate teórico. Ernst-Wolfgang Böckenförde, com o aplauso de Ricardo Lobo Torres, assegura que "os direitos sociais estremam-se dos direitos fundamentais. Outro raciocínio levaria à banalização dos direitos fundamentais e à confusão com os princípios de justiça social", sendo exaltado que "a tentativa de constitucionalizar o mais largo espectro possível de direitos sociais teria como resultado que as diretivas particulares se debilitariam ou se neutralizariam" (BÖCKENFÖRDE, Ernst-Wolfgang. *Staat, Verfassung, Demokratie.* Frankfurt: Suhrkamp, 1992. p. 158, e TORRES, Ricardo Lobo. *Os direitos humanos e a tributação.* Rio de Janeiro: Renovar, 1995. p. 13. V., também, do mesmo autor: *A cidadania multidimensional na era dos direitos.* Teoria dos direitos fundamentais. Rio de Janeiro: Renovar, 1999. p. 239).
Peter Häberle, com o apoio de Ingo Wolfgang Sarlet, assevera que "os direitos sociais são autênticos direitos fundamentais. O desiderato dos direitos sociais consiste em realizar e garantir os pressupostos materiais para uma efetiva fruição das liberdades", sendo exato que "todas as diferenças são de grau, de modo que todos os direitos sociais são direitos fundamentais em sentido amplo" (HÄRBERLE, Peter. *Die Verfassung des Pluralismus.* Königstein: Athenäum, 1980. p. 181; e SARLET, Ingo Wolfgang. *A eficácia dos direitos fundamentais.* Porto Alegre: Livraria do Advogado, 2001. p. 262. V., também, do mesmo autor: *A problemática dos direitos fundamentais sociais como limites materiais ao poder de reforma da Constituição Federal.* Direitos fundamentais sociais. Rio de Janeiro: Renovar, 2003. p. 348).
O Tribunal Constitucional alemão, como também o Supremo Tribunal Federal brasileiro, assinala que "o Estado deve assegurar pelo menos as condições mínimas para uma existência digna", de forma que "não se mostra lícito ao Poder Público criar obstáculo artificial que revele o ilegítimo, arbitrário e censurável propósito de fraudar, frustrar e

3 Justiciabilidade dos direitos sociais

Os direitos sociais são direitos fundamentais próprios do homem-social, porque dizem respeito a um complexo de relações sociais, econômicas ou culturais que a pessoa desenvolve para realização da vida em todas as suas potencialidades, sem as quais o seu titular não poderia alcançar e fruir dos bens de que necessita.[15] Nessa ordem de ideias, como "o rigoroso cuidado na terminologia não é uma exigência ditada pela gramática para a beleza do estilo, mas é uma exigência fundamental para construir qualquer ciência",[16] há a distinção entre os conceitos de direitos sociais e direitos prestacionais, na medida em que aqueles podem ser satisfeitos por uma omissão,[17] como exemplo, o direito de greve (arts. 9º, 37, inc. VII, e 142, §3º, inc. IV).[18] Outrossim, há a diferenciação entre as concepções de direitos sociais e políticas públicas, uma vez que estas são resumidas às condutas da Administração Pública dirigidas à consecução de programas enumerados em normas constitucionais ou legais, sujeitas ao controle judicial no tocante à eficiência dos meios empregados e à avaliação dos resultados alcançados,[19] como exemplo, as políticas de assistência social (arts. 203 e 204), construção de moradias (art. 23, inc. IX), deficiência física, mental e sensorial (art. 24, inc. XIV), desenvolvimento urbano (arts. 182 e 183), educação pública (arts. 205 a 214), família, criança, adolescente e idoso (arts. 226 a 230), fomento ao desporto (art. 217), meio ambiente (arts. 170, inc. VI, e 225), patrimônio cultural (arts. 215

---

inviabilizar o estabelecimento e preservação, em favor da pessoa humana, de condições materiais mínimas de existência" (BverfGE 40, 121-133, e STF, ADPF nº 45/DF. Rel. Min. Celso de Mello. Julg. 29.4.2004. *DJU*, 4 maio 2004. V., também, sobre o tema: STF, RE nº 410.715/SP. Rel. Min. Celso de Mello. Julg. 22.11.2005. *DJU*, 3 fev. 2006, e STF, RE nº 436.996/SP. Rel. Min. Celso de Mello. Julg. 26.10.2005. *DJU*, 7 nov. 2005).

[15] TORRES, Marcelo da Câmara. *Direitos sociais*. Brasília: Senado Federal, 1987. p. 13.

[16] BOBBIO, Norberto. *Teoria do ordenamento jurídico*. 5. ed. Brasília: UnB, 1994. p. 20.

[17] CUNHA JÚNIOR, Dirley da. *Controle judicial das omissões do Poder Público*. São Paulo: Saraiva, 2004. p. 281.

[18] BRANDÃO, Cláudio. O controle das omissões e do silêncio da Administração Pública. In: OSÓRIO, Fábio Medina; SOUTO, Marcos Juruena Villela (Coord.). *Direito administrativo*. Estudos em homenagem a Diogo de Figueiredo Moreira Neto. Rio de Janeiro: Lumen Juris, 2006. p. 12.

[19] FREIRE JÚNIOR, Américo Bedê. *O controle judicial de políticas públicas*. São Paulo: Revista dos Tribunais, 2005. p. 48.

e 216), patrimônio genético (art. 225, inc. II), pleno emprego (arts. 7º, inc. I, e 170, inc. VIII), populações indígenas (arts. 129, inc. V, 231 e 232), previdência social (art. 201), reforma agrária (arts. 170, inc. III, e 187, §2º), recursos hídricos (arts. 20, §1º, e 21, inc. XIX), redução das desigualdades regionais e sociais (arts. 3º, inc. III, e 170, inc. VII), relações de consumo (arts. 5º, inc. XXXII, e 170, inc. V), saúde pública (arts. 23, inc. II, 24, inc. XII, 196 a 200) e segurança pública (art. 144, todos da Constituição da República),[20] a despeito de obstáculos de natureza política, normativa e financeira.[21] [22]

3.1 Obstáculo político

Sob o aspecto político, conquanto a doutrina tradicional deixe consignado que os órgãos judiciários não dispõem de competência para decidir sobre a alocação de recursos financeiros, de acordo com um juízo político (de conveniência e oportunidade) que não lhes é próprio,[23] a teoria da separação de poderes não se nos afigura como objeção à implementação dos direitos sociais.

---

[20] MANCUSO, Rodolfo de Camargo. *A ação civil pública como instrumento de controle judicial das chamadas políticas públicas*. Ação civil pública. Lei nº 7.347/85 – 15 anos. 2. ed. São Paulo: Revista dos Tribunais, 2002. p. 776-777; 779; 781-782; 787-788; 797-798.

[21] LIMA, Marie Madeleine Hutyra de Paula. Obstáculos à implementação dos direitos sociais. *Revista de Direito Constitucional e Internacional*, n. 33, p. 174, 2000.

[22] Sobre o conceito de políticas públicas, v.: APPIO, Eduardo Fernando. *Controle judicial das políticas públicas no Brasil*. Curitiba: Juruá, 2004; CRITSINELIS, Marco Falcão. *Políticas públicas e normas jurídicas*. Rio de Janeiro: América Jurídica, 2003; DIAS, Jean Carlos. *O controle judicial de políticas públicas*. São Paulo: Método, 2007; FIGUEIREDO, Ivanilda. *Políticas públicas e a realização dos direitos sociais*. Porto Alegre: Sergio Antonio Fabris, 2006; e SANTOS, Marília Lourido dos. *Interpretação constitucional no controle judicial das políticas públicas*. Porto Alegre: Sergio Antonio Fabris, 2006. V., também: BACHUR, João Paulo. O controle jurídico de políticas públicas. *Revista da Faculdade de Direito da Universidade de São Paulo*, n. 97, p. 647, 2002; BERCOVICI, Gilberto. Políticas públicas e o dirigismo constitucional. *Revista da Academia Brasileira de Direito Constitucional*, n. 3, p. 171, 2003; COMPARATO, Fabio Konder. Ensaio sobre juízo de constitucionalidade de políticas públicas. *Revista dos Tribunais*, n. 737, p. 11, 1997; GARCIA, Maria. Políticas públicas e atividade administrativa do Estado. *Cadernos de Direito Constitucional e Ciência Política*, n. 15, p. 64, 1996, e RUIZ, Urbano. A utilização do Judiciário para questionar e obrigar a Administração a desenvolver políticas públicas. *Revista Brasileira de Ciências Criminais*, n. 36, p. 251, 2001.

[23] Karl Loewenstein acentua que "a intervenção dos tribunais pode conduzir à quebra das fronteiras entre justiça e política. Os detentores do poder, politicamente responsáveis, estão expostos à tentação de levar aos tribunais um conflito político. Os juízes, por sua parte, estão obrigados a substituir as decisões dos responsáveis pelo poder por seus juízos políticos, camuflados de sentença judicial. Instalar um órgão jurisdicional como árbitro supremo

De um lado, a "redefinição do sistema de freios e contrapesos" é indicada pelo redimensionamento das funções do Estado.[24] Em si, as funções estatais são reformuladas pela adoção de um novo modelo de consensualidade e subsidiariedade do Estado, no qual a organização política é convertida em instrumento a ser conduzido e controlado pela sociedade, no sentido de reequilibrar a relação entre esta e aquele, com a consequente reestruturação da legislação, pela atribuição legal de poder normativo a agências reguladoras para o estabelecimento de diretrizes, em atenção ao marco regulatório previamente definido em lei ordinária, da administração, pela transferência da execução de atividades públicas a entidades privadas, por via da qual se dá a redução do tamanho do Estado a dimensões adequadas para desempenhar as funções que lhe comete a sociedade, e da jurisdição, pelo uso de precedentes judiciais de aplicação obrigatória, tal como os enunciados ou verbetes da súmula da jurisprudência predominante com eficácia vinculante.[25] Entre si, as funções estatais são reformuladas pelo advento de um novo modelo de controle interorgânico, no qual há a sobreposição das atividades do Estado, com o consequente regime de colaboração de poderes, tal como o controle do processo legislativo pelo Poder Executivo, controle da organização judiciária pelo Poder Legislativo e controle das omissões administrativas pelo Poder Judiciário, de maneira que os magistrados devem funcionar como agentes de mudanças sociais, na qualidade de corresponsáveis pela atividade providencial do Estado, sendo-lhes imposta a execução, e não a formulação, de políticas públicas.[26]

De outro lado, a "crise da discricionariedade administrativa" é indiciada pela vinculação à juridicidade, dado que o espaço decisório infenso ao controle judicial se transforma em espaço carecedor de legitimação, no qual os atos e políticas públicas devem ser objeto

---

do processo de poder – e este é o núcleo da judicialização da política – transformaria, ao final, o sistema governamental em um domínio dos juízes, ou seja, uma judiocracia" (LOEWENSTEIN, Karl. *Verfassungslehre*. 3. ed. Tübingen: J. C. B. Mohr, 1975. p. 324).

[24] MOREIRA NETO, Diogo de Figueiredo. *Mutações do direito público*. Rio de Janeiro: Renovar, 2006. p. 223.

[25] TUCCI, José Rogério Cruz e. *Precedente judicial como fonte do direito*. São Paulo: Revista dos Tribunais, 2004. p. 147.

[26] GOUVÊA, Marcos Maselli. *O controle judicial das omissões administrativas*. Rio de Janeiro: Forense, 2003. p. 27.

de fundamentação, a teor dos parâmetros jurídicos estabelecidos pela Constituição, leis ou atos normativos dos próprios órgãos ou entidades da Administração Pública.[27] Em consequência, a teoria da vinculação direta dos atos administrativos aos princípios constitucionais, legais ou regulamentares permite a identificação de graus de vinculação dos atos administrativos à juridicidade, não havendo que se falar em diferença de natureza entre os atos vinculados e discricionários, de sorte que quanto maior o grau de vinculação da atividade administrativa, mais intenso deve ser o grau de controlabilidade judicial, como ocorre nas hipóteses de restrição de direitos fundamentais.[28]

Em face do exposto, o Estado contemporâneo impõe a remodelação funcional dos poderes, de forma a garantir a efetividade do sistema de freios e contrapesos, bem assim o espaço da discricionariedade, para que a "separação dos poderes não se interponha como um véu ideológico que dissimule e inverta a natureza eminentemente política do Direito".[29]

3.2 Obstáculo normativo

Sob o aspecto normativo, embora a doutrina refutada enfatize que as normas constitucionais fazem uso de conceitos indeterminados, desprovidas da qualidade da aplicabilidade direta, imediata e integral,[30] a indeterminação do conteúdo dos direitos sociais não tem o condão de tolher a sindicabilidade de prestações estatais.

---

[27] KRELL, Andreas Joachim. *Discricionariedade administrativa e proteção ambiental*: o controle dos conceitos jurídicos indeterminados e a competência dos órgãos ambientais. Um estudo comparativo. Porto Alegre: Livraria do Advogado, 2004. p. 45.

[28] BINENBOJM, Gustavo. *Uma teoria do direito administrativo*: direitos fundamentais, democracia e constitucionalização. Rio de Janeiro: Renovar, 2006. p. 39-40; 206; 224.

[29] GOMEZ, José Maria. *Surpresas de uma crítica*: a propósito de juristas repensando as relações entre o direito e o Estado. Crítica do direito e do Estado. Rio de Janeiro: Graal, 1984. p. 107.

[30] Ernst-Wolfgang Böckenförde adverte que "a pretensão constitucional neles contida é tão geral que não podem deduzir-se pretensões jurídicas concretas por via de interpretação. Em primeiro lugar, compete ao legislador legitimado democraticamente de modo direto e, num segundo momento, à Administração Pública, integrar o comando constitucional" (BÖCKENFÖRDE, Ernst-Wolfgang. Grundrechtstheorie und Grundrechtsinterpretation. *Neue Juristische Wochenschrift*, n. 1, p. 1.529, 1974.).

GUILHERME PEÑA DE MORAES
CONTROLE JUDICIAL DAS OMISSÕES DA ADMINISTRAÇÃO PÚBLICA SOB A PERSPECTIVA...

A questão submetida à discussão encontra resposta no princípio da máxima efetividade, segundo o qual à norma constitucional, sujeita à atividade hermenêutica, deve ser atribuído o sentido que maior eficácia lhe conceda,[31] sendo vedada a interpretação que lhe suprima ou diminua a finalidade,[32] de arte a possibilitar que as normas veiculadas pela Constituição sejam invocáveis perante o Poder Judiciário para a solução de casos concretos, inclusive as regras e princípios de conteúdo social,[33] tendo em conta que os órgãos judiciários devem realizar uma ação de "inclusão dos excluídos", em ordem a "eliminar as perversas divisões que caracterizam a sociedade brasileira".[34]

3.3 Obstáculo financeiro

Sob o aspecto financeiro, malgrado os doutrinadores concluam que a implementação dos direitos sociais está condicionada às dotações de receitas públicas, sob pena de transfiguração da legalidade orçamentária, bem como, ainda que o Estado dispusesse de todos os recursos para a consecução das necessidades materiais, seria impossível a extensão das prestações a outras pessoas, sob pena de transgressão da igualdade,[35] o limite da reserva do possível não é parâmetro definidor de justiciabilidade dos direitos fundamentais em jogo.

A um, porque os direitos, liberdades e garantias podem exigir a alocação de recursos públicos, como exemplo, a segurança física,

---

[31] COELHO, Inocêncio Mártires. Métodos e princípios de interpretação constitucional. *Revista de Direito Administrativo*, n. 230, p. 163, 2002.

[32] GOMES, Sérgio Alves. *Hermenêutica jurídica e constituição no Estado de Direito Democrático*. Rio de Janeiro: Forense, 2001. p. 47.

[33] MORO, Sérgio. Por uma revisão da teoria da aplicabilidade das normas constitucionais. *Revista de Direito Constitucional e Internacional*, n. 37, p. 101-107, 2001.

[34] CITTADINO, Gisele. *Pluralismo, direito e justiça distributiva*. Elementos da filosofia constitucional contemporânea. 2. ed. Rio de Janeiro: Lumen Juris, p. 11; 32; 65; 73, 2000.

[35] Jörg Paul Müller afirma que "falta aos Juízes a capacidade funcional necessária para, situando-se fora do processo político propriamente dito, garantir a efetivação das prestações que constituem o objeto dos direitos sociais, porquanto estas se encontram na dependência, muitas vezes, de condições de natureza macroeconômica, não dispondo, portanto, de critérios suficientemente seguros e claros para aferir a questão no âmbito da argumentação jurídica" (MÜLLER, Jörg Paul. *Soziale Grundrechte in der Verfassung?* 2. ed. Basel: Helbing & Lichtenhahn, 1981. p. 5).

da mesma forma que os direitos sociais, econômicos e culturais podem dispensar os aportes orçamentários financiados pela receita de tributos, como exemplo, os referentes às prestações materiais do Estado condicionadas ao pagamento de tarifas ou preços públicos, de molde que a diferença entre os direitos individuais e sociais, no que toca ao custo, é uma questão de grau, e não de natureza.[36]

A dois, porque não se pode transferir ao próprio agente estatal responsável pela obrigação a exclusiva e unilateral competência de definir o que é possível, ou não, em termos de efetivação dos direitos sociais.[37]

A três, porque a norma veiculada pelo art. 100, *caput*, §§1º e 3º, da Constituição da República, é alusiva à execução por quantia certa, não atingindo a execução de obrigação de fazer contra a Fazenda Pública e, por conseguinte, não significando uma limitação do poder jurisdicional na imposição de medidas tendentes à satisfação da obrigação exequenda.[38]

A quatro, porque a recepção do limite da reserva do possível, do sistema jurídico germânico pelo ordenamento normativo brasileiro, não foi objeto de aclimatações, negativas ou positivas, que possibilitariam a adequação do modelo jurídico ao quadro sociopolítico nacional.[39]

À guisa de conclusão, o Supremo Tribunal Federal decidiu que "o Estado deve assumir as funções que lhe são próprias, sendo certo, também, que os problemas orçamentários não podem obstaculizar o implemento do que previsto constitucionalmente".[40] Em outras palavras:

---

[36] GALDINO, Flávio. *Introdução à teoria dos custos dos direitos*. Rio de Janeiro: Lumen Juris, 2005. p. 147.

[37] LEAL, Rogério Gesta. *Jurisdição e direitos fundamentais*. Porto Alegre: Livraria do Advogado, 2005. p. 157. v. I.

[38] CARVALHO, Eduardo Santos de. *Ministério Público e efetividade do direito*. Rio de Janeiro: Fundação Escola Superior do Ministério Público do Estado, 2006. v. II, p. 84.

[39] Nesse sentido, Ana Lucia de Lyra Tavares consagra a elocução "recepção de modelos jurídicos", em detrimento da expressão "circulação de modelos jurídicos", posto que aquela traduz a "introdução de modelos de um sistema em outro", ao passo que esta "pode sugerir um retorno, com elementos novos, às fontes originais de inspiração, o que, na realidade, dificilmente ocorre, visto que o fenômeno se verifica em sentido único, do sistema exportador para o receptor" (TAVARES, Ana Lucia de Lyra. *O mandado de injunção como exemplo de recepção de direito*. 1988-1998: uma década de Constituição. Rio de Janeiro: Renovar, 1999. p. 266-267. V., também, da mesma autora: Nota sobre as dimensões do direito constitucional comparado. *Direito, Estado e Sociedade*, n. 14, 1998. p. 13-14).

[40] STF. RE nº 195.192/RS. Rel. Min. Marco Aurélio. Julg. 22.2.2000. *DJU*, 31 mar. 2000.

a falta de previsão orçamentária não deve preocupar o juiz a quem incumbe a administração da justiça, mas apenas o administrador. Entre proteger a inviolabilidade dos direitos fundamentais ou fazer prevalecer contra essa prerrogativa fundamental um interesse financeiro e secundário do Estado, razões de ordem ético-jurídica impõem ao julgador uma só e possível opção: problemas orçamentários não podem obstar a previsão constitucional.[41]

4 Qualidade e quantidade da prestação estatal

Os bens da vida, considerando a sindicabilidade das prestações materiais do Estado previstas em normas constitucionais definidoras de direitos sociais, devem ser qualificados e quantificados.

A respeito, o conceito de mínimo existencial (*Existenzminimum*), demarcado pelas condições elementares necessárias à existência humana,[42] consiste no núcleo sobre o qual se debruçam as modernas teorias jurídicas, intituladas como restritiva, intermediária e ampliativa.[43]

4.1 Posição restritiva

José Carlos Vieira de Andrade, assim como Ricardo Lobo Torres, salientam que o objeto da prestação estatal está posicionado

---

[41] STF. RE nº 273.834/RS. Rel. Min. Celso de Mello. Julg. 23.8.2000. *DJU*, 18 set. 2000.

[42] Günter Dürig e Theodor Maunz atestam que "sem o mínimo existencial a pessoa humana não vive, vegeta" (DÜRIG, Günter; MAUNZ, Theodor. *Grundgesetz, Kommentar*. München: C. H. Beck, 1987. p. 43).

[43] Sobre o conceito de mínimo existencial, v.: BARCELLOS, Ana Paula de. *A eficácia jurídica dos princípios constitucionais*: o princípio da dignidade da pessoa humana. Rio de Janeiro: Renovar, 2002; JACINTHO, Jussara Maria Moreno. *Dignidade humana*: princípio constitucional. Curitiba: Juruá, 2006; NUNES, Rizzatto. *O princípio constitucional da dignidade da pessoa humana*. São Paulo: Saraiva, 2002; ROSENVALD, Nelson. *Dignidade humana e boa-fé no Código Civil*. São Paulo: Saraiva, 2005; e SARLET, Ingo Wolfgang. *Dignidade da pessoa humana e direitos fundamentais*. 4. ed. Porto Alegre: Livraria do Advogado, 2006. V., também: AZEVEDO, Antonio Junqueira de. Caracterização da dignidade da pessoa humana. *Revista da Faculdade de Direito da Universidade de São Paulo*, n. 97, p. 107, 2002; FARIAS, Cristiano Chaves de. Redescobrindo as fronteiras do direito civil: uma viagem na proteção da dignidade humana. *Boletim dos Procuradores da República*, n. 56, p. 3, 2002; NOBRE JÚNIOR, Edílson Pereira. O direito brasileiro e o princípio da dignidade da pessoa humana. *Revista dos Tribunais*, n. 777, p. 472, 2000; PIOVESAN, Flávia Cristina. Direitos humanos e princípio da dignidade da pessoa humana. *Revista do Advogado*, n. 70, p. 34, 2003; e SILVA, José Afonso da. A dignidade da pessoa humana como valor supremo da democracia. *Revista de Direito Administrativo*, n. 212, p. 89, 1998.

dentro do limite do mínimo existencial, dotado da eficácia própria dos direitos individuais, *in textus*:

> ao impor tarefas, os preceitos acerca dos direitos sociais fornecem critérios para determinação do conteúdo mínimo das pretensões individuais, que constituem posições jurídicas subjetivas. Porém, estas incumbências ou tarefas não estão suficientemente determinadas pela Constituição para vincularem imediatamente os poderes públicos para além desse mínimo – nem podem ser determinadas pelos juízes quanto aos destinatários ou quanto aos pressupostos e extensão do conteúdo dos direitos respectivos.[44]

De maneira que "o mínimo existencial, como direito às condições de liberdade, exibe o *status positivus libertatis*".[45]

4.2 Posição intermediária

José Joaquim Gomes Canotilho e Ingo Wolfgang Sarlet sustentam que objeto da prestação estatal pode estar posicionado fora do limite do mínimo existencial, malgrado os bens da vida que transcendam as condições elementares necessárias à existência humana não se afigurem suscetíveis de imposição judicial, *in verbis*:

> se a pessoa tem direito a prestações existenciais mínimas entendidas como dimensão indeclinável do direito à vida, não se afirma que ele tenha um direito de ação perante o poder público. Uma coisa é afirmar a existência de um direito, outra coisa é determinar quais são os modos ou formas de proteção desse direito. O fato de se reconhecer um direito à vida como direito positivo a prestações existenciais mínimas, tendo como destinatário o poder público, não significa impor como o Estado deve densificar esse direito social.[46]

De molde que "poder-se-á sustentar que, na esfera de um padrão mínimo de existência humana, haverá como reconhecer

---

[44] ANDRADE, José Carlos Vieira de. *Os direitos fundamentais na Constituição portuguesa*. Coimbra: Almedina, 1987. p. 206-207.

[45] TORRES, Ricardo Lobo. O conceito de mínimo existencial e os direitos fundamentais. *Revista de Direito Administrativo*, n. 177, p. 29-49, 1989.

[46] CANOTILHO, José Joaquim Gomes. *Estudos sobre direitos fundamentais*. Coimbra: Coimbra Editora, 2004. p. 57-58.

um direito subjetivo definitivo a prestações, admitindo-se, onde tal mínimo é ultrapassado, tão somente um direito subjetivo *prima facie*".[47]

4.3 Posição ampliativa

Em que pese a opinião de alguns dos mais festejados autores, nacionais e estrangeiros, sustentamos a possibilidade de deflagração da jurisdição, pelo meio do exercício de ação condenatória em obrigação de fazer, com o fim de possibilitar a obtenção de prestações materiais do Estado que não se encontrem nos estreitos limites das necessidades existenciais e, por via de consequência, a satisfação da personalidade humana.

Não se desconhece que o posicionamento que se consolida nos ordenamentos anglo-saxônicos,[48] bem assim nos romano-germânicos,[49] subordina o regular exercício do direito da ação, através da qual as relações sociais, econômicas ou culturais que o autor desenvolve para realização da vida em todas as suas potencialidades são levadas à cognição judicial, ao limite do mínimo existencial.

Todavia, no campo do direito processual, a vinculação entre o direito ao exercício da atividade jurisdicional e o direito a um mínimo de existência humana condigna, a toda evidência, não se coaduna com a natureza abstrata e autônoma da ação judicial, cuja iniciativa não depende da titularidade do direito afirmado em juízo,[50] sem olvidar que o limite do mínimo existencial, no campo do direito

---

[47] SARLET, Ingo Wolfgang. Os direitos fundamentais sociais na ordem constitucional. Em busca dos direitos perdidos: uma discussão à luz do Estado Democrático de Direito. *Revista do Instituto de Hermenêutica Jurídica*, n. 1, p. 47-97, 2003.

[48] A Suprema Corte americana decidiu que "os direitos econômicos e sociais que transcendam o mínimo tocado pelos interesses fundamentais, como os direitos à moradia ou à educação, não são providos de natureza constitucional" (Milliken *v.* Bradley, 433 U.S. 267. Disponível em: <http://www.supremecourt.us>. Acesso em: 13 jun. 2006).

[49] O Tribunal Constitucional português, sem embargo do Tribunal Constitucional espanhol, deliberou sobre o "direito a um mínimo de existência humana condigna" (Acórdão nº 509/02. Disponível em: <http://www.tribunalconstitucional.pt>. Acesso em: 13 jun. 2006), "revelando-se incompatível com a dignidade da pessoa humana que a efetividade dos direitos patrimoniais seja levada ao extremo de se sacrificar o mínimo vital, privando-a dos meios indispensáveis para a realização de suas finalidades pessoais" (Sentencia nº 113/89. Disponível em: <http://www.tribunalconstitucional.es>. Acesso em: 13 jun. 2006).

[50] LEWANDOWSKI, Enrique Ricardo. *Globalização, regionalização e soberania*. São Paulo: Juarez de Oliveira, 2004. p. 228.

material, não se compraz com as funções desempenhadas pelo Estado contemporâneo, cujo funcionamento é predisposto à consecução, com a máxima eficiência, de todas as demandas da sociedade.[51] [52]

5 Responsabilidade pelas omissões administrativas

Os mecanismos de responsabilização da Administração Pública pelas omissões na implementação dos direitos sociais, que, a nosso sentir, não é limitada pelo mínimo existencial, são revestidos de natureza político-administrativa, penal e (ou) civil.[53]

5.1 Meios de coerção

No tocante aos meios de coerção, as omissões administrativas na implementação dos direitos sociais podem ensejar o pagamento de multa, como também a decretação de prisão civil pela prática de ato atentatório à dignidade e autoridade da Justiça.[54]

---

[51] MALISKA, Marcos Augusto. *Estado e século XXI*: a integração supranacional sob a ótica do Direito Constitucional. Rio de Janeiro: Renovar, 2006. p. 13.

[52] Sem prejuízo, "acreditamos que não será a solução para os diversos problemas de efetividade vincularmos aprioristicamente a responsabilidade do administrador ao mínimo, mas deve-se cobrar e procurar efetivar ao máximo as normas constitucionais" (FREIRE JÚNIOR, Américo Bedê. O papel do juiz no mundo globalizado. *Revista da Escola da Magistratura do Tribunal Regional Federal da 2ª Região*, n. 7, p. 199, 2004).

[53] Sobre o conceito de omissões administrativas, v.: GASOS, Iara Maria. *A omissão abusiva do poder de polícia*. Rio de Janeiro: Lumen Juris, 1994; GOMES, Luiz Roberto. *O Ministério Público e o controle da omissão administrativa*. Rio de Janeiro: Forense Universitária, 2003; LIMA, Marcelo Diógenes Xavier de. *A omissão do Estado como aplicador do direito*. São Paulo: Edições Inteligentes, 2004; NOBRE, Francisco Silva. *Aspectos da atividade administrativa*. Rio de Janeiro: AABB, 1956; e RICHTER, Rui Arno. *Meio ambiente cultural*: omissão do Estado e tutela judicial. Curitiba: Juruá, 1999. V., também: ABBATEPAULO, Claudio José. O crime de prevaricação e a sanção por omissão na Lei de Improbidade Administrativa. *Revista de Direitos Difusos*, n. 16, p. 2.089, 2002; GARBI, Carlos Alberto. O silêncio inconstitucional. *Revista de Direito Público*, n. 97, p. 162, 1991; MARTINS FILHO, Ives Gandra da Silva. Os direitos fundamentais na Constituição de 1988: os direitos sociais, sua defesa e a proteção contra a omissão. *LTr: Suplemento Trabalhista*, n. 167, p. 777, 1998; MIRRA, Álvaro Luiz Valery. O problema do controle judicial das omissões estatais lesivas ao meio ambiente. *Revista de Direito Ambiental*, n. 15, p. 61, 1999; e OLIVEIRA, Alexandre Vidigal de. Proteção ambiental em juízo: omissão administrativa. *Revista Forense*, n. 349, p. 419, 2000.

[54] SOUZA JÚNIOR, Adugar Quirino do Nascimento. *Meios de coerção*. São Paulo: Juarez de Oliveira, 2003. p. 54.

A multa pelo desrespeito ao princípio da probidade processual pode ser cominada nos autos de processos instaurados pelo exercício de ação de condenação em obrigação de fazer contra a Fazenda Pública, em razão do descumprimento, total ou parcial, de provimentos judiciais de caráter antecipatório ou final, em montante a ser fixado em atenção à gravidade da conduta e não superior a vinte por cento do valor da causa, sob pena de inscrição do valor como dívida ativa da União ou Estado, a teor do art. 77, inc. IV, §§2º e 3º, do Código de Processo Civil.[55]

A prisão civil por ato atentatório ao exercício da jurisdição pode ser decretada por ordem fundamentada de autoridade competente, na hipótese de violação dos deveres das partes e dos seus procuradores, uma vez que a medida de constrição da liberdade de locomoção não é motivada pelo inadimplemento de dívida de alimentante, à vista do art. 5º, inc. LXVII, *in fine*, da Constituição da República, bem como do art. 7º, nº 7, da Convenção Americana sobre Direitos Humanos, cujo texto foi aprovado pelo Decreto Legislativo nº 27/92.[56] [57]

5.2 Meios de sub-rogação

No tocante aos meios de sub-rogação nas prestações do Estado, as omissões na implementação dos direitos sociais são persequíveis por processos de natureza político-administrativa, penal e civil.[58]

5.2.1 Responsabilidade político-administrativa

Primeiramente, as condutas omissivas dos agentes públicos que atentem contra o livre exercício dos direitos sociais podem

---

[55] LIMA, Alcides de Mendonça. O princípio da probidade no Código de Processo Civil. *Revista de Processo*, n. 16, p. 15, 1995.

[56] GRINOVER, Ada Pellegrini. Ética, abuso do processo e resistência às ordens judiciais. *Revista de Processo*, n. 102, p. 219, 2001.

[57] No sentido do texto, afiançando a possibilidade jurídica da prisão civil pela prática de ato atentatório à dignidade e autoridade do Poder Judiciário: MARINONI, Luiz Guilherme. *Tutela inibitória*. 2. ed. São Paulo: Revista dos Tribunais, 2000. p. 231. No sentido contrário, afirmando a impossibilidade jurídica da prisão civil pela prática de ato atentatório à dignidade e autoridade do Poder Judiciário: SILVA, Ovídio Baptista da. *Processo cautelar*. 3. ed. Rio de Janeiro: Forense, 2006. p. 535.

[58] MOURA, Mario de Assis. *Meios de sub-rogação*. São Paulo: Saraiva, 1933. p. 33.

configurar crime de responsabilidade do presidente ou governadores de estados,[59] bem assim infração político-administrativa dos prefeitos de municípios,[60] com espeque nos arts. 4º, inc. III, 7º e 74, *initio*, da Lei nº 1.079/50, e art. 4º, do Decreto-Lei nº 201/67.[61]

5.2.2 Responsabilidade penal

Secundariamente, as condutas omissivas dos agentes públicos que retardem ou deixem de praticar, indevidamente, ato de ofício, ou pratiquem-no contra disposição expressa de lei, penal ou não, para a satisfação de interesse ou sentimento pessoal, podem conformar delito contra a Administração Pública em geral, com esteio no art. 319, do Código Penal.[62]

5.2.3 Responsabilidade civil

Terciariamente, as condutas omissivas dos órgãos públicos que ameacem ou lesem interesses metaindividuais suscetíveis de tutela coletiva podem ser objeto de procedimentos administrativos, como exemplo, as recomendações, inquérito civil e termo de ajustamento de conduta,[63] e de processos jurisdicionais, como exemplo, a ação popular, mandado de segurança coletivo e ação civil de iniciativa pública,[64] de acordo com os arts. 6º, incs. VII e XX, da Lei Complementar nº 75/93, arts. 5º, §6º, e 8º, §1º, da Lei nº 7.347/85, e arts. 25, inc. IV, e 27, parágrafo único, inc. IV, da Lei nº 8.625/93.[65]

---

[59] GALLO, Carlos Alberto Provenciano. *Crimes de responsabilidade e "impeachment"*. Rio de Janeiro: Freitas Bastos, 1992. p. 45.

[60] COSTA, José Rubens da. *Infrações político-administrativas e "impeachment"*. Rio de Janeiro: Forense, 2000. p. 34.

[61] PINTO, Paulo Brossard de Souza. *Impeachment*. Porto Alegre: Globo, 1965. p. 71.

[62] OLIVEIRA, Alexandre Vidigal de. Proteção ambiental em juízo. Omissão administrativa: questões relevantes. *Revista de Direito Ambiental*, n. 7, p. 135, 1997.

[63] FRISCHEISEN, Luiza Cristina. *Políticas públicas*. A responsabilidade do administrador e o Ministério Público. São Paulo: Max Limonad, 2000. p. 83.

[64] SAUWEN FILHO, João Francisco. *Ministério Público brasileiro e Estado Democrático de Direito*. Rio de Janeiro: Renovar, 1999. p. 217.

[65] MAZZILLI, Hugo Nigro. *Tutela dos interesses difusos e coletivos*. 4. ed. São Paulo: Damásio de Jesus, 2004. p. 25.

Vexata quaestio é relativa à tutela específica da obrigação de fazer, simbolizada pela possibilidade de o Poder Judiciário impor a disponibilização orçamentária dos recursos necessários para a consecução das obrigações da Administração Pública ou, em casos urgentes, o remanejamento dos valores consignados para determinadas atividades, dentro dos limites do orçamento, tendo deliberado o Superior Tribunal de Justiça, na esteira da melhor doutrina, pela "outorga judicial de tutela específica da obrigação de fazer para que a Administração Pública destine do orçamento verba própria para cumpri-la",[66] "a fim de atender a propostas políticas certas e determinadas".[67] [68] [69]

6 Conclusão

Ex positis, a conclusão do presente trabalho se dirige no sentido da justiciabilidade dos direitos sociais de natureza prestacional, com vistas à satisfação da personalidade em todas as suas potencialidades, sob pena de responsabilização político-administrativa, penal e (ou) civil da Administração Pública pelas

---

[66] STJ. REsp nº 429.570/GO. Rel. Min. Eliana Calmon. Jul. 11.11.2003. *DJU*, 22 mar. 2004.

[67] STJ. REsp nº 493.811/SP. Rel. Min. Eliana Calmon. Jul. 11.11.2003. *DJU*, 15 mar. 2004.

[68] No sentido do texto, afiançando a possibilidade jurídica da execução específica da obrigação de fazer contra a Fazenda Pública: MARINONI, Luiz Guilherme. *Tutela específica*. São Paulo: Revista dos Tribunais, 2005. p. 119; e SALLES, Carlos Alberto. *Ação civil pública contra as omissões do Poder Público*: limites e possibilidades. Processo civil e interesse público. São Paulo: Revista dos Tribunais, 2003. p. 216. No sentido contrário, afirmando a impossibilidade jurídica da execução específica da obrigação de fazer contra a Fazenda Pública: GRECO FILHO, Vicente. *Da execução contra a Fazenda Pública*. São Paulo: Saraiva, 1986. p. 36; e THEODORO JÚNIOR, Humberto. Ação civil pública e outras ações coletivas: algumas observações. *Revista dos Tribunais*, n. 788, p. 57, 2001.

[69] Por fim, a responsabilidade político-administrativa, penal e civil da Administração Pública pelas omissões na implementação dos direitos sociais não exclui a responsabilidade disciplinar, sendo certo que, na feliz síntese de poder disciplinar oferecida por Francisco Mauro Dias, "o fato de o dever de lealdade se endereçar a todos os cidadãos, que terão, conforme o caso, responsabilidade político-administrativa, penal – ou civil – pelas infrações que dele cometerem, não significa que os Estatutos não o possam prever também como dever funcional específico, originando infração do mesmo, embora o seu caráter político, a responsabilidade disciplinar" (DIAS, Francisco Mauro. *Poder disciplinar* – sanções disciplinares de caráter excepcional na atualidade administrativa brasileira. Tese (Habilitação à Livre Docência) – Pontifícia Universidade Católica – PUC, Rio de Janeiro, 1976).

condutas omissivas que lhe forem imputáveis, tendo em vista que "as realidades de hoje foram utopias de ontem".[70]

Referências

ABBATEPAULO, Claudio José. O crime de prevaricação e a sanção por omissão na Lei de Improbidade Administrativa. *Revista de Direitos Difusos*, n. 16, 2002.

ADEODATO, João Maurício. *(Neo)constitucionalismo*: ontem, os Códigos; hoje, as Constituições. Porto Alegre: Instituto de Hermenêutica Jurídica, 2005. v. II.

ALEXY, Robert. *Theorie der Grundrechte*. 2. ed. Frankfurt: Suhrkamp, 1986.

ALEXY, Robert. *Theorie der Juristischen Argumentation*. Frankfurt: Suhrkamp, 1978.

ANDRADE, José Carlos Vieira de. *Os direitos fundamentais na Constituição portuguesa*. Coimbra: Almedina, 1987.

ANSCOMBRE, Jean-Claude. *L'argumentation*. Bruxelles: Pierre Mardaga, 1983.

APPIO, Eduardo Fernando. *Controle judicial das políticas públicas no Brasil*. Curitiba: Juruá, 2004.

ARIZA, Santiago Sastre. *Ciencia jurídica positivista y neoconstitucionalismo*. Madrid: McGraw-Hill, 1999.

ATIENZA, Manuel. *As razões do direito*. Teorias da argumentação jurídica. 2. ed. São Paulo: Landy, 2002.

AZEVEDO, Antonio Junqueira de. Caracterização da dignidade da pessoa humana. *Revista da Faculdade de Direito da Universidade de São Paulo*, n. 97, 2002.

BACHUR, João Paulo. O controle jurídico de políticas públicas. *Revista da Faculdade de Direito da Universidade de São Paulo*, n. 97, 2002.

BARBERIS, Mauro. Neoconstituzionalismo e imperialismo della morale. *Ragion Pratica*, n. 14, 2000.

BARCELLOS, Ana Paula de. *A eficácia jurídica dos princípios constitucionais*: o princípio da dignidade da pessoa humana. Rio de Janeiro: Renovar, 2002.

BARCELLOS, Ana Paula de. Neoconstitucionalismo, direitos fundamentais e controle das políticas públicas. *Revista de Direito Administrativo*, n. 240, p. 83-103, 2005.

BARROSO, Luís Roberto. Neoconstitucionalismo e constitucionalização do direito (o triunfo tardio do direito constitucional no Brasil). *Revista de Direito Administrativo*, n. 240, 2005.

BERCOVICI, Gilberto. Políticas públicas e o dirigismo constitucional. *Revista da Academia Brasileira de Direito Constitucional*, n. 3, 2003.

---

[70] VERDÚ, Pablo Lucas. *O sentimento constitucional*: a aproximação ao estudo do sentir constitucional como modo de integração política. Rio de Janeiro: Forense, 2006. p. 202.

BINENBOJM, Gustavo. *Uma teoria do direito administrativo*: direitos fundamentais, democracia e constitucionalização. Rio de Janeiro: Renovar, 2006.

BOBBIO, Norberto. *Teoria do ordenamento jurídico*. 5. ed. Brasília: UnB, 1994.

BÖCKENFÖRDE, Ernst-Wolfgang. Grundrechtstheorie und Grundrechtsinterpretation. *Neue Juristische Wochenschrift*, n. 1, 1974.

BÖCKENFÖRDE, Ernst-Wolfgang. *Staat, Verfassung, Demokratie*. Frankfurt: Suhrkamp, 1992.

BRANDÃO, Cláudio. O controle das omissões e do silêncio da Administração Pública. In: OSÓRIO, Fábio Medina; SOUTO, Marcos Juruena Villela (Coord.). *Direito administrativo*. Estudos em homenagem a Diogo de Figueiredo Moreira Neto. Rio de Janeiro: Lumen Juris, 2006.

CANOTILHO, José Joaquim Gomes. *Estudos sobre direitos fundamentais*. Coimbra: Coimbra Editora, 2004.

CARBONELL, Miguel. *Neoconstitucionalismo(s)*. Madrid: Trotta, 2002.

CARVALHO, Eduardo Santos de. *Ministério Público e efetividade do direito*. Rio de Janeiro: Fundação Escola Superior do Ministério Público do Estado, 2006. v. II.

CITTADINO, Gisele. *Pluralismo, direito e justiça distributiva*. Elementos da filosofia constitucional contemporânea. 2. ed. Rio de Janeiro: Lumen Juris, 2000.

CLÈVE, Clèmerson. Estado Constitucional, neoconstitucionalismo e tributação. In: CONGRESSO BRASILEIRO DE DIREITO TRIBUTÁRIO, XVIII, 2004. *Conferências...* São Paulo: IDEPE, 2004.

COELHO, Inocêncio Mártires. Métodos e princípios de interpretação constitucional. *Revista de Direito Administrativo*, n. 230, 2002.

COMANDUCCI, Paolo. Formas de (neo)constitucionalismo. *Isonomia*, n. 16, p. 89-112, 2002.

COMPARATO, Fabio Konder. Ensaio sobre juízo de constitucionalidade de políticas públicas. *Revista dos Tribunais*, n. 737, 1997.

COSTA, José Rubens da. *Infrações político-administrativas e "impeachment"*. Rio de Janeiro: Forense, 2000.

CRITSINELIS, Marco Falcão. *Políticas públicas e normas jurídicas*. Rio de Janeiro: América Jurídica, 2003.

CUNHA JÚNIOR, Dirley da. *Controle judicial das omissões do Poder Público*. São Paulo: Saraiva, 2004.

DIAS, Francisco Mauro. *Poder disciplinar* – sanções disciplinares de caráter excepcional na atualidade administrativa brasileira. Tese (Habilitação à Livre Docência) – Pontifícia Universidade Católica – PUC, Rio de Janeiro, 1976.

DIAS, Jean Carlos. *O controle judicial de políticas públicas*. São Paulo: Método, 2007.

DUARTE, Écio Oto Ramos. *Neoconstitucionalismo e positivismo jurídico*: a teoria do direito em tempos de interpretação moral da Constituição. São Paulo: Landy, 2006.

DÜRIG, Günter; MAUNZ, Theodor. *Grundgesetz Kommentar*. München: C. H. Beck, 1987.

FARIAS, Cristiano Chaves de. Redescobrindo as fronteiras do direito civil: uma viagem na proteção da dignidade humana. *Boletim dos Procuradores da República*, n. 56, 2002.

FIGUEIREDO, Ivanilda. *Políticas públicas e a realização dos direitos sociais*. Porto Alegre: Sergio Antonio Fabris, 2006.

FIGUEROA, Alfonso. Teorias de direito neoconstitucionalistas. *Anuário de Filosofia do Direito*, n. 1, 2002.

FREIRE JÚNIOR, Américo Bedê. *O controle judicial de políticas públicas*. São Paulo: Revista dos Tribunais, 2005.

FREIRE JÚNIOR, Américo Bedê. O papel do juiz no mundo globalizado. *Revista da Escola da Magistratura do Tribunal Regional Federal da 2ª Região*, n. 7, 2004.

FRISCHEISEN, Luiza Cristina. *Políticas públicas*. A responsabilidade do administrador e o Ministério Público. São Paulo: Max Limonad, 2000.

GALDINO, Flávio. *Introdução à teoria dos custos dos direitos*. Rio de Janeiro: Lumen Juris, 2005.

GALLO, Carlos Alberto Provenciano. *Crimes de responsabilidade e "impeachment"*. Rio de Janeiro: Freitas Bastos, 1992.

GARBI, Carlos Alberto. O silêncio inconstitucional. *Revista de Direito Público*, n. 97, 1991.

GARCIA, Maria. Políticas públicas e atividade administrativa do Estado. *Cadernos de Direito Constitucional e Ciência Política*, n. 15, 1996.

GASOS, Iara Maria. *A omissão abusiva do poder de polícia*. Rio de Janeiro: Lumen Juris, 1994.

GOMES, Luiz Roberto. *O Ministério Público e o controle da omissão administrativa*. Rio de Janeiro: Forense Universitária, 2003.

GOMES, Sérgio Alves. *Hermenêutica jurídica e constituição no Estado de Direito Democrático*. Rio de Janeiro: Forense, 2001.

GOMEZ, José Maria. *Surpresas de uma crítica*: a propósito de juristas repensando as relações entre o direito e o Estado. Crítica do direito e do Estado. Rio de Janeiro: Graal, 1984.

GOUVÊA, Marcos Maselli. *O controle judicial das omissões administrativas*. Rio de Janeiro: Forense, 2003.

GRECO FILHO, Vicente. *Da execução contra a Fazenda Pública*. São Paulo: Saraiva, 1986.

GRINOVER, Ada Pellegrini. Ética, abuso do processo e resistência às ordens judiciais. *Revista de Processo*, n. 102, 2001.

GUASTINI, Ricardo. *A constitucionalização do ordenamento jurídico*. México D. F.: Fontamara, 2001.

GUERRA FILHO, Willis Santiago. *Filosofia do direito aplicada ao direito processual e à teoria da Constituição*. 2. ed. São Paulo: Atlas, 2002.

HABERMAS, Jürgen. *Faktizität und Geltung, Beiträge zur Diskurstheorie des Rechts und des Demokratischen Rechsstaats*. Frankfurt: Suhrkamp, 1992.

HÄRBERLE, Peter. *Die Verfassung des Pluralismus*. Königstein: Athenäum, 1980.

JACINTHO, Jussara Maria Moreno. *Dignidade humana*: princípio constitucional. Curitiba: Juruá, 2006.

KRELL, Andreas Joachim. *Direitos sociais e controle jurisdicional no Brasil e na Alemanha*. Porto Alegre: Sergio Antonio Fabris, 2002.

KRELL, Andreas Joachim. *Discricionariedade administrativa e proteção ambiental*: o controle dos conceitos jurídicos indeterminados e a competência dos órgãos ambientais. Um estudo comparativo. Porto Alegre: Livraria do Advogado, 2004.

LEAL, Rogério Gesta. *Jurisdição e direitos fundamentais*. Porto Alegre: Livraria do Advogado, 2005. v. I.

LEWANDOWSKI, Enrique Ricardo. *Globalização, regionalização e soberania*. São Paulo: Juarez de Oliveira, 2004.

LIMA, Alcides de Mendonça. O princípio da probidade no Código de Processo Civil. *Revista de Processo*, n. 16, 1995.

LIMA, Marcelo Diógenes Xavier de. *A omissão do Estado como aplicador do direito*. São Paulo: Edições Inteligentes, 2004.

LIMA, Marie Madeleine Hutyra de Paula. Obstáculos à implementação dos direitos sociais. *Revista de Direito Constitucional e Internacional*, n. 33, 2000.

LOEWENSTEIN, Karl. *Verfassungslehre*. 3. ed. Tübingen: J. C. B. Mohr, 1975.

MAIA, Antonio Carlos de Souza Cavalcanti. *Perspectivas atuais da filosofia do direito*. Rio de Janeiro: Lumen Juris, 2005.

MALISKA, Marcos Augusto. *Estado e século XXI*: a integração supranacional sob a ótica do Direito Constitucional. Rio de Janeiro: Renovar, 2006.

MANCUSO, Rodolfo de Camargo. *A ação civil pública como instrumento de controle judicial das chamadas políticas públicas*. Ação civil pública. Lei nº 7.347/85 – 15 anos. 2. ed. São Paulo: Revista dos Tribunais, 2002.

MARINONI, Luiz Guilherme. *Tutela específica*. São Paulo: Revista dos Tribunais, 2005.

MARINONI, Luiz Guilherme. *Tutela inibitória*. 2. ed. São Paulo: Revista dos Tribunais, 2000.

MARTINS FILHO, Ives Gandra da Silva. Os direitos fundamentais na Constituição de 1988: os direitos sociais, sua defesa e a proteção contra a omissão. *LTr: Suplemento Trabalhista*, n. 167, 1998.

MAZZILLI, Hugo Nigro. *Tutela dos interesses difusos e coletivos*. 4. ed. São Paulo: Damásio de Jesus, 2004.

MIRRA, Álvaro Luiz Valery. O problema do controle judicial das omissões estatais lesivas ao meio ambiente. *Revista de Direito Ambiental*, n. 15, 1999.

MORAES, Guilherme Peña de. *Readequação constitucional do Estado Moderno*: transformações do conceito de Estado no Direito Constitucional do limiar do século XXI. Rio de Janeiro: Lumen Juris, 2006.

MOREIRA NETO, Diogo de Figueiredo. *Mutações do direito público*. Rio de Janeiro: Renovar, 2006.

MOREIRA, Eduardo. *Neoconstitucionalismo*: a invasão da Constituição. São Paulo: Método, 2008.

MORO, Sérgio. Por uma revisão da teoria da aplicabilidade das normas constitucionais. *Revista de Direito Constitucional e Internacional*, n. 37, 2001.

MOURA, Mario de Assis. *Meios de sub-rogação*. São Paulo: Saraiva, 1933.

MÜLLER, Jörg Paul. *Soziale Grundrechte in der Verfassung?* 2. ed. Basel: Helbing & Lichtenhahn, 1981.

NOBRE JÚNIOR, Edílson Pereira. O direito brasileiro e o princípio da dignidade da pessoa humana. *Revista dos Tribunais*, n. 777, 2000.

NOBRE, Francisco Silva. *Aspectos da atividade administrativa*. Rio de Janeiro: AABB, 1956.

NUNES, Rizzatto. *O princípio constitucional da dignidade da pessoa humana*. São Paulo: Saraiva, 2002.

OLIVEIRA, Alexandre Vidigal de. Proteção ambiental em juízo. Omissão administrativa: questões relevantes. *Revista de Direito Ambiental*, n. 7, 1997.

OLIVEIRA, Alexandre Vidigal de. Proteção ambiental em juízo: omissão administrativa. *Revista Forense*, n. 349, 2000.

PERELMAN, Chaïm. *Droit, morale et philosophie*. Paris: Librairie Générale Droit et Jurisprudence, 1968.

PERELMAN, Chaïm. *Justice et raison*. Bruxelles: Ferdinand Larcier, 1972.

PINTO, Paulo Brossard de Souza. *Impeachment*. Porto Alegre: Globo, 1965.

PIOVESAN, Flávia Cristina. Direitos humanos e princípio da dignidade da pessoa humana. *Revista do Advogado*, n. 70, 2003.

POZZOLO, Susanna. *Neoconstituzionalismo e positivismo giuridico*. Torino: Giappichelli, 2001. v. XLVII.

RICHTER, Rui Arno. *Meio ambiente cultural*: omissão do Estado e tutela judicial. Curitiba: Juruá, 1999.

ROSENVALD, Nelson. *Dignidade humana e boa-fé no Código Civil*. São Paulo: Saraiva, 2005.

RUIZ, Urbano. A utilização do Judiciário para questionar e obrigar a Administração a desenvolver políticas públicas. *Revista Brasileira de Ciências Criminais*, n. 36, 2001.

SALLES, Carlos Alberto. *Ação civil pública contra as omissões do Poder Público*: limites e possibilidades. Processo civil e interesse público. São Paulo: Revista dos Tribunais, 2003.

SANCHÍS, Luis Prieto. Neoconstitucionalismo y ponderación judicial. *Anuario de la Facultad de Derecho de la Universidad Autónoma de Madrid*, n. 5, 2001.

SANTOS, Marília Lourido dos. *Interpretação constitucional no controle judicial das políticas públicas*. Porto Alegre: Sergio Antonio Fabris, 2006.

SARLET, Ingo Wolfgang. *A eficácia dos direitos fundamentais*. Porto Alegre: Livraria do Advogado, 2001.

SARLET, Ingo Wolfgang. *A problemática dos direitos fundamentais sociais como limites materiais ao poder de reforma da Constituição Federal*. Direitos fundamentais sociais. Rio de Janeiro: Renovar, 2003.

SARLET, Ingo Wolfgang. *Dignidade da pessoa humana e direitos fundamentais*. 4. ed. Porto Alegre: Livraria do Advogado, 2006.

SARLET, Ingo Wolfgang. Os direitos fundamentais sociais na ordem constitucional. Em busca dos direitos perdidos: uma discussão à luz do Estado Democrático de Direito. *Revista do Instituto de Hermenêutica Jurídica*, n. 1, 2003.

SAUWEN FILHO, João Francisco. *Ministério Público brasileiro e Estado Democrático de Direito*. Rio de Janeiro: Renovar, 1999.

SCHIER, Paulo. Neoconstitucionalismo e direitos fundamentais. In: JORNADA DE DIREITO CONSTITUCIONAL, I, 2004. *Conferências...* Curitiba: Faculdades Integradas do Brasil – UniBrasil, 2004.

SILVA, José Afonso da. A dignidade da pessoa humana como valor supremo da democracia. *Revista de Direito Administrativo*, n. 212, 1998.

SILVA, Ovídio Baptista da. *Processo cautelar*. 3. ed. Rio de Janeiro: Forense, 2006.

SOUZA JÚNIOR, Adugar Quirino do Nascimento. *Meios de coerção*. São Paulo: Juarez de Oliveira, 2003.

TAVARES, Ana Lucia de Lyra. Nota sobre as dimensões do direito constitucional comparado. *Direito, Estado e Sociedade*, n. 14, 1998.

TAVARES, Ana Lucia de Lyra. *O mandado de injunção como exemplo de recepção de direito*. 1988-1998: uma década de Constituição. Rio de Janeiro: Renovar, 1999.

THEODORO JÚNIOR, Humberto. Ação civil pública e outras ações coletivas: algumas observações. *Revista dos Tribunais*, n. 788, 2001.

TORRES, Marcelo da Câmara. *Direitos sociais*. Brasília: Senado Federal, 1987.

TORRES, Ricardo Lobo. *A cidadania multidimensional na era dos direitos*. Teoria dos direitos fundamentais. Rio de Janeiro: Renovar, 1999.

TORRES, Ricardo Lobo. O conceito de mínimo existencial e os direitos fundamentais. *Revista de Direito Administrativo*, n. 177, 1989.

TORRES, Ricardo Lobo. *Os direitos humanos e a tributação*. Rio de Janeiro: Renovar, 1995.

TUCCI, José Rogério Cruz e. *Precedente judicial como fonte de direito*. São Paulo: Revista dos Tribunais, 2004.

VERDÚ, Pablo Lucas. *O sentimento constitucional*: a aproximação ao estudo do sentir constitucional como modo de integração política. Rio de Janeiro: Forense, 2006.

Informação bibliográfica deste texto, conforme a NBR 6023:2002 da Associação Brasileira de Normas Técnicas (ABNT):

MORAES, Guilherme Peña de. Controle judicial das omissões da Administração Pública sob a perspectiva do neoconstitucionalismo. *In*: CÂMARA, Alexandre Freitas; PIRES, Adilson Rodrigues; MARÇAL, Thaís Boia (Coords.). *Estudos de direito administrativo em homenagem ao professor Jessé Torres Pereira Junior*. Belo Horizonte: Fórum, 2016. p. 181-205. ISBN 978-85-450-0166-9.

ARBITRAGEM EM AMBIENTES REGULADOS E SUA RELAÇÃO COM AS COMPETÊNCIAS DAS AGÊNCIAS REGULADORAS

Gustavo Binenbojm

1 Introdução

O presente estudo versa sobre as possibilidades e os limites ao uso da arbitragem como técnica de resolução de litígios em ambientes regulados, bem como sobre sua relação com as competências das agências reguladoras setoriais. Parte-se, com tal propósito, da análise de um caso hipotético do setor de distribuição de gás natural. Imagine-se um litígio entre concessionária estadual de distribuição de gás natural e uma usina termelétrica. A controvérsia reside na aplicabilidade, ou não, à tarifa do gás natural estabelecida em contrato celebrado entre as partes, do índice de revisão tarifária determinado por deliberações de agência reguladora estadual, resultantes do processo de revisão quinquenal de contrato de concessão do serviço público de gás canalizado.

Ao ver da concessionária, as aludidas deliberações do ente regulador teriam estipulado *tarifa fixa e específica* para o setor termelétrico, aplicável direta e compulsoriamente ao contrato. Assim, segundo seu entendimento, a lide não seria arbitrável em virtude de duas razões: (i) por envolver interesse público primário, consistente na preservação da eficácia das deliberações da agência reguladora, que versam sobre preços públicos; (ii) por não poder prescindir da participação da agência na relação processual, na qualidade de litisconsorte passiva necessária, não sendo a autarquia signatária da cláusula compromissória pactuada no contrato.

Já sob a ótica da usina termelétrica, o índice de revisão estabelecido pelas deliberações incide sobre os limites tarifários máximos ("tarifas-teto") praticáveis pela concessionária de gás natural, mas não impede que esta pratique tarifa ou critério de revisão inferior a tais limites, nos termos pactuados em contratos específicos celebrados com usuários de segmentos diferenciados, como seria o caso do setor termelétrico.

Assim, não se estaria a questionar, no procedimento arbitral, a juridicidade das deliberações da agência reguladora, cingindo-se a discussão a sua aplicabilidade ao contrato apenas como limite tarifário máximo. Daí que a matéria controvertida seria plenamente arbitrável, eis que atinente a preços negociáveis pelas partes – isto é, direitos patrimoniais disponíveis –, sem que isto importasse qualquer desafio à autoridade da agência reguladora.

Vejam-se, a seguir, as razões jurídicas que apontam no sentido da arbitrabilidade da questão.

2 Da arbitrabilidade de litígios em ambientes regulados

2.1 Arbitrabilidade subjetiva e objetiva: aspectos gerais

Como trivialmente sabido, o art. 1º da Lei da Arbitragem (Lei nº 9.307/1996) sintetiza os requisitos, subjetivos e objetivos, para a submissão de um litígio à solução arbitral:

> Art. 1º As pessoas capazes de contratar poderão valer-se da arbitragem para dirimir litígios relativos a direitos patrimoniais disponíveis.

A *arbitrabilidade subjetiva* resolve-se singelamente pela remissão legal às "pessoas capazes de contratar". Não há na lei restrição quanto à natureza da pessoa apta a pactuar a cláusula compromissória ou o compromisso arbitral: seja ela natural ou jurídica, de direito público ou privado, poderá valer-se da arbitragem como meio de dirimir litígios qualquer pessoa capaz de contratar.

No que se refere à *arbitrabilidade objetiva*, a Lei Arbitral exige que o litígio verse sobre "direitos patrimoniais disponíveis". Assim, não se aplicará a arbitragem como método de solução para controvérsias envolvendo "questões de estado, de direito pessoal e outras que não tenham caráter estritamente patrimonial", como dispõe o art. 852 do Código Civil. Também não são arbitráveis questões concernentes a direitos indisponíveis, assim entendidos aqueles insuscetíveis de livre transferência pelo seu titular a terceiros.

2.2 Arbitragem e regime jurídico-administrativo

No âmbito das relações jurídico-administrativas, o uso da arbitragem sofre, invariavelmente, objeção fundada no princípio da *indisponibilidade do interesse público*. Com efeito, há quem sustente que todos os interesses e direitos integrantes do conteúdo das relações contratuais constituídas no seio da Administração Pública seriam, *ipso facto*, indisponíveis, tornando completamente inviável, assim, a utilização da via arbitral em contratos administrativos.

A posição mais radical, contudo, tornou-se minoritária no direito brasileiro. Como apontado por Eros Roberto Grau, "não há qualquer correlação entre disponibilidade ou indisponibilidade de direitos patrimoniais e disponibilidade ou indisponibilidade do interesse público".[1] Por sua clareza meridiana, vale transcrever breve trecho do raciocínio do Ministro (aposentado) do Supremo Tribunal Federal:

> Dispor de direitos patrimoniais é transferi-los a terceiros. Disponíveis são os direitos patrimoniais que podem ser alienados. A Administração, para a realização do interesse público, pratica atos, da mais variada ordem, dispondo de determinados direitos patrimoniais, ainda que não possa fazê-lo em relação a outros deles. Por exemplo, não pode dispor dos direitos patrimoniais que detém sobre os bens públicos de uso comum. Mas é certo que inúmeras vezes deve dispor de direitos patrimoniais, sem que com isso esteja a dispor do interesse público, porque a realização deste último é alcançada mediante disposição daqueles. [...] *Daí por que, sempre que puder contratar, o que importa disponibilidade de direitos patrimoniais, poderá a Administração, sem que isso importe disposição do interesse público, convencionar cláusula de arbitragem.*[2]

Portanto, a disponibilidade de direitos patrimoniais, *conditio sine qua non* para a submissão válida do litígio à via arbitral, não é incompatível com a natureza do regime jurídico-administrativo, erigido

---

[1] GRAU, Eros Roberto. Arbitragem e contrato administrativo. *RTDP*, n. 32. p. 20.

[2] GRAU, Eros Roberto. Arbitragem e contrato administrativo. *RTDP*, n. 32. p. 20 (grifos nossos).

sobre o princípio da indisponibilidade do interesse público. Antes, ao contrário, "ao optar pela arbitragem, o contratante público não está transigindo com o interesse público, nem abrindo mão de instrumento de defesa de interesses públicos. Está, sim, escolhendo uma forma mais expedita, ou um meio mais hábil para a defesa do interesse público".[3] Nesse sentido, Selma Lemes esclarece:

> [...] ao eleger a arbitragem não se está transigindo ou negligenciando com o interesse público; ao contrário, está-se elegendo um modo mais célere e especializado de solucionar controvérsias, que observará os ditames de um julgamento justo, em que o procedimento acolha os princípios da igualdade de tratamento das partes, do contraditório, da imparcialidade do árbitro e de seu livre convencimento (art. 21, §2º da Lei nº 9.307/96).[4]

Destarte, salvo nos casos de interdição expressa e específica à disponibilidade de bens ou direitos, como no caso de bens de uso comum do povo e de uso especial (Código Civil, art. 100), as causas envolvendo outros direitos patrimoniais serão arbitráveis.[5] Ressalvadas, assim, as hipóteses de resguardo de algum interesse indisponível da coletividade, a solução arbitral não só pode como deve ser adotada como medida realizadora de princípios constitucionais como o da eficiência (art. 37, *caput*), da economicidade (art. 70, *caput*), da razoável duração do processo (art. 5º, LXXVIII) e da segurança jurídica (art. 1º). Em outras palavras, sendo o litígio instaurado em torno de direitos patrimoniais disponíveis da Administração, o emprego da arbitragem como método de solução de controvérsias poderá configurar-se como instrumento de realização otimizada tanto do interesse público primário (realização da justiça material, busca de segurança jurídica etc.), como do dito interesse público secundário (defesa eficiente dos interesses do erário).

---

[3] BRASIL. Superior Tribunal de Justiça. *Agravo Regimental em Mandado de Segurança n. 1.130/DF*. Rel. Min. Luiz Fux. Julg. 28.6.2000. Disponível em: <http://www.stj.jus.br>. Acesso em: 28 nov. 2014. No mesmo sentido, BRASIL. Superior Tribunal de Justiça. *Mandado de Segurança n. 11.308/DF*. Rel. Min. Luiz Fux. Brasília. Julg. 9.4.2008. Disponível em: <http://www.stj.jus.br>. Acesso em: 28 nov. 2014.

[4] LEMES, Selma M. Ferreira. Arbitragem na concessão de serviços públicos – arbitrabilidade objetiva. Confidencialidade ou publicidade processual?. In: GUILHERME, Luiz Fernando V. A. (Org.). *Novos rumos da arbitragem no Brasil*. São Paulo: Fiúza, 2004. p. 363-387.

[5] No mesmo sentido, CARMONA, Carlos Alberto. *Arbitragem e processo*: um comentário à Lei nº 9.307/1996. 2. ed. São Paulo: Atlas, 2004. p. 56.

Nada obstante, essas questões em torno da arbitrabilidade de relações contratuais jurídico-administrativas não representam óbice ao uso da arbitragem em ambientes regulados, quando os agentes econômicos regulados (e seus consumidores ou usuários) dispuserem de uma margem de livre negociação aberta pela regulação. No caso hipotético em análise, o contrato celebrado por concessionária de serviço público (sociedade empresária privada, não integrante da Administração Pública) com um seu usuário (a usina termelétrica a gás) envolve uma ampla margem de negociação entre as partes aberta pela própria regulação, sendo regido primariamente pelo direito privado.

2.3 Arbitrabilidade subjetiva e objetiva do caso em questão

No caso em exame, não há dúvida quanto à capacidade das partes para a pactuação da cláusula compromissória no contrato: ambas são pessoas jurídicas de direito privado, plenamente aptas a contratar, que optaram legitimamente por submeter quaisquer controvérsias concernentes à interpretação ou execução do contrato a um tribunal arbitral. Do ângulo subjetivo, portanto, dúvida não há quanto à arbitrabilidade da lide.

Do ponto de vista objetivo, de outra parte, também não se vislumbra qualquer óbice. Isso porque o litígio envolve direitos patrimoniais disponíveis das partes, tendo em vista a margem de *negociabilidade* aberta pela regulação setorial às partes contratantes.

A situação hipotética retrata contrato celebrado entre uma concessionária do serviço público de gás canalizado e um seu usuário, ambas sociedades empresárias privadas. A disciplina contratual deu-se rigorosamente nos limites estabelecidos pelo legislador estadual e pelo respectivo ente regulador, inclusive naquilo que tocou à definição da tarifa.

Imagine-se que a política tarifária definida pelo legislador estadual tenha optado pelo modelo de "tarifa-teto" ou "tarifa-máxima", cometendo à concessionária a definição do valor das tarifas a serem efetivamente praticadas, conforme contratos celebrados com distintos usuários.

Tal modelo, conhecido como *price cap*, é aquele em que o regulador confere ao concessionário certo grau de liberdade para que administre a variação de demanda pelo serviço. Assim, haverá espaço para que o concessionário negocie condições econômicas mais atraentes com usuários em função do volume da demanda, custos diferenciados de fornecimento do gás ou de operação do gasoduto, por exemplo.[6]

Como costuma ocorrer no setor de distribuição de gás natural, a legislação atribui à agência reguladora setorial competência para decidir sobre os pedidos de revisão tarifária dentro de certa periodicidade, fixando os índices que, aplicados às tarifas contratualmente fixadas, resultarão nas tarifas-limite para o período subsequente.

Portanto, a legislação aplicável à espécie deixa claro que o resultado do procedimento de revisão tarifária será a fixação de novas "tarifas-limite" para o período subsequente. Tal previsão legal é reproduzida em cláusulas contratuais, que se referem à revisão dos "limites tarifários" ou do "valor-limite das tarifas", respectivamente.

Tem-se claro que, quando da celebração do contrato entre as partes, o marco regulatório do serviço público de gás canalizado tratava a definição da tarifa como um *direito patrimonial disponível*. Sob os limites tarifários fixados a partir do contrato de concessão e revistos, reajustados ou corridos pela agência reguladora, caberia à concessionária negociar com seus diferentes usuários distintas fórmulas tarifárias que atendessem às especificidades técnicas ou de custos do fornecimento ou movimentação do gás para determinado setor.

No contexto dessa política tarifária, suponha-se que a agência reguladora tenha editado deliberação prevendo a cobrança de tarifas diferenciadas para atender às empresas compreendidas no Programa Prioritário de Termeletricidade dentro das áreas de concessão da concessionária de gás estadual.

A deliberação em tela representa, assim, a autorização formal, da parte do ente regulador, para a celebração de contratos diferenciados para o setor termelétrico, no bojo do Programa Prioritário de Termeletricidade, criado e promovido pelo Governo Federal. Dito de outro modo, conforme autorização expressa da

---

[6] CÂMARA, Jacintho Arruda. *Tarifa nas concessões*. São Paulo: Malheiros, 2009. p. 92.

autoridade reguladora, a prática de tarifa diferenciada para atender ao setor termelétrico era considerada forma de atendimento de uma política pública voltada à diversificação da matriz energética nacional. Assim, no contexto de uma legislação e de um contrato de concessão que instituíram uma política tarifária baseada no conceito de "limites tarifários", a agência reguladora editou um ato normativo específico autorizando a prática de tarifas diferenciadas em favor do setor termelétrico.

Desse modo, o contrato celebrado com a usina termelétrica levou em conta o interesse do Governo Federal no incentivo do uso do gás natural em plantas térmicas. Nessa toada, o objetivo declarado era o de dispensar tratamento propositalmente desigual em prol da promoção de novas térmicas a gás. Bem ao revés, o tratamento tarifário específico do setor termelétrico, além de autorizado pelo regulador, foi resultado de ampla negociação entre as partes, havendo a concessionária de gás certamente levado em conta o volume da demanda, o baixo custo de operação, entre outras especificidades do fornecimento do gás à usina, o que conferiria economicidade ao contrato. Isso afasta qualquer alegação de tratamento tarifário privilegiado e pessoal à usina.

Pois bem. Não resta dúvida, a esta altura, acerca do caráter patrimonial e disponível do objeto da disputa arbitral. Deveras, a *negociabilidade* da tarifa contratada entre concessionária e usuário confere ao objeto do litígio a tônica de um direito patrimonial disponível. Se a tarifa não era fixa, mas um "teto", a concessionária tinha uma *margem de disposição* sobre seu valor. Tal margem foi exercida, precisamente, em contratos específicos e peculiares, como o celebrado com a usina termelétrica.

De outro lado, a arbitragem não envolve qualquer impugnação às deliberações da agência reguladora, que se limitam a estipular índices de revisão com vistas à fixação de novos limites tarifários máximos.

Ora, se o litígio envolve (I) partes capazes de contratar; (II) pessoas jurídicas de direito privado, não integrantes da estrutura da Administração Pública; (III) preço público negociável pela concessionária com seu usuário, dentro do limite máximo estabelecido pelo ente regulador, a aplicabilidade da fórmula contratualmente estabelecida para a revisão da tarifa é matéria absolutamente arbitrável, eis que atinente a direitos patrimoniais disponíveis.

Cumpre observar que a legislação brasileira admite, em termos expressos, o uso da arbitragem para a solução de litígios envolvendo o próprio poder concedente e seus concessionários, de que são exemplos a Lei Nacional de Concessões e Permissões de Serviços Públicos (Lei nº 8.987/1995, art. 23-A, na forma da Lei nº 11.196/2005), a Lei das PPPs (Lei nº 11.079/2005, art. 11) e a Lei do Gás Natural (Lei nº 11.909/2009, art. 21, XI). Na verdade, o estado do Rio de Janeiro foi pioneiro na admissão do uso de arbitragem em suas concessões de serviço e obras públicas, prevista expressamente no art. 5º, §2º, da Lei Estadual nº 1.481/1989. Por sua relevância para o caso, vale transcrever o dispositivo em sua literalidade:

> §2º Os contratos de concessão conterão regras para estabelecer mecanismos e critérios adequados de *revisão de tarifas, que poderá ser feita por juízo arbitral*, nos termos contratualmente previstos.

Segue daí uma conclusão lógica e inexorável: se o ordenamento jurídico brasileiro admite o uso da arbitragem para dirimir conflitos entre o próprio Poder Público e as concessionárias (maior coeficiente de interesse público), inclusive no tocante à revisão tarifária (!), por maior razão deverá admitir seu uso para pôr termo a litígios entre estas últimas e seus usuários (menor coeficiente de interesse público).

Por fim, cabe acrescer que a relação contratual em discussão é regida, primariamente, pelo direito privado. Embora se tratando da prestação de um serviço público, submetido, como tal, à intensa regulação, o ajuste entre as partes deu-se no âmbito da margem de livre contratação aberta pelo regulador (regulador-legislador e regulador-administrador). De fato, ao contrário dos contratos de adesão impostos aos usuários pelas agências reguladoras ou pelo próprio Poder Concedente, o contrato em tela foi objeto de negociação entre as partes, inclusive na pactuação da cláusula compromissória, do que decorre seu caráter eminentemente privado.

De todo modo, ainda que assim não fosse, o requisito da arbitrabilidade objetiva restaria preenchido pela natureza patrimonial e disponível do preço do fornecimento do gás, negociado pela concessionária com o usuário e sujeito apenas a um limite máximo fixado pelo regulador. Como visto acima, a submissão parcial ou mesmo integral de um negócio jurídico ao regime jurídico-administrativo não interdita o uso da arbitragem; os fatores determinantes são a patrimonialidade e disponibilidade dos direitos em disputa.

2.4 Compatibilidade do procedimento arbitral com as competências da agência reguladora setorial

Cumpre deixar claro, a bem da segurança jurídica, que a arbitrabilidade de litígios entre agentes econômicos – ou entre estes e seus consumidores ou usuários – em ambientes regulados não é incompatível, tampouco interfere com as competências ordinárias das agências reguladoras setoriais.

Deve-se destacar que o uso da cláusula compromissória de arbitragem depende do desenho regulatório adotado para o setor. Por evidente, apenas quando existem direitos patrimoniais disponíveis em jogo é que se pode cogitar a previsão contratual da arbitragem como meio alternativo de solução de controvérsias resultantes daquela relação jurídica. Assim, como no caso em estudo, é a própria regulação – legal ou administrativa – que abre aos agentes econômicos regulados a possibilidade de livre negociação de aspectos da sua relação, daí decorrendo a possibilidade de escolha da via arbitral pelas partes.

Tal escolha não esvazia as demais competências da agência reguladora setorial. Assim, *v.g.*, dá-se com a competência exercida por entes reguladores para a mediação de conflitos entre agentes por eles regulados. Como se sabe, a mediação consiste no meio alternativo de solução de conflitos por meio do qual se busca, por intermédio da atuação de um terceiro imparcial, que as partes alcancem um acordo. Em sede de mediação, o terceiro não profere qualquer decisão. Não há coerção. A atuação do mediador cinge-se ao aconselhamento de ambas as partes, no intuito de fazer com que superem suas divergências, a fim de que possam chegar a uma solução consensual. Por evidente, tal atuação não possui qualquer pretensão de vincular as partes. Assim, ainda quando as partes tiverem pactuado cláusula compromissória de arbitragem, será lícito à agência atuar como mediadora do conflito, mas nunca como instância decisória arbitral.

Nesse passo, cumpre esclarecer como se equaciona a pactuação da cláusula compromissória pelas partes com a competência, assinalada por lei a algumas agências reguladoras setoriais, para *arbitramento* de conflitos entre agentes econômicos regulados. Embora *nomen iuris* soe enganoso, a competência do ente regulador para o *arbitramento de conflitos* não se confunde com a eleição da via arbitral pelas partes para a solução definitiva de controvérsias decorrentes de ajustes por elas celebrados.

À agência reguladora, como pessoa jurídica de direito público integrante da Administração Pública indireta, compete proferir *decisões administrativas* acerca das questões litigiosas que lhe sejam submetidas. Tais decisões não se assemelham às sentenças arbitrais em sua eficácia, seja porque as partes não escolheram a agência como instância decisória da arbitragem, seja porque a lei não o prevê.

Já o tribunal arbitral, a seu turno, constituído por vontade das partes, e nos termos do art. 31 da Lei nº 9.307/1996 (Lei da Arbitragem), profere sentenças arbitrais, que produzem, "entre as partes e seus sucessores, os mesmos efeitos da sentença proferida pelos órgãos do Poder Judiciário e, sendo condenatória, constitui título executivo". Está-se a ver, assim, que não há como se confundir a arbitragem privada, regida pela Lei nº 9.307/1996, com a competência administrativa da agência reguladora para dirimir conflitos.

Quando as partes, portanto, agindo dentro da margem de livre negociação aberta pelo desenho regulatório, convencionam a cláusula arbitral, estão renunciando *a fortiori* a qualquer outra instância decisória – seja ela a instância administrativa, seja a instância judicial. A propósito, essa é a orientação positivada pela Lei nº 9.307/1996[7] e referendada pelos Tribunais, que entendem que "efetuado o ajuste, [...], ficam os contratantes vinculados à solução extrajudicial da pendência".[8] Essa vinculação, portanto,

---

[7] "Art. 4º A cláusula compromissória é a convenção através da qual as partes em um contrato comprometem-se a submeter à arbitragem os litígios que possam vir a surgir, relativamente a tal contrato".

[8] BRASIL. Superior Tribunal de Justiça. *Recurso Especial n. 612.439/RS*. Rel. Min. João Otávio de Noronha. Julg. 25.10.2014. Disponível em: <http://www.stj.jus.br>. Acesso em: 28 nov. 2014. No mesmo sentido: "PROCESSUAL CIVIL. ARBITRAGEM. OBRIGATORIEDADE DA SOLUÇÃO DO LITÍGIO PELA VIA ARBITRAL, QUANDO EXISTENTE CLÁUSULA PREVIAMENTE AJUSTADA ENTRE AS PARTES NESTE SENTIDO. INTELIGÊNCIA DOS ARTS. 1º, 3º e 7º DA LEI 9.307/96. PRECEDENTES. PROVIMENTO NESTE PONTO. ALEGADA OFENSA AO ART. 535 DO CPC. NÃO OCORRÊNCIA. RECURSO ESPECIAL

afasta qualquer instância decisória. Até mesmo porque seria ilógico a cláusula compromissória afastar a instância judicial, garantida constitucionalmente no art. 5º, XXXV, mas não a administrativa.

Realmente, caso não existisse a cláusula compromissória, e as partes tivessem optado por levar a questão diretamente ao Poder Judiciário – e não a um tribunal arbitral –, não se cogitaria da possibilidade de o juiz declinar de sua competência por entender que a instância administrativa é obrigatória. Ora, a lógica no presente caso é idêntica. Isso porque o tribunal arbitral não pode negar sua própria competência apenas porque há previsão de *possibilidade* de arbitramento por parte da agência reguladora setorial.

Conclui-se, assim, que a submissão de litígio objetivamente arbitrável ao *arbitramento* de agência reguladora é uma mera faculdade das partes. Caso tenham convencionado submeter os litígios decorrentes de um contrato à arbitragem, a competência do tribunal arbitral excluirá a competência decisória do ente regulador.

2.5 Cumprimento da cláusula compromissória por força dos princípios da vedação do comportamento contraditório, da proteção da confiança, da moralidade administrativa e da boa-fé

As relações entre o poder concedente, a concessionária e o usuário regem-se por princípios que ultrapassam o elemento volitivo dos negócios jurídicos por eles celebrados. Com efeito, além da necessidade de que se respeite o que consta da disposição expressa nos contratos, há a exigência de que as partes adotem comportamentos compatíveis com a relação de confiança surgida dos pactos contratuais.

A proteção da confiança nas relações de direito público decorre do valor segurança jurídica e tem guarida em nosso ordenamento

---

PARCIALMENTE PROVIDO" (BRASIL. Superior Tribunal de Justiça. *Recurso Especial n. 791.260/RS*. Rel. Min. Paulo Furtado. Julg. 22.6.2014. Disponível em: <http://www.stj.jus. br>. Acesso em: 28 nov. 2014).

jurídico desde a Constituição, enquanto corolário do princípio da proteção da boa-fé e da moralidade (arts. 1º e 37, *caput*). Assim, quando a Administração Pública adota certo comportamento, entendimento ou interpretação, gera legítima expectativa no administrado, a qual não pode ser frustrada, sob pena de violação da própria cláusula do Estado de Direito (art. 1º, CF). Trata-se da mais clara e imprescindível tutela da segurança jurídica, da boa-fé objetiva e da própria moralidade administrativa.

É de se observar que a Lei nº 9.784/99, que regula o processo administrativo no âmbito federal, dá destaque à exigência supramencionada, ao determinar, em seu art. 2º, parágrafo único, XIII,[9] que a Administração Pública não poderá pretender aplicar retroativamente nova interpretação. Tal comando tem sua *ratio* na ideia de que os comportamentos administrativos não podem ser contraditórios de molde a comprometer a confiança legítima dos administrados.

No brocardo latino *nemo potest venire contra factum proprium* (a ninguém é dado vir contra os próprios atos) – traduz-se o dever de respeito à confiança suscitada pelo próprio comportamento. Se alguém tem determinada conduta, a qual gera em terceiros uma expectativa, não mais será possível àquele frustrar o que suas próprias atitudes sugeriram, causando prejuízo a quem nele confiou. Não se quer afirmar, todavia, não ser mais possível, tanto nas relações privadas quanto nas públicas, mudar de ideia e ação. A mudança de entendimento faz parte da vida e é admitida. O que não se toleram são as modificações que signifiquem a defraudação de uma expectativa legitimamente gerada por uma posição firme e reiterada. Do contrário, reconhecer-se-ia a juridicidade do engano. Na feliz síntese de Anderson Schreiber:

> A proibição ao comportamento contraditório não quer limitar, em absoluto, a liberdade de mudar de opinião e de conduta, mas apenas frear o exercício desta liberdade quando daí possa derivar prejuízo

---

[9] Veja-se a literalidade do dispositivo: "Art. 2º A Administração Pública obedecerá, dentre outros, aos princípios da legalidade, finalidade, motivação, razoabilidade, proporcionalidade, moralidade, ampla defesa, contraditório, segurança jurídica, interesse público e eficiência. Parágrafo único. Nos processos administrativos serão observados, entre outros, os critérios de: [...] XIII – interpretação da norma administrativa da forma que melhor garanta o atendimento do fim público a que se dirige, vedada aplicação retroativa de nova interpretação".

a quem tenha legitimamente confiado no sentido objetivo de um comportamento inicial. É fruto, assim, de uma evolução na perspectiva do direito, que vem transcender a ótica individualista do agente que pratica a conduta, para, em uma postura mais solidária, proteger aqueles sobre quem a conduta se reflete, diminuindo a insegurança e a incerteza que tendem a acompanhar as relações sociais em uma realidade complexa, massificada e despersonalizante.[10]

O Supremo Tribunal Federal reconhece a proteção jurídica das expectativas legítimas nas relações entre Estado e administrados. Nesse sentido, o Min. Gilmar Mendes vem ressaltando a prevalência da segurança jurídica e da boa-fé administrativa como fundamento da tutela das expectativas legítimas dos particulares.[11] Em suas palavras: "Em verdade, a segurança jurídica, como subprincípio do Estado de Direito, assume valor ímpar no sistema jurídico, cabendo-lhe papel diferenciado na realização da própria ideia de justiça material". Segundo o ministro, o tema "é pedra angular do Estado de Direito sob a forma da proteção à confiança".

Nessa mesma decisão, o ministro consigna as lições de Karl Larenz a respeito do assunto. Para o autor tedesco, a consecução da paz nas relações jurídicas é elemento nuclear do Estado de Direito. E prossegue explicando o sentido da proteção da confiança:

> O ordenamento jurídico protege a confiança suscitada pelo comportamento do outro e não tem mais remédio que protegê-la, porque poder confiar [...] é condição fundamental para uma pacífica vida coletiva e uma conduta de cooperação entre os homens e, portanto, da paz jurídica.[12]

Ademais, esclarece Karl Larenz, o princípio da proteção da confiança tem um componente de ética jurídica, que se expressa no princípio da boa-fé. Confira-se seu raciocínio, *in verbis*:

---

[10] SCHREIBER, Anderson. *A proibição de comportamento contraditório*. Rio de Janeiro: Renovar, 2005. p. 4-5.

[11] BRASIL. Supremo Tribunal Federal. *PET n. 2.900-RS*. Rel. Min. Gilmar Mendes. *Informativo STF*, n. 310, 26 maio/30 maio 2003. *DJ*, 1 ago. 2003. Disponível em: <http://www.stf.jus. br>. Acesso em: 9 dez. 2015. V. também, BRASIL. Supremo Tribunal Federal. *Mandado de Segurança n. 22.357*. Rel. Min. Gilmar Mendes. *Informativo STF*, n. 351, 7 jul./11 jul. 2004. Disponível em: <http://www.stf.jus.br>. Acesso em: 9 jan. 2015; e BRASIL. Supremo Tribunal Federal. *Mandado de Segurança n. 24.268-MG*. Rel. Min. Gilmar Mendes. *Informativo STF*, n. 343, 12 abr./16 abr. 2004. Disponível em: <http://www.stf.jus.br>. Acesso em: 9 dez. 2015.

[12] LARENZ, Karl. *Derecho justo* – fundamentos de ética jurídica. Madri: Civitas, 1985. p. 91.

Dito princípio consagra que uma confiança despertada de um modo imputável deve ser mantida quando efetivamente se creu nela. A suscitação da confiança é imputável, quando o que a suscita sabia ou tinha que saber que o outro ia confiar. Nesta medida é idêntico ao princípio da confiança. [...] Segundo a opinião atual, [este princípio da boa fé] se aplica nas relações jurídicas de direito público.[13]

Também o Superior Tribunal de Justiça tem aplicado o princípio da proibição do comportamento contraditório, mesmo a relações de direito público. Nesse sentido, veja-se, por exemplo, o REsp nº 141.879-SP, de relatoria do Min. Ruy Rosado, cuja feliz ementa explicita a impossibilidade de a Administração voltar atrás em comportamentos geradores de expectativas legítimas nos administrados, com o que se limita a possibilidade de que ela reveja seus próprios atos:

LOTEAMENTO. MUNICÍPIO. PRETENSÃO DE ANULAÇÃO DO CONTRATO. BOA-FÉ. ATOS PRÓPRIOS.
- Tendo o Município celebrado contrato de promessa de compra e venda de lote localizado em imóvel de sua propriedade, descabe o pedido de anulação dos atos, se possível a regularização do loteamento que ele mesmo está promovendo. Art. 40 da Lei 6.766/79.
- A teoria dos atos próprios impede que a Administração Pública retorne sobre os próprios passos, prejudicando os terceiros que confiaram na regularidade de seu procedimento. Recurso não conhecido.[14]

Voltando-se os olhos para a situação em exame, as partes consideraram que a política tarifária do gás natural era pautada pela fixação de tarifas-máximas e não de tarifas fixas. Isso, evidentemente, foi levado em conta pela usina termelétrica na celebração do contrato com a concessionária de gás, valendo-se da possibilidade de negociação de uma estrutura tarifária e critérios de revisão especiais. Todo um projeto de financiamento (*project finance*) foi concebido a partir da expectativa legítima de determinados custos com o fornecimento do gás natural, estabelecidos no contrato. Em tal contexto, inclui-se, também, a pactuação da cláusula compromissória

---

[13] LARENZ, Karl. *Derecho justo* – fundamentos de ética jurídica. Madri: Civitas, 1985. p. 95-96 (grifos nossos).

[14] BRASIL. Superior Tribunal de Justiça. *Recurso Especial n. 141.879/SP*. Rel. Min. Ruy Rosado. Julg. 22.6.1998. Disponível em: <http://www.stj.jus.br>. Acesso em: 28 nov. 2014.

como meio mais célere, especializado e imparcial para a solução das controvérsias resultantes do contrato. Por evidente, eventual mudança abrupta de interpretação sobre a natureza da tarifa fixada pela agência reguladora, bem como sobre a arbitrabilidade da questão, atenta contra os princípios da vedação do comportamento contraditório, da proteção da confiança, da moralidade administrativa e da boa-fé.

Ao autorizar a prática de tarifas diferenciadas e inferiores ao limite máximo, inclusive e em especial para o setor termelétrico, a agência reguladora despertou a confiança legítima da usina termelétrica de que tal entendimento era consentâneo com o ordenamento jurídico, levando-a a orientar seu comportamento contratual em consonância com tal diretiva. De igual modo, a aceitação da cláusula compromissória pela concessionária, quando da celebração do contrato e ao longo de todos os anos subsequentes, não se coaduna com uma alegação de inarbitrabilidade contraditória e casuística. Tal comportamento deve ser rechaçado à luz dos princípios do *nemo potest venire contra factum proprium*, da lealdade e da boa-fé contratuais.

3 Da inexistência de litisconsórcio passivo necessário envolvendo a agência reguladora

Passa-se, neste ponto, ao exame da suposta existência de litisconsórcio passivo necessário entre a concessionária e a agência reguladora. Como se sabe, o litisconsórcio necessário decorre da natureza da relação jurídica de direito material ou por determinação legal expressa, sendo insuficiente, para a sua caracterização, que a decisão a ser proferida no processo possa produzir efeitos sobre esfera jurídica de terceiro.

Não há disposição expressa de lei a obrigar a formação do litisconsórcio passivo necessário no caso em exame. Com efeito, não exige a lei que a agência reguladora seja parte nas ações em que contendam as concessionárias do serviço público de gás canalizado e seus usuários.

De outra banda, também não resulta a pretendida obrigatoriedade do litisconsórcio da natureza da relação jurídica de direito material. A condição para a formação do litisconsórcio, em tal hipótese, é a pluralidade subjetiva em um dos polos da relação de direito material, nos termos do art. 47 do CPC.[15] Tal circunstância não ocorre no caso em exame, conforme restará demonstrado.

Em primeiro lugar, a inexistência do litisconsórcio necessário decorre do fato de que a agência reguladora não integra nenhum dos polos da relação jurídica de direito material havida entre as partes. O regulador não figura como parte nos contratos celebrados pelo concessionário do serviço público com seus usuários; seu papel é o de normatizar (nos limites da lei), fiscalizar e eventualmente sancionar o concessionário, mas jamais o de ombrear-se a ele na prestação do serviço. Daí que sua posição jamais será a de parte na relação processual estabelecida entre aquele e um usuário do serviço.

Tanto o Supremo Tribunal Federal como o Superior Tribunal de Justiça tiveram a oportunidade de examinar a matéria em inúmeros precedentes, havendo concluído sempre pela inexistência do litisconsórcio. Confira-se importante precedente do Colendo STF:

> TELEFONIA. COBRANÇA DE PULSOS ALÉM DA FRANQUIA. COMPETÊNCIA DA JUSTIÇA ESTADUAL. MATÉRIA QUE SE INSERE NO ÂMBITO DE COGNIÇÃO DOS JUIZADOS ESPECIAIS. ILEGITIMIDADE PASSIVA DA ANATEL. CARÁTER INFRACONSTITUCIONAL DA MATÉRIA QUE ENVOLVE ANÁLISE DO CONTRATO DE CONCESSÃO. 1. *Por não figurar na relação jurídica de consumo, a Agência Nacional de Telecomunicações – ANATEL carece de legitimidade para compor o pólo passivo de ação movida pelo particular, usuário do serviço de telefonia móvel, contra a concessionária.* 2. Ausente participação da autarquia federal, sob qualquer das hipóteses previstas no art. 109, I, da Constituição, a competência é da Justiça Estadual. 3. Em se tratando de demanda que se resolve pela análise de matéria exclusivamente de direito, a dispensar instrução complexa, cabível seu processamento no Juizado Especial. 4. Reveste-se de natureza infraconstitucional a matéria relacionada à relação de consumo e ao equilíbrio econômico-financeiro do contrato de concessão. 5. Recurso conhecido em parte e, nesta extensão, desprovido.[16]

---

[15] MARINONI, Luiz Guilherme. *Processo de conhecimento*. São Paulo: Revista dos Tribunais, 2007. p. 172.

[16] BRASIL. Supremo Tribunal Federal. *Recurso Extraordinário n. 571.572*. Tribunal Pleno. Rel. Min. Gilmar Mendes. Julg. 13.2.2009. Disponível em: <http://www.stf.jus.br>. Acesso em: 28 nov. 2014 (grifos nossos).

Segundo entendimento da Suprema Corte brasileira, ainda que o acolhimento do pleito do usuário do serviço possa repercutir, em tese, do ponto de vista jurídico e econômico, na relação estabelecida entre a concessionária e a agência reguladora – isto é, no contrato de concessão – a exigir eventual ajuste nas bases da própria concessão, é certo que tal repercussão não decorre diretamente do resultado da lide individual e que o usuário não mantém relação jurídica com o ente regulador. "Também não é da natureza da relação de consumo a participação direta de um ente fiscalizatório e normatizador".[17]

No mesmo diapasão, o Superior Tribunal de Justiça tem proclamado a inexistência do alegado litisconsórcio entre concessionária e agência reguladora. Vejam-se, a propósito, as ementas abaixo:

PROCESSUAL CIVIL E ADMINISTRATIVO. ENCARGO EMERGENCIAL. CONSUMO DE ENERGIA ELÉTRICA. RELAÇÃO JURÍDICA CONTRATUAL. UNIÃO. ILEGITIMIDADE PASSIVA. RECURSO ESPECIAL A QUE SE DÁ PROVIMENTO. 1. Trata-se aqui de recurso especial em que se afirma a ilegitimidade da União para figurar no pólo passivo da demanda. A relação jurídica de direito material questionada nos autos é a estabelecida entre a concessionária de energia elétrica e os usuários, em que o objeto é o pagamento do encargo de capacidade emergencial. 2. *Pacificou-se na jurisprudência das Turmas da 1ª Seção do STJ que, em demandas sobre a legitimidade da cobrança de tarifas, movidas por usuário contra a concessionária, não se configura hipótese de litisconsórcio passivo necessário da Agência Reguladora, que, na condição de concedente do serviço público, não possui interesse jurídico que justifique sua presença na relação processual.* O mesmo raciocínio utiliza-se para a União. 3. Sabe-se que a relação jurídica de direito material entre a concessionária e o usuário foi estabelecida por força de um vínculo contratual. A União não faz parte nem do contrato e nem, portanto, da relação jurídica dele decorrente. 4. Recurso Especial a que se dá provimento para declarar ser a União ilegítima para figurar no pólo passivo como litisconsorte necessário na demanda proposta.[18]

PROCESSUAL CIVIL. AGRAVO REGIMENTAL. AÇÃO DECLARA-TÓRIA DE COBRANÇA PROMOVIDA CONTRA CONCESSIONÁRIA

---

[17] BRASIL. Supremo Tribunal Federal. *Recurso Extraordinário n. 571.572.* Tribunal Pleno. Rel. Min. Gilmar Mendes. Julg. 13.2.2009. Disponível em: <http://www.stf.jus.br>. Acesso em: 28 nov. 2014.

[18] BRASIL. Superior Tribunal de Justiça. *Recurso Especial n. 754.528/SC.* Rel. Min. Mauro Campbell Marques. Julg. 17.11.2009. Disponível em: <http://www.stj.jus.br>. Acesso em: 28 nov. 2014.

DE TELEFONIA (BRASIL TELECOM S/A). DISCRIMINAÇÃO DE PULSOS EXCEDENTES À FRANQUIA E SERVIÇOS LOCAIS. DECLARAÇÃO DE INTERESSE DE ENTE FEDERAL AFASTADO PELA JUSTIÇA FEDERAL. INTERVENÇÃO DA ANATEL. DESNECESSIDADE. COMPETÊNCIA DA JUSTIÇA ESTADUAL. PRECEDENTES. 1. Agravo regimental contra decisão que desproveu agravo de instrumento. 2. *O acórdão a quo afirmou ser competente a Justiça Estadual para processar e julgar ação ajuizada por consumidor contra a concessionária de serviço público de telefonia (discriminação de todos os pulsos excedentes à franquia e serviços locais nas contas vencidas e vincendas), não havendo falar em litisconsórcio necessário da agência reguladora (Anatel), pois inexistente interesse jurídico de sua parte. 3. A jurisprudência do STJ é no sentido de que não há necessidade da presença da Anatel em qualquer pólo da demanda em ação que tem como partes, de um lado, consumidor, de outro, a Brasil Telecom S/A, empresa privada concessionária de serviço público, sendo competente para apreciar e julgar o feito a Justiça Estadual.* Precedentes: CC n. 48447/SC, deste Relator, DJ 13.06.2005; CC n. 471.29/SC, Rel. Min. João Otávio de Noronha, DJ 18.02.2005; CC n. 470.28/SC, Rel. Min. Teori Zavascki, DJ 07.12.2004; CC n. 35.386/RR, Rel. Min. Teori Zavascki, DJ 29.09.2003. 4. "As relações jurídicas mantidas pela agência reguladora e os prestadores de serviço são diversas daquelas mantidas entre esses últimos e os consumidores, não havendo, portanto, nenhum interesse jurídico que qualifique a Agência Nacional de Petróleo (no caso, a Anatel) como litisconsorte necessária" (AgRg no AG nº 625244/MG, Rel. Min. Fernando Gonçalves, DJ 21.03.2005). 5. "No conflito gerado na relação entre as prestadoras do serviço e os consumidores, não há nenhum interesse da agência reguladora, senão um interesse prático que não a qualifica como litisconsorte necessária. Inexistindo litisconsórcio necessário, não há deslocamento da ação para a Justiça Federal" (REsp n. 431.606/SP, DJ 30.09.2002). 6. Agravo regimental não-provido.[19]

Assim, mesmo quando em disputa o cumprimento de política regulatória delineada pelas agências, estas não ostentam qualidade de parte em litígios envolvendo concessionários e usuários do serviço público regulado.

Em conclusão, inexiste, na espécie, o mais mínimo vestígio de litisconsórcio passivo necessário entre as partes e a agência reguladora, de vez que: (i) não há lei que o preveja expressamente; (ii) a agência reguladora não integra a relação jurídica de direito material estabelecida entre concessionária e usuário; e (iii)

---

[19] BRASIL. Superior Tribunal de Justiça. *Agravo Regimental n. 825.547/SC.* Rel. Min. José Delgado. Julg. 21.6.2007. Disponível em: <http://www.stj.jus.br>. Acesso em: 28 nov. 2014.

sequer se discute, no processo arbitral, a validade ou eficácia das deliberações da agência.

Tal conclusão não significa, absolutamente, que entes integrantes da Administração Pública – como, *v.g.*, as agências reguladoras – não possam ser partes em procedimentos arbitrais, desde que hajam validamente pactuado cláusula compromissória, nas hipóteses em que o uso da arbitragem como técnica de resolução de litígios seja legalmente admissível.

4 Conclusões

O presente artigo teve por objetivo discorrer sobre as possibilidades e os limites ao uso da arbitragem como técnica de resolução de litígios entre agentes econômicos em ambientes regulados, bem como sobre sua relação com as competências das agências reguladoras setoriais.

Demonstrou-se que o uso da cláusula compromissória de arbitragem depende do desenho regulatório adotado para o setor. Por evidente, apenas quando existem direitos patrimoniais disponíveis em jogo é que se pode cogitar a previsão contratual da arbitragem como meio alternativo de solução de controvérsias resultantes daquela relação jurídica. Assim, é a própria regulação – legal ou administrativa – que abre aos agentes econômicos regulados a possibilidade de livre negociação de aspectos da sua relação, daí decorrendo a possibilidade de escolha da via arbitral pelas partes.

Tal escolha não esvazia as demais competências da agência reguladora setorial. Assim, *v.g.*, se dá com a competência exercida por entes reguladores para a mediação de conflitos entre agentes por eles regulados. Como se sabe, a mediação consiste no meio alternativo de solução de conflitos por meio do qual se busca, por intermédio da atuação de um terceiro imparcial, que as partes alcancem um acordo. Assim, ainda quando as partes tiverem pactuado cláusula compromissória de arbitragem, será lícito à agência atuar como mediadora do conflito, mas nunca como instância decisória arbitral.

Por outro lado, procurou-se esclarecer que a competência do ente regulador para o *arbitramento de conflitos* não se confunde com a eleição da via arbitral pelas partes para a solução definitiva de controvérsias decorrentes de ajustes por eles celebrados. À agência reguladora, como pessoa jurídica de direito público integrante da Administração Pública indireta, compete proferir *decisões administrativas* acerca das questões litigiosas que lhe sejam submetidas. Tais decisões não se assemelham às sentenças arbitrais em sua eficácia, seja porque as partes não escolheram a agência como instância decisória da arbitragem, seja porque a lei não o prevê.

Já o tribunal arbitral, a seu turno, constituído por vontade das partes, e nos termos do art. 31 da Lei nº 9.307/1996 (Lei da Arbitragem), profere sentenças arbitrais, que produzem "entre as partes e seus sucessores, os mesmos efeitos da sentença proferida pelos órgãos do Poder Judiciário e, sendo condenatória, constitui título executivo". Quando as partes, portanto, agindo dentro da margem de livre negociação aberta pelo desenho regulatório, convencionam a cláusula arbitral, estão renunciando *a fortiori* a qualquer outra instância decisória – seja ela a instância administrativa, seja a instância judicial.

Viu-se, ainda, que eventual tentativa da parte, que haja convencionado a cláusula compromissória, no sentido de esvaziar a sua eficácia e submeter os litígios a outras instâncias decisórias, configura atentado aos princípios da boa-fé contratual, da proteção da confiança legítima e da vedação do comportamento contraditório.

Por fim, o estudo concluiu, como regra geral, pela inexistência de litisconsórcio passivo necessário entre as partes e a agência reguladora setorial, em procedimentos arbitrais surgidos em ambientes regulados, tendo em vista que não há lei que o preveja; que a agência não integra a relação jurídica de direito material; e que a agência não pactuou a celebração da cláusula compromissória.

Tal conclusão não significa, absolutamente, que entes integrantes da Administração Pública não possam ser partes em procedimentos arbitrais, desde que hajam validamente pactuado cláusula compromissória, nas hipóteses em que o uso da arbitragem como técnica de resolução de litígios seja legalmente admissível.

Referências

BRASIL. Constituição Federal. *Constituição da República Federativa do Brasil*: promulgada em 05 de outubro de 1988. Disponível em: <http://www.planalto.gov.br/ccivil_03/constituicao/constituicaocompilado.htm>. Acesso em: 9 jan. 2015.

BRASIL. Estado do Rio Janeiro. *Lei Estadual n. 1.481 de 21 de junho de 1989.* Dispõe sobre o regime da concessão de serviços e obras públicas. Disponível em: <http://alerjln1.alerj. rj.gov.br/CONTLEI.NSF/b24a2da5a077847c032564f4005d4bf2/c23015f0af0c83f803256537 005014d0?OpenDocument>. Acesso em: 9 jan. 2015.

BRASIL. *Lei n. 11.079 de 30 de dezembro de 2004.* Institui normas gerais para licitação e contratação de parceria público-privada no âmbito da administração pública. Disponível em: <http://www.planalto.gov.br/ccivil_03/_ato2004-2006/2004/lei/l11079.htm>. Acesso em: 9 jan. 2015.

BRASIL. *Lei n. 11.909 de 04 de março de 2009.* Dispõe sobre as atividades relativas ao transporte de gás natural, de que trata o art. 177 da Constituição Federal, bem como sobre as atividades de tratamento, processamento, estocagem, liquefação, regaseificação e comercialização de gás natural; altera a Lei n. 9.478, de 6 de agosto de 1997; e dá outras providências. Disponível em: <http://www.planalto.gov.br/ccivil_03/_ato2007-2010/2009/lei/l11909.htm>. Acesso em: 9 jan. 2015.

BRASIL. *Lei n. 5.869 de 11 de janeiro de 1973.* Institui o Código de Processo Civil. Disponível em: <http://www.planalto.gov.br/ccivil_03/leis/l5869.htm>. Acesso em 9 jan. 2015.

BRASIL. *Lei n. 8.987 de 13 de fevereiro de 1995.* Dispõe sobre o regime de concessão e permissão da prestação de serviços públicos previsto no art. 175 da Constituição Federal, e dá outras providências. Disponível em: <http://www.planalto.gov.br/ccivil_03/leis/l8987cons.htm>. Acesso em: 9 jan. 2015.

BRASIL. *Lei n. 9.307 de 23 de setembro de 1996.* Dispõe sobre a arbitragem. Disponível em: <http://www.planalto.gov.br/ccivil_03/leis/l9307.htm>. Acesso em: 9 jan. 2015.

BRASIL. *Lei n. 9.784 de 29 de janeiro de 1999.* Regula o processo administrativo no âmbito da Administração Pública Federal. Disponível em: <http://www.planalto.gov.br/ccivil_03/leis/l9784.htm>. Acesso em: 9 jan. 2015.

BRASIL. Superior Tribunal de Justiça. *Agravo Regimental em Mandado de Segurança n. 1.130/DF.* Rel. Min. Luiz Fux. Julg. 28.6.2000. Disponível em: <http://www.stj.jus.br>. Acesso em: 28 nov. 2014.

BRASIL. Superior Tribunal de Justiça. *Agravo Regimental n. 825.547/SC.* Rel. Min. José Delgado. Julg. 21.6.2007. Disponível em: <http://www.stj.jus.br>. Acesso em: 28 nov. 2014.

BRASIL. Superior Tribunal de Justiça. *Mandado de Segurança n. 11.308/DF.* Rel. Min. Luiz Fux. Brasília. Julg. 9.4.2008. Disponível em: <http://www.stj.jus.br>. Acesso em: 28 nov. 2014.

BRASIL. Superior Tribunal de Justiça. *Recurso Especial n. 141.879/SP.* Rel. Min. Ruy Rosado. Julg. 22.6.1998. Disponível em: <http://www.stj.jus.br>. Acesso em: 28 nov. 2014.

BRASIL. Superior Tribunal de Justiça. *Recurso Especial n. 612.439/RS.* Rel. Min. João Otávio de Noronha. Julg. 25.10.2014. Disponível em: <http://www.stj.jus.br>. Acesso em: 28 nov. 2014.

BRASIL. Superior Tribunal de Justiça. *Recurso Especial n. 754.528/SC.* Rel. Min. Mauro Campbell Marques. Julg. 17.11.2009. Disponível em: <http://www.stj.jus.br>. Acesso em: 28 nov. 2014.

BRASIL. Superior Tribunal de Justiça. *Recurso Especial n. 791.260/RS.* Rel. Min. Paulo Furtado. Julg. 22.6.2014. Disponível em: <http://www.stj.jus.br>. Acesso em: 28 nov. 2014.

BRASIL. Supremo Tribunal Federal. *Mandado de Segurança n. 22.357*. Rel. Min. Gilmar Mendes. *Informativo STF*, n. 351, 7 jul./11 jul. 2004. Disponível em: <http://www.stf.jus. br>. Acesso em: 9 jan. 2015.

BRASIL. Supremo Tribunal Federal. *Mandado de Segurança n. 24.268-MG*. Rel. Min. Gilmar Mendes. *Informativo STF*, n. 343, 12 abr./16 abr. 2004. Disponível em: <http://www.stf. jus.br>. Acesso em: 9 dez. 2015.

BRASIL. Supremo Tribunal Federal. *PET n. 2.900-RS*. Rel. Min. Gilmar Mendes. *Informativo STF*, n. 310, 26 maio/30 maio 2003. *DJ*, 1 ago. 2003. Disponível em: <http://www.stf.jus. br>. Acesso em: 9 dez. 2015.

BRASIL. Supremo Tribunal Federal. *Recurso Extraordinário n. 571.572*. Tribunal Pleno. Rel. Min. Gilmar Mendes. Julg. 13.2.2009. Disponível em: <http://www.stf.jus.br>. Acesso em: 28 nov. 2014.

CÂMARA, Jacinto Arruda. *Tarifa nas concessões*. São Paulo: Malheiros, 2009.

CARMONA, Carlos Alberto. *Arbitragem e processo*: um comentário à Lei nº 9.307/1996. 2. ed. São Paulo: Atlas, 2004.

GRAU, Eros Roberto. Arbitragem e contrato administrativo. *RTDP*, n. 32.

LARENZ, Karl. *Derecho justo* – fundamentos de ética jurídica. Madri: Civitas, 1985.

LEMES, Selma M. Ferreira. Arbitragem na concessão de serviços públicos – arbitrabilidade objetiva. Confidencialidade ou publicidade processual?. In: GUILHERME, Luiz Fernando V. A. (Org.). *Novos rumos da arbitragem no Brasil*. São Paulo: Fiúza, 2004.

MARINONI, Luiz Guilherme. *Processo de conhecimento*. São Paulo: Revista dos Tribunais, 2007.

SCHREIBER, Anderson. *A proibição de comportamento contraditório*. Rio de Janeiro: Renovar, 2005.

Informação bibliográfica deste texto, conforme a NBR 6023:2002 da Associação Brasileira de Normas Técnicas (ABNT):

BINENBOJM, Gustavo. Arbitragem em ambientes regulados e sua relação com as competências das agências reguladoras. *In*: CÂMARA, Alexandre Freitas; PIRES, Adilson Rodrigues; MARÇAL, Thaís Boia (Coords.). *Estudos de direito administrativo em homenagem ao professor Jessé Torres Pereira Junior*. Belo Horizonte: Fórum, 2016. p. 207-228. ISBN 978-85-450-0166-9.

NÃO INCLUSÃO DE RECEITAS DA CONTRIBUIÇÃO DE ILUMINAÇÃO PÚBLICA (COSIP) NA CONSIDERAÇÃO DO LIMITE DE GASTOS DO PODER LEGISLATIVO MUNICIPAL

Gustavo da Gama Vital de Oliveira
Marco Antônio Ferreira Macedo

1 Delimitação da controvérsia

Existe intensa controvérsia atual em torno da necessidade de inclusão ou não das receitas oriundas da COSIP – contribuição para o custeio de iluminação pública – no conceito de "receita tributária" aludido no art. 29-A da Constituição Federal (redação da EC nº 25/00) para efeito de consideração do limite estabelecido por aquele dispositivo para a despesa dos entes políticos com o Poder Legislativo.

O estudo pretende examinar a controvérsia e demonstrar que a tese de que os valores oriundos da COSIP não integram a consideração do limite previsto no dispositivo constitucional encontra-se de acordo com a distinção estabelecida pela Lei nº 4.320/64 e a LC nº 101/00 (Lei de Responsabilidade Fiscal) entre a receita tributária e a receita de contribuições para efeito de classificação da receita pública, apesar de ser incontroversa a natureza tributária das contribuições.

2 A necessidade de solução da controvérsia com base nos preceitos das normas gerais de direito financeiro

Dispõe o art. 29-A da Constituição Federal, incluído pela EC nº 25/00:

Art. 29-A. O total da despesa do Poder Legislativo Municipal, incluídos os subsídios dos Vereadores e excluídos os gastos com inativos, não poderá ultrapassar os seguintes percentuais, relativos ao somatório da receita tributária e das transferências previstas no §5º do art. 153 e nos arts. 158 e 159, efetivamente realizado no exercício anterior

O dispositivo constitucional determina a forma de apuração do limite máximo de despesa com o Poder Legislativo de cada ente político, correspondente a percentual sobre: (a) receitas tributárias, (b) transferências tributárias de IOF incidente sobre operações com ouro e (c) transferências tributárias previstas nos arts. 158 e 159 da Constituição da República.

O art. 168 da CF, que disciplina o repasse de recursos para o Poder Legislativo, dispõe:

> **Art. 168.** Os recursos correspondentes às dotações orçamentárias, compreendidos os créditos suplementares e especiais, destinados aos órgãos dos Poderes Legislativo e Judiciário, do Ministério Público e da Defensoria Pública, ser-lhes-ão entregues até o dia 20 de cada mês, em duodécimos, na forma da lei complementar a que se refere o art. 165, §9º.

Como ressalta José Maurício Conti, a regra do art. 168 da CF impede que o Poder Executivo na execução orçamentária se torne "onipotente", ou seja, impede que os outros poderes se tornem dependentes pela entrega dos recursos financeiros.[1]

As regras constitucionais que asseguram a participação do Legislativo, Judiciário e Ministério Público na elaboração da proposta e na execução orçamentária constituem projeções naturais da autonomia de tais órgãos políticos no sistema orçamentário.

Nessa linha, o STF julgou inconstitucional dispositivo constante de Lei de Diretrizes Orçamentárias do Estado do Paraná que havia fixado limite de participação do Judiciário no orçamento estadual sem qualquer participação desse poder em tal decisão.[2]

Em 2011, o Pleno do STF reconheceu violação à autonomia financeira do Poder Judiciário e do Ministério Público do Estado do Ceará, assegurando que uma vez fixadas as diretrizes gerais para a elaboração e a execução dos orçamentos do estado por meio da Lei de

---

[1] CONTI, José Maurício. *A autonomia financeira do Poder Judiciário*. São Paulo: MP, 2006. p. 105.
[2] Tribunal Pleno. ADI nº 1.911 MC. Rel. Min. Ilmar Galvão. *DJ*, 12 mar. 1999.

Diretrizes Orçamentárias e, estimadas a receita e a despesa do estado para o exercício financeiro de 2010, por meio da Lei Orçamentária Anual, não poderia lei ordinária, de iniciativa exclusiva do Poder Executivo, fixar limites de execução orçamentária sem nenhuma participação do Poder Judiciário e do Ministério Público, por implicar indevida interferência sobre a gestão orçamentária desses órgãos autônomos.[3]

Ainda com base na autonomia financeira dos poderes assegurada pela CF, o STF declarou inconstitucional o §3º do art. 9º da Lei de Responsabilidade Fiscal (LC nº 101/00), que permitia ao Poder Executivo limitar os valores financeiros segundo os critérios fixados pela Lei de Diretrizes Orçamentárias, no caso de os poderes Legislativo e Judiciário e o Ministério Público não promoverem a limitação no prazo estabelecido no *caput*.[4]

A lei complementar mencionada no art. 168 da CF só pode ser a Lei nº 4.320/64, que foi recepcionada pelo ordenamento constitucional de 1988, por trazer normas gerais de direito financeiro, bem como a Lei de Responsabilidade Fiscal (LC nº 101/00).

Portanto, merece destaque o fato de que a Constituição determinou no art. 168 (na redação originária do constituinte de 1988) que o repasse de recursos ao Poder Legislativo deveria ser realizado de acordo com a sistemática estabelecida pela lei complementar.

À luz do art. 11, da Lei nº 4.320/64, percebe-se a clara distinção estabelecida na classificação das receitas segundo a categoria econômica entre as expressões "receita tributária" e "receita de contribuições":

> Art. 11. A receita classificar-se-á nas seguintes categorias econômicas:
> Receitas Correntes e Receitas de Capital
> §1º São Receitas Correntes as receitas tributária, de contribuições, patrimonial, agropecuária, industrial, de serviços e outras e, ainda, as provenientes de recursos financeiros recebidos de outras pessoas de direito público ou privado, quando destinadas a atender despesas classificáveis em Despesas Correntes. [...]
> §4º A classificação da receita obedecerá ao seguinte esquema:
> RECEITAS CORRENTES
> RECEITA TRIBUTÁRIA

---

[3] ADI nº 4.426/CE. Rel. Min. Dias Toffoli. *DJ*, 9 fev. 2011.
[4] ADI nº 2.238. Rel. Min. Ilmar Galvão. *DJ*, 12 set. 2008.

Impostos
Taxas
Contribuições de Melhoria
RECEITA DE CONTRIBUIÇÕES

Entre as receitas tributárias, segundo o §4º do mesmo artigo da Lei nº 4.320/64, estão somente os impostos, as taxas e as contribuições de melhoria. Logo, a receita de contribuições, entre as quais poderia ser classificada a COSIP, não integra o conceito restritivo de receita tributária do art. 29-A da Constituição Federal.

A Lei de Responsabilidade Fiscal (LC nº 101/00), ao cuidar da receita pública, também estabeleceu diferença entre os conceitos de "receitas tributárias" e "receitas de contribuições", o que fica evidenciado no art. 2º, IV, na definição de receita corrente líquida:

> Art. 2º Para os efeitos desta Lei Complementar, entende-se como: [...]
> IV – receita corrente líquida: somatório das receitas tributárias, de contribuições, patrimoniais, industriais, agropecuárias, de serviços, transferências correntes e outras receitas também correntes, deduzidos.

Em outros dispositivos, a Lei de Responsabilidade Fiscal também deixa evidenciado que, ao menos para efeito de classificação das receitas públicas, é possível tratar como conceitos diferentes "tributo" e "contribuição", de modo que a constatação de que as contribuições seriam espécie de tributo não significa necessariamente sua subsunção automática no conceito de "receita tributária":

> Art. 14. A concessão ou ampliação de incentivo ou benefício de natureza tributária da qual decorra renúncia de receita deverá estar acompanhada de estimativa do impacto orçamentário-financeiro no exercício em que deva iniciar sua vigência e nos dois seguintes, atender ao disposto na lei de diretrizes orçamentárias e a pelo menos uma das seguintes condições: [...]
> II – estar acompanhada de medidas de compensação, no período mencionado no caput, por meio do aumento de receita, proveniente da elevação de alíquotas, ampliação da base de cálculo, majoração ou criação de tributo ou contribuição.
> §1º A renúncia compreende anistia, remissão, subsídio, crédito presumido, concessão de isenção em caráter não geral, alteração de alíquota ou modificação de base de cálculo que implique redução discriminada de tributos ou contribuições, e outros benefícios que correspondam a tratamento diferenciado. [...]

Art. 17. [...]

§3º Para efeito do §2º, considera-se aumento permanente de receita o proveniente da elevação de alíquotas, ampliação da base de cálculo, majoração ou criação de tributo ou contribuição. [...]

Art. 37. Equiparam-se a operações de crédito e estão vedados: I – captação de recursos a título de antecipação de receita de tributo ou contribuição cujo fato gerador ainda não tenha ocorrido, sem prejuízo do disposto no §7º do art. 150 da Constituição; [...]

Art. 58. A prestação de contas evidenciará o desempenho da arrecadação em relação à previsão, destacando as providências adotadas no âmbito da fiscalização das receitas e combate à sonegação, as ações de recuperação de créditos nas instâncias administrativa e judicial, bem como as demais medidas para incremento das receitas tributárias e de contribuições.

Logo, a conclusão a que se chega é a de que à luz das normas gerais de direito financeiro (Lei nº 4.320/64 e LC nº 101/00), ainda que a contribuição constitua espécie tributária, há clara distinção entre os conceitos de "receita tributária" e "receita de contribuições", ao menos para fins de classificação contábil das receitas públicas.

A consideração de que a LRF também estabeleceu distinção entre as expressões "receita tributária" e "receita de contribuições" é especialmente importante. Caso a referida distinção fosse limitada à Lei nº 4.320/64, poder-se-ia cogitar que a referida distinção era apenas pertinente ao tempo da edição da referida lei, considerando a dúvida que imperava na doutrina e na jurisprudência da época sobre a natureza tributária das contribuições.

Sendo inegável que a Constituição de 1988 consagrou definitivamente a tese de que as contribuições possuem natureza tributária, como confirma a doutrina[5] e a jurisprudência,[6] e considerando que a LRF foi editada em 2000, verifica-se que a mencionada distinção, ao menos no que se refere à classificação das receitas públicas, permanece atual mesmo à luz da ordem constitucional vigente.

Ademais, inobstante o STF tenha reconhecido a natureza tributária da COSIP, ao apreciar o RE nº 573.675 (*DJ*, 22 maio 2009), o STF também evidenciou o caráter *sui generis* da COSIP,

---

[5] Por todos, BARRETO, Paulo Ayres. *Contribuições*. Regime jurídico, destinação e controle. São Paulo: Noeses, 2006. p. 95.

[6] RE nº 146.733/SP. Rel. Min. Moreira Alves. Julg. 29.6.1992; RE nº 138.284/CE. Rel. Min. Carlos Veloso. Julg. 1º.7.1992.

vale dizer, incluiu-a entre os tributos, mas salientou o seu específico perfil, qual seja, o custeio do serviço de iluminação pública do ente que a instituir.

Embora a questão posta em debate afigure-se controvertida, dividindo opiniões nos Tribunais de Contas do Brasil, havendo precedentes nos dois sentidos, pelas razões já aduzidas entendemos que deve prevalecer o entendimento no sentido de que as receitas relativas à COSIP não devem compor a locução explicitada no art. 29-A da CF, na linha dos seguintes precedentes:

> Tribunal de Contas do Mato Grosso do Sul [...]
> CÂMARA MUNICIPAL DE VÁRZEA GRANDE. CONSULTA. RECEITA. CONTRIBUIÇÃO PARA O CUSTEIO DO SERVIÇO DE ILUMINAÇÃO PÚBLICA – COSIP. NATUREZA JURÍDICA TRIBUTÁRIA. CLASSIFICAÇÃO DA RECEITA. RECEITA DE CONTRIBUIÇÃO. A COSIP tem natureza tributária, porém, não se confunde com as espécies tradicionais de tributos (imposto, taxa e contribuição de melhoria), enquadrando-se como espécie do gênero contribuições.
> DESPESA. LIMITE. PODER LEGISLATIVO MUNICIPAL. GASTO TOTAL. BASE DE CÁLCULO. NÃO-INCLUSÃO DA RECEITA PROVENIENTE DA CONTRIBUIÇÃO DE ILUMINAÇÃO PÚBLICA, NA BASE DE CÁLCULO PARA REPASSE FINANCEIRO AO PODER LEGISLATIVO MUNICIPAL. A receita proveniente da COSIP, não integra a base de cálculo do repasse financeiro ao Poder Legislativo Municipal, prevista no artigo 29-A, da Constituição da República, pois, trata-se de contribuição vinculada à finalidade certa e que não se enquadra no conceito de receita tributária definido pela legislação financeira, orçamentária e de contabilidade pública vigentes.[7]
> Tribunal de Contas do Estado de Minas Gerais [...]
> Contribuição de Iluminação Pública (CIP). Não inclusão na base de cálculo repasse de recursos ao Legislativo [...] os valores recebidos da Contribuição para Custeio da Iluminação Pública estão excluídos da base de cálculo sobre o qual incidirá o percentual do repasse a que tem direito a Casa de Vereadores porque esses recursos têm destinação especial prevista em lei.[8]

O Tribunal de Contas do Estado de São Paulo, em publicação de 2012, denominada *O Tribunal e a gestão financeira das Câmaras de Vereadores*, concluiu no mesmo sentido:

---

[7] Processo nº 21.505-8/2009. Rel. Cons. Waldir Júlio Teis. Julg. 18.5.2010.

[8] Consulta nº 717.701. Rel. Cons. Elmo Braz. Sessão 16.12.2009.

Segundo a Portaria SOF/STN nº. 163/01, a Contribuição para Custeio do Serviço de Iluminação Pública, a CIP nada tem a ver com contribuição de melhoria; não integra, portanto, a receita tributária, excluindo-se, por consequência, do denominador sobre o qual se apura o limite da despesa com a Casa Municipal de Leis.[9]

Na mesma linha, a Secretaria do Tesouro Nacional, ao emitir a Nota Técnica nº 721/2005/GENOC/CCONT – STN, manifestou-se expressamente pela exclusão da consideração dos valores relativos à COSIP da base de cálculo referida no art. 29-A da CF:

> Portanto, a base para o cálculo do limite total da despesa do Poder Legislativo Municipal é o somatório da receita tributária municipal e das transferências constitucionais previstas no §5º do art. 153 e nos art. 158 e 159, transcritos acima.
>
> 5. Porém, a questão da identidade específica das contribuições é matéria controversa na doutrina, havendo quem afirme que se trata de espécie de tributo. Outra vertente trata a contribuição como gênero independente. A Lei nº 4.320/64, no seu art. 11, §4º, ao estabelecer a classificação da receita faz distinção entre a receita tributária – incluindo impostos, taxas e contribuições de melhoria – e a receita de contribuições.
>
> 5.1. A controvérsia é decorrente da base doutrinária. Sobre a Contribuição para o Custeio do Serviço de Iluminação Pública, mesmo que o conteúdo do art. 149-A da Constituição Federal descreva "contribuição", há, entre os especialistas em direito constitucional quem defenda a interpretação de receita tributária.
>
> 5.2. Entretanto, seguindo a orientação adotada pela Lei nº 4.320/64, pelo Manual de Receitas Públicas, aprovado pela Portaria nº 219/04 e atualizado pela Portaria nº 303/05, e demais normas complementares, esta não pode ser considerada uma receita tributária para os municípios, ela é considerada "de contribuições" e, desse modo, não comporá a base para o cálculo do limite total de despesa do Poder Legislativo Municipal, previsto no art. 29-A.

A Portaria Conjunta Secretaria do Tesouro Nacional/Secretaria de Orçamento Federal nº 437/2012, que editou o *Manual de Contabilidade Aplicada ao Setor Público*[10] (de aplicação obrigatória a estados, Distrito Federal e municípios) menciona explicitamente

---

[9] BRASIL. *Portaria Conjunta STN/SOF nº 437/2012*. Manual de Contabilidade Aplicada ao Setor Público. Disponível em: <https://www.tesouro.fazenda.gov.br/pt/component/content/article/751>. Acesso em: 20 abr. 2014.

[10] BRASIL. *Portaria Conjunta STN/SOF nº 437/2012*. Manual de Contabilidade Aplicada ao Setor Público. Disponível em: <https://www.tesouro.fazenda.gov.br/pt/component/content/article/751>. Acesso em: 20 abr. 2014.

que a receita proveniente da COSIP deve ser classificada, nos termos da Lei nº 4.320/64, na categoria "receita de contribuições": "Sob a ótica da classificação orçamentária, a 'Contribuição de Iluminação Pública' é Espécie da Origem 'Contribuições', que integra a Categoria Econômica "Receitas Correntes".

Em outro trecho, o Manual é ainda mais explícito ao diferenciar "receita tributária" e "receita de contribuições": "Para efeitos de classificação orçamentária, a Origem 'Receita Tributária' engloba apenas as Espécies 'Impostos', 'Taxas" e 'Contribuições de Melhoria'" (nota 8); "Para efeitos de Classificação Orçamentária, a 'Receita de Contribuições' é diferenciada da Origem 'Receita Tributária'" (nota 9).

A Secretaria do Tesouro Nacional reforçou tal posição ao divulgar o *Manual de Demonstrativos Fiscais* em 2012. O manual estabelece regras de harmonização a serem observadas pela Administração Pública federal, estadual e municipal para a elaboração do Anexo de Riscos Fiscais (ARF), do Anexo de Metas Fiscais (AMF), do Relatório Resumido da Execução Orçamentária (RREO) e do Relatório de Gestão Fiscal (RGF), previstos na Lei de Responsabilidade. A Tabela 1 – Balanço Orçamentário, que estipula o modelo de relatório resumido da execução orçamentária, incluiu as receitas provenientes de contribuição de iluminação pública no campo "receita de contribuições" e não "receita tributária".

Vale destacar neste ponto a consideração do art. 50, §2º, da Lei Complementar nº 101/00 – Lei de Responsabilidade Fiscal:

> Art. 50. [...]
> §2º. A edição de normas gerais para consolidação das contas públicas caberá ao órgão central de contabilidade da União, enquanto não implantado o conselho de que trata o art. 67.

Por conseguinte, enquanto não implantado o Conselho de Gestão Fiscal, a competência para editar normas de consolidação da contabilidade pública será atribuição da Secretaria do Tesouro Nacional, que atualmente desempenha a função de Órgão Central de Contas da União, nos termos do art. 67, III, c/c art. 50, §2º, da LRF.

Diogo de Figueiredo Moreira Neto[11] destaca o objetivo de padronização das contas públicas buscado pelo dispositivo: "Essas

---

[11] MOREIRA NETO, Diogo de Figueiredo. *Considerações sobre a Lei de Responsabilidade Fiscal*: finanças públicas democráticas. Rio de Janeiro: Renovar, 2001. p. 261.

regras técnicas contábeis, que deverão ser modernas e flexíveis, com o benefício da padronização, a serem produzidas pelos órgãos nele mencionados, tanto quanto os demais exemplos acima comentados, é perfeitamente constitucional".

É evidente que a Secretaria do Tesouro Nacional, como órgão técnico atual de consolidação da contabilidade pública, deve obediência às normas constitucionais, especialmente a da autonomia dos entes da federação.[12]

Todavia, considerando que a questão controvertida comporta mais de uma solução razoável a partir da abertura semântica do texto constitucional, deve ser privilegiada a decisão adotada pelo órgão técnico indicado na LRF como responsável pela consolidação da contabilidade pública brasileira, de forma a garantir a uniformidade na solução da controvérsia em relação aos milhares de municípios.

A exclusão dos valores arrecadados com a COSIP para composição da base de cálculo que informará o art. 29-A da CF encontra ainda amparo na própria teleologia do dispositivo. Trata-se de norma que busca estabelecer relação de razoabilidade entre os gastos com o Poder Legislativo e a grandeza da receita tributária do município disponível para comportar as despesas como as necessárias para manutenção do Legislativo.

Ora, os recursos da COSIP já possuem finalidade constitucional exclusiva (serviços de iluminação pública). Assim, os valores arrecadados por meio desta contribuição não estão disponíveis para a manutenção da estrutura geral do Legislativo. Logo, não parece aceitável que tais valores sejam considerados para estimar a capacidade de gasto do município com tais despesas.

Em reforço à tese, as demais receitas mencionadas pelo art. 29-A da CF que compõem a aferição do limite (transferências tributárias de IOF incidente sobre operações com ouro e transferências previstas nos arts. 158 e 159 da CF) também constituem recursos que não possuem destinação específica de recursos para aplicação em despesas determinadas, exatamente o oposto do que se verifica com os recursos da COSIP.

---

[12] MOTTA, Carlos Pinto Coelho. *Eficácia nas concessões, permissões e parcerias*. Belo Horizonte: Del Rey, 2007. p. 567.

3 Conclusão

Os recursos provenientes da arrecadação da contribuição para o custeio do serviço de iluminação pública (COSIP) não devem ser considerados para efeito da expressão "receita tributária" constante do art. 29-A da Constituição Federal, considerando a interpretação correta da referida expressão à luz das normas gerais de direito financeiro vigentes, bem como da posição adotada pela Secretaria do Tesouro Nacional.

Referências

BARRETO, Paulo Ayres. *Contribuições*. Regime jurídico, destinação e controle. São Paulo: Noeses, 2006.

BRASIL. *Lei 4.320 de 17 de março de 1964*. Estatui Normas Gerais de Direito Financeiro para elaboração e contrôle dos orçamentos e balanços da União, dos Estados, dos Municípios e do Distrito Federal. Disponível em: <http://www.planalto.gov.br/ccivil_03/leis/L4320.htm>.

BRASIL. *Lei Complementar n. 101 de 4 de maio de 2000*. Estabelece normas de finanças públicas voltadas para a responsabilidade na gestão fiscal e dá outras providências. Disponível em: <http://www.planalto.gov.br/ccivil_03/leis/LCP/Lcp101.htm>.

BRASIL. *Manual de demonstrativos fiscais*: aplicado à União e aos estados, Distrito Federal e municípios – Ministério da Fazenda, Secretaria do Tesouro Nacional. 5. ed. Brasília: Secretaria do Tesouro Nacional, Coordenação-Geral de Normas de Contabilidade Aplicadas à Federação, 2012. Disponível em: <http://www3.tesouro.fazenda.gov.br/legislacao/download/contabilidade/MDF5/MDF_5edicao.pdf>. Acesso em: 20 abril 2014.

BRASIL. Nota *Técnica nº 721/2005/GENOC/CCONT da Secretaria do Tesouro Nacional*. Brasília: Tesouro Nacional, 2005.

BRASIL. *Portaria Conjunta STN/SOF nº 437/2012*. Manual de Contabilidade Aplicada ao Setor Público. Disponível em: <https://www.tesouro.fazenda.gov.br/pt/component/content/article/751>. Acesso em: 20 abr. 2014.

BRASIL. Supremo Tribunal Federal. *RE 138.284/CE*. Rel. Min. Carlos Veloso. Julg. 1º.7.1992.

BRASIL. Supremo Tribunal Federal. *RE 146.733/SP*. Rel. Min. Moreira Alves. Julg. 29.6.1992.

BRASIL. Tribunal de Contas do Estado de Minas Gerais. *Consulta n. 717.701*. Rel. Cons. Elmo Braz. Sessão 16.12.2009.

BRASIL. Tribunal de Contas do Estado de São Paulo. *O Tribunal e a gestão financeira das Câmaras de Vereadores*. Disponível em: <http://www4.tce.sp.gov.br/sites/default/files/manual-de-gestao-financeira-das-camaras-de-vereadores1.pdf>. Acesso em: 20 abr. 2014.

BRASIL. Tribunal de Contas do Mato Grosso do Sul. *Processo nº 21.505-8/2009*. Rel. Conselheiro Waldir Júlio Teis. Julg. 18.5.2010.

CONTI, José Maurício. *A autonomia financeira do Poder Judiciário*. São Paulo: MP, 2006.

MOREIRA NETO, Diogo de Figueiredo. *Considerações sobre a Lei de Responsabilidade Fiscal*: finanças públicas democráticas. Rio de Janeiro: Renovar, 2001.

MOTTA, Carlos Pinto Coelho. *Eficácia nas concessões, permissões e parcerias*. Belo Horizonte: Del Rey, 2007.

Informação bibliográfica deste texto, conforme a NBR 6023:2002 da Associação Brasileira de Normas Técnicas (ABNT):

OLIVEIRA, Gustavo da Gama Vital de; MACEDO, Marco Antônio Ferreira. Não inclusão de receitas da contribuição de iluminação pública (COSIP) na consideração do limite de gastos do poder legislativo municipal. *In:* CÂMARA, Alexandre Freitas; PIRES, Adilson Rodrigues; MARÇAL, Thaís Boia (Coords.). *Estudos de direito administrativo em homenagem ao professor Jessé Torres Pereira Junior*. Belo Horizonte: Fórum, 2016. p. 229-239. ISBN 978-85-450-0166-9.

CORRUPÇÃO: PRESSUPOSTOS PARA A APLICAÇÃO DA LEI Nº 12.846

Marçal Justen Filho

1 A repressão à corrupção

A Lei nº 12.846 reflete o esforço de combater atos praticados por particulares e que se configurem como lesivos à Administração Pública, com ênfase no combate à corrupção. Em termos gerais, pode-se afirmar que a corrupção consiste no exercício, em benefício de determinados sujeitos, de poderes estatais instituídos para assegurar o bem-estar da coletividade. A característica fundamental da corrupção reside no desvio no exercício de uma competência estatal para beneficiar, indevidamente, um ou mais sujeitos privados. A corrupção pressupõe, de modo inafastável, a participação de agentes estatais. Isso significa que a corrupção é um mau funcionamento do aparato estatal.

Na ação corrupta, há a dissociação entre o modelo ideal de atuação do agente estatal e a conduta concreta praticada. Atribuem-se poderes diferenciados ao Estado para assegurar a realização de certos fins valiosos para a coletividade e que são usualmente referidos como "interesse público".[1]

A corrupção se externa com a ruptura entre a atuação do agente estatal em face do interesse coletivo. O sujeito corrupto atua para beneficiar um interesse distinto da coletividade. Esse interesse pode ser pessoal ou de terceiros e a sua satisfação é obtida por meio da indevida transferência de vantagens ou supressão de encargos. A corrupção acarreta a ausência de realização dos interesses coletivos, que são submetidos a interesses privados.

---

[1] Para se evitar que o conteúdo do interesse público possa se confundir com interesse do aparato estatal ou com os interesses dos exercentes das funções administrativas, opta-se pela expressão "interesse coletivo". Para um aprofundamento do tema, consulte-se a obra do autor *Curso de direito administrativo*. 11. ed. São Paulo: RT, 2015. p. 132 e ss.

2 A natureza da definição legal de "atos lesivos"

O art. 5º estabelece que os atos lesivos são aqueles que atentem contra o patrimônio público (nacional ou estrangeiro), contra os princípios da Administração Pública ou contra os compromissos internacionais assumidos pelo Brasil. No entanto, o dispositivo é completado com a cláusula "assim definidos", a que se segue um elenco de situações. A indagação imediata é sobre a natureza exemplificativa ou exaustiva do elenco contemplado nos incisos do art. 5º. A redação legal induz à taxatividade. Afinal, não existe uma solução gramatical indicativa de que o elenco é apenas ilustrativo.

Ressalte-se que a exposição da primeira parte do *caput* do art. 5º compreende uma pluralidade muito ampla de condutas. Considere-se, por exemplo, a hipótese de atos "contra princípios da administração pública". Essa fórmula verbal poderia alcançar todas as condutas antijurídicas que afetassem a atividade administrativa do Estado. Já o elenco contemplado nos incisos do art. 5º é muito mais limitado, envolvendo na maior parte a atividade contratual e pré-contratual desenvolvida pela Administração Pública.

Seja em virtude da redação do *caput* do art. 5º da Lei nº 12.846, seja por homenagem às regras constitucionais[2] e aos princípios do direito repressivo (que exigem um mínimo de tipificação das condutas qualificadas como ilícitas), adota-se a interpretação de que o elenco apresenta natureza exaustiva.[3] Portanto, não haverá

---

[2] A Constituição consagra uma regra – antes do que um princípio – no sentido de que não existe infração criminal ou administrativa sem norma legal assim o prevendo. Assim está previsto em diversas passagens do art. 5º da CF/88, tais como os incs. XXXIX e LIV. A advertência é necessária em vista de uma modificação semântica. Aludia-se, no passado, a "princípio" para indicar um postulado normativo essencial, do qual se originavam decorrências normativas inquestionáveis. Posteriormente, diversos doutrinadores passaram a utilizar o vocábulo "princípio" com significado diverso. A maior influência se deve ao pensamento de Alexy, que aludiu a princípio para indicar uma norma de forte conotação axiológica, que estabelece parâmetros gerais para ponderação num caso concreto. Na acepção utilizada pelo referido autor, o "princípio da legalidade" teria um significado muito distinto daquele defendido classicamente. Daí a necessidade de assinalar que, em muitos casos, a Constituição consagra não apenas um princípio, mas também uma regra. Assim se passa com a legalidade. Sobre o tema e para um maior aprofundamento, confira-se a obra do autor *Curso de direito administrativo*. 11. ed. São Paulo: RT, 2015. p. 119 e ss.

[3] Nesse mesmo sentido, confira-se: BERTONCINI, Mateus. Capítulo II – Dos atos lesivos à Administração Pública Nacional ou Estrangeira. In: ABDUCH, José Anacleto; BERTONCINI, Mateus; COSTÓDIO FILHO, Ubirajara. *Comentários à Lei nº 12.846/2012*: Lei Anticorrupção. São Paulo: RT, 2014. p. 116.

fundamento para enquadrar a conduta exclusivamente no *caput* do art. 5º da Lei nº 12.846.

3 O tipo objetivo: a ilicitude

É fundamental assinalar que as condutas lesivas previstas na Lei nº 12.846 envolvem ilicitudes. Trata-se de práticas contrárias à ordem jurídica, que são sujeitadas à punição prevista na Lei nº 12.846. Tais práticas visam a lesar a Administração Pública e os interesses coletivos por ela a serem satisfeitos e/ou protegidos. Portanto, essa lei não reprime condutas que sejam lícitas perante o ordenamento jurídico. Mais precisamente, objetiva punir condutas violadoras (ou potencialmente violadoras) de interesses da mais alta relevância.[4] Um exemplo permite compreender a questão.

O inc. IV, al. "b", do art. 5º refere-se à conduta de impedir a realização de qualquer ato do procedimento licitatório. Suponha-se que um interessado invoque tutela jurisdicional e obtenha provimento cautelar determinando a suspensão de uma licitação. É evidente que não se configura, nesse exemplo, a infração em questão. É verdade que o sujeito atuou de modo a impedir o prosseguimento da licitação. Mas não há ilicitude porque foi utilizada uma solução autorizada pela ordem jurídica. Dito de outro modo, a conduta lícita não é considerada como infração pelo art. 5º da Lei nº 12.846.

4 O tipo subjetivo: a culpabilidade

Todas as condutas previstas nos incisos do art. 5º comportam um elemento subjetivo reprovável. Não se aperfeiçoa o ilícito apenas

---

[4] Conforme destaca René Ariel Dotti: "A melhor doutrina tem entendido que o conceito de ilicitude não se esgota com a simples relação de contrariedade entre a conduta e o ordenamento positivo. Tal definição é considerada insuficiente posto abranger somente o aspecto formal da atividade humana, sem revelar um conteúdo material. Daí porque a ilicitude deve ser conceituada como a relação de antagonismo entre uma conduta humana voluntária e o ordenamento positivo, causando lesão ou expondo a perigo de lesão um bem jurídico tutelado [...]" (DOTTI, René Ariel. *Curso de direito penal*. Parte geral. Rio de Janeiro: Forense, 2001. p. 334).

com a verificação do evento material. É indispensável um elemento volitivo interno. Mais ainda, esse tipo subjetivo é o dolo. É essencial que o sujeito tenha consciência da antijuridicidade de sua conduta e atue de modo preordenado a produzir o resultado.

Essa questão é extremamente relevante porque o tipo objetivo compreende apenas condutas violadoras (ou, quando menos, potencialmente violadoras) da ordem jurídica. Se, portanto, existir uma conduta válida perante a ordem jurídica e se o sujeito que atuava não tinha nem consciência nem vontade de praticar uma infração, não existe ilícito subsumível à Lei nº 12.846.

Outro exemplo facilita a compreensão. Suponha-se que o sujeito pleiteie revisão contratual, invocando a quebra do equilíbrio econômico-financeiro. Admita-se que, examinado o pleito, o Poder Público entenda não estarem presentes os requisitos necessários a tanto. Isso não significa que teria ocorrido a consumação de alguma infração imputável ao particular. A al. "f" do inc. IV do art. 5º prevê que a infração consiste em obter "benefício indevido, de modo fraudulento". A al. "g" do mesmo inciso alude a "manipular ou fraudar o equilíbrio econômico-financeiro". Ou seja, é imprescindível a prática de uma conduta contrária ao direito, consumada de modo intencionalmente orientado à ilicitude.

Essas ressalvas são indispensáveis para evitar que todo pleito rejeitado seja considerado como uma infração ou que qualquer defeito na conduta do particular seja invocado para impor-lhe um sancionamento fundado na Lei nº 12.846.

5 Infrações de mera conduta

Como regra, os ilícitos previstos nos incisos do art. 5º constituem infrações de mera conduta. Ou seja, não se exige a consumação de um resultado material danoso. Assim, por exemplo, imagine-se que o licitante ofereça propina à autoridade, visando obter a vitória na licitação. Tanto basta para consumar-se o ilícito. Não é necessário que o sujeito efetivamente se sagre vencedor. Mais ainda, é perfeitamente possível que a proposta daquele licitante seja a mais vantajosa em face dos critérios de julgamento. Não cabe argumentar que a escolha dessa proposta não acarretaria qualquer prejuízo aos cofres públicos. A oferta da vantagem indevida se constitui em conduta bastante e suficiente para configurar o ilícito. Isso se reflete na própria questão do elemento subjetivo do ilícito. A reprovação recai sobre a consciência e a vontade de promover a corrupção, sendo desnecessário o intuito de causar um efetivo prejuízo material aos cofres públicos. A oferta de propina reflete, apenas e tão somente, a intenção de conduzir o agente público a pautar a própria conduta pela satisfação do interesse do corruptor.[5]

6 A questão da tentativa

Justamente por se tratar, na maioria dos casos, de ilícito de mera conduta, pode-se não configurar como viável a hipótese de tentativa.[6] Isso não impede, no entanto, que a lei tipifique como ilícita a simples tentativa da prática da conduta reprovável.

7 A questão da responsabilidade objetiva

A redação do art. 1º (repetida no art. 2º) da Lei nº 12.846 deve ser entendida em termos. Interpretação literal conduziria a absurdo, senão à inconstitucionalidade. Quando se afirma a existência de "responsabilidade objetiva" das pessoas jurídicas, isso não significa a previsão de responsabilização sem a ocorrência de um ilícito. Mais

---

[5] Entendimento similar já foi manifestado pelo Tribunal de Contas da União nos casos de fraude à licitação: "18. Com relação à afirmação de que a alegada falsificação do documento não teve qualquer influência no processo licitatório, na medida em que não favoreceu qualquer licitante, muito menos a recorrente, registro que a configuração da fraude à licitação não está associada ao seu resultado, ou seja, ao sucesso da empreitada. Fazendo analogia ao Direito Penal, trata-se de ilícito de mera conduta, sendo suficiente a demonstração da combinação entre as partes, visando simular uma licitação perfeitamente lícita para, assim, conferir vantagem para si ou outrem" (Plenário. Acórdão nº 48/2014. Rel. Min. Benjamin Zymler).

[6] Nessa linha, destaca Modesto Carvalhosa: "O resultado do delito, tanto para a pessoa jurídica como para o agente público que não alcançou a vantagem prometida por aquela é irrelevante para configurar o delito tipificado no inciso I do art. 5º. [...] Trata-se, com efeito, de delito formal ou de mera conduta, e por isso consumado desde que o agente não o repila. [...] não se pode falar em tentativa, na medida em que o delito corruptivo somente se coaduna com a promessa aceita pelo agente público" (CARVALHOSA, Modesto. *Considerações sobre a Lei Anticorrupção das Pessoas Jurídicas*. São Paulo: RT, 2015. p. 203-204).

precisamente, somente se admite a responsabilização da pessoa jurídica em virtude da consumação de um ato reprovável, que atente contra a ordem jurídica.

8 A questão da responsabilidade civil por ato lícito

A questão não se relaciona à teoria adotada para a responsabilização objetiva da Administração Pública por danos causados a particulares. O tema envolve uma distinção fundamental entre responsabilidade por atos ilícitos e por atos lícitos.

A ordem jurídica admite, em certas hipóteses, o surgimento da responsabilidade patrimonial por efeitos danosos decorrentes de atos juridicamente lícitos. O exemplo mais evidente é o dever de indenização em caso de desapropriação da propriedade privada. A expropriação praticada pela Administração Pública não configura, como é evidente, um ato ilícito.[7]

Ao exercitar a competência a si assegurada, o Estado não infringe o ordenamento jurídico. No entanto, a desapropriação gera um efeito danoso ao patrimônio privado. A concepção de que o Estado existe como instrumento para promover os direitos fundamentais de todos os indivíduos fundamenta a determinação constitucional da indenização justa em favor do particular afetado pela desapropriação. Considerações similares podem ser realizadas relativamente à disciplina contemplada no art. 37, §6º, da CF/88. O dever de indenizar o particular afetado pelos atos estatais, ali consagrado, não se relaciona necessariamente à configuração de um ato ilícito. Mais precisamente, é perfeitamente possível que a atuação estatal aperfeiçoe um ato ilícito. Mas a ilicitude não é requisito necessário e indispensável para o surgimento da responsabilidade civil do Estado.

O direito exige que o Estado adote todas as providências para evitar que a sua existência ou a operação de seus serviços produza

---

[7] Nesse ponto, é evidente a distinção entre as figuras denominadas de desapropriação direta e desapropriação indireta. Essa última se constitui numa infração à ordem jurídica. Sobre o tema, consulte-se a obra do autor *Curso de direito administrativo*. 11. ed. São Paulo: RT, 2015. p. 657 e ss.

danos a particulares. Usualmente, a responsabilidade civil do Estado depende da existência de um dano "injusto". A expressão indica uma situação de violação da ordem jurídica (responsabilidade por ato ilícito). Mas também contempla as hipóteses em que o dano é uma decorrência da obtenção de uma vantagem para o conjunto da comunidade (responsabilidade por ato lícito).

Não cabe, nesse momento, aprofundar o exame da questão do requisito subjetivo da responsabilidade civil do Estado. O que se pode afirmar é que a relação objetiva entre o Estado e a infração à conduta imposta como obrigatória pelo direito autoriza o surgimento da responsabilidade civil sem a exigência de um elemento subjetivo reprovável equivalente ou similar àquele que demanda nas hipóteses de condutas danosas praticadas pelos particulares.

9 A Lei nº 12.846 e a responsabilidade por atos ilícitos

Não há qualquer fundamento para defender a tese de que a responsabilidade civil instituída pela Lei nº 12.846 teria por fundamento a prática de atos lícitos. É inquestionável que o diploma promove a repressão a práticas de corrupção e de violação a deveres administrativos. Isso pressupõe a existência de uma conduta desenvolvida por uma pessoa física.

Ou seja, a pessoa jurídica de direito privado *responde* pelo ato ilícito praticado por um indivíduo, que se configura como seu agente.[8] Dito de outro modo, não se trata de ilicitude praticada diretamente pela pessoa jurídica de direito privado. O que se impõe é o sancionamento à pessoa jurídica pela consumação de condutas reprováveis cometidas por indivíduos que atuam em nome, por conta ou no interesse dela.

Bem por isso, a responsabilidade (da pessoa jurídica) depende da existência da ilicitude (da conduta de um agente). E

---

[8] A utilização do vocábulo "agente" não é casual. Cabe fazer referência à tradicional teoria do *principal-agent*, desenvolvida no direito anglo-saxão. Sobre o tema, confira-se: LAFFONT, Jean-Jacques; MARTIMORT, David. *The Theory of Incentives*: The Principal-Agent Model. Princeton United Kingdom: University Press, 2002.

somente se configurará a ilicitude quando existir um elemento subjetivo reprovável. Não existe ilicitude (corrupção, no caso) sem culpabilidade.

Ou seja, não é viável estabelecer a responsabilidade perante a Lei nº 12.846 mediante a presença de uma simples relação de causalidade entre a atuação de um sujeito e um resultado danoso. Tal decorre de que o resultado "danoso" somente se configura quando ocorrer a violação à lei.

Um exemplo permite compreender a questão. O direito dos EUA prevê, em diversas passagens, a possibilidade de o interessado obter tratamento preferencial perante a Administração Pública mediante o pagamento de uma taxa adicional.[9] O pagamento do valor não configura prática de corrupção.

Observe-se que uma das modalidades mais vulgares de corrupção consiste em desembolso pelo particular de importância em dinheiro para obter tratamento preferencial da Administração Pública. Alguém poderia contrapor que a distinção se encontra no destino do dinheiro (cofres públicos ou não). O argumento é parcialmente procedente: continuaria a existir violação à ordem administrativa em face do direito brasileiro se o funcionário concedesse vantagem não prevista na lei em favor de um particular mediante o pagamento de importância que viesse a ser recolhida aos cofres públicos.

O ponto fundamental, como se exporá adiante, não é propriamente o destino dos recursos desembolsados pelo particular, mas a previsão normativa autorizando ou não a prática. Portanto, o pagamento pelo particular de uma importância pecuniária visando obter um tratamento preferencial não configura ato de corrupção quando a ordem jurídica estabelecer esse procedimento como lícito. Esse entendimento é procedente tanto no direito estadunidense quanto no brasileiro.

---

[9] Um exemplo marcante envolve o chamado *Premium Processing*, nas hipóteses de requerimento de vistos de imigração, tal como o EB-1A. Mediante o pagamento de uma taxa adicional (presentemente fixada no valor de US$1.225,00), assegura-se a emissão de uma decisão ao pleito do interessado no prazo máximo de quinze dias. Se não houver o pagamento dessa taxa, a decisão seguirá trâmites temporais normais. O que pode envolver o decurso de vários meses. Sobre o tema, confira-se: HOW do i use the Premium Processing Service? *U.S. Citizenship and Immigration Service*. Disponível em: <http://www.uscis.gov/forms/how-do-i-use-premium-processing-service>. Acesso em: 13 set. 2015.

A consumação da corrupção exige necessariamente um elemento subjetivo reprovável. A consumação da infração apta a gerar a responsabilidade patrimonial da pessoa jurídica depende da configuração de uma conduta injusta – ainda que tal se apure relativamente ao agente que atua em nome, por conta ou no interesse da pessoa jurídica responsabilizada.

Outro exemplo permite compreender a questão. Suponha-se que um sujeito comparece a uma repartição pública e desavisadamente deixa cair sobre o balcão uma nota de dinheiro. Imagine-se que o funcionário se aproprie desse valor e defira tratamento vantajoso ao particular. Somente existirá conduta ilícita do particular na medida em que se evidencie um elemento subjetivo reprovável a ele imputável. Se o particular não tinha consciência de que a nota de dinheiro fora deixada sobre o balcão, a apropriação pelo funcionário pode configurar furto, não uma modalidade de corrupção ativa. Nem existirá infração subordinada à disciplina da Lei nº 12.846.

Em suma, a Lei nº 12.846 consagra a desnecessidade da culpa ou dolo da *pessoa jurídica* relacionada à prática da conduta ilícita. O dispositivo apenas estabelece que, configurado o ato ilícito, haverá a responsabilização da pessoa jurídica a que se vincular o agente infrator. Para tanto, será desnecessária a exigência de algum elemento subjetivo reprovável no tocante ao desempenho da própria pessoa jurídica.[10]

Outro exemplo permite compreender melhor a questão. Suponha-se que o diretor de uma sociedade anônima privada pratique ato de corrupção relativamente à Administração Pública. Admita-se que se encontrem presentes todos os requisitos pertinentes à tipificação da conduta reprovável relativamente ao referido diretor. Tanto bastará para produzir a responsabilidade da pessoa jurídica. Não será necessário verificar se a assembleia geral tinha conhecimento das práticas do diretor, se o conselho fiscal se omitiu, se o acionista controlador ratificara as condutas ilícitas.

---

[10] Nesse sentido, confira-se: "A responsabilidade objetiva é aquela atribuída ao agente (*in casu*, pessoa jurídica) sem cogitar-se do elemento subjetivo de sua conduta, ou seja, a atitude culposa ou dolosa do agente causador do dano é juridicamente irrelevante para o efeito de imputar-se a responsabilidade, que se consuma tão só em face do dano e do nexo entre ele e aquele que lhe deu causa" (PEREIRA JUNIOR, Jessé Torres; DOTTI, Marinês Restelatto. *Comentários ao RDC integrado ao Sistema Brasileiro de Licitações e Contratações Públicas*. Rio de Janeiro: Renovar, 2015. p. 1.007).

Mas isso não dispensará a comprovação da ilicitude da conduta do administrador. Quanto a isso, será indispensável a presença do elemento subjetivo do ilícito.

10 A prática no interesse ou benefício da pessoa jurídica

Então, a pessoa jurídica arcará com os efeitos jurídicos dos atos ilícitos praticados pelos indivíduos que atuem em seu nome, por sua conta ou no seu interesse. Isso significa a necessidade de um vínculo entre a atuação da pessoa física e da pessoa jurídica. Ou seja, não se admite a responsabilização da pessoa jurídica por atos ilícitos praticados por um indivíduo a ela não vinculado.

Um exemplo facilita a compreensão do problema. Suponha-se que um indivíduo pratique um ato ilícito enquadrável na disciplina da Lei nº 12.846, visando obter uma vantagem puramente pessoal, no âmbito de seus interesses próprios. Imagine-se que o indivíduo oferte propina para obter a liberação de um alvará de construção para uma residência privada.

Suponha-se que esse sujeito ocupe a condição de membro do conselho de administração de uma companhia. Seria tanto suficiente para acarretar a responsabilização da pessoa jurídica pela conduta praticada pelo administrador num âmbito puramente pessoal? A resposta é negativa. É evidente que toda e qualquer conduta reprovável sujeitável ao regime da Lei nº 12.846 somente será imputável à pessoa jurídica quando existir uma relação de pertinência entre a ação do administrador e a pessoa jurídica. A ação reprovável do indivíduo somente acarretará a responsabilização da pessoa jurídica quando for praticada no interesse dessa ou mediante a utilização de seus recursos ou em virtude de oportunidades propiciadas pela função nela exercida. Assim, poderia haver a responsabilização do administrador se ele pretendesse obter a vantagem pessoal (liberação indevida do alvará de construção de sua residência) invocando em face do agente público a sua condição de administrador da pessoa jurídica.

É perfeitamente possível, então, que o ato reprovável praticado pelo indivíduo investido formalmente da condição de órgão de uma pessoa jurídica não seja a ela imputado. Basta que esse ato não seja praticado no interesse ou em virtude de um vínculo de pertinência entre o indivíduo e a dita pessoa jurídica.

11 A necessidade de um vínculo

As considerações acima são insuficientes, no entanto. Suponha-se que um indivíduo, destituído de condições de discernimento adequado, resolva praticar ato reprovável apto a gerar algum benefício para uma pessoa jurídica. Pode não haver qualquer vínculo entre esse sujeito e a pessoa jurídica. Seria um despropósito subordinar a pessoa jurídica aos efeitos do diploma. Os exemplos são simples e fáceis de imaginar. Considere-se um sujeito demitido de uma certa empresa, que tenha desenvolvido grande ressentimento contra ela. Se esse sujeito resolver praticar um ato reprovável para prejudicar essa empresa e beneficiar outra, não é cabível sancionar essa última. Ou seja, não existia qualquer vínculo que permitisse que a pessoa jurídica influenciasse a conduta do infrator: ela desconhecia totalmente a prática da infração.

Portanto, o requisito do benefício ou interesse no tocante aos resultados pretendidos pela conduta reprovável é insuficiente para determinar a responsabilidade da pessoa jurídica. É indispensável a existência de uma relação formal de qualquer natureza entre a pessoa jurídica e o indivíduo que pratica o ato ilícito. Essa relação pode ser institucional, tal como se passa nos casos de representação orgânica ou voluntária. Mas também estão compreendidas todas as relações de cunho econômico ou não que permitam a um indivíduo praticar conduta reprovável – senão no interesse da pessoa jurídica, ao menos em virtude das condições propiciadas pela mesma pessoa jurídica.

12 A utilização da oportunidade propiciada pela pessoa jurídica

A existência de um vínculo entre a pessoa jurídica e a pessoa física se relaciona com a utilização dos recursos pertinentes àquela na consumação da prática do ilícito. O aspecto fundamental reside no fato de que as estruturas empresariais dispõem de poder econômico e político diferenciado. A utilização desse poder para a prática da corrupção, assim como de outros atos lesivos contra a Administração Pública, é objeto da repressão contemplada na lei.

Um exemplo facilita compreender esse aspecto. Suponha-se que o filho de um ocupante de um alto cargo governamental se case. Imagine-se que um indivíduo qualquer oferte aos nubentes, como presente de casamento, um apartamento. Se o presente for custeado com recursos individuais da pessoa física, não se configura um ato sujeitável ao regime da Lei nº 12.846. No entanto, se os custos da oferta provierem de uma pessoa jurídica, há uma potencial infração à lei.

Não se trata de uma questão formal. Parte-se do pressuposto de que a aplicação dos recursos empresariais numa benesse não se faz desinteressadamente. Não se coaduna com a existência da pessoa jurídica a aplicação de seu patrimônio para atos de liberalidade.

O exemplo acima não significa que a doação promovida pela pessoa física seja necessariamente lícita. Pode ou não configurar infração à ordem jurídica. Mas não se subordina à disciplina da Lei nº 12.846, que se restringe à repressão de práticas imputáveis a pessoas jurídicas.

13 O dever de diligência especial da pessoa jurídica

As ponderações acima evidenciam, então, que mesmo a dita responsabilidade objetiva da pessoa jurídica, tal como prevista na Lei nº 12.846, deve ser entendida em termos. A pessoa jurídica é responsabilizável por dar oportunidade a que um particular pratique atos de cunho reprovável. Ou seja, há o dever de a pessoa jurídica de direito privado adotar todas as providências possíveis para limitar a atuação de seus agentes, evitando que eles exercitem poderes para promover a corrupção ou outros desvios reprováveis. A responsabilização da pessoa jurídica depende da possibilidade de ela evitar a prática reprovável do seu agente.

Ou seja, recai sobre a pessoa jurídica um dever de diligência especial, no sentido de adotar todas as práticas destinadas a impedir que algum agente cometa condutas reprováveis. A consumação do ato reprovável, em situação propiciada pela pessoa jurídica, configura infração a esse dever. A responsabilização da pessoa jurídica justifica-se precisamente por ter ela omitido providências ou propiciado os recursos e as oportunidades para a ilicitude do seu agente. Alude-se a uma responsabilização objetiva no sentido de que a efetiva prática do ato reprovável pelo indivíduo implica presunção absoluta de violação ao dever especial de diligência da pessoa jurídica. É evidente, no entanto, a ausência de responsabilização da pessoa jurídica quando não existir um vínculo jurídico entre ela e a conduta do sujeito infrator.

14 A duplicidade das dimensões sancionatórias

A punição a pessoas físicas e jurídicas faz-se de modo independente. O sancionamento à pessoa física não exclui a punição à pessoa jurídica e vice-versa. Isso não viola a regra da unidade do sancionamento. Não se trata de ignorar a proibição do *bis in idem*. Assim se passa porque a pessoa jurídica é reconhecida como uma estrutura organizada de bens e pessoas, que é titular de interesses próprios e específicos. Há um dever de organização destinado a impedir que indivíduos a ela vinculados se valham das oportunidades para promover práticas de corrupção. Ocorrida a infração reprovável, tanto se configura o ilícito relativamente à pessoa física como uma prática indevida no âmbito da pessoa jurídica. Logo, existem duas situações reprováveis distintas, que conduzem a punições diversas.

15 Ainda a exigência da culpabilidade das pessoas físicas

Como não poderia deixar de ser, exige-se a culpabilidade para a responsabilização por atos de cunho ilícito (art. 3º, §2º da Lei nº 12.846). Essa regra decorre diretamente do regime democrático consagrado pela Constituição. Cabe reiterar o raciocínio de que não existe ilícito imputável diretamente à pessoa jurídica, sem que se configure uma conduta desenvolvida por uma pessoa física.

16 A proporcionalidade da sanção em face da culpabilidade

Mas o §2º do art. 3º é ainda relevante porque vincula o sancionamento à dimensão da culpabilidade da pessoa física. Cada indivíduo que tenha participado ou concorrido para a consumação do ilícito será responsabilizado na medida de sua culpabilidade.[11]

17 As diversas modalidades de atuação reprovável

A atuação da pessoa física pode configurar autoria, coautoria ou simples participação na consumação do ilícito. O grau de atuação individual para a consumação do ilícito será relevante para gradação da sanção.

É fundamental destacar que a participação no evento danoso pode consumar-se inclusive por omissão.

Todo administrador tem o dever de diligência especial, que se relaciona diretamente com os poderes de que é investido. O titular da posição jurídica de comando administrativo de uma pessoa jurídica tem o dever de adotar todas as providências necessárias para controlar a atuação de seus subordinados. Portanto, não é cabível o argumento da pura e simples ignorância sobre práticas reprováveis desenvolvidas por inferiores hierárquicos.

A ausência de participação somente ocorre quando se evidenciar que o sujeito adotara todas as providências e cautelas exigíveis. O superior não será responsabilizável quando se evidenciar o rompimento da cadeia hierárquica. Isso ocorrerá nos casos em que houver uma prática autônoma e insuscetível de controle por parte do superior hierárquico.

---

[11] Note-se que disposto no §2º do art. 3º deverá ser extensível a qualquer indivíduo que esteja relacionado ao ato ilícito e não apenas aos dirigentes e administradores. Nessa linha, destaca Guilherme de Souza Nucci: "Todos os autores, coautores, partícipes, sejam eles executores ou mandantes, devem ser punidos *na medida da sua culpabilidade*. Respeitado o princípio da dignidade da pessoa humana e da igualdade, o §2º há de ter uma leitura extensiva" (NUCCI, Guilherme de Souza. *Corrupção e anticorrupção*. Rio de Janeiro: Forense, 2015. p. 112).

18 Os vínculos intersocietários

O §2º do art. 4º da Lei nº 12.486 dispõe sobre os vínculos intersocietários, com regras extremamente severas. Estabelece a responsabilidade solidária das sociedades controladoras, controladas e coligadas pelo pagamento da multa e da reparação do dano. Segundo a Lei das S.A. (art. 243, §2º):

> Considera-se controlada a sociedade na qual a controladora, diretamente ou através de outras controladas, é titular de direitos de sócio que lhe assegurem, de modo permanente, preponderância nas deliberações sociais e o poder de eleger a maioria dos administradores.

Já a coligação se verifica sempre que existir "influência significativa" entre sociedades (art. 243, §1º), o que se presume quando uma sociedade for titular de 20% ou mais do capital votante da outra, sem controlá-la (art. 243, §5º).

Um exemplo pode ser útil. Suponha-se que uma companhia brasileira seja titular de 20% do capital de uma sociedade estabelecida na Rússia. Existem, então, sociedades coligadas. Imagine-se que ocorra uma prática reprovável pela sociedade estrangeira em face da Administração Pública daquele país. Segundo o art. 4º, §2º, da Lei nº 12.846, a sociedade brasileira será responsável solidariamente pelo pagamento da multa e da indenização devida pela sociedade estrangeira a que se coligou.

O dispositivo indica, portanto, a relevância do uso dos instrumentos de controle reservados às diversas sociedades visando impedir a prática de condutas infringentes da lisura no relacionamento com o Poder Público.

19 O interesse da regra para o Estado brasileiro

A regra apresenta enorme relevância para o Estado brasileiro. Tal se passa porque o dispositivo torna viável a responsabilização no Brasil das entidades controladoras, controladas ou coligadas a pessoas jurídicas estrangeiras aqui estabelecidas. Não seria exagero afirmar que, nesse ponto, reside a maior inovação produzida pela Lei nº 12.846. Como já afirmado, o diploma não era necessário para promover a repressão a práticas viciadas ocorridas no território brasileiro. Talvez haja cabimento e oportunidade para ser promovida a repressão a práticas viciadas consumadas contra Estados estrangeiros. Mas a grande e mais significativa inovação introduzida pela Lei nº 12.846 reside nessa ampliação da responsabilidade, que permite ao Estado brasileiro promover a persecução inclusive em face de empresas estrangeiras. Isso não elimina certos obstáculos relacionados a questões de natureza processual.

20 A situação das empresas consorciadas

A responsabilidade solidária também se aplica às empresas consorciadas, por eventos ocorridos nos limites da atuação objeto do consórcio. Nesse ponto, deve-se interpretar a redação literal em termos. O dispositivo alude a eventos "no âmbito do respectivo contrato".[12] Trata-se do contrato ou da promessa de contrato de consórcio. Assim, a responsabilidade solidária seria aplicável em virtude de práticas reprováveis verificadas no âmbito de um procedimento licitatório, ainda que exista apenas um compromisso de consórcio. Nesse ponto, aplicam-se os princípios consagrados no art. 33, inc. V, da Lei nº 8.666.

21 A responsabilidade solidária apenas pelas obrigações pecuniárias

O §2º do art. 4º impõe responsabilidade solidária pelo pagamento de obrigações pecuniárias decorrentes da infração.

---

[12] Nesse sentido, destaca Zanon de Paula Barros: "Estabelecer-se solidariedade por ato desvinculado dos interesses do consórcio seria parecido com estabelecer-se solidariedade em responsabilidade objetiva ao proprietário de um imóvel pelo dano ambiental ocorrido em uma propriedade vizinha apenas pelo fato de ambas terem uma cerca comum. Estabelecer-se responsabilidade solidária, para sociedade coligada ou consorciada, por ato lesivo à administração pública, que não tenha sido praticado por agente seu nem se evidencie ser de seu interesse, fere de morte o princípio da razoabilidade e, por certo, essa solidariedade não será reconhecida por nossos tribunais" (BARROS, Zanon de Paula. Questões atinentes à chamada Lei Anticorrupção. *Revista de Direito Empresarial – ReDE*, n. 2, p. 257-265, mar./abr. 2014. p. 264).

Isso compreende multas e indenizações. Portanto, não se estendem às sanções de natureza não pecuniária, que apresentam natureza personalíssima.

Referências

ABDUCH, José Anacleto; BERTONCINI, Mateus; COSTÓDIO FILHO, Ubirajara. *Comentários à Lei nº 12.846/2012*: Lei Anticorrupção. São Paulo: RT, 2014.

BARROS, Zanon de Paula. Questões atinentes à chamada Lei Anticorrupção. *Revista de Direito Empresarial – ReDE*, n. 2, p. 257-265, mar./abr. 2014.

BERTONCINI, Mateus. Capítulo II – Dos atos lesivos à Administração Pública Nacional ou Estrangeira. In: ABDUCH, José Anacleto; BERTONCINI, Mateus; COSTÓDIO FILHO, Ubirajara. *Comentários à Lei nº 12.846/2012*: Lei Anticorrupção. São Paulo: RT, 2014.

CARVALHOSA, Modesto. *Considerações sobre a Lei Anticorrupção das Pessoas Jurídicas*. São Paulo: RT, 2015.

DOTTI, René Ariel. *Curso de direito penal*. Parte geral. Rio de Janeiro: Forense, 2001.

HOW do i use the Premium Processing Service? *U.S. Citizenship and Immigration Service*. Disponível em: <http://www.uscis.gov/forms/how-do-i-use-premium-processing-service>. Acesso em: 13 set. 2015.

JUSTEN FILHO, Marçal. *Curso de direito administrativo*. 11. ed. São Paulo: RT, 2015.

LAFFONT, Jean-Jacques; MARTIMORT, David. *The Theory of Incentives*: The Principal-Agent Model. Princeton United Kingdom: University Press, 2002.

NUCCI, Guilherme de Souza. *Corrupção e anticorrupção*. Rio de Janeiro: Forense, 2015.

PEREIRA JUNIOR, Jessé Torres; DOTTI, Marinês Restelatto. *Comentários ao RDC integrado ao Sistema Brasileiro de Licitações e Contratações Públicas*. Rio de Janeiro: Renovar, 2015.

Informação bibliográfica deste texto, conforme a NBR 6023:2002 da Associação Brasileira de Normas Técnicas (ABNT):

JUSTEN FILHO, Marçal. Corrupção: pressupostos para a aplicação da Lei nº 12.846. *In:* CÂMARA, Alexandre Freitas; PIRES, Adilson Rodrigues; MARÇAL, Thaís Boia (Coords.). *Estudos de direito administrativo em homenagem ao professor Jessé Torres Pereira Junior*. Belo Horizonte: Fórum, 2016. p. 241-257. ISBN 978-85-450-0166-9.

ASPECTOS PROCESSUAIS DO CONTROLE JURISDICIONAL DE POLÍTICAS PÚBLICAS

Marco Antonio dos Santos Rodrigues

1 A ascensão dos direitos fundamentais e o controle jurisdicional das políticas públicas implementadas pela Administração

Vivem-se tempos de neoconstitucionalismo, em que a Constituição vige enquanto norma fundamental e exerce verdadeira filtragem sobre as demais previsões do ordenamento jurídico.[1]

Nesse contexto, destaca-se a ascensão dos direitos fundamentais, que especialmente desde a Segunda Guerra Mundial encontraram gradual ascensão, existindo hoje razoável consenso acerca de sua dignidade normativa e de suas diversas eficácias. Entre estas, destaca-se a eficácia objetiva, que faz desses direitos valores fundamentais a serem seguidos por todos os poderes do Estado.[2]

---

[1] Tratando da efetividade das normas constitucionais, da constitucionalização do direito e das características do neoconstitucionalismo, remete-se o leitor ao nosso RODRIGUES, Marco Antonio. *Constituição e Administração Pública*: definindo novos contornos à legalidade administrativa e ao poder regulamentar. Rio de Janeiro: GZ, 2012. Nessa linha, vale destacar o entendimento de Luís Roberto Barroso, que elenca os aspectos fundamentais do neoconstitucionalismo: "Em suma: o neoconstitucionalismo ou novo direito constitucional, na acepção aqui desenvolvida, identifica um conjunto amplo de transformações ocorridas no Estado e no direito constitucional, em meio às quais podem ser assinalados, (i) como marco histórico, a formação do Estado constitucional de direito, cuja consolidação se deu ao longo das décadas finais do século XX; (ii) como marco filosófico, o pós-positivismo, com a centralidade dos direitos fundamentais e a reaproximação entre Direito e ética; e (iii) como marco teórico, o conjunto de mudanças que incluem a força normativa da Constituição, a expansão da jurisdição constitucional e o desenvolvimento de uma nova dogmática da interpretação constitucional. Desse conjunto de fenômenos resultou um processo extenso e profundo de constitucionalização do Direito" (BARROSO, Luís Roberto. *Neoconstitucionalismo e constitucionalização do direito*. O triunfo tardio do direito constitucional no Brasil, 2005. p. 8). Mimeo

[2] Afirma Ingo Sarlet, nessa linha, que os direitos fundamentais "[...] não se limitam à função precípua de serem direitos subjetivos de defesa do indivíduo contra atos do poder público, mas que, além disso, constituem decisões valorativas de natureza jurídico-objetiva da

Diante da eficácia irradiada pelos direitos fundamentais, assiste-se, nos tempos atuais, a uma grande intervenção do Poder Judiciário na criação e na execução de políticas públicas pela Administração Pública,[3] no que se destacam sobretudo os direitos fundamentais sociais, como saúde, educação e moradia, mas não se resumindo a estes, em razão da necessidade de proteção à dignidade da pessoa humana.[4]

Ocorre que as muitas ações propostas com a finalidade de controle das políticas públicas administrativas são frequentemente processadas sem que haja uma devida concepção do todo que envolvem, pois, mesmo uma demanda individual na defesa de um direito fundamental, pode gerar consequências para muitas outras causas propostas com finalidade semelhante. Por exemplo, uma ação proposta em face de um município com poucas receitas com o objetivo de obtenção de um tratamento de saúde para determinado jurisdicionado, a depender do montante que o Poder Público Municipal terá de gastar para a efetivação da obrigação em jogo, pode gerar impactos graves no orçamento público, em prejuízo de diversas outras políticas públicas de saúde a serem adotadas por aquele município.

Diante disso, como muitas vezes a análise do controle jurisdicional de políticas públicas fica ligado à avaliação das questões de mérito, o presente estudo pretende analisar, de outro lado, alguns aspectos processuais que devem ser observados pelo Poder Judiciário nas demandas que envolvem a criação ou execução de políticas públicas.

Constituição, com eficácia em todo o ordenamento jurídico e que fornecem diretrizes para os órgãos legislativos, judiciários e executivos" (SARLET, Ingo Wolfgang. *A eficácia dos direitos fundamentais*. 3. ed. Porto Alegre: Livraria do Advogado, 2003. p. 147).

[3] Trata-se de fenômeno observado não só no direito brasileiro, como em outros países. Nos Estados Unidos, em 1976 Abram Chayes já cuidava da advocacia de interesse público (*public law litigation* ou *public interest litigation*), como meio para buscar mudanças sociais (CHAYES, Abram. The role of the judge in public law litigation. *Harvard Law Review*, v. 89, n. 7, p. 1281-1316, p. 1281, 1976), valendo destacar o papel do julgado de *Brown vs. Board of Education*. Cuidando do desenvolvimento da litigância de interesse público nos Estados Unidos e no mundo, vale conferir HERSHKOFF, Helen. *Public interest litigation*: selected issues and examples. Disponível em: <http://siteresources.worldbank.org/INTLAWJUSTINST/Resources/PublicInterestLitigation%5B1%5D.pdf>. Acesso em: 21 ago. 2015.

[4] Diversos autores procuraram definir os contornos da dignidade da pessoa humana, patamar mínimo de fruição de direitos que deve ser assegurado a todos, valendo destacar o trabalho de Ana Paula de Barcellos (BARCELLOS, Ana Paula de. *A eficácia jurídica dos princípios constitucionais*. Rio de Janeiro: Renovar, 2002).

2 Aspectos processuais que se impõem no controle jurisdicional de políticas públicas

2.1 A preferência do controle por meio de ação coletiva

Nos tempos atuais, existem milhares de demandas que tramitam buscando a implementação de direitos fundamentais, afetando diretamente as políticas públicas já definidas quanto a tais direitos, ou mesmo já impondo políticas que ainda não foram estruturadas. Note-se que, ao lado de ações individuais, buscando pretensões de um único sujeito ou de um grupo em litisconsórcio, encontram-se ações coletivas, visando à tutela de direitos difusos, coletivos ou individuais homogêneos, que acabam por discutir o próprio mérito de uma política pública globalmente. Por exemplo, ao lado de uma ação proposta por menor, representado por seus genitores, buscando a obtenção de vaga em escola pública no ensino fundamental em determinada região de um município, pode ser ajuizada uma ação civil pública por algum legitimado, como, exemplificativamente, o Ministério Público, buscando que o município implemente política pública de ensino fundamental em certa área.

O exemplo utilizado deixa claro que a cognição judicial no processo iniciado por um jurisdicionado pode ter consequências sobre a própria política pública adotada pelo ente réu, sendo que, de outro lado, o juiz fica vinculado aos fatos e fundamentos jurídicos – causa de pedir – e pedido deduzidos pelo autor individual. Vê-se, pois, que a análise de uma pretensão individual pode ter eficácia externa direta ou indiretamente sobre terceiros, o que não configura uma novidade, pois a sentença, enquanto ato jurídico que é, pode produzir efeitos sobre terceiros estranhos ao processo, ainda que não forme coisa julgada sobre estes.[5]

---

[5] Na esteira do art. 472 do CPC de 1973 e do art. 506 do CPC de 2015, a coisa julgada incide sobre as partes da demanda, o que configura um reflexo da necessidade de proteção aos direitos fundamentais ao contraditório, ampla defesa e devido processo legal de terceiros, os quais não podem ficar atrelados a um julgado cuja formação não integraram.

No caso de demandas individuais que visem à efetivação de um direito fundamental, tal eficácia da sentença ganha uma maior relevância, pois como visto, uma ação de um jurisdicionado pode afetar diretamente toda a política pública a ser implementada, sendo que a cognição judicial no caso se limitou à situação concreta.

Diante desse impacto que a pretensão individual pode causar na política pública que àquela esteja ligada, chega-se a duas exigências importantes quanto a tais demandas. A primeira, de que em tais casos o julgador não deve se ater à análise pura dos fatos da causa, sendo impositivo que enfrente o impacto que o resultado do processo pode gerar à política pública envolvida. Nesse sentido, sobre a complexidade das políticas públicas, afirma Jessé Torres que a formulação e a implementação destas constitui processo a um só tempo político, jurídico e técnico, sendo que sua legitimidade e qualidade possuem raízes históricas e culturais.[6]

O pedido em jogo exige do Judiciário, portanto, que amplie sua atividade cognitiva, pois a cognição limitada a uma análise isolada do processo pode ser suficiente em demandas relativas a direitos privados, mas é insuficiente nas ações que possam impactar de alguma forma políticas públicas.

A segunda exigência é de que, sempre que possível, a defesa do direito fundamental seja promovida por ação coletiva. Na demanda em que se tutela alguma espécie de direito coletivo, o julgador enfrenta na causa de pedir um verdadeiro questionamento à política pública em jogo, podendo realizar uma macroanálise, a partir de aspectos relativos não apenas à mera implementação de direito, mas também enfrentando elementos orçamentários e de implementação de políticas públicas que podem ser dotadas de igual dignidade normativa. Há, portanto, uma cognição que é mais aprofundada que na ação individual, pois nesta o julgador em geral analisa a pretensão mirando-se apenas no problema em jogo individualmente considerado.[7]

---

[6] PEREIRA JUNIOR, Jessé Torres. *Políticas públicas nas licitações e contratações administrativas.* 2. ed. Belo Horizonte: Fórum, 2012. p. 50.

[7] Aluísio Mendes também sustenta que a ação coletiva traz benefícios ao controle de políticas públicas, em relação à ação individual, considerando que a demanda coletiva permite uma maior igualdade de condições entre as partes, bem como evita congestionamentos no Poder Judiciário, o que demonstra ser mais efetiva, sob o ponto de vista do acesso à justiça (MENDES, Aluísio Gonçalves de Castro. Efetivação dos direitos fundamentais mediante

Por isso, no controle judicial de políticas públicas, a preferência deve ser pelo uso da tutela coletiva, em razão da possibilidade de aprofundamento da análise da política pública. Nas demandas individuais que envolvam o controle de políticas públicas, a postura judicial deve ser *a priori* de autocontenção, no sentido de que deve, em princípio, atentar para as opções administrativas relativas à política envolvida, apenas as afastando em caso de manifesta antijuridicidade. Não deve ficar limitado a decidir, portanto, fundado apenas nos fatos da causa, ligados apenas ao autor.

2.2 O papel do contraditório

Diante da necessária postura do julgador nas demandas individuais ou coletivas que envolvam o controle de políticas públicas, devendo observar os mais diversos aspectos relativos à política em jogo, o contraditório assume papel primordial para a decisão em tais ações. Com efeito, o contraditório é direito fundamental processual, previsto no art. 5º, inc. LV, da Constituição da República, que deve ser respeitado em qualquer demanda e, no caso das ações que tragam implicações judiciais às políticas públicas, assume ainda maior relevância.

Tradicionalmente, o contraditório se traduzia no binômio informação-reação, no sentido de que a parte possui o direito de tomar conhecimento dos atos processuais (informação) e de se insurgir em face daqueles que a prejudicarem (reação).

No entanto, a eficácia do contraditório enquanto direito fundamental processual impõe que seja mais do que uma possibilidade de informação-reação. O contraditório deve ser participativo, como um direito de influência das partes na tomada de decisão final. Enquanto direito de influência, o contraditório gera ao juiz o dever de permitir às partes uma ampla atuação na formação de seu

---

ação civil pública para implementar políticas públicas. *Revista de Processo*, São Paulo, v. 34, n. 163, p. 312, set. 2008). Jessé Torres observa, outrossim, o papel de controle jurisdicional da Administração por meio da ação coletiva, mencionando que outrora era inesperado (PEREIRA JUNIOR, Jessé Torres. *Controle judicial da Administração Pública*: da legalidade estrita à lógica do razoável. 2. ed. Belo Horizonte: Fórum, 2009. p. 41).

convencimento.[8] Nessa linha, o art. 10 do Código de Processo Civil de 2015 claramente parece ter adotado a concepção do contraditório enquanto direito de influência, ao prever a necessidade de que o magistrado ouça as partes sobre possíveis fundamentos que usará para decidir e que não foram discutidos no processo, mesmo que se trate de matérias cognoscíveis de ofício.

Assim sendo, tal qual em qualquer demanda, o magistrado tem de possibilitar o amplo direito de influência das partes em sua tomada de decisão. No entanto, nas demandas que de alguma forma controlam políticas públicas, tal exigência se amplia, impondo-se que o julgador busque um aprofundamento do diálogo, a fim de tomar conhecimento mais adequado da política pública envolvida e dos diversos aspectos que a cercam.

Por isso, em tais demandas é possível que o magistrado designe audiência pública, de modo a tomar conhecimento pelos participantes desta acerca dos variados pontos que exigem sua atenção na avaliação do pedido formulado por autor individual ou coletivo.

Note-se que, apesar de o Código de Processo Civil de 2015 não estabelecer uma regra geral de cabimento de audiência pública, nada impede que esta seja designada, em nome do direito fundamental ao contraditório, que estará sendo democratizado com tal audiência. Nessa linha, destaque-se que o art. 983 desse diploma admite a realização de audiência pública para a análise de questão objeto de incidente de resolução de demandas repetitivas, bem como o art. 1038, inc. II, prevê a possibilidade de o relator fixar data para uma audiência pública com a finalidade de ouvir depoimento de pessoas com experiência e conhecimento na matéria em jogo em recurso especial ou extraordinário representativo de controvérsia.

---

[8] Assim já nos manifestamos, ao definir o conteúdo do direito fundamental ao contraditório em RODRIGUES, Marco Antonio. *A modificação do pedido e da causa de pedir no processo civil.* Rio de Janeiro: GZ, 2014. Também defendendo o contraditório como direito de influência, de participação na tomada de decisão, pode-se exemplificar LUISO, Francesco P. *Principio del contraddittorio ed efficacia della sentenza verso terzi.* Milano: Giuffrè, 1981. p. 18; GRECO, Leonardo. O princípio do contraditório. In: GRECO, Leonardo. *Estudos de direito processual.* Campos dos Goytacazes: Faculdade de Direito de Campos, 2005. p. 545; THEODORO JÚNIOR, Humberto, NUNES, Dierle José Coelho. Uma dimensão que urge reconhecer ao contraditório no direito brasileiro: sua aplicação como garantia de influência, de não surpresa e de aproveitamento da atividade processual. *Revista de Processo*, São Paulo, v. 34, n. 168, p. 109, fev. 2009. OLIVEIRA, Carlos Alberto Álvaro de. A garantia do contraditório. *Revista Forense*, Rio de Janeiro, v. 95, n. 346, p. 16, abr./jun. 1999.

Se é possível ao relator de incidente de resolução de demandas repetitivas perante tribunal ou de recurso representativo perante o Supremo Tribunal Federal ou o Superior Tribunal de Justiça realizar audiência pública, considerando o impacto que a decisão sobre a questão em jogo pode ter sobre terceiros, da mesma forma, nas ações propostas visando de alguma forma um controle de políticas públicas, há um possível reflexo sobre terceiros que também necessitam ou usufruem da política envolvida na demanda.

Outro mecanismo que deve ser prestigiado pelo Judiciário nas ações que pretendem controle de políticas públicas é a intervenção do *amicus curiae*, expressamente consagrado no art. 138 do Código de Processo Civil de 2015. Na forma de tal dispositivo, considerando a relevância da matéria, a especificidade do tema objeto da demanda ou a repercussão social da controvérsia, o juiz poderá, por decisão irrecorrível, de ofício ou a requerimento das partes ou de quem pretenda manifestar-se, solicitar ou admitir a participação de pessoa natural ou jurídica, órgão ou entidade especializada, com representatividade adequada. As demandas analisadas no presente estudo possuem uma grande relevância, considerando estarem atreladas à proteção a algum direito fundamental, podendo a decisão final destas atingir diretamente outros usuários da política, seja para beneficiá-los, seja para prejudicá-los. Ademais, há uma repercussão social em tais causas, em decorrência dos efeitos que poderão causar à coletividade.

Dessa forma, é recomendável que o Judiciário, ainda que de ofício, se valha de *amicus curiae* na análise da demanda. O Código de Processo Civil de 2015 em boa hora previu a possibilidade ampla do uso de tal intervenção, que até então seria cabível fundamentalmente nas ações de controle concentrado de constitucionalidade e na análise de recursos especiais e extraordinários representativos de controvérsia.

Por exemplo, é de grande valia que, numa ação que discuta o direito de o jurisdicionado receber medicamento ou tratamento em face de neoplasia maligna, o órgão jurisdicional escute órgãos de saúde especializados ou laboratórios públicos de pesquisa, a fim de saber se o tratamento pleiteado pelo autor possui eficácia comprovada, quais são seus custos e possíveis alternativas de menor custo ou já fornecidos pelo Poder Público.

Dessa forma, nas ações que envolvam uma discussão direta ou indireta relativa a políticas públicas, o contraditório deve ser estimulado por todos os meios possíveis, a fim de evitar que a decisão judicial produza efeitos prejudiciais a outras políticas públicas ou à proteção a direitos fundamentais de terceiros, que não podem ser violados para que apenas um jurisdicionado se beneficie.

2.3 A impositiva flexibilidade da execução, com ampla participação das partes

A especificidade da execução de longa data foi vista como característica fundamental desta. Assim sendo, para cada espécie de execução, existiria um meio executivo fundamental. Assim, por exemplo, para as efetivações de obrigações de pagar quantia, seria utilizada a penhora, e para as de entregar coisa diferente de dinheiro, a busca e apreensão ou o desapossamento.

No entanto, de longa data a especificidade não vige mais enquanto princípio geral da execução. A efetivação de obrigação constante de título executivo judicial ou extrajudicial deve utilizar o meio executivo que se afigure mais adequado para a situação concreta. Por isso, pode-se afirmar exemplificativamente que as execuções de obrigação de entrega de coisa móvel podem adotar outros mecanismos, que não apenas a busca e apreensão,[9] assim

---

[9] Nessa linha, cumpre salientar que o Superior Tribunal de Justiça possui precedentes admitindo a realização de "sequestro" de verbas públicas para a efetivação de obrigação de entrega de medicamentos por pessoa jurídica de direito público, tendo inclusive decidido a questão em sede de recurso representativo de controvérsia: "PROCESSUAL CIVIL. ADMINISTRATIVO. RECURSO ESPECIAL. ADOÇÃO DE MEDIDA NECESSÁRIA À EFETIVAÇÃO DA TUTELA ESPECÍFICA OU À OBTENÇÃO DO RESULTADO PRÁTICO EQUIVALENTE. ART. 461, §5º. DO CPC. BLOQUEIO DE VERBAS PÚBLICAS. POSSIBILIDADE CONFERIDA AO JULGADOR, DE OFÍCIO OU A REQUERIMENTO DA PARTE. RECURSO ESPECIAL PROVIDO. ACÓRDÃO SUBMETIDO AO RITO DO ART. 543-C DO CPC E DA RESOLUÇÃO 08/2008 DO STJ. 1. Tratando-se de fornecimento de medicamentos, cabe ao Juiz adotar medidas eficazes à efetivação de suas decisões, podendo, se necessário, determinar até mesmo, o sequestro de valores do devedor (bloqueio), segundo o seu prudente arbítrio, e sempre com adequada fundamentação. 2. Recurso Especial provido. Acórdão submetido ao regime do art. 543-C do CPC e da Resolução 08/2008 do STJ" (STJ. REsp nº 1.069.810/RS. Rel. Min. Napoleão Nunes Maia Filho. Primeira Seção. Julg. 23.10.2013. DJe, 6 nov. 2013).

como as demais espécies de execução podem utilizar outros meios executivos.

No Código de Processo Civil de 1973, já se encontrava previsão da qual se pode extrair um poder geral de efetivação de decisões pelo magistrado, que não deve ficar preso a um específico meio executivo: trata-se do art. 461, §4º, que estabeleceu a possibilidade de que o magistrado adote as medidas adequadas à satisfação de obrigação de fazer ou não fazer, e que também é aplicável às execuções de entrega de coisa, com base no art. 461-A daquele diploma. Trata-se de norma que rompeu definitivamente com a intangibilidade da vontade do devedor, afastando a regra geral de outrora, de que o executado não poderia ser compelido a cumprir um fazer ou não fazer, devendo ser convertida sua obrigação em perdas e danos.

O Código de Processo Civil de 2015 também possui importante regra sobre o poder de efetivação de decisões, configurando verdadeira norma geral quanto a tal poder judicial: é o art. 139, inc. IV, que prevê que o juiz pode adotar todas as medidas indutivas, coercitivas, sub-rogatórias ou mandamentais necessárias ao cumprimento de obrigações, inclusive se for caso de obrigação pecuniária.

Note-se que, em matéria de controle judicial de políticas públicas, o poder geral de efetivação de decisões é importante ferramenta. No entanto, a execução puramente por meios impositivos não parece a mais adequada para tais espécies de demandas. Nesses casos, o poder executivo do magistrado deve ser associado a uma cooperação entre os sujeitos do processo, inclusive com eventual cooperação de terceiros.[10]

O Código de Processo Civil de 2015 estabeleceu, em seu art. 6º, o dever de cooperação entre todos os sujeitos do processo. Tal dever está diretamente ligado ao contraditório e à boa-fé, e deve ser obedecido também na execução.[11]

---

[10] Também criticando a realização da execução-sanção nas ações em que se realiza o controle de políticas públicas, THEODORO JUNIOR, Humberto; NUNES, Dierle José Coelho; BAHIA, Alexandre Melo Franco. Litigância de interesse público e execução comparticipada de políticas públicas. *Revista de Processo*, v. 224, p. 121, 2013; COSTA, Eduardo José da Fonseca. A "execução negociada" de políticas públicas em juízo. *Revista de Processo*, v. 212, p. 25-56, 2012.

[11] Analisando o sentido do dever de cooperação e suas ligações com o contraditório e a boa-fé, RODRIGUES, Marco Antonio. *A modificação do pedido e da causa de pedir no processo civil.* Rio de Janeiro: GZ, 2014.

Na execução de sentença que impacte de alguma forma uma política pública, fundamental se faz que o juiz, da mesma forma que na fase de conhecimento, confira ampla possibilidade de que as partes influenciem seu convencimento quanto aos limites e modo de efetivação da obrigação imposta na sentença. Tem-se aqui, em nome da cooperação, uma execução compartilhada entre os sujeitos do processo.

Assim sendo, o magistrado deve compartilhar com as partes, sobretudo nas ações coletivas relativas a políticas públicas, a forma de cumprimento do julgado, permitindo que o legitimado coletivo e o ente público possam se manifestar e buscar a definição do modo e dos limites da execução da obrigação.

Muitas vezes a implementação ou a modificação de política pública por determinação judicial gerará diversos ônus à pessoa jurídica de direito público ré, pois esta, por exemplo, terá de fazer alocações na lei orçamentária, mudar prioridades na atuação administrativa, realizar licitações ou contratações diretas, designar muitos servidores para atuar em novos projetos, entre outras exigências que podem surgir, diante da sentença exequenda.

Por isso, fundamental se faz que o julgador busque a participação do ente réu, a fim de que este, a partir do diálogo, possa expor todas as exigências e necessidades que devem ser atingidas, para que possa dar cumprimento ao julgado, ao passo que o autor também se manifestará sobre a razoabilidade dos argumentos trazidos no âmbito da execução – ambas as partes cooperarão para a prolação de pronunciamento justo. O contraditório permitirá, por sua vez, a influência do réu e do autor, para que o juiz defina prazos e modos de efetivação da obrigação constante do título executivo.

Dessa maneira, a execução compartilhada evita que o julgador persiga um cumprimento de julgado de modo ou com prazos infactíveis, e que acarretará o uso de meios executivos que podem ter baixa efetividade nas circunstâncias concretas. Tome-se por exemplo a imposição de construção de um presídio. É evidente que, via de regra, o Poder Público não tem condições de efetuar tal construção em um prazo de trinta dias, pois é necessário contratar – por licitação ou de forma direta –, o que demanda tempo de tramitação do procedimento administrativo, bem como a própria construção, que é de grande porte, envolve tempo. Assim, a imposição de multa coercitiva, com base no art. 139, inc. IV, do Código de Processo Civil de 2015,[12] vai ser inócua, acabando por punir o réu sem que este tivesse verdadeiras condições de dar cumprimento ao julgado no prazo fixado pelo juiz.

Nas ações que versam sobre políticas públicas, é uma verdadeira exigência, então, o estímulo ao contraditório e à cooperação, para que o cumprimento do julgado possa se dar de forma adequada e razoável à luz das necessidades reais para a sua efetivação.

Destaque-se, também, que é possível até mesmo que, com base no art. 190 do Código de Processo Civil de 2015, venham as partes a celebrar negócio jurídico processual, no uso da cooperação e exercendo suas autonomias de vontade, estabelecendo as condições e os prazos para o cumprimento do julgado. A execução de pronunciamento judicial que seja objeto de negócio processual terá muito maior probabilidade de ser realizada sem intercorrências e com a plena satisfação dos interesses das partes, do que uma efetivação impositiva sobre executado e exequente.

Nessa mesma linha, deve o magistrado estimular o uso da mediação[13] para a efetivação das decisões judiciais relativas ao controle de políticas públicas, pois, na forma do art. 165, §3º, do CPC de 2015, tal meio consensual de solução de controvérsias buscará restaurar o vínculo entre as partes, para que estas cheguem juntas a uma resolução para o conflito de interesses. Note-se que, embora o interesse público seja indisponível, é cabível o uso de meios consensuais que busquem a proteção a tal interesse, não havendo uma indisponibilidade da decisão adjudicada pelo Judiciário.[14]

Por isso, nas ações que envolvam de alguma forma o controle de políticas públicas, e que comumente estão sujeitas a uma efetivação com a adoção de medidas estruturantes, deve ser estimulada a execução flexibilizada pelo juiz, com amplo incentivo ao contraditório, à cooperação e à mediação. Ademais, os negócios jurídicos processuais em sede executiva de tais demandas geram maior correspondência de tais fases de efetivação com a realidade

---

[12] O Código de Processo Civil de 1973 previu a multa coercitiva (astreintes), por sua vez, de forma expressa no art. 461, §4º.

[13] Na mesma linha, COSTA, Eduardo José da Fonseca. A "execução negociada" de políticas públicas em juízo. *Revista de Processo*, v. 212, p. 25-56, 2012.

[14] Discorrendo sobre o cabimento do uso dos meios consensuais de solução de controvérsias pela Fazenda Pública, confira-se o nosso RODRIGUES, Marco Antonio. *A Fazenda Pública no processo civil*. São Paulo: Atlas, 2015.

do conflito de interesses em jogo e com as dificuldades materiais porventura enfrentadas pelo executado.

3 Conclusões

Os tempos de neoconstitucionalismo levaram ao aumento da relevância dos direitos fundamentais enquanto valores fundamentais da comunidade, que devem ser seguidos por todos os Poderes do Estado.

Nesse contexto, o Poder Judiciário passou a controlar de forma mais profunda a criação e implementação de políticas públicas pela Administração, sendo que a falta de sistematização legal traz exigências processuais às demandas que realizem de alguma maneira tal controle.

Em primeiro lugar, deve haver uma preferência pelo uso da ação coletiva, para o controle de políticas públicas. A ação individual analisa a causa de pedir e o pedido autoral, que em regra tratam da pretensão de um indivíduo ou de pessoas em litisconsórcio, sem que avaliem um direito coletivo propriamente dito. A demanda coletiva permite que o julgador tome em consideração mais aspectos para a sua tomada de decisão, aprofundando os elementos de cognição e evitando um julgamento que não observe as consequências da decisão final para a comunidade.

Ademais, o contraditório, que é um direito fundamental processual, assume ainda maior importância em tais demandas, a fim de que as partes tenham a possibilidade de amplamente influenciar a tomada de decisão pelo julgador, considerando as drásticas consequências a toda a coletividade que podem surgir com as sentenças dessas ações.

Finalmente, a execução em tais demandas deve ser flexível, buscando o órgão jurisdicional o meio executivo adequado para a satisfação da finalidade pretendida, com estímulo à mediação, ao contraditório e à cooperação. Esta última permite, outrossim, que a execução seja negociada pelas partes, evitando-se que o juiz utilize desnecessariamente e de forma inadequada meios executivos coercitivos e sub-rogatórios, que poderiam ser evitados com a comparticipação dos sujeitos do processo.

Referências

BARCELLOS, Ana Paula de. *A eficácia jurídica dos princípios constitucionais*. Rio de Janeiro: Renovar, 2002.

BARROSO, Luís Roberto. *Neoconstitucionalismo e constitucionalização do direito*. O triunfo tardio do direito constitucional no Brasil, 2005. Mimeo.

CHAYES, Abram. The role of the judge in public law litigation. *Harvard Law Review*, v. 89, n. 7, p. 1281-1316, 1976.

COSTA, Eduardo José da Fonseca. A "execução negociada" de políticas públicas em juízo. *Revista de Processo*, v. 212, p. 25-56, 2012.

GRECO, Leonardo. *Estudos de direito processual*. Campos dos Goytacazes: Ed. Faculdade de Direito de Campos, 2005.

GRECO, Leonardo. O princípio do contraditório. In: GRECO, Leonardo. *Estudos de direito processual*. Campos dos Goytacazes: Faculdade de Direito de Campos, 2005.

HERSHKOFF, Helen. *Public interest litigation*: selected issues and examples. Disponível em: <http://siteresources.worldbank.org/INTLAWJUSTINST/Resources/PublicInterestLitigation%5B1%5D.pdf>. Acesso em: 21 ago. 2015.

LUISO, Francesco P. *Principio del contraddittorio ed efficacia della sentenza verso terzi*. Milano: Giuffrè, 1981.

MENDES, Aluísio Gonçalves de Castro. Efetivação dos direitos fundamentais mediante ação civil pública para implementar políticas públicas. *Revista de Processo*, São Paulo, v. 34, n. 163, set. 2008.

OLIVEIRA, Carlos Alberto Álvaro de. A garantia do contraditório. *Revista Forense*, Rio de Janeiro, v. 95, n. 346, p. 9-19, abr./jun. 1999.

PEREIRA JUNIOR, Jessé Torres. *Controle judicial da Administração Pública*: da legalidade estrita à lógica do razoável. 2. ed. Belo Horizonte: Fórum, 2009.

PEREIRA JUNIOR, Jessé Torres. *Políticas públicas nas licitações e contratações administrativas*. 2. ed. Belo Horizonte: Fórum, 2012.

RODRIGUES, Marco Antonio. *A Fazenda Pública no processo civil*. São Paulo: Atlas, 2015.

RODRIGUES, Marco Antonio. *A modificação do pedido e da causa de pedir no processo civil*. Rio de Janeiro: GZ, 2014.

RODRIGUES, Marco Antonio. *Constituição e Administração Pública*: definindo novos contornos à legalidade administrativa e ao poder regulamentar. Rio de Janeiro: GZ, 2012.

SARLET, Ingo Wolfgang. *A eficácia dos direitos fundamentais*. 3. ed. Porto Alegre: Livraria do Advogado, 2003.

THEODORO JÚNIOR, Humberto, NUNES, Dierle José Coelho. Uma dimensão que urge reconhecer ao contraditório no direito brasileiro: sua aplicação como garantia de influência, de não surpresa e de aproveitamento da atividade processual. *Revista de Processo*, São Paulo, v. 34, n. 168, p. 107-141, fev. 2009.

THEODORO JUNIOR, Humberto; NUNES, Dierle José Coelho; BAHIA, Alexandre Melo Franco. Litigância de interesse público e execução comparticipada de políticas públicas. *Revista de Processo*, v. 224, 2013.

Informação bibliográfica deste texto, conforme a NBR 6023:2002 da Associação Brasileira de Normas Técnicas (ABNT):

RODRIGUES, Marco Antonio dos Santos. Aspectos processuais do controle jurisdicional de políticas públicas. In: CÂMARA, Alexandre Freitas; PIRES, Adilson Rodrigues; MARÇAL, Thaís Boia (Coords.). Estudos de direito administrativo em homenagem ao professor Jessé Torres Pereira Junior. Belo Horizonte: Fórum, 2016. p. 259-272. ISBN 978-85-450-0166-9.

A ARBITRAGEM EM CONTRATOS ADMINISTRATIVOS. REPERCUSSÕES DA NOVA LEI Nº 13.129, DE 26.5.15[1]

Maria Sylvia Zanella Di Pietro

1 Das controvérsias doutrinárias

Tem sido grande a controvérsia, no decurso do tempo, sobre a possibilidade de inclusão de cláusula compromissória nos contratos administrativos.

A Lei nº 8.666, de 21.6.93, silenciou a respeito. No entanto, muitas leis esparsas, incluindo algumas referentes a contratos administrativos, têm previsto essa possibilidade. É o que ocorre nas leis sobre telecomunicações, transportes aquaviários e terrestres, energia elétrica e tantas outras.

Na Lei nº 8.987, de 13.2.95 (que dispõe sobre o regime de concessão e permissão da prestação de serviços públicos previsto no art. 175 da Constituição Federal), o art. 23-A, introduzido pela Lei nº 11.196, de 21.11.05, prevê a possibilidade de o contrato estabelecer mecanismos privados de resolução de conflitos.

Também a Lei nº 11.079, de 30.12.2004, que institui normas gerais para licitação e contratação de parceria público-privada no âmbito da Administração Pública, prevê, no art. 11, inc. III, a possibilidade de inclusão no instrumento convocatório, do "emprego dos mecanismos privados de resolução de disputas, inclusive a arbitragem, a ser realizada nos termos da Lei 9.307, de 23.9.1996, para dirimir conflitos decorrentes ou relacionados ao contrato".

---

[1] Foi com muita honra que recebi o convite para participar do livro em homenagem ao professor Jessé Torres Pereira Junior, jurista dos mais proeminentes, que, com sua sabedoria e experiência no mundo da magistratura e do magistério, enriqueceu a literatura do direito administrativo com seus ensinamentos, especialmente na área de contratos e licitações. A homenagem que a ele se presta com a organização desta obra é das mais justas e meritórias. Fico feliz em participar com a apresentação deste pequeno texto sobre arbitragem nos contratos administrativos, que foi objeto de muita reflexão.

Todas essas leis são posteriores à lei de arbitragem, que é a Lei nº 9.307, de 23.9.1996, e provavelmente tiveram por objetivo suprir a sua omissão, no que diz respeito aos contratos administrativos.

Na realidade, a Lei nº 9.307/96, na redação original, nada diz sobre os contratos administrativos. Mas a norma do art. 1º, *caput*, tem um caráter genérico ao assim estabelecer:

> Art. 1º As pessoas capazes de contratar poderão valer-se da arbitragem para dirimir litígios relativos a direitos patrimoniais disponíveis.

São apenas dois os requisitos: (i) que o recurso à arbitragem seja utilizado por pessoa com capacidade para contratar e (ii) que os litígios se refiram a direitos patrimoniais disponíveis.

Note-se que o Código Civil, no art. 852, estabelece que "é vedado o compromisso para solução de questões de estado, de direito pessoal de família e de outras que não tenham caráter estritamente patrimonial".

Opiniões divergentes formaram-se sobre a possibilidade ou não de arbitragem pela Administração Pública.[2] O Tribunal de Contas da União firmou o entendimento contrário à arbitragem, por falta de previsão legal e por contrariar princípios da Administração, como supremacia do interesse público e vinculação ao edital. Na Decisão nº 286/93, aquele Tribunal entendeu que

> o juízo arbitral é inadmissível em contratos administrativos, por falta de expressa autorização legal e por contrariedade a princípios básicos de direito público (princípio da supremacia do interesse público sobre o privado, princípio da vinculação ao instrumento convocatório da licitação e à respectiva proposta vencedora, entre outros).

No entanto, no Acórdão nº 1.330/2007, decidiu, com relação às parcerias público-privadas, que é possível a resolução de disputas mediante arbitragem, porque prevista no art. 11, III, da Lei nº 11.079/2004.

---

[2] Encontra-se levantamento das diferentes opiniões em trabalho de HIGA, Alberto Shinji. Notas sobre o uso da arbitragem pela Administração Pública. In: DI PIETRO, Maria Sylvia Zanella (Org.). *Direito privado administrativo*. São Paulo: Atlas, 2013.

Também decidiu o TCU que é possível a arbitragem nos contratos de direito privado celebrados pela Administração Pública, porque neles ela se iguala ao particular, tal como ocorre nos contratos de seguro, de financiamento, de locação (em que o Poder Público seja locatário), conforme disposto no art. 62, §3º, inc. I, da Lei nº 8.666/93 (Acórdão nº 391/2008).

No entanto, a verdade é que a Administração Pública vem utilizando a arbitragem em inúmeros conflitos surgidos no âmbito da execução dos contratos.

Eu mesma já participei de dois Tribunais de Arbitragem envolvendo, um deles, uma empresa estatal e, o outro, uma autarquia. Para nenhum dos dois contratos havia previsão legal de arbitragem. Tratava-se de contratos de empreitada firmados com base na Lei nº 8.666/93.

2 Inovações da Lei nº 13.129, de 26.5.2015, em matéria de contratos administrativos

A Lei nº 13.129, de 26.5.2015, trouxe algumas alterações na Lei nº 9.307/96, resolvendo *parcialmente* a controvérsia.

Por que resolveu apenas *parcialmente*?

Resolveu a controvérsia quanto ao cabimento ou não de cláusula compromissória nos contratos administrativos em geral.[3]

Com efeito, o §1º, introduzido no art. 1º da Lei nº 9.307 pela Lei nº 13.129, assim estabeleceu expressamente:

> §1º A administração pública direta e indireta poderá utilizar-se da arbitragem para dirimir conflitos relativos a direitos patrimoniais disponíveis.

Com essa norma, ficou clara a possibilidade de solução de disputas, pela Administração Pública, por meio de arbitragem. Mas deixou em aberto a dúvida quanto à expressão *direitos patrimoniais*

---

[3] A cláusula compromissória é definida pelo art. 4º da Lei nº 9.307 como "a convenção através da qual as partes em um contrato comprometem-se a submeter à arbitragem os litígios que possam vir a surgir, relativamente a tal contrato".

disponíveis, que é, evidentemente, um conceito jurídico indeterminado, que já levantava dúvidas anteriormente e continua a levantá-las. Resta, portanto, saber o que são *direitos patrimoniais disponíveis*.

Muitos critérios têm sido apontados pela doutrina e jurisprudência e que podem ser assim resumidos:

a) é possível usar a arbitragem quando se trata de *ato de gestão* (em que a Administração Pública atua sem o seu poder de império, ou seja, como se fosse um particular na gestão de seus negócios); nessa situação ela se iguala ao particular, ao contrário do que ocorre quando se trata de *ato de império*;

b) o princípio da indisponibilidade do interesse público não se confunde com a ideia de direitos patrimoniais indisponíveis; o interesse público é sempre indisponível; os direitos patrimoniais podem ser disponíveis ou indisponíveis;

c) é possível a arbitragem em relação aos serviços comerciais e industriais do Estado, ou seja, quando se trata de atividade econômica em sentido estrito, tal como entendeu o STJ no REsp nº 606.345/RS e nº 612.439/RS, em que foi relator o Ministro João Otávio de Noronha;

d) é possível a arbitragem nos atos negociais, em que a Administração se iguala ao particular, porque age sem prerrogativas públicas;

e) é possível nos contratos de direito privado firmados pela Administração Pública;

f) é possível nas empresas estatais que exercem atividade econômica, com fundamento no art. 173, §1º, inc. II, da Constituição Federal, já que esse dispositivo prevê a sujeição dessas empresas ao mesmo regime jurídico das empresas privadas, inclusive quanto aos direitos e obrigações civis, comerciais, trabalhistas e tributárias.

Na realidade, todos esses critérios são válidos. Uns não excluem os outros.

No entanto, alguns aspectos são especialmente relevantes, a começar pela análise dos vocábulos *patrimônio* e *disponível*, como se verá no item subsequente.

3 Direitos patrimoniais disponíveis

Podemos partir do conceito de *patrimônio* dado por Clóvis Beviláqua: "Complexo das relações jurídicas de uma pessoa, que tiverem valor econômico".[4]
Segundo o autor, incluem-se no patrimônio:
a) a posse;
b) os direitos reais;
c) os direitos obrigacionais;
d) as relações econômicas do direito de família;
e) as ações correspondentes a esses direitos.

E excluem-se do patrimônio:
a) os direitos individuais à existência, à honra e à liberdade;
b) os direitos pessoais entre os cônjuges;
c) os direitos de autoridade entre pai e filho;
d) os direitos políticos.

No âmbito do direito público também existem direitos que admitem valoração econômica e outros que não a admitem. Por exemplo: é possível dizer que determinadas atividades exercidas pelo Estado são passíveis de valoração econômica (são as atividades econômicas por ele exercidas direta ou indiretamente). Outras não admitem essa valoração, como determinados serviços sociais do Estado, que correspondem aos direitos sociais do homem, considerados como direitos fundamentais. É evidente que os direitos fundamentais do homem não possuem valor econômico, não admitindo qualquer tipo de negociação ou transação, ainda que alguns produzam efeitos patrimoniais passíveis de negociação.

Note-se que no âmbito do direito administrativo o antigo Regulamento do Código de Contabilidade da União (aprovado pelo Decreto nº 15.783, de 8.11.1922, e revogado por decreto s/ nº de 25.4.91), ao tratar dos bens públicos, chamava os bens de uso especial de *patrimoniais indisponíveis* e, os dominicais, de *patrimoniais disponíveis*.

---

[4] *Apud* NAUFEL, José. *Novo dicionário jurídico brasileiro*. 7. ed. São Paulo: Parma, 1984.

Se consideradas as três modalidades de bens públicos previstas no art. 99 do Código Civil, pode-se afirmar que os bens de uso comum do povo não são passíveis de avaliação, de valoração econômica, porque destinados ao uso de todos, como as ruas, as praças, o mar, a praia, entre outros; os de uso especial são passíveis de valoração econômica, mas são *indisponíveis* porque têm uma destinação pública, tal como previsto no inc. II do referido dispositivo legal; e os dominicais são passíveis de avaliação e são *disponíveis* por não terem afetação pública.

As duas primeiras categorias são *res extra commercium*: estão fora do comércio jurídico de direito privado. Portanto, não podem ser objeto de nenhuma relação jurídica regida pelo direito privado, como é o caso do compromisso arbitral e da transação.

Embora o patrimônio público possa ter um conceito amplo, que abrange o patrimônio social, o patrimônio moral, o patrimônio cultural, entre outros, o que interessa para os fins do art. 1º da Lei nº 9.307/96 é o patrimônio econômico, ou seja, aquele que é passível de valoração econômica.

Também é preciso tomar cuidado com o vocábulo *disponível*. Ele pode dar a errônea impressão de que significa livre disposição, liberalidade. Mas não é esse o sentido correto.

Quando se diz que os bens dominicais são disponíveis, é apenas no sentido de que eles podem ser objeto de negociação pelo Poder Público, por meio de institutos regidos pelo direito privado, como compra e venda, locação, permuta, doação. Eles podem ser objeto de relações regidas pelo direito privado exatamente porque, enquanto não têm destinação pública, são passíveis de valoração econômica.

À primeira vista, é chocante aceitar que possam existir, com relação ao patrimônio público, *direitos patrimoniais disponíveis*, como decorre do art. 1º, §1º, da Lei nº 9.307. A tendência é a de afirmar que não existem direitos patrimoniais públicos que sejam disponíveis.

No entanto, a verdade é que estamos apegados ao conhecido princípio da *indisponibilidade do interesse público*, explicado com maestria por Celso Antônio Bandeira de Mello:[5]

---

[5] BANDEIRA DE MELLO, Celso Antônio. *Curso de direito administrativo*. 32. ed. São Paulo: Malheiros, 2015. p. 76.

[...] significa que sendo interesses qualificados como próprios da coletividade – internos ao setor público – não se encontram à livre disposição de quem quer que seja, por inapropriáveis. O próprio órgão administrativo que os representa não tem disponibilidade sobre eles, no sentido de que lhe incumbe apenas curá-los – o que é também um dever – na estrita conformidade do que dispuser a intentio legis.

Um pouco além, diz:

[...] as pessoas administrativas não têm portanto disponibilidade sobre os interesses públicos confiados à sua guarda e realização. Esta disponibilidade está permanentemente retida nas mãos do Estado (e de outras pessoas políticas, cada qual na própria esfera) em sua manifestação legislativa. Por isso, a Administração e a pessoa administrativa, autarquia, têm caráter instrumental.

O interesse público é sempre indisponível pela Administração Pública, porque ele é de titularidade da coletividade e não do Poder Público. A Administração Pública apenas o administra, protege e tem o dever de dar-lhe efetividade. Mas não pode dele dispor livremente porque não lhe pertence.

Portanto, é correto afirmar que o interesse público é indisponível. Mas isso não significa que todos os direitos patrimoniais, no âmbito do direito público, sejam indisponíveis. Por vezes, a disponibilidade de um patrimônio público pode ser de mais interesse da coletividade do que a sua preservação.

Por que se aceita a recomposição do equilíbrio econômico-financeiro dos contratos administrativos?

Porque, sem a recomposição, o contrato pode tornar-se inviável e levar à necessidade de sua rescisão. É do interesse público a continuidade dos contratos administrativos.

Por isso, não assiste razão ao Tribunal de Contas da União quando afirma que a arbitragem contraria o princípio da indisponibilidade do interesse público. Confunde-se o princípio da indisponibilidade do interesse público com o conceito de patrimônio indisponível.

Aliás, também não lhe assiste razão quando alega que a arbitragem contraria o princípio da vinculação ao edital. Os árbitros não podem descumprir os termos do edital e do contrato.

A cláusula de arbitragem deve estar prevista no edital e no contrato para ser admitida.

4 Previsão de contratos de direito privado na Lei nº 8.666/93

A Lei nº 8.666/93 admite os contratos de direito privado, implicitamente, no art. 62, §3º, inc. I, assim redigido:

> §3º Aplica-se o disposto nos artigos 55 e 58 a 61 desta Lei e demais normas gerais, no que couber:
> I – aos contratos de seguro, de financiamento, de locação em que o Poder Público seja locatário, e aos demais cujo conteúdo seja regido predominantemente por norma de direito privado.

O compromisso arbitral tem natureza contratual, da mesma forma que a transação, conforme arts. 840 a 853 do Código Civil.

Portanto, não há impedimento a que a Administração Pública participe de convenção de arbitragem, a qual se regerá pela legislação específica (Lei nº 9.307/96, alterada pela Lei nº 13.129/15), mas submetendo-se às normas da Lei nº 8.666/93, *no que couber*.

Como nem toda matéria pode ser objeto de decisão pela via da arbitragem – mas apenas os direitos patrimoniais disponíveis – é importante que os instrumentos convocatórios de licitação e os contratos administrativos, quando incluírem cláusula prevendo a solução de conflitos pela via da arbitragem, *delimitem as matérias sobre as quais ela é possível*.

O fato de ser inserida a cláusula de arbitragem nos contratos administrativos não significa que a arbitragem poderá referir-se a todas as matérias de que trata o contrato, porque algumas podem referir-se a direitos patrimoniais indisponíveis.

Note-se que os contratos administrativos contêm *cláusulas regulamentares* e *cláusulas financeiras*. As primeiras referem-se ao próprio objeto do contrato, à forma de sua execução; elas decorrem do poder regulador da Administração Pública; são fixadas unilateralmente e alteradas unilateralmente. Correspondem às chamadas cláusulas exorbitantes ou cláusulas de prerrogativas. Mas as cláusulas financeiras, que dizem respeito à remuneração do contratado e ao equilíbrio econômico-financeiro do contrato, têm natureza tipicamente contratual. Por isso mesmo, não podem ser alteradas unilateralmente pelo Poder Público. Mas podem ser objeto de acordo entre as partes.

Também não teria sentido que se instalasse um procedimento de arbitragem para decisão de conflito que envolva prerrogativas de autoridade que só o Poder Público pode exercer. Não pode um tribunal de arbitragem decidir sobre as prerrogativas previstas no art. 58 da Lei nº 8.666 (alteração unilateral, rescisão unilateral, aplicação de penalidade etc.). Mas pode decidir sobre os efeitos patrimoniais decorrentes do uso de prerrogativas próprias do Poder Público, como as de alterar e rescindir unilateralmente os contratos, que podem provocar o desequilíbrio econômico-financeiro. São aspectos que se incluem no conceito de direitos patrimoniais disponíveis, não porque a Administração Pública possa abrir mão de seus direitos, mas porque se trata de direitos passíveis de valoração econômica.

Visto o mesmo argumento sob outro ângulo, pode-se partir da distinção entre atos de império e atos de gestão. Os primeiros são praticados pelo Poder Público como autoridade, como ente que atua em nome do Estado. As decisões sobre desapropriação, tombamento, servidão administrativa, por exemplo, não podem ser objeto de apreciação por árbitro. Mas os efeitos patrimoniais dessas decisões podem, porque são passíveis de valoração econômica.

Já os atos de gestão são praticados pelo Poder Público sem as prerrogativas próprias de autoridade, tal como ocorre com os contratos de direito privado celebrados pela Administração Pública, como compra e venda, locação, permuta etc. Os conflitos surgidos podem ser decididos pela via da arbitragem.

5   Paralelo com os acordos judiciais

É importante ressaltar que os acordos feitos pela Administração Pública, como o compromisso e a transação, não são novidade no direito positivo. Desde longa data é prevista, para os processos judiciais, a possibilidade de a Administração Pública confessar, desistir, fazer transação, firmar compromissos, sem que se alegue qualquer óbice de natureza jurídica.

A exigência que a lei faz é de que tais atos sejam autorizados por determinadas autoridades. Não é qualquer advogado público que, por sua própria decisão, pode confessar, desistir, fazer transação, no curso de um processo judicial em que atua como representante do Estado.

A Lei da Advocacia Geral da União – Lei Complementar nº 73, de 10.2.93, outorga ao Advogado Geral da União a competência para "desistir, transigir, acordar e firmar compromisso nas ações de interesse da União, nos termos da legislação vigente" (art. 4º, inc. VI). Esse dispositivo está regulamentado pela Lei nº 9.469, de 10.7.97. Essa lei estabelece as hipóteses em que o Advogado Geral da União pode dispensar a inscrição de crédito, autorizar o não ajuizamento de ações e a não interposição de recursos, assim como o requerimento de extinção de ações em curso ou de desistência dos respectivos recursos judiciais, para cobrança de créditos da União e das autarquias e fundações públicas federais (art. 1º).

O art. 1º-B outorga igual autorização aos dirigentes máximos das empresas públicas federais até o limite de dez mil reais. Acima desse valor, a competência é do Ministro de Estado ou do titular da Secretaria da Presidência da República a cuja área de competência estiver afeto o assunto. Se for empresa pública não dependente, basta a autorização do dirigente da empresa.

As leis orgânicas das procuradorias dos estados e municípios costumam conter normas semelhantes.

Ora, não fazer a inscrição de crédito, desistir dos recursos, transigir, são medidas que implicam abrir mão de direitos patrimoniais de natureza pública. Isso é muito mais do que permitir que terceiros – os árbitros – decidam sobre os direitos patrimoniais disponíveis.

A única exigência diz respeito à *competência* para a decisão, que envolve aspecto de mérito, de apreciação do interesse público em jogo e que, por isso mesmo, é atribuída a determinada autoridade indicada na lei.

Veja-se que a Lei nº 13.129, de 26.5.2015, inclui um §2º no art. 1º da Lei nº 9.307/96, assim estabelecendo:

> §2º A autoridade ou órgão competente da administração pública direta para a celebração de convenção de arbitragem é a mesma para a realização de acordos ou transações.

O dispositivo causa certa perplexidade. Ele não diz a que tipo de "acordo" se refere. Será que todas as autoridades administrativas que têm competência para celebrar contratos administrativos podem celebrar *convenção de arbitragem*? E quem é competente para a realização de transações?

Na esfera administrativa, não há previsão legal de competência para fazer transação. Esta é prevista no art. 840 do Código Civil como modalidade de contrato. O dispositivo assim determina:

> Art. 840. É lícito aos interessados prevenirem ou terminarem o litígio mediante concessões mútuas.

Diante disso, é possível afirmar que, até por analogia, a autoridade que celebra a convenção de arbitragem tem que ser autorizada pelo Advogado Geral da União ou pelas autoridades indicadas nas leis estaduais e municipais. Se na via judicial essa é a autoridade competente, do mesmo modo ocorrerá se o litígio for submetido a juízo arbitral. Até com mais razão, por se tratar de modo amigável de solução de disputas.

Trata-se de aplicação do velho brocardo jurídico: *Ubi eadem est ratio, eadem est jus dispositivo* (onde existe o mesmo fundamento, aplica-se a mesma regra jurídica).

Seria inteiramente irrazoável deixar-se a todas as autoridades competentes para firmar contratos administrativos a apreciação do interesse público em permitir ou não a decisão de submissão dos litígios envolvendo a Administração Pública ao juízo arbitral.

6 Arbitragem de direito

Outra norma inserida na Lei nº 9.307/96 pela Lei nº 13.129/2015 é a que afasta a possibilidade de a arbitragem que envolva a Administração Pública ser *de direito* ou *de equidade*, a critério das partes. Terá que ser sempre *de direito*. O §3º do art. 2º, introduzido pela Lei nº 13.129/2015, assim determina:

> §3º A arbitragem que envolva administração pública será sempre de direito e respeitará o princípio da publicidade.

A norma tem fundamento no princípio da legalidade a que se submete a Administração Pública direta e indireta, por força do art. 37, *caput*, da Constituição. Esse princípio exige submissão à lei. É relevante lembrar, contudo, que o princípio da legalidade, atualmente, é entendido em sentido restrito, para abranger as matérias em que a Constituição exige ato legislativo propriamente dito, e em sentido amplo, para abranger a submissão, não só à lei, mas aos atos normativos do Poder Executivo (regulamentos) e da própria Administração Pública (resoluções, portarias, instruções, deliberações, entre outros), além dos valores e princípios que decorrem expressa ou implicitamente da Constituição. E hoje é grande o rol dos princípios aplicáveis à Administração Pública, como os previstos no art. 37, *caput*, além de outros considerados implícitos na própria ideia de Estado de Direito, como os da razoabilidade, da segurança jurídica (inclusive sob o aspecto subjetivo da proteção à confiança), da motivação, do interesse público, dentre outros.

Não há dúvida de que os árbitros que decidam litígios envolvendo a Administração Pública não podem decidir com base na equidade, mas podem decidir com base nos princípios previstos no ordenamento jurídico, inseridos no conceito de direito.

7 Conflito entre a exigência de sigilo e o princípio da publicidade

O mesmo dispositivo (§3º do art. 2º) da Lei nº 13.129 resolveu a questão do eventual conflito entre o sigilo que deve haver no julgamento arbitral e o princípio da publicidade, previsto no art. 37, *caput*, da Constituição. Pelos termos já transcritos no item anterior, a arbitragem que envolva a Administração Pública respeitará o princípio da publicidade.

O dispositivo tem que ser interpretado em seus devidos termos. Existem hipóteses de sigilo na Administração Pública, como as que protegem a segurança da sociedade e do Estado (art. 5º, XXXIII, da Constituição), as que protegem a intimidade e o interesse social (art. 5º, LX), além de outras previstas em favor das próprias empresas, agasalhadas pelo direito positivo.

8 Conclusões

A Lei nº 13.129/15 resolveu a controvérsia a respeito do cabimento da arbitragem como meio amigável de solução de litígios surgidos no âmbito de contratos administrativos. Mas não resolveu a difícil questão sobre o sentido da expressão *direitos patrimoniais disponíveis*, que constitui conceito jurídico indeterminado. A mesma dificuldade existe também no âmbito do direito privado. A nossa conclusão é a de que direitos patrimoniais são os passíveis de valoração econômica. A disponibilidade não significa livre disposição, liberalidade, renúncia de direitos, mas apenas a possibilidade de negociação.

Como nem todos os conflitos surgidos no âmbito das licitações e contratos administrativos são passíveis de solução pela via arbitral, é conveniente que os instrumentos convocatórios e os contratos administrativos, quando houver previsão de arbitragem, delimitem as matérias sobre as quais é possível a utilização desse meio de solução de conflitos.

Referências

BANDEIRA DE MELLO, Celso Antônio. *Curso de direito administrativo*. 32. ed. São Paulo: Malheiros, 2015.

HIGA, Alberto Shinji. Notas sobre o uso da arbitragem pela Administração Pública. In: DI PIETRO, Maria Sylvia Zanella (Org.). *Direito privado administrativo*. São Paulo: Atlas, 2013.

NAUFEL, José. *Novo dicionário jurídico brasileiro*. 7. ed. São Paulo: Parma, 1984.

Informação bibliográfica deste texto, conforme a NBR 6023:2002 da Associação Brasileira de Normas Técnicas (ABNT):

DI PIETRO, Maria Sylvia Zanella. A arbitragem em contratos administrativos. Repercussões da nova Lei nº 13.129, de 26.5.15. *In:* CÂMARA, Alexandre Freitas; PIRES, Adilson Rodrigues; MARÇAL, Thaís Boia (Coords.). *Estudos de direito administrativo em homenagem ao professor Jessé Torres Pereira Junior*. Belo Horizonte: Fórum, 2016. p. 273-285. ISBN 978-85-450-0166-9.

MEDIDAS JURÍDICO-ADMINISTRATIVAS INIBIDORAS DE AÇÕES CONTRÁRIAS AO DIREITO, PRATICADAS EM LICITAÇÕES E CONTRATAÇÕES PÚBLICAS, E SUA POTENCIAL REPERCUSSÃO NA GOVERNANÇA DE ORGANIZAÇÕES

Marinês Restelatto Dotti

1 Homenagem ao magistral Jessé Torres Pereira Junior

Conheci o professor Jessé Torres Pereira Junior no ano de 2005, por ocasião de sua participação como palestrante em seminário realizado pela Advocacia-Geral da União em Porto Alegre, Rio Grande do Sul. Dois anos após a realização do evento, indaguei-lhe sobre sua disposição em publicar um texto em parceria, atinente ao pregão eletrônico e ao Projeto de Lei nº 7.709, de 2007. A surpresa e a emoção foram imensas quando do recebimento de sua resposta, aceitando o desafio.

Surpresa maior e emoção imensurável foi receber, em seguida à publicação daquele texto, mensagem do professor Jessé Torres Pereira Junior indagando-me sobre qual seria o próximo tema a ser publicado em parceria.

Desde então, somam-se mais de quarenta publicações conjuntas, entre artigos, livros e participações em obras coletivas, sobre licitações, contratações públicas, convênios e outros instrumentos congêneres.

Professor Jessé Torres Pereira Junior, ilustre Desembargador do Tribunal de Justiça do Estado do Rio de Janeiro, notável doutrinador na área do direito constitucional e administrativo, brilhante e cativante conferencista, é um profissional digno de inspiração, por seus conhecimentos e orientações, por sua maestria profissional e espírito de colaboração.

Participar desta obra coletiva em sua homenagem é agradecer-lhe pelas valorosas lições doutrinárias – sempre voltadas a criar condições estimuladoras de comportamentos éticos e a orientar organizações a conformarem suas contratações compromissadas com o direito –, pelo privilégio de poder atuar em parceria em vários escritos e pela gratificante amizade que no ano de 2015 completou uma década.

2 Os impactos da corrupção

A corrupção apresenta-se como um fenômeno que enfraquece a democracia, a confiança no Estado e a legitimidade dos governos. É preciso assinalar que as práticas de corrupção não são privativas de países em desenvolvimento, também se encontram arraigadas em maior ou menor grau em países desenvolvidos.

A preocupação com a questão dos impactos da corrupção não é recente. Muitos estudiosos do tema ocupam-se em estudar os seus efeitos sobre a sociedade. Verifica-se que os efeitos negativos sobre o desenvolvimento econômico e político são perceptíveis quando a corrupção compromete o direito de propriedade, o império da lei e os incentivos aos investimentos. Uma sociedade com altos índices de corrupção, generalizada, mais cedo ou mais tarde, será submetida a crises de legitimidade no seu sistema político, especialmente em termos de queda nos níveis de credibilidade de seus políticos e de suas instituições.

A corrupção produz um custo político alto, porque as instituições vistas como corruptas são desacreditadas e não têm apoio da sociedade.

Além dos danos políticos, a corrupção provoca consequências econômicas relevantes ao afugentar novos investimentos. Os riscos políticos e econômicos são sempre levados em conta pelos investidores internacionais e domésticos. Quando esses riscos são elevados, projetos de investimentos são adiados ou mesmo cancelados.

A corrupção provoca uma crescente corrosão no nível de confiança das instituições responsáveis pelo bem-estar ou pelo funcionamento dos mercados, como o cumprimento de contratos e a proteção dos direitos de propriedade. Essas distorções têm implicações tanto no plano interno como externo. No primeiro caso, os custos de transação aumentam e, no segundo, o clima de ilegalidade e insegurança jurídica prejudica a imagem da nação, constituindo-se em um inibidor para os investimentos estrangeiros. Um mercado pode fazer a alocação racional dos bens e serviços onde há confiança entre seus integrantes e esta (confiança) é alcançada se existir ambiente de responsabilização das pessoas pela prática de seus atos, que lhes imputem sanções, irradiando o consequente desestímulo ao cometimento de ações contrárias ao direito.

3 Medidas para a profissionalização e governança de organizações

As contratações de compras, obras e serviços em todos os poderes das três esferas da federação movimentam recursos da ordem de 15% do PIB (Produto Interno Bruto) anual.

Esse poder de compra do setor público é gerido por agentes públicos que se deparam com um excesso de demanda sobre os recursos disponíveis. Nada obstante o dever de o agente público atuar segundo padrões éticos de probidade, decoro e boa-fé (art. 2º, parágrafo único, IV, Lei nº 9.784/99), o incentivo para a prática de atos de corrupção nesses processos é elevado e as consequências disso são nefastas.

Criar condições que estimulem comportamentos escorreitos e passíveis de serem sindicados em processos de licitações e contratações públicas é possível e elas podem ser alcançadas por meio da adoção de medidas jurídico-administrativas.

Apresentá-las é o objetivo deste texto.

3.1 Atividades finalísticas preenchidas exclusivamente por meio de concurso público

No Brasil, o caráter particularista do processo colonizador pelos europeus absorveu o modelo da administração pública portuguesa na forma de ver o Estado como extensão das famílias dominantes. Poderes locais se sobressaíam pulverizando as funções administrativas entre parentes e apadrinhados que viviam ao redor dos senhores proprietários de terra.

A Constituição Imperial (1824), em seu art. 179, XIV, limita-se a orientar que: "todo o cidadão pode ser admitido aos Cargos Públicos Civis, Políticos ou Militares, sem outra diferença, que não seja a dos seus talentos e virtudes", sem qualquer pensamento fomentador de desenvolvimento de um corpo político organizado e burocratizado, com interesses nacionais. A Constituição Republicana de 1934 (art. 170, §2º) determinava a realização de concurso público em caráter específico para situações especiais. O concurso não tinha um caráter geral, antes era uma exceção. A lei determinaria para quais cargos deveriam ser observadas as exigências de concurso público. As sucessivas Constituições de 1937 e 1946 repetiram a fórmula da Carta de 1934. Foi só na Carta 1967 que surgiu a exigência do concurso público para o acesso a todos os cargos e empregos públicos mediante concurso público. Não logrou êxito, no entanto, este impulso moralizador, tendo a Carta de 1969 (art. 97) retomado a questão aos moldes anteriores.

As elites intelectuais, com a redemocratização do país e com a exigência precípua de atingir a qualidade esperada pela sociedade como prestador de serviços e empregador, perceberam que era preciso dotar o Estado de um quadro permanente de servidores concursados, não sujeitos às ingerências políticas, cujo princípio do mérito fosse o critério basilar para que os cidadãos fossem investidos em cargos públicos. Estabeleceu, assim, o constituinte de 1988, o ingresso em cargo público por meio de concurso público, ressalvadas as nomeações para cargo em comissão declarado em lei de livre nomeação e exoneração (art. 37, incs. I e II). O concurso público, dessa forma, materializa, em contraponto à farta distribuição de cargos de confiança a parentes e apadrinhados, um fundamento básico de nossa República assentado no art. 1º da nossa Constituição de 1988: a cidadania. O servidor concursado, como se espera, mantém a continuidade administrativa necessária aos serviços públicos, como, também, democratiza o acesso do cidadão às funções públicas através de princípios de meritocracia, impessoalidade e igualdade.

O fenômeno do nepotismo tal qual como inclinação de nossa herança colonial, contrapõe-se assim à formalização de um modelo de gestão racional legal baseado nos princípios da moralidade, impessoalidade e interesse público, além de ser uma prática de exclusão social que torna tais princípios constitucionais, garantias do cidadão, um discurso vazio frente à necessidade de democratizar a Administração Pública.

A realização de concurso público parte da presunção de que o servidor de carreira preenche, pela independência e profissionalismo na defesa do interesse público, a necessidade do administrador de encontrar proficiência na realização de seus fins, sendo despiciendo a procura de terceiros fora do quadro dos servidores efetivados por concurso quando o princípio republicano requer a participação ativa e engajada de todos os cidadãos nos assuntos públicos.

3.2 Governança de organizações

No âmbito das organizações públicas existem as funções de confiança, exercidas exclusivamente por servidores ocupantes de cargo efetivo (art. 37, V, da Constituição Federal), e os cargos em comissão, os quais podem ser preenchidos por servidores que já detenham cargos efetivos de carreira, de acordo com percentuais estabelecidos na respectiva lei de criação (art. 37, II e V, da Constituição Federal). Significa, pois, que os cargos em comissão devem ser ocupados por um percentual mínimo legal de servidores de carreira, podendo-se preencher as vagas restantes por pessoas sem vínculo definitivo com a Administração.

Ambos os cargos devem ser criados por lei e se destinam apenas às atribuições de direção, chefia e assessoramento na Administração Pública e são respectivamente preenchidos ou exercidos mediante livre nomeação pela autoridade competente, na contrapartida das respectivas livres exoneração e dispensa, a qualquer tempo (*ad nutum*), seja a pedido, seja de ofício, pela mesma autoridade que nomeou.

Funções de confiança e cargos em comissão, ao lado de servidores e empregados públicos, integram o capital humano de toda organização pública, constituindo o seu principal ativo. É ele (o capital humano) que detém o conhecimento institucional e determina a qualidade dos serviços prestados.

Algumas organizações públicas não executam processo formal sucessório, baseado em competências internas, conhecimento, cultura orientada para resultados, gestão de talentos e transparência para selecionar suas funções de confiança e cargos comissionados.

O modelo de recrutamento de cargos de livre provimento de natureza técnica ou gerencial, selecionados exclusivamente da organização pública, em perfis de competências essenciais tais como qualificação técnica, experiência, comprometimento, habilidade para motivar, integridade, disposição para compartilhar e iniciativa, afirma a boa governança, desenvolve e retém profissionais com as competências desejadas, cria um esforço laborativo para a melhor alocação de lideranças e induz melhorias à produção de resultados para a sociedade.

O ideal de profissionalização da Administração Pública inicia-se com a prestação de suas atividades finalísticas exclusivamente por pessoas selecionadas por meio de concurso público. Eleva-se o grau de profissionalização com o preenchimento de funções de confiança e de cargos comissionados selecionados exclusivamente da organização pública, ou seja, preenchidos exclusivamente por servidores ocupantes de cargo efetivo, escolhidos por meio de um processo seletivo que avalie *expertises*, habilidades, comprometimento e liderança.

O preenchimento de funções e cargos por meio de acomodações partidárias compromete a segurança jurídica, cria lideranças vocacionadas a agirem com o raciocínio meramente político e o costume de amarrarem-se a políticos para preencherem quadros na Administração Pública. Com efeito, pela adoção de um modelo que elege os ocupantes de funções de confiança e de cargos comissionados exclusivamente da organização pública, baseado em um processo seletivo objetivo que privilegie a meritocracia, troca-se o líder arrivista pelo realista, o alienado pelo mais preparado.

A busca por direções, chefias e assessoramentos que deem garantia de resultado enquanto encarregados do poder de gerir recursos públicos observa os seguintes passos:

a) preenchimento de todos os cargos comissionados exclusivamente da organização pública;

b) realização de ações para identificar potenciais agentes vocacionados ao exercício de liderança (funções de confiança e cargos em comissão), orientadas pelo mapeamento das competências existentes e desejadas;

c) criação de banco de talentos que facilite a identificação desses candidatos;

d) implementação de processo de seleção para as funções e cargos de direção, chefia e assessoramento, com base no princípio da impessoalidade, que assegure a avaliação dos perfis de competência dos candidatos, a transparência e a concorrência.

Selecionados os perfis de competência para o exercício de funções e cargos de direção, chefia e assessoramento, por meio de processo seletivo que privilegie a meritocracia, adota-se um modelo de gestão compartilhada, por meio da formação de grupos setorizados, capacitados e coordenados por tais funções e cargos, em que as atribuições, responsabilidades e metas são definidas para o grupo, em interação com as atribuições e responsabilidades de outros grupos afins. Em outras palavras, substitui-se o modelo verticalizado de chefia por um modelo de responsabilidades e metas compartilhadas.

O desempenho desses grupos de gestão compartilhada exigirá avaliação periódica, por meio de indicadores de avaliação do cumprimento de metas individuais, associadas a metas institucionais, de modo a desenvolver cultura orientada a resultados. Indicadores de desempenho devem ser utilizados para inspirar os agentes públicos a serem eficientes com a coisa pública e não para, de algum modo, se beneficiarem.

3.3 Terceirização de atividades de apoio e atenção à vedação ao nepotismo

A terceirização representa a possibilidade de transferir a terceiros algumas atividades de apoio (atividades-meio), acessórias e instrumentais às atividades finalísticas da Administração Pública, estas exclusivas de servidores e empregados públicos, segundo disposto no art. 37, II, da Constituição Federal, o qual determina que a investidura em cargo ou emprego público depende de aprovação prévia em concurso público de provas ou de provas e títulos, de acordo com a natureza e a complexidade do cargo ou emprego, na forma prevista em lei, ressalvadas as nomeações para cargo em comissão declarado em lei de livre nomeação e exoneração.

São lícitas as terceirizações de atividades materiais acessórias, instrumentais ou complementares aos assuntos que constituem área de competência legal do órgão ou entidade pública, ou seja, atividades-meio ou de apoio ao regular desempenho das atividades finalísticas exercidas por servidores e empregados públicos concursados.

A contratação de parentes consanguíneos ou afins de servidores públicos e dirigentes nos quadros das empresas terceirizadas que prestam serviços para a Administração Pública configura hipótese de nepotismo e descumpre os preceitos constitucionais da moralidade e da impessoalidade. A união estável, instituto reconhecido como entidade familiar, nos termos do art. 226, §3º, da Constituição Federal, e do art. 1.723 do Código Civil, é relação de parentesco que enseja a caracterização de nepotismo.

É induvidoso que parentes podem ser competentes e desempenhar a contento as atividades que lhes forem conferidas, mas a contratação para ocuparem os quadros das empresas terceirizadas que prestam serviços em órgãos e entidades da Administração Pública em que cônjuge, companheiro e parentes desempenham suas atribuições carrega forte presunção de privilégios e favorecimentos que convém simplesmente vedá-la.

A Súmula Vinculante nº 13 do Supremo Tribunal Federal preceitua que:

> A nomeação de cônjuge, companheiro ou parente em linha reta, colateral ou por afinidade, até o terceiro grau, inclusive, da autoridade nomeante ou de servidor da mesma pessoa jurídica, investido em cargo de direção, chefia ou assessoramento, para o exercício de cargo em comissão ou de confiança, ou, ainda, de função gratificada na administração pública direta e indireta, em qualquer dos poderes da União, dos Estados, do Distrito Federal e dos Municípios, compreendido o ajuste mediante designações recíprocas, viola a Constituição Federal.

As situações elencadas na súmula vinculante são exemplificativas.[1] Com efeito, o nepotismo, que busca favorecer terceirizado com relação de parentesco com o servidor ou dirigente do órgão ou entidade pública, configura prática ilegítima por afrontar os princípios constitucionais da impessoalidade e da moralidade administrativa.

O Decreto nº 7.203/10, que dispõe sobre a vedação do nepotismo no âmbito da Administração Pública Federal, estatui que:

> Art. 7º Os editais de licitação para a contratação de empresa prestadora de serviço terceirizado, assim como os convênios e instrumentos equivalentes

---

[1] A Resolução nº 07, de 2005, do Conselho Nacional de Justiça, disciplina o exercício de cargos, empregos e funções por parentes, cônjuges e companheiros de magistrados e de servidores investidos em cargos de direção e assessoramento, no âmbito dos órgãos do Poder Judiciário.

para contratação de entidade que desenvolva projeto no âmbito de órgão ou entidade da administração pública federal, deverão estabelecer vedação de que familiar de agente público preste serviços no órgão ou entidade em que este exerça cargo em comissão ou função de confiança.

A Instrução Normativa SLTI/MPOG nº 2, de 2008, prevendo possíveis indicações baseadas não só em relações de parentesco, mas também de amizade ou partidárias, convencionou vedar, pura e simplesmente, aos agentes públicos do órgão ou entidade contratante, o direcionamento da contratação de qualquer pessoa para trabalhar na empresa terceirizada contratada pela Administração.
Confira-se:

> Art. 10. É vedado à Administração ou aos seus servidores praticar atos de ingerência na administração da contratada, tais como: [...]
> II – direcionar a contratação de pessoas para trabalhar nas empresas contratadas;

Impõe-se a responsabilização do agente público que pratica o nepotismo nas terceirizações, por afronta aos princípios constitucionais da impessoalidade e da moralidade. Ressalta-se que constitui ato de improbidade administrativa que atenta contra os princípios da Administração Pública qualquer ação ou omissão que viole os deveres de honestidade, imparcialidade, legalidade e lealdade às instituições (art. 11 da Lei nº 8.429/92).

3.4 Segregação de funções e implementação de ações objetivando o estabelecimento de rotinas

Não satisfaz às aspirações da nação a atuação do Estado de modo compatível apenas com a mera ordem legal, exige-se muito mais: necessário que a administração da coisa pública obedeça a determinados princípios que conduzam a uma administração eficiente e eficaz. Entre esses princípios está o da segregação de funções, que além de influenciar a especialização dos setores da administração, delimita a competência administrativa e, por conseguinte, a responsabilidade de cada um dos agentes envolvidos na licitação ou na contratação direta.

A segregação de funções permite aos órgãos de controle avaliar a conduta de cada agente na produção do resultado tido como inadequado, considerando-se a responsabilidade de cada qual, dadas as circunstâncias em que atuou. Daí ser fundamental a clara distribuição das competências administrativas, delimitando-se a responsabilidade de cada agente em todas as fases do processo administrativo de licitação e contratação.

Para a efetiva atuação e responsabilização dos agentes envolvidos nesses processos, imprescindível a implementação, pela Administração, de ações objetivando estabelecer:

a) as normas internas que definam as atribuições, competências e responsabilidades dos setores e cargos efetivos existentes;[2]

b) as normas e manuais internos para os trabalhos dos setores de licitações e contratações;

c) as normas e manuais internos para a atuação da fiscalização,[3] precantando-se, a Administração, de não deixar a cargo da

---

[2] Jurisprudência do Superior Tribunal de Justiça:
"PROCESSUAL CIVIL E ADMINISTRATIVO. RECURSO ORDINÁRIO EM MANDADO DE SEGURANÇA. SERVIDOR PÚBLICO ESTADUAL. EXERCÍCIO DE ATIVIDADES DISTINTAS DO CARGO DE ESCREVENTE TÉCNICO JUDICIÁRIO. ILEGALIDADE. RECURSO EM MANDADO DE SEGURANÇA PROVIDO.
1. O administrador deve agir de acordo com o que estiver expresso em lei, devendo designar cada servidor para exercer as atividades que correspondam àquelas legalmente previstas.
2. Apenas em circunstâncias excepcionais previstas em lei poderá o servidor público desempenhar atividade diversa daquela pertinente ao seu cargo.
3. Apesar da alegação do recorrido, referente ao número insuficiente de servidores na Contadoria Judicial, não é admissível que o recorrente exerça atribuições de um cargo tendo sido nomeado para outro, para o qual fora aprovado por meio de concurso público.
4. Recurso em mandado de segurança provido" (RMS nº 37.248-SP. Rel. Min. Mauro Campbell Marques. *DJe*, 4 set. 2013).

[3] Jurisprudência do Superior Tribunal de Justiça:
"PROCESSO ADMINISTRATIVO. CORRUPÇÃO DE SERVIDORES PÚBLICOS IMPUTADA A EMPREITEIRA DE OBRAS PÚBLICAS. DECLARAÇÃO DE INIDONEIDADE PARA CONTRATAR COM O PODER PÚBLICO.
1. Competência concorrente para a prática do ato.
O Ministro de Estado Chefe da Controladoria-Geral da União tem competência concorrente para instaurar processo administrativo relacionado à defesa do patrimônio público e ao combate à corrupção.
2. Declaração de inidoneidade.
A declaração de inidoneidade imputada à impetrante resulta de condutas difusas de corrupção praticadas ao longo de três anos (*presentes a servidores públicos: passagens aéreas, estadas em hotéis, refeições a servidores públicos*).
3. Razoabilidade e proporcionalidade da punição.
A promiscuidade de servidores públicos com empresas cujas obras devem fiscalizar constitui um método sórdido de cooptação, de difícil apuração. Sempre que esta for constatada, deve ser severamente punida porque a lealdade que deve haver entre os servidores e a Administração Pública é substituída pela lealdade dos servidores para com a empresa que lhes dá vantagens.
Ordem denegada, insubsistência da medida liminar, prejudicado o agravo regimental" (MS nº 19.269/DF. Min. Ari Pargendler. *DJe*, 5 dez. 2014).

própria contratada a tarefa de aferir a execução do objeto e seus resultados, haja vista a colidência de interesses;

d) a rotina de revisão e supervisão sistemáticas da operacionalização dos procedimentos licitatórios e de execução dos contratos;

e) a qualificação adequada; a eficácia das ações está diretamente relacionada com a competência e formação profissional, por isso, é imprescindível haver uma política de pessoal que contemple o treinamento de forma criteriosa e sistematizada, buscando melhor rendimento e menores custos; e

f) o rodízio de funções, com vistas a reduzir/eliminar possibilidades de fraudes.

3.5 Responsabilização de agentes

Há diferença entre agente político, agente público, servidor público e empregado público.

O agente político é aquele detentor de cargo eletivo, eleito por mandatos transitórios, como os chefes do Poder Executivo e membros do Poder Legislativo, além de cargos de ministros de estado e de secretários nas unidades da Federação.

O agente público é todo aquele que presta qualquer tipo de serviço ao Estado, funções públicas, no sentido mais amplo possível dessa expressão, significando qualquer atividade pública. A Lei de Improbidade Administrativa (Lei nº 8.429/92) conceitua agente público como "todo aquele que exerce, ainda que transitoriamente ou sem remuneração, por eleição, nomeação, designação, contratação ou qualquer outra forma de investidura ou vínculo, mandato, cargo, emprego ou função nas entidades mencionadas no artigo anterior". Trata-se, pois, de um gênero do qual são espécies o servidor público, o empregado público, o terceirizado e o contratado por tempo determinado.

Servidores públicos são ocupantes de cargo de provimento efetivo ou cargo em comissão. No âmbito federal são regidos pela Lei nº 8.112/90 e são passíveis de responsabilização administrativa, apurada mediante processo administrativo disciplinar ou sindicância de rito punitivo.

O empregado público pode ter duas acepções:

a) ocupante de emprego público na administração direta, autarquias e fundações, nos termos da Lei nº 9.962/2000, contratados sob regime da Consolidação das Leis do Trabalho (CLT). A rescisão desses contratos, em ato unilateral da administração, deve ser precedida de procedimento administrativo, com garantias ao empregado de participação na produção de provas, ampla defesa e julgamento impessoal.

b) ocupante de emprego público na administração pública indireta, nas empresas públicas, nas sociedades de economia mista e nas fundações públicas de direito privado. Também são contratados sob regime da CLT.

O agente público contratado por tempo determinado desempenha funções públicas desvinculadas de cargos ou de empregos públicos, de forma precária e temporária, como os contratados por tempo determinado para necessidade temporária de interesse público, desobrigados de concurso público. Regulados pela Lei nº 8.745/93, não se sujeitam aos dispositivos da Lei nº 8.112/90.

A todos esses agentes, atuantes na área de licitações e contratações públicas, pode ser imputada responsabilidade pela prática de ato em desacordo com a ordem jurídica, mesmo que da ação não resulte prejuízo de ordem financeira ao Estado, com base nos seguintes diplomas.

3.5.1 Responsabilidade administrativa

A responsabilidade administrativa (funcional) de agentes públicos que agem em desacordo com a Lei nº 8.666/93 ou visem frustrar os objetivos da licitação encontra respaldo nos seguintes dispositivos desse diploma:

Art. 82. Os agentes administrativos que praticarem atos em desacordo com os preceitos desta Lei ou visando a frustrar os objetivos da licitação sujeitam-se às sanções previstas nesta Lei e nos regulamentos próprios, sem prejuízo das responsabilidades civil e criminal que seu ato ensejar.
[...]
Art. 84. Considera-se servidor público, para os fins desta Lei, aquele que exerce, mesmo que transitoriamente ou sem remuneração, cargo, função ou emprego público.

3.5.2 Responsabilidade civil

A responsabilidade diz-se civil quando traduz a reação do direito a uma perda ou redução patrimonial, imposta ao lesado como efeito do descumprimento de uma obrigação primária. O objetivo da responsabilidade civil é o de repor, tão integralmente quanto possível (*restitutio in integrum*), tal perda ou diminuição. Consiste na aplicação de medidas que obriguem alguém a reparar dano patrimonial ou moral causado a terceiro, seja por ato direto daquele que descumpriu a obrigação ou por ato de quem a este estava subordinado, era dependente ou preposto.

A base fundamental da responsabilidade civil está contida nos arts. 186 e 927 do Código Civil, *verbis*:

> Art. 186. Aquele que, por ação ou omissão voluntária, negligência ou imprudência, violar direito e causar dano a outrem, ainda que exclusivamente moral, comete ato ilícito. [...]
>
> Art. 927. Aquele que, por ato ilícito, causar dano a outrem, fica obrigado a repará-lo.

Segundo o art. 37, §5º, da Constituição Federal, a lei estabelecerá os prazos de prescrição para ilícitos praticados por qualquer agente, servidor ou não, que causem prejuízo ao erário, ressalvadas as respectivas ações de ressarcimento. Há uma ressalva ao princípio. Nem tudo prescreverá. Apenas a apuração e punição do ilícito, não, porém, o direito da Administração Pública ao ressarcimento, à indenização, do prejuízo causado ao erário. Constitui uma ressalva constitucional e, pois, inafastável.

Assim foi assentado na jurisprudência do Supremo Tribunal Federal[4] e pelo Tribunal de Contas da União, conforme Verbete nº 282 de sua súmula, *verbis*: "As ações de ressarcimento movidas pelo Estado contra os agentes causadores de danos ao erário são imprescritíveis".

3.5.3 Responsabilidade penal

A responsabilidade penal dos agentes públicos decorre da prática de conduta que a lei defina como crime. O princípio da

---

4 MS nº 26.210/DF. Rel. Min. Ricardo Lewandowski. *DJe*, 10 out. 2008.

tipicidade encontra supedâneo no art. 5º, inc. XXXIX, da Constituição da República – "não há crime sem lei anterior que o defina, nem pena sem prévia cominação legal".

Os arts. 89 a 98 da Lei nº 8.666/93 definem os crimes e as sanções penais aplicáveis a agentes públicos que atuam em licitações e contratações, alguns deles (tipos penais) extensivos a agentes privados. Também o Código Penal estabelece infrações e sanções: (a) próprias de agentes públicos (arts. 312 a 327); (b) por fatos que são tipificados como crimes, se praticados por agentes públicos (arts. 359-A a H); e (c) nos casos em que a condição de agente público agrava a pena (como exemplos os arts. 141 e 150, §2º).

3.5.4 Responsabilidade por ato de improbidade administrativa

De acordo com o art. 1º da Lei nº 8.429/92, punem-se os atos de improbidade praticados por qualquer agente público, servidor ou não, contra a Administração direta, indireta ou fundacional de qualquer dos poderes da União, dos estados, do Distrito Federal, dos municípios, de empresa incorporada ao patrimônio público ou de entidade para cuja criação ou custeio o erário haja concorrido ou concorra com mais de cinquenta por cento do patrimônio ou da receita anual.

Reputa-se agente público, consoante o art. 2º da referida lei, todo aquele que exerce, ainda que transitoriamente ou sem remuneração, por eleição, nomeação, designação, contratação ou qualquer outra forma de investidura ou vínculo, mandato, cargo, emprego ou função.

São atos de improbidade administrativa, previstos nos arts. 9º, 10 e 11 da lei, aqueles que importem enriquecimento ilícito do agente, causem prejuízo ao erário e atentem contra os princípios da Administração Pública.

3.5.5 Responsabilidade perante os Tribunais de Contas

A Constituição Federal de 1988 (arts. 70 e 71) preceitua que a fiscalização contábil, financeira, orçamentária, operacional e patrimonial da União e das entidades da Administração direta e indireta, quanto à legalidade, legitimidade, economicidade, aplicação de subvenções e renúncia de receitas, será exercida pelo Congresso Nacional, mediante controle externo, e pelo sistema de controle interno de cada poder.

O controle externo, segundo o art. 71, *caput*, da Carta, compete ao Congresso Nacional, auxiliado pelo Tribunal de Contas da União – TCU, que detém poder jurisdicional em todo o território nacional, nas matérias de sua atribuição.

Agentes políticos podem ser responsabilizados perante o TCU, ainda que não tenham praticado atos administrativos, quando as irregularidades detectadas tiverem um caráter de tal amplitude e relevância que, no mínimo, fique caracterizada grave omissão no desempenho de suas atribuições de supervisão hierárquica.[5]

Ainda de acordo com a Corte de Contas federal, a absolvição do responsável na esfera penal por ausência de provas não repercute necessariamente na esfera administrativa, uma vez que a inexistência dos pressupostos para configuração do tipo penal não implica a não configuração do tipo administrativo. A conduta residual pode ser suficiente para a responsabilização do agente perante o TCU.[6]

3.6 Responsabilidade perante a Controladoria-Geral da União – CGU

Dispõe a Lei nº 10.683/03 sobre a competência da CGU, *verbis*:

Art. 17. À Controladoria-Geral da União compete assistir direta e imediatamente ao Presidente da República no desempenho de suas atribuições quanto aos assuntos e providências que, no âmbito do Poder Executivo, sejam atinentes à defesa do patrimônio público, ao controle interno, à auditoria pública, à correição, à prevenção e ao combate à

---

[5] Plenário. Acórdão nº 1.625/2015. Rel. Min. Marcos Bemquerer Costa. Processo nº 007.088/2009-5.

[6] Plenário. Acórdão nº 1.715/2015. Rel. Min. Benjamin Zymler. Processo nº 022.818/2012-0.

corrupção, às atividades de ouvidoria e ao incremento da transparência da gestão no âmbito da administração pública federal.

O art. 17 da Lei nº 10.683/03 é expresso sobre caber à CGU o poder de correição. Já o art. 18 detalha, exemplificativamente, os atos que deve praticar no desempenho de suas funções. Quem tem competência para instaurar os procedimentos e processos administrativos a seu cargo (art. 18, §5º, II), requisitar e avocar processos (art. 18, §1º), assim como instaurar outros desde que relacionados à lesão ou ameaça de lesão ao patrimônio público (art. 18, §4º), possui legitimidade para aplicar sanções. Afinal, se não tivesse competência para esse efeito, faltar-lhe-ia meios para a defesa do patrimônio público e o combate à corrupção.

De acordo com o Superior Tribunal de Justiça, a competência da CGU para aplicar sanções é concorrente com a do órgão ou entidade pública em que o ilícito foi praticado. Confira-se:

PROCESSO ADMINISTRATIVO. CORRUPÇÃO DE SERVIDORES PÚBLICOS IMPUTADA A EMPREITEIRA DE OBRAS PÚBLICAS. DECLARAÇÃO DE INIDONEIDADE PARA CONTRATAR COM O PODER PÚBLICO.
1. Competência concorrente para a prática do ato.
O Ministro de Estado Chefe da Controladoria-Geral da União tem competência concorrente para instaurar processo administrativo relacionado à defesa do patrimônio público e ao combate à corrupção.
2. Declaração de inidoneidade.
A declaração de inidoneidade imputada à impetrante resulta de condutas difusas de corrupção praticadas ao longo de três anos (presentes a servidores públicos: passagens aéreas, estadas em hotéis, refeições a servidores públicos).
3. Razoabilidade e proporcionalidade da punição.
A promiscuidade de servidores públicos com empresas cujas obras devem fiscalizar constitui um método sórdido de cooptação, de difícil apuração. Sempre que esta for constatada, deve ser severamente punida porque a lealdade que deve haver entre os servidores e a Administração Pública é substituída pela lealdade dos servidores para com a empresa que lhes dá vantagens.
Ordem denegada, insubsistência da medida liminar, prejudicado o agravo regimental.[7]

---

[7] MS nº 19.269/DF. Rel. Min. Ari Pargendler. *DJe*, 5 dez. 2014.

3.7 Regime jurídico de licitações e moldura regulamentar de procedimentos únicos, no âmbito de todos os poderes das três esferas da federação

A Constituição Federal atribuiu à União a competência privativa para legislar sobre normas gerais de licitação e contratação, em todas as modalidades, para as administrações públicas diretas, autárquicas e fundacionais da União, estados, Distrito Federal e municípios (art. 22, XXVII). Preleciona Celso Antônio Bandeira de Mello que normas gerais são as que estabelecem diretrizes, que firmam princípios, que modelam apenas o suficiente para identificar a tipicidade de um instituto jurídico ou de um objeto legislado, conferindo-lhe um tratamento apenas delineador da compostura de seu regime, sem entrar em particularidades, minúcias ou especificações peculiarizadoras.[8]

A competência da União para legislar sobre normas gerais não exclui a competência suplementar dos estados, ou seja, os estados da Federação podem legislar sobre licitações e contratações públicas concorrentemente, mas de forma suplementar, sem afrontar as normas gerais expedidas, em caráter privativo, pela União (art. 24, §2º). Lei complementar poderá, ainda, autorizar os estados a legislar sobre questões específicas de licitações e contratações públicas (art. 22, parágrafo único).

Existem no ordenamento normativo brasileiro dois regimes jurídicos aplicáveis às licitações: o geral, ou ordinário, da Lei nº 8.666/93, a que se integra a modalidade pregão (Lei nº 10.520/02) e o especial, ou diferenciado, da Lei nº 12.462/11.

Para efeito de padronização de ações jurídico-administrativas no âmbito de todos os poderes das três esferas da federação, imperiosa a adoção de um só regime jurídico de licitações e, ainda, de moldura regulamentar única. Tal sistematização proporciona a atuação uniforme e racional dos agentes públicos envolvidos nesses processos e, também, a padronização de propostas a cargo de licitantes e contratados, independentemente do órgão ou entidade pública que licita ou contrata.

---

[8] BANDEIRA DE MELLO, Celso Antônio. O conceito de normas gerais no direito constitucional brasileiro. *Interesse Público – IP*, Belo Horizonte, ano 13, n. 66, mar./abr. 2011. Disponível em: <http://bid.editoraforum.com.br/bid/PDI0006.aspx?pdiCntd=72616>. Acesso em: 28 ago. 2015.

4 Conclusão

As relações jurídico-negociais da Administração Pública, efetivadas por meio de licitações e contratações, nem sempre visam atender a uma necessidade ou finalidade de interesse público. Por vezes, e os noticiários são constantes, tais relações representam um meio para a satisfação de interesses meramente particulares.

Este texto faz ver que podem ser criadas ações potencialmente inibidoras de atos contrários ao direito, praticados por agentes públicos atuantes nesses processos, por meio da implementação de medidas jurídico-administrativas, tais como:

a) prestação das atividades finalísticas da organização exclusivamente por pessoas selecionadas por meio de concurso público;

b) preenchimento de todos os cargos comissionados exclusivamente por servidores ocupantes de cargo efetivo e pertencentes à organização, sublinhando-se, no tocante às funções de confiança, que estas, por força constitucional, são exercidas exclusivamente por tais servidores;

c) identificação de potenciais agentes públicos vocacionados ao exercício de funções e cargos de direção, chefia e assessoramento (funções de confiança e cargos em comissão) pelo mapeamento das competências existentes na organização;

d) criação de banco de talentos que facilite a identificação desses candidatos;

e) modelo de recrutamento de funções de confiança e cargos em comissão em perfis de competências, baseados no exame da qualificação técnica, experiência, comprometimento, habilidade para motivar, integridade, disposição para compartilhar e iniciativa;

f) gestão compartilhada, por meio da formação de grupos setorizados e capacitados, coordenados por tais funções de confiança e cargos em comissão, definindo-se as atribuições, responsabilidades e metas para o grupo, em interação com as atribuições e responsabilidades de outros grupos afins;

g) avaliação periódica dos grupos, por meio de indicadores de avaliação do cumprimento de metas individuais, associadas a metas institucionais, de modo a desenvolver cultura orientada a resultados;

h) terceirização de atividades de apoio e responsabilização de agentes públicos pela prática de nepotismo nessas contratações;

i) segregação de funções nos setores e departamentos encarregados de gerir as licitações e contratações da organização, por meio da definição das atribuições, competências e responsabilidades dos agentes efetivos existentes;

j) expedição de normas e manuais internos para os trabalhos dos setores de licitações e contratações;

k) expedição de normas e manuais internos para a atuação da fiscalização;

l) rotina de revisão e supervisão sistemáticas da operacionalização dos procedimentos licitatórios e de execução dos contratos;

m) capacitação periódica dos agentes envolvidos nesses processos;

n) rodízio de funções, com vistas a reduzir/eliminar possibilidades de fraudes;

o) regime jurídico de licitações e moldura regulamentar de procedimentos únicos, no âmbito de todos os poderes das três esferas da federação, proporcionando atuação uniforme dos agentes públicos e, também, padronização de propostas a cargo de licitantes e contratados;

p) imputação de responsabilidade a agentes públicos, nas diferentes esferas de competência.

Informação bibliográfica deste texto, conforme a NBR 6023:2002 da Associação Brasileira de Normas Técnicas (ABNT):

DOTTI, Marinês Restelatto. Medidas jurídico-administrativas inibidoras de ações contrárias ao direito, praticadas em licitações e contratações públicas, e sua potencial repercussão na governança de organizações. *In:* CÂMARA, Alexandre Freitas; PIRES, Adilson Rodrigues; MARÇAL, Thaís Boia (Coords.). *Estudos de direito administrativo em homenagem ao professor Jessé Torres Pereira Junior.* Belo Horizonte: Fórum, 2016. p. 287-305. ISBN 978-85-450-0166-9.

A NORMA CONSTITUCIONAL NO TEMPO

Maurício Caldas Lopes

Introdução

1 Confina-se o tema, como o próprio título o indica, ao estudo da norma constitucional no tempo, seja no que respeita à respectiva aplicação e, por consequência, às compatibilidades e incompatibilidades com o ordenamento jurídico anterior, seja quanto à respectiva eficácia normativa diante de situações jurídicas consolidadas antes de sua vigência, seja, por fim, quanto aos demais efeitos que o tempo produz na consolidação do projeto político-normativo constitucional, e no desenvolvimento de suas respectivas propostas, sempre sujeitas, é claro, à natureza cambiante dos fatos da vida de relação ao longo de seu evolver histórico.

O ponto de partida de toda e qualquer norma positivada é o de sua vigência formal, como pressuposto de sua eficácia jurídica, o que afasta, a meu modesto pensar, o entendimento de Evaristo de Moraes Filho no sentido de que só vige a norma que tenha eficácia social – na clássica acepção de José Afonso da Silva –, simples condição que é, a vigência, de possibilidade de aplicação da norma. É que, em boa verdade, os conceitos jurídico e social de eficácia não se confundem, mas apenas repousam em perspectivas diversas: aquele, na simples possibilidade de aplicação da norma sem garantias de que o direito que veicula será cumprido; neste, no grau de cumprimento do preceito, ou na sua aptidão para conformar a realidade.[1]

Considerações por breve que sejam, a respeito do poder constituinte originário e derivado, se fazem necessárias ao entendimento de que o advento de uma nova lei constitucional implica revogação do ordenamento jurídico anterior que lhe seja adverso,

---

[1] SILVA, José Afonso. *Aplicabilidade das normas constitucionais*. 5. ed. São Paulo: Malheiros, 2001. p. 63.

principalmente da Constituição em cuja vigência se constituiu, salvo se expressamente ressalvado na Carta sobrevinda, o que já não acontece com as emendas de adição ou de reforma editadas pelo constituinte derivado – ou constituído – *ex nunc*.

A ênfase do trabalho repousa na aplicação de nova lei constitucional em face do ordenamento jurídico até então vigente, e na efetividade de seu projeto político-jurídico, mas não descura do tempo como instituidor do projeto político-social que a Constituição formal veicula e que só obterá eficácia se conformada à Constituição material que necessariamente a precede.

É que a Constituição não surge *ex nihilo*, mas de todo um passado histórico, político, social, espiritual que torna constituintes originários os membros de uma mesma nação – ou o denominado "povo perpétuo" não o de ocasião, na dicção de François Ost.

2 O advento de uma nova Constituição, seja em decorrência do termo de certo e determinado período de evolução histórica, seja de ruptura institucional, revolucionária ou não, suscita questões deveras relevantes e que se sujeitam, em linha de princípio, às regras gerais de solução de conflito de leis no tempo, embora convoquem tratamento próprio e específico, notadamente no que diz respeito à eficácia temporal de novo texto constitucional elaborado pelo constituinte originário que, ao formalizar a Constituição material opera; implanta uma nova ideia de direito que pode sim implicar a supressão de institutos jurídicos e de direitos.

E por que seria assim se a regra geral é a de que a nova lei tem sua vigência – e eficácia jurídica – a partir de sua publicação?[2]

Bem, como anota Jorge Miranda "nada se afigura mais gerador de direito do que uma revolução [...] que não é o triunfo da violência",[3] mas de um direito novo que se contrapõe ao antigo, e que se firma em valores, princípios morais, econômicos, sociais e espirituais, esses, sim, vigentes, que importa na revogação das normas e regras do sistema

---

[2] No Brasil, por força do quanto dispõe a LC nº 95/98, somente as leis de "pequena repercussão" entram em vigor na data de sua publicação – cfr. "Art. 8º. A vigência da lei será indicada de forma expressa e de modo a contemplar prazo razoável para que dela se tenha amplo conhecimento, reservada a cláusula 'entra em vigor na data de sua publicação' para as leis de pequena repercussão".

[3] MIRANDA, Jorge. *Manual de direito constitucional*. 6. ed. Coimbra: Coimbra Editora, 2007. p. 107. t. II.

anterior que se lhe contraponham.[4] Mas isso, como se verá, não implica a quebra ou rompimento integral do ordenamento jurídico anterior, pena de se configurar autêntico caos jurídico, notadamente no período em que a Constituição material, decorrente daqueles novos e vitoriosos valores e princípios não se formaliza.

Em verdade, como sucedeu em Portugal, a nova Constituição é precedida por uma Constituição provisória ou revolucionária que tem por escopo definir "o regime de elaboração e aprovação da Constituição formal e de estruturação do poder político no interregno constitucional a que se acrescenta a função de eliminação ou erradicação de resquícios do antigo regime".[5]

Casos há, entretanto, de transição constitucional, como sucedeu no Brasil em que, enquanto se preparava a nova Constituição, subsistia a anterior ou, ainda, de aprofundada revisão constitucional que altere até mesmo princípios fundamentais da Constituição revidenda, em ordem a estabelecer também uma espécie de transição.

2.1 Mas a revogação das normas constitucionais anteriores ou a respectiva desconstitucionalização; a eventual vigência *ex tunc* da nova Constituição, com a possibilidade de desconstituição de situações jurídicas consolidadas pela e na ordem jurídica anterior, quando materialmente incompatíveis com a nova, decorrem do denominado poder constituinte material e originário estabelecido a partir de uma nova concepção de direito, indiscutivelmente superior aos poderes constituídos, mas que também vai encontrar seus limites em princípios constitucionais materiais que se fundamentam na tradição de certa cultura que a respectiva experiência histórica não cansa de repetir.[6]

---

[4] O eminente professor da Faculdade de Direito da Universidade de Lisboa prefere utilizar-se da expressão *caducidade* em decorrência da inconstitucionalidade superveniente das regras e normas não expressamente ressalvadas pela nova lei constitucional e com ela incompatíveis.

[5] MIRANDA, Jorge. *Manual de direito constitucional*. 6. ed. Coimbra: Coimbra Editora, 2007. p. 116. t. II.

[6] Jorge Miranda se refere a limites transcendentes, imanentes e heterônomos; aqueles, provindos do próprio direito natural, de valores éticos superiores e de uma consciência jurídica coletiva; os imanentes são os ligados à configuração do Estado à luz do poder constituinte material ou à própria identidade do Estado; os heterônomos do direito internacional, isto é, de ordenamentos jurídicos diversos (MIRANDA, Jorge. *Manual de direito constitucional*. 6. ed. Coimbra: Coimbra Editora, 2007. p. 136-137. t. II).

Tudo isso não significa, entretanto, que todos os diplomas infraconstitucionais careçam de vigência desde o advento da nova Carta, mas somente aqueles com ela incompatíveis, pois os demais são recebidos ou revalidados pela nova ordem constitucional, e com fundamento novo, em autêntica novação.[7]

São de Kelsen as asserções:

> Se as leis emanadas sob a velha Constituição continuam válidas sob a nova, isso é possível porque lhes foi conferida validade expressa ou tacitamente pela nova Constituição. O fenômeno é um caso de recepção, similar à recepção do direito romano. A nova ordem recebe, i.e., adota normas da velha ordem. Isso significa que a nova ordem dá validade a normas que possuem o mesmo conteúdo das normas da velha ordem. A recepção é um processo abreviado de criação do direito. As leis, segundo a linguagem corrente, inexata, continuam a ser válidas, são, a partir de uma perspectiva jurídica, leis novas, cujo significado coincide com o das velhas. Elas não são idênticas às velhas leis antigas, porque seu fundamento de validade é diverso. O fundamento de sua validade é a nova Constituição, não a velha, e a continuidade entre as duas não é válida nem do ponto de vista de uma, nem do da outra.[8]

E, como anota Paulo Gustavo Gonet Branco,[9] pouco importa que a espécie legislativa que instrumentaliza a lei recebida seja diversa daquela prevista pela nova ordem para trato da matéria, por isso que a forma é regida pela lei da época de sua edição. Exemplo do que se afirma foi a recepção, no Brasil, do Código Tributário Nacional, de 1966 e, mesmo, do Código Penal editado por decreto-lei, espécie legislativa hoje desaparecida da nova ordem constitucional instalada a partir de 1988.

No mesmo sentido, Jorge Miranda: "não é diverso o interesse da ordem jurídica em manter leis materialmente conformes com a nova Constituição [...]", ressalvados os casos de "inexistência jurídica dos actos através dos quais o Direito anterior tenha sido produzido".[10]

---

[7] MIRANDA, Jorge. *Manual de direito constitucional*. 6. ed. Coimbra: Coimbra Editora, 2007. p. 322. t. II.

[8] KELSEN, Hans. *Teoria geral do direito e do Estado*. São Paulo: Martins Fontes, 2005. p. 171.

[9] BRANCO, Paulo Gustavo Gonet; MENDES, Gilmar; COELHO, Inocêncio Mártires. *Curso de direito constitucional*. São Paulo: Saraiva, 2007. p. 193.

[10] MIRANDA, Jorge. *Manual de direito constitucional*. 6. ed. Coimbra: Coimbra Editora, 2007. p. 331. t. II.

2.2 O direito infraconstitucional anterior, materialmente incompatível com a nova ordem jurídica, é pura e simplesmente por ela revogado como acabou por se pacificar no Egrégio Supremo Tribunal Federal, quando do julgamento da ADI nº 02/DF (Rel. Min. Paulo Brossard, *DJ*, 21 nov. 1997), malgrado o voto vencido do Min. Sepúlveda Pertence no sentido de que a espécie seria de inconstitucionalidade superveniente, aparente que seria o conflito das normas no tempo diante da diversidade de grau hierárquico das espécies legislativas em conflito, a tornar inválida a partir de certo momento, i.e., da entrada em vigor da nova Constituição, as de categoria inferior.

Bem, a qualificação jurídica desse efeito negativo produzido pela nova Constituição tem, como anota Jorge Miranda, interesse prático, notadamente quando os tribunais, fortes na revogação da norma infraconstitucional não possam mais prover a respeito de sua inconstitucionalidade, como sucede no Brasil.

É que se estaria, ao fim e ao cabo, remetendo a servidores não detentores de jurisdição a tarefa de qualificar como recebidas ou não, por incompatibilidade material, o direito infraconstitucional anterior em ordem a gerar insegurança jurídica ante a provável diversidade de conclusões administrativas e a mais absoluta impossibilidade de uniformizá-las.

2.3 Fala-se também em caducidade das normas não recebidas, como consequência da respectiva inconstitucionalidade superveniente,[11] conceito jurídico que, pessoalmente, reservamos às leis excepcionais e temporárias[12] que já trazem em seu próprio texto o termo *ad quem* da respectiva vigência, assim como também designamos de supervenientemente inconstitucionais as leis e demais espécies legislativas incompatíveis com emendas e revisões constitucionais decorrentes do poder constituinte derivado.

A lei, exceção feita às de índole temporária e às de natureza excepcional, a partir de uma concepção positivista, não caducaria

---

[11] MIRANDA, Jorge. *Manual de direito constitucional*. 6. ed. Coimbra: Coimbra Editora, 2007. p. 338-339. t. II.

[12] As leis excepcionais e temporárias não são, em regra, revogadas por outra, mas por disposição própria, expressa no sentido de que a respectiva eficácia cessará automaticamente tanto que decorrido o prazo ou situação fática nelas previstas. Verificada tal situação, diz-se que houve a caducidade da lei ou perda de sua validade por superveniência da situação fática ou temporal nelas previstas.

mesmo pelo desuso, mas vigeriam até que se visse revogada por outra, como acontece, *v.g.*, quando uma nova ordem jurídica se estabelece, gerando incompatibilidade material entre a norma superior e as inferiores que subitamente perdem sua vigência, embora tenham, durante o tempo em que vigeram, produzido efeitos.

Numa concepção pós-positivista, entretanto, o tempo, o desuso conduz a lei à caducidade, ignorada que passa a ser sobremodo em interpretações jurisprudenciais evolutivas focadas no estágio atual dos valores da nação ou do "povo perpétuo" na dicção de Ost.[13]

Daí as adequadas observações do ilustre mestre belga:

> Ainda hoje, na passagem de um regime totalitário a um retorno do Estado de direito (a "transição democrática") toma-se a "via doce do desuso: mais do que pronunciar de uma vez a ab-rogação do sistema jurídico anterior, prefere-se infletir progressivamente, por via da interpretação jurisprudencial, nomeadamente, o significado e o alcance econômico, social e político, das principais leis e instituições do antigo regime".[14]

2.4 Também o direito pré-constitucional que, por sua compatibilidade material com a nova Constituição, passa a ser constitucional embora não o fosse sob a vigência da lei anterior – nem assim o tenha sido declarado por sentença trânsita –, se legitima por novo título, nada recomendando não fosse assim, ou na dicção de Jorge Miranda, "Por que razão, da perspectiva da Constituição nova haveria de se por em causa a lei que agora é conforme a lei constitucional?".

A dificuldade maior, anota o mestre, residiria em se apontar quais órgãos e meios de fiscalização da lei antes inconstitucional.

No Brasil, o Supremo Tribunal Federal, por decisão do Ministro Celso de Mello proferida na ADI nº 4.222/DF (*DJ*, 14 nov. 2011), explicitou, com invulgar clareza, que, pelo menos em sede de

---

[13] Citando Portalis, registra François Ost: "Se não autorizamos formalmente o modo de ab-rogação pelo desuso ou pelo não uso, foi talvez porque fosse perigoso fazê-lo, mas poderemos dissimular a influência e a utilidade desse concerto não deliberado, desse poder invisível, pelo qual, sem abalo e sem comoção, os povos fazem justiça às más leis, e que parecem proteger a sociedade contra as surpresas feitas ao legislador, e o legislador contra si próprio" (OST, François. *O tempo do direito*. Almada: Instituto Piaget, 1999. p. 166).

[14] OST, François. *O tempo do direito*. Almada: Instituto Piaget, 1999. p. 166.

controle concentrado, o debate não poderia vir à baila, pela singela razão de que tal espécie de sindicância abstrata simplesmente não existia à época da Constituição anterior... Eis a ementa que a encimou:

CONTROLE NORMATIVO ABSTRATO. A NOÇÃO DE CONSTITUCIONALIDADE/INCONSTITUCIONALIDADE COMO CONCEITO DE RELAÇÃO. A QUESTÃO PERTINENTE AO BLOCO DE CONSTITUCIONALIDADE (ADI 514/PI, REL. MIN. CELSO DE MELLO – ADI 595/ES, REL. MIN. CELSO DE MELLO, v.g.). DIREITO PRÉ-CONSTITUCIONAL. CÓDIGO ELEITORAL, ART. 224. INVIABILIDADE DESSA FISCALIZAÇÃO CONCENTRADA EM SEDE DE AÇÃO DIRETA DE INCONSTITUCIONALIDADE. AÇÃO DIRETA NÃO CONHECIDA. – A ação direta de inconstitucionalidade não se revela instrumento juridicamente idôneo ao exame da legitimidade constitucional de atos normativos do Poder Público que tenham sido editados em momento anterior ao da vigência da Constituição sob cuja égide foi instaurado o controle normativo abstrato.- A superveniência de uma nova Constituição não torna inconstitucionais os atos estatais a ela anteriores e que, com ela, sejam materialmente incompatíveis. Em ocorrendo tal situação, a incompatibilidade normativa superveniente resolver-se-á pelo reconhecimento de que o ato pré-constitucional acha-se revogado, expondo-se, por isso mesmo, a mero juízo negativo de recepção, cuja pronúncia, contudo, não se comporta no âmbito da ação direta de inconstitucionalidade. Doutrina. Precedentes.[15]

---

[15] Do voto do relator recolhe-se: "Embora reconheça, preliminarmente, a legitimidade ativa 'ad causam' da agremiação partidária que ajuizou a presente ação direta, considerado o que estabelece o art. 103, VIII, da Constituição Federal (RTJ 158/441-442, Rel. Min. CELSO DE MELLO), entendo inadmissível, no entanto, a instauração, na espécie, mediante ação direta, deste processo de fiscalização normativa abstrata. É que o objeto de impugnação, no caso em exame, reveste-se de caráter pré-constitucional, pois a sua promulgação precedeu à vigência da presente Constituição Federal, revelando-se, por isso mesmo, insuscetível de controle jurisdicional de constitucionalidade por via de ação direta, consoante adverte a jurisprudência do Supremo Tribunal Federal (RTJ 142/43, Rel. Min. MOREIRA ALVES -RTJ 158/491-492, Rel. Min. MAURÍCIO CORRÊA - RTJ 191/329-330, Rel. Min. CARLOS VELLOSO – ADI 129-MC/SP, Rel. p/ o acórdão Min. CELSO DE MELLO -ADI 450/MT, Rel. Min. JOAQUIM BARBOSA – ADI 3.299/ DF, Rel. Min. CARLOS VELLOSO -ADI 3.569/PE, Rel. Min. SEPÚLVEDA PERTENCE - ADI 4.230/RJ, Rel. Min. MENEZES DIREITO -ADPF 33-MC/PA, Rel. Min. GILMAR MENDES – RE 599.620/MA, Rel. Min. EROS GRAU, v.g.): AÇÃO DIRETA DE INCONS-TITUCIONALIDADE – IMPUGNAÇÃO DE ATO ESTATAL EDITADO ANTERIOR-MENTE À VIGÊNCIA DA CF/88 -INCONSTITUCIONALIDADE SUPERVENIENTE – INOCORRÊNCIA – HIPÓTESE DE REVOGAÇÃO DO ATO HIERARQUICAMENTE INFERIOR POR AUSÊNCIA DE RECEPÇÃO -IMPOSSIBILIDADE DE INSTAURAÇÃO DO CONTROLE NORMATIVO ABSTRATO – AÇÃO DIRETA NÃO CONHECIDA.- A ação direta de inconstitucionalidade não se revela instrumento juridicamente idôneo ao exame da legitimidade constitucional de atos normativos do Poder Público que tenham

sido editados em momento anterior ao da vigência da Constituição sob cuja égide foi instaurado o controle normativo abstrato. A fiscalização concentrada de constitucionalidade supõe a necessária existência de uma relação de contemporaneidade entre o ato estatal impugnado e a Carta Política sob cujo domínio normativo veio ele a ser editado. O entendimento de que leis pré-constitucionais não se predispõem, vigente uma nova Constituição, à tutela jurisdicional de constitucionalidade 'in abstracto' – orientação jurisprudencial já consagrada no regime anterior (RTJ 95/980 – 95/993 – 99/544) -foi reafirmado por esta Corte, em recentes pronunciamentos, na perspectiva da Carta Federal de 1988.- A incompatibilidade vertical superveniente de atos do Poder Público, em face de um novo ordenamento constitucional, traduz hipótese de pura e simples revogação dessas espécies jurídicas, posto que lhe são hierarquicamente inferiores. O exame da revogação de leis ou atos normativos do Poder Público constitui matéria absolutamente estranha à função jurídico-processual da ação direta de inconstitucionalidade. (RTJ 145/339, Rel. Min. CELSO DE MELLO) CONSTITUIÇÃO. LEI ANTERIOR QUE A CONTRARIE. REVOGAÇÃO. INCONSTITUCIONALIDADE SUPERVENIENTE. IMPOSSIBILIDADE. A lei ou é constitucional ou não é lei. Lei inconstitucional é uma contradição em si. A lei é constitucional quando fiel à Constituição; inconstitucional na medida em que a desrespeita, dispondo sobre o que lhe era vedado. O vício da inconstitucionalidade é congênito à lei e há de ser apurado em face da Constituição vigente ao tempo de sua elaboração. Lei anterior não pode ser inconstitucional em relação à Constituição superveniente; nem o legislador poderia infringir Constituição futura. A Constituição sobrevinda não torna inconstitucionais leis anteriores com ela conflitantes: revoga-as. Pelo fato de ser superior, a Constituição não deixa de produzir efeitos revogatórios. Seria ilógico que a lei fundamental, por ser suprema, não revogasse, ao ser promulgada, leis ordinárias. A lei maior valeria menos que a lei ordinária. Reafirmação da antiga jurisprudência do STF, mais que cinquentenária. Ação direta de que se não conhece por impossibilidade jurídica do pedido. (RTJ 169/763, Rel. Min. PAULO BROSSARD, Pleno – grifei) CONSTITUCIONAL. AÇÃO DIRETA. LEI ANTERIOR A CONSTITUIÇÃO. INCONSTITUCIONALIDADE SUPERVENIENTE. I. – LEI ANTERIOR À CONSTITUIÇÃO E COM ESTA INCOMPATÍVEL: O CASO É DE REVOGAÇÃO DA LEI E NÃO DE INCONSTITUCIONALIDADE SUPERVENIENTE. EM CASO ASSIM, NÃO CABE AÇÃO DIRETA DE INCONSTITUCIONALIDADE. II. – PRECEDENTE DO TRIBUNAL: ADIN N. 2- DF.III. – AÇÃO DIRETA NÃO CONHECIDA. (ADI 344/DF, Rel. Min. CARLOS VELLOSO, Pleno – grifei) Tratando-se de fiscalização normativa abstrata, a questão pertinente à noção conceitual de parametricidade – vale dizer, do atributo que permite outorgar, à cláusula constitucional, a qualidade de paradigma de controle – desempenha papel de fundamental importância na admissibilidade, ou não, da própria ação direta (ou da ação declaratória de constitucionalidade), consoante já enfatizado pelo Plenário do Supremo Tribunal Federal (RTJ 176/1019-1020, Rel. Min. CELSO DE MELLO). Isso significa, portanto, que a ideia de inconstitucionalidade (ou de constitucionalidade), por encerrar um conceito de relação (JORGE MIRANDA, 'Manual de Direito Constitucional', tomo II, p. 273/274, item n. 69, 2ª ed., Coimbra Editora Limitada) – que supõe, por isso mesmo, o exame da compatibilidade vertical de um ato dotado de menor hierarquia com aquele que se qualifica como fundamento de sua existência, validade e eficácia –, torna essencial, para esse específico efeito, a identificação do parâmetro de confronto, que se destina a possibilitar a verificação, 'in abstracto', da legitimidade constitucional de certa regra de direito positivo, a ser necessariamente cotejada em face da cláusula invocada como referência paradigmática. A busca do paradigma de confronto, portanto, significa, em última análise, a procura de um padrão de cotejo que permita, ao intérprete, o exame da fidelidade hierárquico-normativa de determinado ato estatal, contestado em face da Constituição. Sendo assim, e quaisquer que possam ser os parâmetros de controle que se adotem – a Constituição escrita, de um lado, ou a ordem constitucional global, de outro (LOUIS FAVOREU/FRANCISCO RUBIO LLORENTE, 'El bloque de la constitucionalidad', p. 95/109, itens ns. I e II, 1991, Civitas; J. J. GOMES CANOTILHO, 'Direito Constitucional', p. 712, 4ª ed., 1987, Almedina, Coimbra, v.g.)".

Em sede de controle difuso ou concreto, entretanto, nada impediria a fiscalização da inconstitucionalidade do direito pré-constitucional, adotada como parâmetro a Constituição antiga sob cuja égide fora editado, tanto mais quanto a lei pré-constitucional, malgrado sua inconstitucionalidade em face da ordem jurídica anterior, terá produzido efeitos que em linha de princípios poderiam se ver obviados a partir da respectiva declaração de inconstitucionalidade com eficácia *ex tunc*.

Atividade jurisdicional comum, segundo Paulo Gonet Branco "nada obsta a que o juiz da causa declare inválida norma editada antes da Constituição em vigor que não respeitou formalmente a Constituição que vigorava quando foi editada, ainda que a lei não se aparte, no seu conteúdo, da nova Carta [...]".[16] [17]

---

[16] BRANCO, Paulo Gustavo Gonet; MENDES, Gilmar; COELHO, Inocêncio Mártires. *Curso de direito constitucional*. São Paulo: Saraiva, 2007. p. 197.

[17] O controle difuso encontra-se sob processo de intensa abstrativização a partir não só da possibilidade de modulação temporal dos efeitos do respectivo pronunciamento de inconstitucionalidade, mas, sobretudo, do advento do instituto da *repercussão geral* a vincular os demais órgãos jurisdicionais do país. É bem verdade que a eficácia vinculante, geral e obrigatória, das decisões do Supremo Tribunal Federal, e mesmo a súmula vinculante, só foram introduzidas no modelo brasileiro a partir da EC nº 45/2004 (CRB, arts. 102, §2º e 103-A), embora na prática isso já ocorresse desde a vigência da Lei nº 9.756/98, que dera nova redação ao art. 557 do Código de Processo Civil brasileiro, em ordem a facultar ao relator do processo, monocraticamente, negar seguimento, ou dar provimento desde logo, a recurso contra decisões de 1º grau em contradição com a súmula ou a jurisprudência dominante dos tribunais superiores do país.

Aliás, essa mesma Lei nº 9.756/98 atribuíra nova redação também ao art. 481, parágrafo único, daquele mesmo Código de Processo Civil, dispensando os órgãos fracionários dos Tribunais de Justiça de suscitarem incidente de inconstitucionalidade ao Tribunal Pleno (em atenção à cláusula constitucional da reserva de plenário, inscrita na Constituição da República, art. 97) quando "[...] já houver pronunciamento deste ou do Supremo Tribunal Federal sobre a questão" o que sinaliza, indubitavelmente, no sentido de uma vinculação dos órgãos fracionários das Cortes de Justiça aos pronunciamentos de seu próprio tribunal e do Supremo Tribunal Federal.

Note-se que o texto do parágrafo único do mencionado art. 481, acima parcialmente transcrito, se refere à *questão*, não à determinada e específica lei, o que tem suscitado interessantes debates sobre o que se denomina "inconstitucionalidade por arrastamento", notadamente no que se refere, por exemplo, a leis de municípios diferentes, que versem sobre a mesmíssima questão, ainda mais quando, pela via do recurso extraordinário – e só por essa e difusa via, o tema já houver sido decidido pelo Supremo Tribunal Federal.

Entretanto, mesmo essas decisões monocráticas não são postas ao livre talante do julgador de segundo grau, mas devem fundamentar-se em precedentes dos Tribunais Superiores, no mais das vezes sumulados e, mais que isso, com eventual eficácia vinculante de todos os órgãos do Judiciário e da Administração Pública. Nem por isso, todavia, se deve ter por enfraquecida a garantia que representa o duplo grau, por vezes tornado obrigatório pelo próprio legislador, à medida que, como enfatizado, lavradas sempre sobre precedentes acalmados das Cortes Superiores do país, na prática uma espécie de "stare decisis et non quieta movere" – "let sleeping dogs lie", típica do sistema da *Common Law*, "to stand by and adhere to decisions and not disturb what is settled", mas que não impede, contudo, eventual e necessária revisão desses precedentes em ordem a evitar o engessamento da atividade jurisdicional de que tanto se queixam os adeptos de um ativismo judicial sem limites e, por isso, incontrolável. A prática acalma os detratores do modelo, pródigos em submetê-lo a críticas as mais exacerbadas, sobremodo quando fundadas na ausência de parâmetros materiais capazes de balizar essa tarefa que apontavam desde logo conspurcada por uma pré-compreensão, isto é, por um subjetivismo, intuitivismo, ou arbitrariedade que, na prática, acabava por transferir, ilegitimamente, o poder legislativo para o judicial, substituindo-se, no fundo, a reserva de lei pela de sentença, de molde a comprometer, ao fim e ao cabo, a própria força normativa da Constituição.

Nas palavras do Nono Circuito das Cortes de Apelação: "Stare decisis is the policy of the court to stand by precedent; the term is but an abbreviation of *stare decisis et non quieta movere*: 'to stand by and adhere to decisions and not disturb what is settled'. Consider the word 'decisis'. The word means, literally and legally, the decision. Nor is the doctrine stare dictis; it is not 'to stand by or keep to what was said'. Nor is the doctrine stare rationibus decidendi – 'to keep to the rationes decidendi of past cases'. Rather, under the doctrine of stare decisis a case is important only for what it decides – for the 'what,' not for the 'why', and not for the 'how'. Insofar as precedent is concerned, stare decisis is important only for the decision, for the detailed legal consequence following a detailed set of facts" (Cfr. STARE_DECISIS. *Wikipedia, the Free Encyclopedia*. Disponível em: <http://en. wikipedia. org/wiki/Stare_decisis>. Acesso em: 8 mar. 2008).

Daí o debate em torno da acima mencionada "inconstitucionalidade por arrastamento", na medida em que o *stare decisis* diz respeito ao *que* se decidiu, não ao *por que* ou ao *como* se decidiu, que não compõem a coisa julgada material, cujos limites acabariam por ser indevidamente estendidos às próprias razões de decidir.

Guardamos especial opinião a respeito do tema, em atenção à efetividade da jurisdição, do processo e respectiva duração razoável, a ser desenvolvida, entretanto, em momento oportuno, mas a verdade é que ganha força a teoria da *transcendência geral dos motivos determinantes* da decisão proferida em sede de controle concreto, que vai, pouco a pouco, tornando-se mais objetivo, mais afeiçoado ao controle concentrado, com eficácia *erga omnes*.

São de Gilmar Ferreira Mendes, em apertado resumo, as observações: "[...] A doutrina constitucional alemã há muito vinha desenvolvendo esforços para ampliar os limites objetivos e subjetivos da coisa julgada no âmbito da jurisdição estatal (Staatsgerichtsbarkeit). Importantes autores sustentaram, sob o império da Constituição de Weimar, que a força de lei não se limitava à questão julgada, contendo, igualmente, uma proibição de reiteração (Wiederholungsverbot) e uma imposição para que normas de teor idêntico, que não foram objeto da decisão judicial, também deixassem de ser aplicadas por força da eficácia geral. Essa concepção refletia, certamente, a ideia dominante à época de que a decisão proferida pela Corte teria não as qualidades de lei (Gesetzeseigenschaften) mas, efetivamente, a força de lei (Gesetzeskraft). Afirmava-se inclusive que o Tribunal assumia, nesse caso, as atribuições do Parlamento ou, ainda, que se cuidava de uma interpretação autêntica, tarefa típica do legislador. Em se tratando de interpretação autêntica da Constituição, não se cuidaria de simples legislação ordinária, mas, propriamente, de legislação ou reforma constitucional (Verfassungsgesetzgebung; Verfassungsänderung) ou de decisão com hierarquia constitucional (Entscheidung mit Verfassungsrang). A convicção de que a força de lei significava apenas que a decisão produziria efeitos semelhantes aos de uma lei (gesetzähnlich) (mas não poderia ser considerada ela própria como uma lei em sentido formal e material), parece ter levado a doutrina a desenvolver instituto processual destinado a dotar as decisões da Corte Constitucional de qualidades outras não contidas nos conceitos de coisa julgada e de força de lei. Observe-se que o instituto do efeito vinculante, contemplado no §31, I, da Lei do Bundesverfassungsgericht não configura novidade absoluta no direito alemão do pós-guerra. Antes mesmo da promulgação da Lei Orgânica da Corte Constitucional e, portanto, da instituição do Bundesverfassungsgericht, algumas leis que disciplinavam o funcionamento de Cortes Constitucionais estaduais já consagravam expressamente o efeito vinculante das decisões proferidas por esses órgãos [...] Tal como observado, a concepção de efeito vinculante consagrada pela Emenda nº 3, de 1993, está estritamente vinculada ao modelo germânico disciplinado no §31, (2), da Lei Orgânica da Corte Constitucional. A própria justificativa da proposta apresentada pelo Deputado Roberto Campos não deixa dúvida de que se pretendia outorgar não só eficácia erga omnes, mas também efeito vinculante à decisão, deixando claro que estes não estariam limitados apenas à parte dispositiva. Embora a Emenda nº 3/93 não tenha incorporado a proposta na sua inteireza, é certo que o efeito vinculante, na parte que foi positivada, deve ser estudado à luz dos elementos contidos na proposta original. Assim, parece legítimo que se recorra à literatura alemã para explicitar o significado efetivo do instituto. A primeira indagação, na espécie, refere-se às decisões que seriam aptas a produzir o efeito vinculante. Afirma-se que, fundamentalmente, são vinculantes as decisões capazes de transitar em julgado. Tal como a coisa julgada, o efeito vinculante refere-se ao momento da decisão. Alterações posteriores não são alcançadas. Problema de inegável relevo diz respeito aos limites objetivos do efeito vinculante, isto é, à parte da decisão que tem efeito vinculante para os órgãos constitucionais, tribunais e autoridades administrativas. Em suma, indaga-se, tal como em relação à coisa julgada e à força de lei, se o efeito vinculante está adstrito à parte dispositiva da decisão (Urteilstenor; Entscheidungsformel) ou se ele se estende também aos chamados fundamentos determinantes (tragende Gründe), ou, ainda, se o efeito vinculante abrange também as considerações marginais, as coisas ditas de passagem, isto é, os chamados obiter dicta. Enquanto em relação à coisa julgada e à força de lei domina a ideia de que elas hão de se limitar à parte dispositiva da decisão (Tenor; Entscheidungsformel), sustenta o Bundesverfassungsgericht que o efeito vinculante se estende, igualmente, aos fundamentos determinantes da decisão (tragende Gründe). Segundo esse entendimento, a eficácia da decisão do Tribunal transcende o caso singular, de modo que os princípios dimanados da parte dispositiva (Tenor) e dos fundamentos determinantes (tragende Gründe) sobre a interpretação da Constituição devem ser observados por todos os tribunais e autoridades nos casos futuros. Outras correntes doutrinárias sustentam que, tal como a coisa julgada, o efeito vinculante limita-se à parte dispositiva da decisão, de modo que, do prisma objetivo, não haveria distinção entre a coisa julgada e o efeito vinculante. A diferença entre as duas posições extremadas não é meramente semântica ou teórica, apresentando profundas consequências também no plano prático. Enquanto o entendimento esposado pelo Bundesverfassungsgericht importa não só na proibição que se contrarie a decisão proferida no caso concreto em toda a sua dimensão, mas também na obrigação de todos os órgãos constitucionais de adequar a sua conduta, nas situações futuras, à orientação dimanada da decisão, considera a concepção que defende uma interpretação restritiva do §31, I, da Lei Orgânica do Tribunal Constitucional que o efeito vinculante há de ficar limitado à parte dispositiva da decisão, realçando, assim, a qualidade judicial da decisão. A aproximação dessas duas posições extremadas é feita mediante o desenvolvimento de orientações mediadoras que acabam por fundir elementos das concepções principais. Assim, propõe Vogel que a coisa julgada ultrapasse os estritos limites da parte dispositiva, abrangendo também a 'norma decisória concreta' (konkrete Entscheidungsnorm). A norma decisória concreta seria aquela 'ideia jurídica subjacente à formulação contida na parte dispositiva, que, concebida de forma geral, permite não só a decisão do caso concreto, mas também a decisão de casos semelhantes'. Por seu lado, sustenta Kriele que a força dos precedentes, que presumivelmente vincula os Tribunais, é reforçada no direito alemão pelo disposto no §31, I, da Lei do Bundesverfassungsgericht. A semelhante resultado chegam as reflexões de Bachof, segundo o qual o papel fundamental do Bundesverfassungsgericht consiste na extensão de suas decisões aos casos ou situações paralelas [...]" (MENDES, Gilmar Ferreira. O efeito vinculante das decisões do Supremo Tribunal Federal nos processos de controle abstrato de normas. *Jus Navigandi*, jul. 2000. Disponível em: <https://jus.com.br/artigos/108/o-efeito-vinculante-das-decisoes-do-supremo-tribunal-federal-nos-processos-de-controle-abstrato-de-normas>. Acesso em: 13 maio 2009).

O Supremo Tribunal Federal teve a oportunidade de mais de uma vez enfrentar o tema, na esteira do RE nº 148.754, de relatoria para o acórdão do Min. Francisco Rezek, assim ementado:

EMENTA: CONSTITUCIONAL. ART. 55-II DA CARTA ANTERIOR. CONTRIBUIÇÃO PARA O PIS. DECRETOS-LEIS 2.445 E 2.449, DE 1988. INCONSTITUCIONALIDADE. I – CONTRIBUIÇÃO PARA O PIS: SUA ESTRANEIDADE AO DOMÍNIO DOS TRIBUTOS E MESMO AQUELE, MAIS LARGO, DAS FINANÇAS PÚBLICAS. ENTENDIMENTO, PELO SUPREMO TRIBUNAL FEDERAL, DA EC Nº 8/77 (RTJ 120/1190). II – TRATO POR MEIO DE DECRETO-LEI: IMPOSSIBILIDADE ANTE A RESERVA QUALIFICADA DAS MATÉRIAS QUE AUTORIZAVAM A UTILIZAÇÃO DESSE INSTRUMENTO NORMATIVO (ART. 55 DA CONSTITUIÇÃO DE 1969). INCONSTITUCIONALIDADE DOS DECRETOS-LEIS 2.445 E 2.449, DE 1988, QUE PRETENDERAM ALTERAR A SISTEMÁTICA DA CONTRIBUIÇÃO PARA O PIS. EMENTA: PIS. CONTRIBUIÇÃO PARA O PROGRAMA DE INTEGRAÇÃO SOCIAL. INCONSTITUCIONALIDADE FORMAL DOS DECRETOS-LEIS N.S 2.445 E 2.449, DE 1988, QUE ALTERARAM A DISCIPLINA JURÍDICA: RE 148.754, PLENÁRIO, 24.6.93. O Supremo Tribunal Federal entendeu, por expressiva maioria, que a contribuição para o Programa de Integração Social, no regime constitucional pretérito, não se caracterizava como tributo, segundo a orientação aqui predominante, e, portanto, não se poderia compreender no âmbito das finanças públicas, sendo insuscetível de disciplina por decreto-lei, a luz do disposto no art. 55, II, da Constituição de 1969. Daí haver declarado a inconstitucionalidade formal dos Decretos-leis n.s 2.445 e 2.449, de 1988, no julgamento do RE 148.754, aplicável ao caso dos autos. Recurso extraordinário conhecido e provido. (RE nº 171.036/DF. Rel. Min. Ilmar Galvão. *DJ*, 9 dez. 1994)

Ementa: AGRAVO REGIMENTAL NO RECURSO EXTRAORDINÁRIO. CONTRIBUIÇÃO PARA O PIS. PERÍODO COMPREENDIDO ENTRE A EMENDA CONSTITUCIONAL 8/1977 E A CONSTITUIÇÃO FEDERAL DE 1988. DISCIPLINA POR DECRETO-LEI. IMPOSSIBILIDADE. ART. 55 DA CONSTITUIÇÃO DE 1967, COM REDAÇÃO DADA PELA EMENDA CONSTITUCIONAL 1/1969. INVALIDADE, POR ARRASTAMENTO, DE PORTARIA DO MINISTÉRIO DA FAZENDA. AGRAVO IMPROVIDO. I – Esta Corte possui entendimento firmado no sentido de que, no período compreendido entre a EC 8/1977 e o advento da Constituição de 1988, a contribuição para o PIS não possuía natureza tributária e o resultado de seu recolhimento não se qualificava como espécie de finanças públicas, motivo pelo qual sua disciplina não poderia ser realizada por decretos-leis expedidos pelo Presidente da República, nos termos do art. 55 da CF de 1967, com a redação dada pela EC 1/1969. Precedentes. II – Segundo a jurisprudência dessa Corte, na hipótese de determinada norma constituir fundamento de validade para outro preceito normativo, a inconstitucionalidade daquela implica a invalidade, por arrastamento, desse. Precedentes. III – Agravo regimental improvido. (RE nº 631.698 AgR/PR. Rel. Min. Ricardo Lewandowski. *DJe*, 5 jun. 2012)

Ives Gandra Martins foi mais longe ainda: "[...] o texto inconstitucional não pode ser recepcionado pela nova ordem mesmo que esta não considere inconstitucional o que a ordem pretérita assim considerava".[18]

2.5 Pode suceder também, em um estado federativo, que a nova Constituição tenha atribuído a competência para trato de certa e determinada matéria, antes confiada a estados e/ou municípios, à União, de modo que o direito eventualmente sob exame, embora materialmente conforme a nova Constituição, passe a padecer de vício orgânico.

Gilmar Mendes enfrenta o tema e oferece solução das mais pragmáticas diante da impossibilidade de federalização de normas estaduais ou municipais, qual a de que se tenha por prorrogada a lei federal até que sobrevenha legislação estadual ou municipal em ordem a impedir solução de continuidade do ordenamento jurídico.[19]

E quanto à lei que, revogada pela ordem constitucional sobrevinda, se compatibilize com uma terceira Constituição? Ressalvada a hipótese de que essa terceira Constituição lhe devolvesse, expressamente, a vigência, força é convir que a restauração de eficácia, na espécie, se revelaria impossível, por isso que a nova lei constitucional só poderia alcançar lei vigente à época de sua edição, não assim a que estivesse revogada por outra, solução que parece se estender à lei antes inconstitucional e que se legitimasse pelo advento de nova ordem jurídica, sobretudo quando se adote o entendimento de que a lei inconstitucional é nula *ex radice*

---

[18] MARTINS, Ives Gandra. *Revista Consulex*, ano II, n. 20, ago. 1998. p. 50 *apud* BRANCO, Paulo Gustavo Gonet; MENDES, Gilmar; COELHO, Inocêncio Mártires. *Curso de direito constitucional*. São Paulo: Saraiva, 2007. p. 198

[19] MENDES, Gilmar Ferreira. *Controle de constitucionalidade*: aspectos jurídicos e políticos. São Paulo: Saraiva, 1990. p. 88 *apud* BRANCO, Paulo Gustavo Gonet; MENDES, Gilmar; COELHO, Inocêncio Mártires. *Curso de direito constitucional*. São Paulo: Saraiva, 2007. p. 196.

e que não se convalidaria com o advento da nova Constituição,[20] que, aliás, "não convalida, nem deixa de convalidar: simplesmente dispõe *ex novo*".[21]

Observe-se que a Constituição da República portuguesa, em seu art. 282º, I, dispõe que "A declaração de inconstitucionalidade ou de ilegalidade com força obrigatória geral produz efeitos desde a entrada em vigor da norma declarada inconstitucional ou ilegal e determina a repristinação das normas que ela, eventualmente, haja revogado", regra de que se pode extrair princípio segundo o qual, salvo disposição em contrário, a revogação de lei revogadora repristina aquela por essa anteriormente revogada.

No Brasil, à época do eminente Ministro José Carlos Moreira Alves, prevalecia no Egrégio Supremo Tribunal Federal o entendimento segundo o qual o §3º do art. 2º da antiga Lei de Introdução ao Código Civil, vigente no particular, impedia a eficácia repristinatória da declaração de inconstitucionalidade de lei revogadora: "Salvo disposição em contrário, a lei revogada não se restaura por ter a lei revogadora perdido a vigência".

---

[20] Para Hans Kelsen não existiria nulidade absoluta, mas somente atos anuláveis pela autoridade indicada competente pela lei para a respectiva tarefa, resultando dessa definição legal de competência o caráter constitutivo de suas decisões. É que, se o ato somente é nulo se a autoridade competente assim o declarar, ele não é nulo, mas anulável apenas e a partir dessa declaração que tem, então, natureza constitutiva e que pressupunha necessariamente a prévia e indispensável existência do ato. A Constituição da República portuguesa, *expressis verbis*, adotou sistema diverso, que qualifica de nula de pleno direito a lei inconstitucional, embora, por questões de segurança jurídica e/ou relevante interesse público, propicie eventual atribuição de eficácia prospectiva aos julgados da Corte Constitucional (CRP, art. 282º, 1 e 4). *Idem*, no Brasil, que, na esteira desse modelo, adotou regra semelhante em ordem a obviar as consequências, por vezes dramáticas, da eficácia *ex tunc* da declaração de inconstitucionalidade da lei ou ato normativo do Poder Público – Lei nº 9.868/99, art. 27. "Ao declarar a inconstitucionalidade de lei ou ato normativo, e tendo em vista razões de segurança jurídica ou de excepcional interesse social, poderá o Supremo Tribunal Federal, por maioria de dois terços de seus membros, restringir os efeitos daquela declaração ou decidir que ela só tenha eficácia a partir de seu trânsito em julgado ou de outro momento que venha a ser fixado". Em sede de controle concentrado, seus pronunciamentos, e isso tanto no Brasil como em Portugal, têm eficácia vinculativa geral e obrigatória (CRP, art. 281º, 1 e 3; CRB, art. 102, §2º) e *ex tunc* – salvo quando impor imperativas necessidades de segurança jurídica ou de relevante e excepcional interesse público recomendem se lhes atribua efeitos prospectivos. Vale dizer, têm natureza meramente declaratória, considerada, assim, a eiva da inconstitucionalidade como nulidade de pleno direito. Na do controle difuso, e pelo menos no Brasil, essa via de fiscalização passa por intensa fase de abstrativização, sobremodo com a reconhecida incidência da modulação dos efeitos temporais do que se decide e, mais que isso, com o instituto da repercussão geral.

[21] MIRANDA, Jorge. *Manual de direito constitucional*. 6. ed. Coimbra: Coimbra Editora, 2007. p. 338-330. t. II.

MAURÍCIO CALDAS LOPES
A NORMA CONSTITUCIONAL NO TEMPO | 321

Tal entendimento já não prevalece mais...

2.6 A própria *interpretação conforme* a Constituição no momento da aplicação – *interpretation in harmony with the constitution* ou *Verfassungskonforme Auslegung* – [22] de que a Corte brasileira faz uso repetidamente, parece ter suas origens fincadas no temor ao vácuo que a lei declarada inconstitucional acaba por gerar, com a consequente descontinuidade da ordem jurídica, e significa, nem mais nem menos, que "é válido o princípio que uma lei não deve ser declarada nula quando possa ser interpretada em consonância com a Constituição".

Esse temor, aliás, leva Kelsen, no estudo comparativo que fez entre os sistemas norte-americano e o que pensou, de controle concentrado das leis, a recomendar a adoção, nos EUA, da repristinação das leis revogadas pela lei declarada inconstitucional, tal como previsto na Constituição austríaca.[23]

Em Portugal, a Constituição da República, como se viu, expressamente resolve a questão – art. 282º, 1 a 3. No Brasil já não é diferente, como, aliás, se recolhe do julgamento da ADI nº 3.148/ TO (Rel. Min. Celso de Mello, *DJ*, 28 set. 2007, pp-00026).

> [...] Fiscalização Normativa Abstrata – declaração de inconstitucionalidade em tese e efeito repristinatório. – A declaração de inconstitucionalidade in abstracto, considerado o efeito repristinatório que lhe é inerente (RTJ 120/64 – RTJ 194/504-505 – ADI 2.867/ES, v.g.), importa restauração das normas estatais revogadas pelo diploma objeto do processo de controle normativo abstrato. É que a lei declarada inconstitucional, por incidir em absoluta desvalia jurídica (RTJ 146/461-462), não pode gerar quaisquer efeitos no plano do direito, nem mesmo o de provocar a própria revogação dos diplomas normativos a ela anteriores. Lei inconstitucional, porque inválida (RTJ 102/671), sequer possui eficácia derrogatória. A decisão do Supremo Tribunal Federal que declara, em sede de fiscalização abstrata, a inconstitucionalidade de determinado diploma normativo, tem o condão de provocar a repristinação dos atos estatais anteriores que foram revogados pela lei proclamada inconstitucional. Doutrina. Precedentes (ADI 2.215-MC/PE, 'Informativo/Supremo' nº 224).

---

[22] Segundo Hesse, em *VerfassungsKonforme* deita suas raízes, "na unidade do ordenamento jurídico: por causa dessa unidade, leis que foram promulgadas sob a vigência da Lei Fundamental devem ser interpretadas em consonância com a Constituição, e o direito que continua a viger, de época anterior, deve ser ajustado à nova situação constitucional" (HESSE, Konrad. *Grundzüge des Verfassungsrechts der Bundesrepublik Deustchland*. Tradução de Luís Afonso Heck. 20. ed. Porto Alegre: Sérgio Antonio Fabris, 1998. p. 72).

[23] KELSEN, Hans. *Jurisdição constitucional*. São Paulo: Martins Fontes, [s.d.]. p. 301-320.

A questão que aparentemente fica é a que diz respeito à repristinação indesejada de normas anteriores à lei declarada inconstitucional, e que eventualmente se ressintam do mesmo vício. O aresto cuja ementa parcialmente se transcreveu, enfrentou a questão unicamente porque o pedido alcançava, também, as leis anteriores:

> [...] Considerações em torno da questão da eficácia repristinatória indesejada e da necessidade de impugnar os atos normativos, que, embora revogados, exteriorizem os mesmos vícios de inconstitucionalidade que inquinam a legislação revogadora. – Ação direta que impugna, não apenas a Lei estadual nº 1.123/2000, mas, também, os diplomas legislativos que, versando matéria idêntica (serviços lotéricos), foram por ela revogados. Necessidade, em tal hipótese, de impugnação de todo o complexo normativo. Correta formulação, na espécie, de pedidos sucessivos de declaração de inconstitucionalidade tanto do diploma ab-rogatório quanto das normas por ele revogadas, porque também eivadas do vício da ilegitimidade constitucional. Reconhecimento da inconstitucionalidade desses diplomas legislativos, não obstante já revogados.

O tema não é estranho à melhor doutrina. Jorge Miranda ao tratar da restrição aos efeitos da declaração de inconstitucionalidade, reconhece que, por razões de estabilidade e de segurança jurídica, pode-se "não proceder ou obstar à repristinação da norma anterior", mesmo em sede de controle difuso.[24]

No Brasil, Gilmar Ferreira Mendes, desde antes da edição da Lei nº 9.868/99, já sustentava a possibilidade de aplicação provisória da lei declarada inconstitucional:

> O Bunderverfassungsgrecht reconheceu a legitimidade da aplicação provisória da lei declarada inconstitucional se razões de índole constitucional, em particular, motivos de segurança jurídica tornam imperiosa a vigência temporária da lei inconstitucional, a fim de que não surja, nessa fase intermediária, situação ainda mais distante da vontade constitucional do que a anteriormente existente.

O advento dessa mencionada lei, contudo, pôs termo, no Brasil, a qualquer eventual divergência, seja quanto à eficácia

---

[24] MIRANDA, Jorge. *Manual de direito constitucional*. 6. ed. Coimbra: Coimbra Editora, 2007. p. 271. t. II.

prospectiva das declarações de inconstitucionalidade – art. 27 –, seja quanto à repristinação de lei inconstitucional, ao dispor, em seu art. 11, §2º, que, embora a concessão da medida cautelar torne aplicável a legislação anterior acaso existente, nada impede que o Tribunal venha a dispor de modo diverso, o que evidentemente inclui também a hipótese de se ressentir essa dos mesmos vícios da lei declarada inconstitucional.[25]

2.7 Mas as regras e normas da antiga Constituição materialmente compatíveis com a nova subsistem, independentemente de expressa menção, mas com *status* diverso, pois já não é mais norma constitucional, mas ordinária, na dicção de Pontes de Miranda.[26]

Anote-se, entretanto, que o advento de uma nova Constituição implica, à míngua de ressalvas, em revogação global e sistêmica da anterior, como enfatizado pelo Egrégio Supremo Tribunal Federal no julgamento plenário do AI nº 386.820 AgR-ED-EDv-AgR-ED/RS (24.6.2004, de relatoria do Ministro Celso de Mello), assim ementado

> EMENTA: EMBARGOS DE DECLARAÇÃO – INOCORRÊNCIA DE CONTRADIÇÃO, OBSCURIDADE OU OMISSÃO – PRETENDIDO REEXAME DA CAUSA – EMBARGOS DE DECLARAÇÃO REVESTIDOS DE CARÁTER INFRINGENTE – INADMISSIBILIDADE – INOVAÇÃO TEMÁTICA IMPROPRIAMENTE SUSCITADA EM SEDE DE EMBARGOS DE DECLARAÇÃO – INVIABILIDADE – PRETENDIDO RECONHECIMENTO DE QUE O ART. 119, §3º, "C", DA CARTA FEDERAL DE 1969 TERIA SUBSISTIDO EM FACE DA NOVA CONSTITUIÇÃO DA REPÚBLICA (1988) – RECEPÇÃO INEXISTENTE –

---

[25] "Art. 27. Ao declarar a inconstitucionalidade de lei ou ato normativo, e tendo em vista razões de segurança jurídica ou de excepcional interesse social, poderá o Supremo Tribunal Federal, por maioria de dois terços de seus membros, restringir os efeitos daquela declaração ou decidir que ela só tenha eficácia a partir de seu trânsito em julgado ou de outro momento que venha a ser fixado".

"Art. 11 [...] §2º A concessão da medida cautelar torna aplicável a legislação anterior acaso existente, salvo expressa manifestação em sentido contrário".

O tema, no Brasil, proporcionou renhidos debates a propósito da eficácia prospectiva de declarações de inconstitucionalidade proferidas em *sede difusa ou incidental*, e que sempre encontrou no já então Ministro Gilmar Mendes um de seus ardorosos defensores, desde o primeiro Congresso sobre o tema em que estivemos presente, promovido pelo CEDES – Centro de Estudos e Debates, do Tribunal de Justiça do Rio de Janeiro, na cidade de Paraty, quando o eminente constitucionalista já propugnava pela aplicação da regra referida ao controle concentrado, também ao difuso ou incidental.

[26] MIRANDA, Francisco C. Pontes de. *Comentários à Constituição da República Federativa do Brasil de 1934*. [s.l.]: [s.n.], [s.d.]. p. 560-561. t. II.

MATÉRIA JÁ APRECIADA PELO SUPREMO TRIBUNAL FEDERAL – CARACTERIZAÇÃO DO INTUITO PROCRASTINATÓRIO DOS EMBARGOS DE DECLARAÇÃO – ABUSO DO DIREITO DE RECORRER – MULTA – EXECUÇÃO IMEDIATA DA DECISÃO, INDEPENDENTEMENTE DA PUBLICAÇÃO DO RESPECTIVO ACÓRDÃO – POSSIBILIDADE – EMBARGOS DE DECLARAÇÃO REJEITADOS. A QUESTÃO PERTINENTE ÀS RELAÇÕES JURÍDICAS ENTRE UMA NOVA CONSTITUIÇÃO E A ANTERIOR CONSTITUIÇÃO POR ELA REVOGADA: REVOGAÇÃO GLOBAL E SISTÊMICA DA ORDEM CONSTITUCIONAL PRECEDENTE. – A vigência e a eficácia de uma nova Constituição implicam a supressão da existência, a perda de validade e a cessação de eficácia da anterior Constituição por ela revogada, operando-se, em tal situação, uma hipótese de revogação global ou sistêmica do ordenamento constitucional precedente, não cabendo, por isso mesmo, indagar-se, por impróprio, da compatibilidade, ou não, para efeito de recepção, de quaisquer preceitos constantes da Carta Política anterior, ainda que materialmente não-conflitantes com a ordem constitucional originária superveniente. É que – consoante expressiva advertência do magistério doutrinário (CARLOS AYRES BRITTO, "Teoria da Constituição", p. 106, 2003, Forense) – "Nada sobrevive ao novo Texto Magno", dada a impossibilidade de convívio entre duas ordens constitucionais originárias (cada qual representando uma ideia própria de Direito e refletindo uma particular concepção político-ideológica de mundo), exceto se a nova Constituição, mediante processo de recepção material (que muito mais traduz verdadeira novação de caráter jurídico-normativo), conferir vigência parcial e eficácia temporal limitada a determinados preceitos constitucionais inscritos na Lei Fundamental revogada, à semelhança do que fez o art. 34, "caput", do ADCT/88. – O Supremo Tribunal Federal, em virtude da revogação global da Carta Política de 1969 (aí incluído, portanto, o seu art. 119, §3º, "c"), não mais dispõe de competência normativa primária para, em sede meramente regimental, formular normas de direito processual concernentes ao processo e julgamento dos feitos de sua competência originária ou recursal, pois, com a superveniência da nova Constituição republicana, devolveu-se, em sua inteireza, ao Congresso Nacional, o poder de legislar sobre matéria processual, mesmo tratando-se de causas sujeitas à jurisdição da Suprema Corte [...].

3 Por outro lado, a circunstância de a nova lei constitucional enumerar, no rol dos direitos, liberdades e garantias, o direito adquirido, de viés mais garantidor da segurança jurídica, não significa que os direitos ditos adquiridos na ordem jurídica anterior devam ser preservados ou respeitados. A nova, que apenas formaliza uma concepção nova e vitoriosa de direito, pode muito bem ignorá-los, notadamente, excluir o instituto correspondente.

Não há direito adquirido contra a Constituição, ainda quando a nova, repita-se, assegure, genericamente, a aquisição e proteção do direito, por isso que o "Constituinte, ao estabelecer a inviolabilidade do direito adquirido, do ato jurídico perfeito e da coisa julgada diante da lei, obviamente excluiu-se dessa limitação" (RE nº 140.894. Rel. Min. Ilmar Galvão. *DJ*, 9 ago. 1996).

É verdade que pode o constituinte excepcionar situações, desde que o faça expressamente, a exemplo do que fez inscrever o português, no número 2 de seu art. 281º, a ressalva quanto aos casos julgados referentes à matéria penal, disciplinar ou de ilícito de mera ordenação social, de conteúdo menos favorável ao arguido.

4 Mas os efeitos do tempo não repercutem apenas sobre a aplicação da norma constitucional, senão que ensejam também a apreciação de sua efetividade, de sua recepção por seus destinatários ao longo de todo formidável evolver da vida de relação, de natureza cambiante, sobretudo em época de tão variados quanto rápidos avanços científicos que acabam por entibiar valores antes indiscutíveis, de tão arraigados na cultura do povo.

A Constituição ganha efetividade e, com isso, indisputável força normativa; afirmam-lhe a respectiva precedência os tribunais constitucionais e a nação a incorpora à própria cultura.

Altera-se o âmbito normativo ou o campo de incidência da norma, e os tribunais, autêntica garantia da Constituição, são chamados a novas concretizações, sempre atentos aos limites que decorrem do texto da norma que por vezes caem em desuso simplesmente porque não correspondiam ou deixaram de corresponder aos anseios da nação...

4.1 O tempo, assim, é componente da normatividade constitucional, nomeadamente dos direitos, garantias e liberdades, ainda que dos de índole social que correspondem a projetos de consolidação do bem-estar geral, em atenção à dignidade de ser e de devir de que todos se revestem.

Fatores econômico-sociais confrontam a proibição de retrocesso. A nação, titular do todo até então adquirido, reage. Adaptação aos novos tempos, e tempos de crises que alteram os parâmetros de interpretação em ordem a reelaborar a norma nos limites de seu texto. Interpretação evolutiva.

O tempo...

5 Uma perspectiva da atuação do tempo sobre o ordenamento jurídico, e, em especial, sobre as normas constitucionais e sua efetividade, torna-se então necessária.[27]

A lei, no dizer de François Ost, temporaliza o direito, mas só o tempo institui e esse tempo se constitui de um passado, presente e futuro, no qual se embutem as promessas de felicidade por vir. É preciso que o passado passe e não se arraste como um presente constante ou contínuo, sem futuro qualquer ou que, na dicção de Tocqueville, já não mais ilumine o futuro.[28]

O ilustre autor de *O tempo do direito* ilustra suas asserções com o exemplo de Ruanda, onde a impunidade do genocídio constante impede a reconciliação da nação e, mais que isso, que o presente se torne passado, condição de possibilidade de futuro.

É necessário que passe, mas não que seja esquecido, que dele se guarde memória; anamnese, não amnésia, porque do passado reconciliado surgem valores que acabam por inspirar, ao fim e ao cabo, a própria constituição material.

É que a Constituição não é um ato de força nem faz surgir do caos uma ordem jurídica cheia de força que soçobra se ela for derrubada. Na concepção instantaneísta, o ato unilateral de promulgação da lei da Constituição opera um *fiat jus* pelo qual unidade e personalidade são conferidas ao Estado.

Não é bem assim.

Por trás disso tudo se situam as forças históricas instituintes e as suas tradições jurídicas principalmente sob a forma de ideias de direito (de nação, de liberdade e de igualdade).

Paul Bastid se contrapõe a essa ideia instantaneísta da Constituição, por via da qual nasceriam *unicu actu* estado e direito: "o estado não aparece pelo efeito de uma varinha de condão. A sua formação histórica é lenta e contínua".

A propósito anota François Ost que "é preciso aprender a discernir entre as continuidades e as transições profundas por detrás da aparente criação constitucional 'ex nihilo' e para além das destruições revolucionárias: é que o direito preexiste às constituições da mesma forma que sobrevive às revoluções".

---

[27] As reflexões que seguem se apoiam em anotações sobre o tempo do direito (OST, François. *O tempo do direito*. Tradução de Maria Fernanda Oliveira. Paris: Éditions Odile Jacob, 1999).

[28] TOCQUEVILLE, A. *La democrátie em Amérique*. Paris: Garnier-Flammarion, 1951. p. 336. t. II.

Não se pense, portanto, a fundação da lei como um momento suspenso no vazio, em ruptura com o passado, mas num direito anterior à norma, pois não há fundação pura do direito ou uma pura violência fundadora.

Veja-se A. Dufor (1982): "A legislação só é possível no interior do Estado, mas o próprio Estado funda-se no direito; portanto não o pode ter criado a título original". E de onde vem esse direito preexistente? De um tempo inaugural (GRIMM, citado por DUFOR) ou das relações orgânicas do direito com a essência e o caráter do povo, considerada inclusive a língua para a qual não existe, tal como para o direito, um momento de paragem total?

O direito cresce com o povo, desenvolve-se com ele e acaba por desaparecer quando o povo perde suas particularidades mais profundas.

5.1 É verdade que o advento das leis temporaliza o direito, constrói e institui, jamais a tempo certo, entretanto, mas ao longo do tempo a tanto necessário. E o direito em especial, ao subtrair as pessoas de seu estado natural, oferece-lhes as referências necessárias às próprias identidade e autonomia. Estreita-lhes o elo social e lhes dá o sentido de pertença a uma comunidade, a um povo, a uma nação que se funda exatamente nisso, na comunhão de passado comum.

Comungam do mesmo passado histórico e anseiam todos seus membros por tempos melhores, e o direito temporalizado, que se apoia nesse passado histórico reconciliado, mas sem amnésia ou revanchismo, lhes dá as referências necessárias à formação do direito material que as leis apenas acabam por formalizar.

A lei não tem outra força normativa senão que a do hábito que só se manifesta depois de muito tempo que é a própria substância da lei. Nem sempre é necessário muito tempo, mas tempo próprio ou necessário à institucionalização.

No centro da construção jurídica do tempo, percebe-se um ritmo que reconduz à temperança, à sabedoria do tempo, ao compasso justo de seu desenrolar, que vai levar Portalis a afirmar: "Os códigos dos povos fazem-se com o tempo; a bem dizer não somos nós que o fazemos".[29]

---

[29] PORTALIS, J. E. M. *Discours et rapports sur le Code Civil apud* OST, François. *O tempo do direito*. Tradução de Maria Fernanda Oliveira. Paris: Éditions Odile Jacob, 1999. p. 21.

5.2 O tempo, pois, não permanece exterior ao direito nem este se limita a impor calendários a alguns atrasos normativos. Direito e tempo trabalham juntos, o que desde logo compromete a visão positivista do direito que exterioriza o tempo, ao ignorá-lo como instituidor do direito, condição de possibilidade de expressão do direito. Em verdade, o positivismo temporaliza um tempo imobilizado ao pretender que a norma contenha todo o passado e todo o futuro da nação.

É Camy (1998-41) que conclui: "eis porque o tempo do direito positivo é um tempo eterno" no vão temor de que as sucessivas transformações da norma acabem por comprometer-lhe a força obrigatória e facilitar interpretações de má-fé. Mas a verdade é outra, porque a norma assim "suspensa" num espaço descontínuo gera, isto sim, uma produção normativa descontrolada, no inútil afã de acompanhar o tempo que segue.

De seu flanco, Maurice Hauriou, um dos juristas que mais estudaram o tema "instituições", afirma: "Se o direito não utilizasse o tempo; se se reduzisse a atos instantâneos, ele não seria nada".

É veraz, pois o tempo traz temperança, tanto estabilidade, através das instituições, como mudanças, ideias antagônicas que se põem a serviço uma da outra. As instituições decorrem do tempo assim como também as mudanças, que a urdidura da trama social em seu decorrer exige...

5.3 O direito proporciona, pois, referência e memória comuns, base de dados de lembranças comuns e fundadoras sobre o que se alicerça a consciência coletiva ou social; não a individual ou pertencente ao denominado povo atual, ou às maiorias de circunstâncias, mas à soberania do "povo perpétuo", poder latente que não se esgota em nenhuma de suas realizações concretas e está sempre em curso de atualização. É o povo jurídico que prossegue idêntico a si mesmo através de gerações, nação que subsiste no tempo.

É nessa perspectiva de maioria do povo atual e minoria do povo perpétuo que se situa a intervenção do juiz constitucional que mesmo diante de uma esmagadora maioria do povo atual toma decisões que lhe são contrárias, em atenção às decisões do povo soberano. "O Juiz constitucional testemunha a favor do povo autenticamente constituinte contra o povo do momento que se arroga indevidamente atributos daquele" (OST).

E a rota de colisão, então, é inevitável, como inevitáveis são as acusações de ativismo judicial, obsequiosas, entretanto, com o ativismo legislativo e o acadêmico que o povo atual aplaude.

5.4 Mas o que está em jogo é memória necessariamente partilhada com uma comunidade afetiva e social, de que decorre o sentimento de pertença a transmitir um legado de costumes e tradições, elo vivo das gerações, de que dá bom testemunho a Convenção francesa de 3.9.1791, ao estabelecer que as "festas nacionais para conservar a recordação da Revolução francesa, alimentar a fraternidade entre os cidadãos, e liga-los à Constituição, à Pátria e as Leis".

Essa memória, entretanto, opera a partir do presente, porque somente o passado que se consegue reconstruir no presente subsiste, pois não há memória sem reinterpretação coletiva e atual.

É de todo esse caldo cultural, espiritual, de costumes e tradições, que o "O direito (passa a ser) a representação da ordem social desejável que uma comunidade faz em certo momento de sua história; é a imagem do futuro que ela projeta no futuro" (OST).

As leis apenas formalizam ou temporalizam o direito material gestado ao longo do tempo no seio da comunidade, e com a lei da constituição não se passa diferentemente, pois a constituição que não se apoie numa íntima conexão com o ambiente sócio-histórico-cultural-espiritual em que escrita não germina nem adquire força normativa.

6 A propósito as lições de Hesse em *Die normative Kraft der Verfassung*,[30] tivemos a oportunidade de assim resumir:

Decorrera pouco mais de um decênio das polêmicas despertadas por Carl Schmitt e seu decisionismo; Smend e sua teoria científico-espiritual e Ferdinand Lassale, para quem a Constituição não passava de uma folha de papel, quando o eminente Professor da Universidade de Freiburg im Breisgau, Konrad Hesse, proferira aula inaugural em sua cátedra, afirmando a força normativa da Constituição jurídica, como resultante da realização de sua pretensão de eficácia – e na medida em que o fosse –, vinculada ao ambiente sócio-histórico-cultural-espiritual em que redigida pelo respectivo povo, por seus representantes constituintes.[31]

---

[30] Reflexões sobre a aula inaugural mencionada (HESSE, Konrad. *Die normative Kraft der Verfassung*. Tradução de Gilmar Ferreira Mendes. Porto Alegre: Sergio Antonio Fabris, 1991).

[31] "La Constitución, por una parte, configura y ordena los poderes del Estado por ella construidos; por otra, establece los límites del ejercicio del poder y el ámbito de libertades

As vozes daqueles ainda se faziam ouvir e o constitucionalismo do Estado moderno caminhava, embora a curtos passos, no sentido de atender à vontade *de* Constituição que as nações não cansavam de manifestar ao atenderem às convocações para indicação de seus constituintes...

É verdade, assinalava o mestre, que a Constituição jurídica está em constante tensão com a Constituição real que espelha a correlação de forças do poder. Mas essa tensão é própria da tarefa constitucional que jamais se resumiria à de justificar ou legitimar o poder dominante como que se pondo a seu serviço, mas à de indicar, motivar e ordenar a vida do Estado, como próprio de sua pretensão de normatizar; de estabelecer o que deve ser (Solem) em íntima conexão com o ambiente sócio-histórico-cultural-espiritual em que escrita, mas sem abrir mão de seu anseio de conformação, de normatização que vai encontrar seus limites exatamente nos dessa tensão constante entre Constituição jurídica e realidade.[32]

---

y derechos fundamentales, así como los objetivos positivos y las prestaciones que el poder debe cumplir en beneficio de la comunidad. En todos esos contenidos la Constitución se presenta como un sistema preceptivo que emana del pueblo como titular de la soberanía, en su función constituyente, preceptos dirigidos tanto a los diversos órganos del poder por la propia Constitución establecidos como a los ciudadanos. Como ha dicho Kaegi, 'lo fundamentalmente nuevo del Estado constitucional frente a todo el mundo del autoritarismo es la fuerza vinculante bilateral de la norma (Ihering), esto es, la vinculación a la vez de las autoridades y de los ciudadanos, en contraposición a toda forma de estado de privilegios de viejo y nuevo cuño'" (GARCÍA DE ENTERRÍA, Eduardo. *La Constitución como norma y el Tribunal Constitucional*. 4. ed. Madri: Thompson, Civitas, 2006. p. 55).

[32] "[...] La Constitución jurídica transforma el poder desnudo en legítimo poder jurídico. El grande lema de la lucha por el Estado constitucional ha sido la exigencia de que el (arbitrario) government by men debe disolverse en un (jurídico) government by law. Pero la Constitución no sólo es norma, sino precisamente la primera de las normas del ordenamiento entero, la norma fundamental, lex superior. Por varias razones. Primero, porque la Constitución define el sistema de fuentes formales del Derecho, de modo que solo por dictarse conforme a lo dispuesto a la Constitución (órgano legislativo por ella diseñado, su composición, competencia y procedimiento) una Ley será válida o un reglamento vinculante; en este sentido, es la primera de las 'normas de producción', la norma normarum, la fuente de las fuentes. Segundo, porque en la medida en que la Constitución es la expresión de una intención fundacional configuradora de un sistema entero que en ella se basa, tiene una pretensión de permanencia (una 'Ley Perpetua' era la aspiración de nuestros comuneros) o duración (dauenrde Grundornung: ordenamiento fundamental estable, 'el momento reposado y perseverante da la vida del Estado': Fleiner), lo que parece asegurarla una superioridad sobre las normas ordinarias carentes de una intención total tan relevante y limitada a objetivos mucho más concretos, todos singulares dentro del marco globalizador y estructural que la Constitución ha establecido. Esta idea determinó, primero, la distinción entre un poder constituyente, que es de quien surge la Constitución, y los poderes constituidos por este, de los que emanan todas las normas ordinarias. De aquí se dedujo inicialmente la llamada 'rigidez' de la norma constitucional,

Razão e realidade se interpenetram e se complementam. A razão não é fenomênica; não produz fatos, mas é sobre esses que atua. A vida os produz, por vezes desordenadamente, mas na exata proporção da educação, tradição e cultura de uma nação. A razão, que cria a norma cujo âmbito de incidência é o fato produzido pela vida que segue, pretende orientá-lo quando atua preventivamente, de modo a conformá-lo ao ideal normativo ou, ao fim e ao cabo, reprimi-lo, quando atua repressivamente.

Não foi por outra razão que Humbolt, citado por Hesse, asseriu que se a Constituição não quiser permanecer eternamente estéril não deve pretender construir o estado de forma abstrata e teórica, mas sobre a realidade do presente de modo a poder despertar a força ativa que satisfaça a vontade *de* – não a *da* – Constituição que a nação, insista-se, já desde antes manifestara ao acudir à convocação para indicar seus constituintes.

Se há essa vontade *de* Constituição; se há a disposição de orientar a própria conduta, tanto por parte do estado como de seus cidadãos, pela ordem indicada pela Constituição; se se compreende a necessidade e o valor de uma ordem jurídica que proteja contra o arbítrio desmedido, e a consciência de que essa ordem não se estabelece sem o concurso da vontade humana, a Constituição se efetiva e adquire força normativa superior à das leis e de outras espécies legislativas as quais espelham, elas sim, a correlação de forças do poder sempre episódica em atenção à alternância inerente ao pluralismo do jogo político-democrático.

Mas essa efetivação da Constituição, que retrata o estado espiritual de seu tempo, não deve se estender para além dos princípios reitores fundamentais que possam se desenvolver na medida em que a vida também se desenvolva e modifique. Não se deve, por isso, constitucionalizar interesses momentâneos

---

que la asegura una llamada 'superlegalidad formal' que impone formas reforzadas de cambio o modificación constitucional frente a los procedimientos legislativos ordinarios. Pero la idea llevará también al reconocimiento de una 'superlegalidad material' que asegura a la Constitución una preeminencia jerárquica sobre todas las demás normas del ordenamiento, producto de los poderes constituidos por la Constitución misma, obra del superior poder constituyente. Esas demás normas sólo serán válidas si no contradicen, no ya sólo el sistema formal de producción de las mismas que la Constitución establece, sino, y sobre todo, el cuadro de valores y de limitaciones del poder que en la Constitución se expressa [...]" (GARCÍA DE ENTERRÍA, Eduardo. *La Constitución como norma y el Tribunal Constitucional*. 4. ed. Madri: Thompson, Civitas, 2006. p. 56).

ou particulares que, superados, acabam por demandar revisões constitucionais que aos poucos subtraem da Carta a respectiva força normativa...

E se se pretende que seus princípios reitores fundamentais se desenvolvam, é necessário que a Constituição incorpore também parte dos respectivos contrapontos, como uma espécie de válvula de segurança ou de escape por onde se dispersaria a tensão entre Constituição jurídica e situação de fato que lhe fosse contrária. Assim, aos direitos, contrapõem-se os deveres; à divisão de poderes, a respectiva concentração; ao federalismo, o unitarismo, pena de em momentos de crises, de verdadeiros e autênticos testes da força normativa da Constituição, romper-se definitivamente com a ordem jurídica até então estabelecida.

Daí as cláusulas pétreas e, ademais, aquelas outras inscritas na Constituição portuguesa, *v.g.*, referentes aos estados de sítio e de emergência; de funcionamento da Assembleia da República com força reduzida em casos de sua dissolução ou de demissão do primeiro Ministro (CRP, art. 195), momentos de crise de seus ideais normativos.

Também a interpretação constitucional, ou melhor, a concretização de seu texto, vincula-se ao âmbito de incidência da norma, isto é, ao fato que lhe dera fundamento ainda quando se apresente alterado em decorrência da formidável e cambiante realidade da vida de relação.

E seus intérpretes não são mais apenas os juristas, mestres e doutores, mas as pessoas, verdadeiros protagonistas do fato social que vão efetuar diretamente a respectiva interpretação e com fundamento nela bater-se em juízo ou fora dele pelo direito que acreditam ter. Amplia-se com isso o universo dos intérpretes tal como pensado por Haberle, e, em consequência, sedimenta-se o conteúdo da Constituição que, nas palavras desse eminente professor, deveria ser recitado alto, em bom som em praça pública até que faça parte da vida quotidiana do cidadão...

Dessa primeira e leiga interpretação do texto constitucional diante dos fatos da vida, chega-se, ao fim e ao cabo, ao pronunciamento das Cortes constitucionais, guardiães da Constituição e encarregadas de lhe dar efetividade, ao afirmar-lhe a superioridade normativa sobre toda e qualquer espécie legislativa que cria, e cujo conteúdo normativo, por vezes, especifica, sem prejuízo da respectiva vinculação aos direitos fundamentais.

Assim, se da Constituição alemã de 1919, a de Weimar, se recolhia o condicionamento da eficácia normativa do texto constitucional à edição de lei, hoje sua aplicação, pelo menos no que respeita aos direitos fundamentais, é direta e incondicionada como resultante de sua indisputável força e superioridade normativa. E isso, decorrido tanto tempo, já faz parte da cultura dos povos e com tal intensidade que já não há mais espaço para retorno.

Informação bibliográfica deste texto, conforme a NBR 6023:2002 da Associação Brasileira de Normas Técnicas (ABNT):

LOPES, Maurício Caldas. A norma constitucional no tempo. *In:* CÂMARA, Alexandre Freitas; PIRES, Adilson Rodrigues; MARÇAL, Thaís Boia (Coords.). *Estudos de direito administrativo em homenagem ao professor Jessé Torres Pereira Junior.* Belo Horizonte: Fórum, 2016. p. 307-333. ISBN 978-85-450-0166-9.

LICITAÇÕES INCLUSIVAS: OS IMPACTOS DO ESTATUTO DA PESSOA COM DEFICIÊNCIA (LEI Nº 13.146/2015) NAS CONTRATAÇÕES PÚBLICAS

Rafael Carvalho Rezende Oliveira

> *El siglo en el que acabamos de entrar nos hará ver si esta tendencia [...] se confirma definitivamente y nos hace iniciar un nuevo período, período en consonancia con el de primacía de los derechos fundamentales que caracteriza el sistema de Estado de Derecho de nuestro tiempo.*
>
> (GARCÍA DE ENTERRÍA, Eduardo. *Problemas del derecho público al comienzo de siglo*. Madrid: Civitas, 2001. p. 85-85)

1 Introdução

A obra em homenagem ao ilustre professor e desembargador do Tribunal de Justiça do Estado do Rio de Janeiro, Dr. Jessé Torres Pereira Junior, é uma justa e tempestiva homenagem ao jurista que exerce, com dignidade e responsabilidade, duas das mais relevantes atividades humanas: magistério e magistratura.

Sinto-me honrado em participar desta homenagem, com a elaboração de texto sobre um dos temas de predileção do homenageado, qual seja, as licitações públicas.

A Lei nº 8.666/1993 tem sofrido alterações importantes ao longo do tempo, o que confirma a necessidade de sua substituição por novo diploma legislativo pautado pela *eficiência*, *agilidade* e *economicidade* nas licitações públicas.

Atualmente, é possível perceber que a Lei nº 8.666/1993 perdeu o seu papel de única protagonista nas licitações, cujo universo normativo é marcado pela pluralidade de fontes, cabendo mencionar como exemplos dessa tendência a larga utilização da modalidade pregão (Lei nº 10.520/2002) e a progressiva ampliação das possibilidades de utilização do Regime Diferenciado de Contratações Públicas – RDC (Lei nº 12.462/2011).

Não obstante isso, a mitificação da Lei nº 8.666/1993, pautada por excesso de formalismos e ineficiências, acarreta o interessante (e inadequado) fenômeno de transformar o referido diploma legal em verdadeira colcha de retalhos.

Os gestores, procuradores, professores, alunos e demais operadores do direito precisam redobrar a vigilância na atualização das normas de licitações, que são modificadas a todo instante.

Independentemente das críticas aqui apresentadas, certo é que algumas mudanças vão ao encontro das necessidades sociais e da crescente efetivação dos direitos fundamentais.

É o caso da recente alteração promovida pela Lei nº 13.146/2015, que instituiu o Estatuto da Pessoa com Deficiência e promoveu importantes alterações em outros diplomas legislativos, inclusive o Estatuto de Licitações.

A Lei Brasileira de Inclusão da Pessoa com Deficiência (Estatuto da Pessoa com Deficiência) tem por fundamento a Convenção sobre os Direitos das Pessoas com Deficiência e seu Protocolo Facultativo, ratificados pelo Congresso Nacional por meio do Decreto Legislativo nº 186/2008, em conformidade com o procedimento previsto no §3º do art. 5º da Constituição da República Federativa do Brasil, e promulgados pelo Decreto nº 6.949/2009.

Trata-se de importante avanço na efetivação do princípio da dignidade da pessoa humana e na proteção dos direitos e das liberdades fundamentais das pessoas com deficiência, garantindo a sua inclusão social e o exercício da cidadania, na forma exigida nos arts. 1º, III, e 23, II, da CRFB.[1]

---

[1] CRFB: "Art. 1º A República Federativa do Brasil, formada pela união indissolúvel dos Estados e Municípios e do Distrito Federal, constitui-se em Estado Democrático de Direito e tem como fundamentos: [...] III – a dignidade da pessoa humana; [...] Art. 23. É competência comum da União, dos Estados, do Distrito Federal e dos Municípios [...] II – cuidar da saúde e assistência pública, da proteção e garantia das pessoas portadoras de deficiência".

2 A proteção dos portadores de deficiência no direito administrativo

Em relação ao direito administrativo, o fomento à proteção e inclusão das pessoas portadoras de deficiência tem sido consagrado na legislação e implementado pela Administração Pública, especialmente a partir do tratamento favorável garantido no âmbito dos serviços públicos, dos concursos públicos e das contratações administrativas, com o objetivo de garantir a inserção no mercado de trabalho, finalidade que foi ratificada no art. 35 do Estatuto da Pessoa com Deficiência.

No campo dos serviços públicos, por exemplo, a Lei nº 8.899/1994 garantiu a gratuidade (passe livre) no transporte público interestadual aos portadores de deficiência "comprovadamente carentes", tratamento favorável que foi considerado constitucional pelo STF, conforme ementa abaixo:

AÇÃO DIRETA DE INCONSTITUCIONALIDADE: ASSOCIAÇÃO BRASILEIRA DAS EMPRESAS DE TRANSPORTE RODOVIÁRIO INTERMUNICIPAL, INTERESTADUAL E INTERNACIONAL DE PASSAGEIROS – ABRATI. CONSTITUCIONALIDADE DA LEI N. 8.899, DE 29 DE JUNHO DE 1994, QUE CONCEDE PASSE LIVRE ÀS PESSOAS PORTADORAS DE DEFICIÊNCIA. ALEGAÇÃO DE AFRONTA AOS PRINCÍPIOS DA ORDEM ECONÔMICA, DA ISONOMIA, DA LIVRE INICIATIVA E DO DIREITO DE PROPRIEDADE, ALÉM DE AUSÊNCIA DE INDICAÇÃO DE FONTE DE CUSTEIO (ARTS. 1º, INC. IV, 5º, INC. XXII, E 170 DA CONSTITUIÇÃO DA REPÚBLICA): IMPROCEDÊNCIA. 1. A Autora, associação de associação de classe, teve sua legitimidade para ajuizar ação direta de inconstitucionalidade reconhecida a partir do julgamento do Agravo Regimental na Ação Direta de Inconstitucionalidade n. 3.153, Rel. Min. Celso de Mello, DJ 9.9.2005. 2. Pertinência temática entre as finalidades da Autora e a matéria veiculada na lei questionada reconhecida. 3. *Em 30.3.2007, o Brasil assinou, na sede das Organizações das Nações Unidas, a Convenção sobre os Direitos das Pessoas com Deficiência, bem como seu Protocolo Facultativo, comprometendo-se a implementar medidas para dar efetividade ao que foi ajustado.* 4. *A Lei n. 8.899/94 é parte das políticas públicas para inserir os portadores de necessidades especiais na sociedade e objetiva a igualdade de oportunidades e a humanização das relações sociais, em cumprimento aos fundamentos da República de cidadania e dignidade da pessoa humana, o que se concretiza pela definição de meios para que eles sejam alcançados. 5.* Ação Direta de Inconstitucionalidade julgada improcedente.[2] (Grifos nossos)

De lado a discussão sobre a natureza jurídica do serviço de táxi (serviço público ou atividade econômica de interesse social, sujeita ao poder de polícia estatal), as frotas de empresas de táxi devem reservar 10% (dez por cento) de seus veículos acessíveis à pessoa com deficiência, na forma do art. 51 da Lei nº 13.146/2015 (Estatuto da Pessoa com Deficiência) e do art. 12-B da Lei nº 12.587/2012, incluído pelo citado estatuto.[3]

No tocante aos concursos públicos, o art. 37, VIII, da CRFB exige que a lei estabeleça reserva de percentual dos cargos e empregos públicos para as pessoas portadoras de deficiência, bem como os critérios de sua admissão.[4]

Em consequência, a Lei nº 7.853/1989 dispõe sobre o apoio às pessoas portadoras de deficiência e sua integração social. O art. 8º, II, da lei em comento, alterado pelo Estatuto da Pessoa com Deficiência, define como crime, punível com reclusão de 2 (dois) a 5 (cinco) anos, além da multa: "obstar inscrição em concurso público ou acesso de alguém a qualquer cargo ou emprego público, em razão de sua deficiência".

Ao regulamentar a Lei nº 7.853/1989, o Decreto nº 3.298/1999 definiu, em seu art. 4º, as espécies de deficiência (deficiência física, deficiência auditiva, deficiência visual, deficiência mental e deficiência múltipla). O art. 37 do referido decreto assegura à pessoa portadora de deficiência o direito de se inscrever em concurso público, em igualdade de condições com os demais candidatos, para provimento de cargo cujas atribuições sejam compatíveis com a

---

[2] STF, Tribunal Pleno. ADIn nº 2.649/DF. Rel. Min. Cármen Lúcia. *DJe*, n. 197, 17 out. 2008. *Informativo de Jurisprudência do STF*, n. 505. p. 29.

[3] A discussão sobre a natureza jurídica do serviço de táxi possui implicações importantes. De um lado, aqueles que consideram serviço público, de titularidade estatal, sustentam a ausência de livre iniciativa na sua prestação e a necessidade de delegação negocial, por meio de licitação. De outro lado, os defensores da caracterização do táxi como atividade econômica em sentido estrito sustentam a aplicação do princípio da livre iniciativa e a submissão ao poder de polícia estatal. Atualmente, é possível verificar, em certa medida, esse debate na polêmica sobre juridicidade do serviço oferecido pelo aplicativo Uber.

[4] Sobre o tema, *vide*: OLIVEIRA, Rafael Carvalho Rezende. *Curso de direito administrativo*. 3. ed. São Paulo: Método, 2015. p. 672. Registre-se que a obrigação de empregar pessoas com deficiência no setor público foi assumida pelo Brasil no art. 27, 1, "g", da Convenção Internacional sobre os Direitos das Pessoas com Deficiência.

deficiência de que é portador.[5] Deverá ser reservado cinco por cento do total das vagas do concurso público aos candidatos portadores de deficiência e, caso a aplicação desse percentual resulte em número fracionado, este deverá ser elevado até o primeiro número inteiro subsequente (art. 37, §§1º e 2º).[6]

Em âmbito federal, o art. 5º, §2º, da Lei nº 8.112/1990 assegura aos portadores de deficiência o direito de inscrição em concurso público para provimento de cargo cujas atribuições sejam compatíveis com a deficiência de que são portadores, devendo ser reservadas "até 20% (vinte por cento) das vagas oferecidas no concurso". Assim, na Administração Federal, existe limite mínimo (5%) e máximo (20%) para reserva de vagas em concursos.

Note-se, contudo, que, em determinados casos, não será possível a reserva de vagas para deficientes, quando houver poucas vagas em aberto e não for possível alcançar os limites percentuais mínimos e máximos das vagas reservadas aos deficientes. Nesse sentido, o STF, em concurso público destinado ao preenchimento de dois cargos de serviços notariais e de registro do Distrito Federal, reconheceu a razoabilidade da inexistência de vagas reservadas aos deficientes, pois a obediência dos aludidos percentuais não levaria ao número inteiro (5% e 20% do total de duas vagas equivalem, respectivamente, a um décimo e quatro décimos de vaga). Nesse caso, o arredondamento para uma vaga geraria, ao final, a reserva de 50% das vagas disponíveis, o que não seria harmônico com o princípio da razoabilidade.[7]

No âmbito dos programas habitacionais, públicos ou subsidiados com recursos públicos, a pessoa com deficiência ou o seu responsável possui prioridade na aquisição de imóvel para moradia própria, com a reserva de, no mínimo, 3% (três por cento)

---

[5] De acordo com o STF, é inconstitucional a exigência de comprovação de que a deficiência dificulta o exercício das atribuições do cargo postulado. A exclusão somente seria legítima se comprovada a incompatibilidade entre a deficiência e as funções inerentes ao cargo (STF, Segunda Turma. RMS nº 32.732 AgR/DF. Rel. Min. Celso de Mello. *DJe*, n. 148, 1º ago. 2014. *Informativo de Jurisprudência do STF*, n. 762).

[6] A reserva de vagas não se aplica aos casos de provimento de cargo em comissão ou função de confiança, de livre nomeação e exoneração, bem como aos cargos ou empregos públicos integrantes de carreira que exija aptidão plena do candidato (art. 38 do decreto).

[7] STF, Tribunal Pleno. MS nº 26.310/DF. Rel. Min. Marco Aurélio. *DJe*, n. 134, 31 out. 07. Os ministros Menezes Direito e Cármen Lúcia ficaram vencidos, pois entendiam que, no caso, deveria ser reservada ao menos uma vaga aos deficientes.

das unidades habitacionais para pessoa com deficiência, conforme dispõe o art. 32, I, do Estatuto da Pessoa com Deficiência.

Ao lado do tratamento favorável nos casos mencionados de forma exemplificativa, o ordenamento jurídico consagra instrumentos de inclusão dos portadores de deficiência no mercado de trabalho por meio das contratações públicas, como será destacado no próximo tópico.

3 Licitações inclusivas e os impactos promovidos pelo Estatuto da Pessoa com Deficiência (Lei nº 13.146/2015): a função regulatória da licitação e a função social dos contratos administrativos

Sempre sustentamos a constitucionalidade das normas de licitação que condicionavam as contratações públicas à presença de portadores de deficiência nos quadros das empresas contratadas. Trata-se da função regulatória (ou extraeconômica) da licitação e da função social das contratações públicas.[8] Por essa teoria, a licitação não se presta, tão somente, para que a Administração realize a contratação de bens e serviços a um menor custo; o referido instituto tem espectro mais abrangente, servindo como instrumento para o atendimento de finalidades públicas consagradas constitucionalmente.[9]

Vários são os exemplos de políticas setoriais que vêm se utilizando da licitação (do poder de compra do Estado) para concretizar outros valores, entre os quais destacam-se a proteção

---

[8] Nas relações privadas, a função social dos contratos é consagrada nos arts. 421 e 2.035, parágrafo único, do Código Civil. Lembre-se de que as disposições do direito privado se aplicam, de forma predominante, aos denominados contratos privados da Administração Pública (art. 62, §3º, I, da Lei nº 8.666/1993), e, de forma supletiva, aos contratos administrativos (art. 54 da Lei nº 8.666/1993).

[9] Sobre a função regulatória da licitação, *vide*: SOUTO, Marcos Juruena Villela. *Direito administrativo das parcerias*. Rio de Janeiro: Lumen Juris, 2005. p. 86-89; SOUTO, Marcos Juruena Villela. *Direito administrativo contratual*. Rio de Janeiro: Lumen Juris, 2004. p. 6; 105; 328; 424; FERRAZ, Luciano. Função regulatória da licitação. *A&C – Revista de Direito Administrativo e Constitucional*, v. 37, p. 133-142, 2009; OLIVEIRA, Rafael Carvalho Rezende. *Licitações e contratos administrativos*. 5. ed. São Paulo: Método, 2015. p. 168-172.

do meio ambiente, o tratamento diferenciado conferido às microempresas e às empresas de pequeno porte, o fomento ao desenvolvimento nacional sustentável, ao desenvolvimento tecnológico no país etc.

A preocupação com as questões sociais e ambientais (*green public procurement* ou licitações verdes) revela tendência no Brasil e no direito comparado. Ao abordar a questão sob a ótica do direito europeu, Maria João Estorninho afirma:

> Às finalidades tradicionais da contratação pública foram-se somando novas preocupações. Aos poucos, foi-se tomando consciência de que a contratação pública, a par dos seus objetivos imediatos, pode servir como instrumento de realização das mais variadas políticas públicas, nomeadamente ambientais e sociais.[10]

De forma semelhante, Pedro Costa Gonçalves leciona:

> O incentivo à inovação tecnológica, a promoção da sustentabilidade e as políticas sociais e ambientais são valores e objetivos de interesse público que o direito da contratação pública também deve proteger, no contexto deste princípio da prossecução do interesse público ou de interesses públicos, no plural.[11]

A proteção dos direitos e das liberdades dos portadores de deficiência pode ser inserida, em última análise, nos fundamentos da isonomia (material) e do desenvolvimento nacional sustentável, insculpidos no art. 3º da Lei nº 8.666/1993.

Aliás, em relação ao último fundamento, é preciso ressaltar que o desenvolvimento sustentável não possui apenas caráter econômico e ambiental, mas abrange, também, a sustentabilidade sociopolítica, com destaque para a promoção da dignidade das pessoas.[12]

Igualmente, a cláusula geral do desenvolvimento nacional sustentável, conforme leciona Jessé Torres Pereira Junior, inclui o desenvolvimento regional e local no âmbito, respectivamente, dos

---

[10] ESTORNINHO, Maria João. *Curso de direito dos contratos públicos*. Coimbra: Almedina, 2012. p. 417.

[11] GONÇALVES, Pedro Costa. *Direito dos contratos públicos*. Coimbra: Almedina, 2015. p. 145.

[12] MOREIRA, Egon Bockmann; GUIMARÃES, Fernando Vernalha. *Licitação pública*: a Lei Geral de Licitação – LGL e o Regime Diferenciado de Contratação – RDC. São Paulo: Malheiros, 2012. p. 87.

estados e dos municípios, pois trata-se de norma geral, aplicável a todos os entes da Federação, com fundamento na dignidade da pessoa humana.[13]

Evidentemente, não se pode perder de vista que as contratações públicas objetivam a seleção da melhor proposta e o atendimento das necessidades administrativas, sendo descabido pensar que podem servir para solução de todas as ineficiências e mazelas estatais no cumprimento de suas missões constitucionais.

Por essa razão, a interpretação da função regulatória da licitação não pode ser fundamentalista, razão pela qual a inserção de objetivos relevantes (de caráter social ou ambiental, por exemplo) nos processos de seleção pública deve ser compatível com o princípio da proporcionalidade e não pode inviabilizar a obtenção, pelo Estado, dos bens e serviços necessários para o funcionamento da máquina administrativa e prestação dos serviços públicos.

É o caso, por exemplo, do art. 24, XX, da Lei nº 8.666/1993, que admite a dispensa de licitação para contratação de associação de portadores de deficiência física, sem fins lucrativos e de comprovada idoneidade, para a prestação de serviços ou fornecimento de mão de obra, desde que o preço contratado seja compatível com o praticado no mercado.[14] Ao tratar do referido dispositivo legal, Marçal Justen Filho sustenta que a hipótese revela a "função social do contrato administrativo", pois a contratação configura instrumento de realização de valores sociais e não apenas a obtenção dos bens e serviços necessários às atividades da Administração.[15]

Com as alterações promovidas pela Lei nº 13.146/2015, a Lei nº 8.666/1993 reforça a tendência de utilização das contratações públicas para incentivar a inclusão dos portadores de deficiência no mercado de trabalho.[16]

---

[13] PEREIRA JUNIOR, Jessé Torres. Desenvolvimento sustentável: a nova cláusula geral das contratações públicas brasileiras. *Interesse Público*, Belo Horizonte, ano 13, n. 67, maio/jun. 2011. p. 68-69.

[14] Sobre o tema, *vide*: OLIVEIRA, Rafael Carvalho Rezende. *Licitações e contratos administrativos*. 5. ed. São Paulo: Método, 2015. p. 79-80; PEREIRA JUNIOR, Jessé Torres. *Comentários à Lei das Licitações e Contratações da Administração Pública*. 7. ed. Rio de Janeiro: Renovar, 2007. p. 325-326.

[15] JUSTEN FILHO, Marçal. *Comentários à Lei de Licitações e Contratos Administrativos*. 14. ed. São Paulo: Dialética, 2010. p. 335.

[16] Vale lembrar que a Lei nº 13.146/2015 entrou em vigor após decorridos 180 (cento e oitenta) dias de sua publicação oficial, que ocorreu no dia 7.7.2015.

Registre-se, desde logo, que a obrigatoriedade de contratação de cotas de empregados portadores de deficiência por sociedades empresárias encontra previsão no art. 93 da Lei nº 8.213/1991, que dispõe:

> Art. 93. A empresa com 100 (cem) ou mais empregados está obrigada a preencher de 2% (dois por cento) a 5% (cinco por cento) dos seus cargos com beneficiários reabilitados ou pessoas portadoras de deficiência, habilitadas, na seguinte proporção:
> I – até 200 empregados 2%;
> II – de 201 a 500 ....3%;
> III – de 501 a 1.000 ....4%;
> IV – de 1.001 em diante ....5%.
> §1º A dispensa de trabalhador reabilitado ou de deficiente habilitado ao final de contrato por prazo determinado de mais de 90 (noventa) dias, e a imotivada, no contrato por prazo indeterminado, só poderá ocorrer após a contratação de substituto de condição semelhante. (Vide Lei nº 13.146, de 2015)
> §2º O Ministério do Trabalho e da Previdência Social deverá gerar estatísticas sobre o total de empregados e as vagas preenchidas por reabilitados e deficientes habilitados, fornecendo-as, quando solicitadas, aos sindicatos ou entidades representativas dos empregados.

A primeira inovação promovida pela Lei nº 13.146/2015 diz respeito ao desempate entre os licitantes, com a inserção de tratamento favorável aos bens e serviços produzidos ou prestados por empresas que comprovem cumprimento de reserva de cargos para pessoa com deficiência ou para reabilitado da Previdência Social. De acordo com o art. 3º, §2º da Lei nº 8.666/1993:

> Art. 3º [...]
> §2º Em igualdade de condições, como critério de desempate, será assegurada preferência, *sucessivamente*, aos bens e serviços:
> I – (revogado).
> II – produzidos no País;
> III – produzidos ou prestados por empresas brasileiras.
> IV – produzidos ou prestados por empresas que invistam em pesquisa e no desenvolvimento de tecnologia no País
> *V – produzidos ou prestados por empresas que comprovem cumprimento de reserva de cargos prevista em lei para pessoa com deficiência ou para reabilitado da Previdência Social e que atendam às regras de acessibilidade previstas na legislação.* (Grifos nossos)

A preferência no desempate entre os licitantes levará em consideração, portanto, os parâmetros acima transcritos que serão observados em ordem "sucessiva".

Dessa forma, a preferência aos bens e serviços prestados por empresas que comprovem vínculos empregatícios com portadores de deficiência ou reabilitado da Previdência Social, na forma da legislação em vigor, seria o quarto critério de desempate. Apesar de não vislumbrarmos inconstitucionalidade nessa ordem de preferência, parece-nos, *de lege ferenda*, que o novo critério de desempate deveria ter prioridade em relação aos demais, especialmente pela sua forte vinculação ao princípio da dignidade da pessoa humana.

A segunda novidade refere-se à alteração do §5º do art. 3º da Lei nº 8.666/1993, para incluir margem de preferência em favor dos bens e serviços produzidos ou prestados por empresas que comprovem o cumprimento de reserva de empregos para pessoa com deficiência ou para reabilitado da Previdência Social, bem como que atendam às regras de acessibilidade previstas na legislação.[17] O dispositivo em comento dispõe:

> Art. 3º [...]
> §5º Nos processos de licitação, poderá ser estabelecida *margem de preferência* para:
> I – produtos manufaturados e para serviços nacionais que atendam a normas técnicas brasileiras; e
> II – *bens e serviços produzidos ou prestados por empresas que comprovem cumprimento de reserva de cargos prevista em lei para pessoa com deficiência ou para reabilitado da Previdência Social e que atendam às regras de acessibilidade previstas na legislação.* (Grifos nossos)

Verifica-se, desde logo, que a legislação não condiciona a participação na licitação e a contratação administrativa à presença de número mínimo de empregados com deficiência nas empresas licitantes ou ao fornecimento de produtos e serviços nacionais.[18]

---

[17] Em âmbito federal, o Decreto nº 3.298/1999, que regulamentou a Lei nº 7.853/1989 dispõe: "Art. 36. A empresa com cem ou mais empregados está obrigada a preencher de dois a cinco por cento de seus cargos com beneficiários da Previdência Social reabilitados ou com pessoa portadora de deficiência habilitada, na seguinte proporção: I – até duzentos empregados, dois por cento; II – de duzentos e um a quinhentos empregados, três por cento; III – de quinhentos e um a mil empregados, quatro por cento; ou IV – mais de mil empregados, cinco por cento".

[18] Nesse ponto, é mais restritivo o Decreto nº 33.925/2003, do estado do Rio de Janeiro, que condiciona a contração estatal de empresas privadas à presença de percentual mínimo de

Com isso, a função regulatória da licitação é utilizada de forma proporcional, pois permite a competitividade no certame, sem desconsiderar a preferência, na definição do vencedor, para empresas que implementam valores constitucionais sensíveis.

Em verdade, a legislação permite a participação de toda e qualquer empresa interessada na licitação, mas a nova redação do dispositivo passou a consagrar duas preferências distintas: a) a primeira com o objetivo de garantir o desenvolvimento nacional sustentável (inc. I) e b) a segunda para garantir a inclusão no mercado de trabalho dos portadores de deficiência ou reabilitados da Previdência Social (inc. II).

A partir da ponderação de interesses, a economicidade da contratação é relativizada em favor do desenvolvimento nacional sustentável e da proteção dos portadores de deficiência.

Contudo, os demais parágrafos do art. 3º da Lei nº 8.666/1993 não sofreram alterações para se adaptarem à nova margem de preferência, o que parece ter sido um lapso da Lei nº 13.146/2015 e pode gerar controvérsias.

Veja-se, por exemplo, que o §8º determina que a margem de preferência prevista nos §§5º e 7º do citado dispositivo não poderá ultrapassar 25% "sobre o preço dos produtos manufaturados e serviços estrangeiros", nada mencionando sobre o limite da margem de preferência para as empresas que tenham empregados portadores de deficiência ou reabilitados da Previdência Social. Transcreva-se o dispositivo em comento:

> Art. 3º [...]
> §8º As margens de preferência por produto, serviço, grupo de produtos ou grupo de serviços, a que se referem os §§5º e 7º, serão definidas pelo Poder Executivo federal, não podendo a soma delas ultrapassar o montante de 25% (vinte e cinco por cento) sobre o preço dos produtos manufaturados e serviços estrangeiros.

---

empregados portadores de deficiência. O art. 1º, *caput*, do diploma normativo dispõe: "Art. 1º Nas contratações diretas e nas licitações realizadas por órgãos e entidades da Administração Pública Estadual direta e indireta, deverão constar dos respectivos editais, a obrigatoriedade para a empresa com 100 (cem) ou mais empregados de demonstrar o preenchimento de 2% (dois por cento) a 5% (cinco por cento) de seus cargos com beneficiários da Previdência Social reabilitados ou com pessoa portadora de deficiência habilitada, na seguinte proporção: I – até duzentos empregados, 2% (dois por cento); II – de duzentos e um a quinhentos empregados, 3% (três por cento); III – de quinhentos e um a mil empregados, 4% (quatro por cento); ou IV – mais de mil empregados, 5% (cinco por cento)".

Não obstante a ausência de menção expressa ao limite da margem de preferência incluída pela Lei nº 13.146/2015, entendemos que o limite de 25% previsto para os "produtos manufaturados e para serviços nacionais que atendam a normas técnicas brasileiras" deve ser também aplicado aos bens e serviços produzidos ou prestados por empresas que comprovem o cumprimento da legislação de acessibilidade e cumpram os quantitativos mínimos legais de empregados com deficiência ou reabilitados da Previdência Social. Além de efetivar os princípios da razoabilidade, da proporcionalidade e da isonomia, a aplicação dos mesmos limites se justifica pela menção das duas margens de preferência no mesmo dispositivo legal.

De qualquer forma, assim como sustentamos em obra específica sobre o tema, para a margem de preferência para os produtos e serviços nacionais, a margem de preferência para os bens e serviços de empresas com empregados portadores de deficiência depende de regulamentação pelo Poder Executivo, inclusive com fundamento no §8º do art. 3º da Lei nº 8.666/1993.[19]

Aliás, o regulamento deverá estabelecer, inclusive, como serão compatibilizadas as duas margens de preferência, que não são excludentes e não são, necessariamente, coincidentes. Imagine-se, hipoteticamente, o resultado da licitação que apresente, dentro da margem de preferência, a primeira colocada (empresa de produtos e serviços estrangeiros), a segunda colocada (empresa de produtos e serviços nacionais que não atendam a normas técnicas brasileiras, mas que cumpram os requisitos legais de empregados portadores de deficiência) e a terceira colocada (empresa de produtos e serviços nacionais que atendam a normas técnicas brasileiras, mas que não possuem o quantitativo legal mínimo de empregados portadores de deficiência).

A Lei nº 8.666/93 não evidencia, de forma clara, como será resolvida essa dessa questão, o que abre caminho para solução pelo regulamento. A interpretação conjugada do §8º e do §2º do art. 3º da Lei nº 8.666/1993 poderia sugerir que os bens e serviços produzidos no país e produzidos ou prestados por empresas brasileiras tenham preferência em relação àqueles que sejam produzidos ou prestados

---

[19] OLIVEIRA, Rafael Carvalho Rezende. *Licitações e contratos administrativos*. 5. ed. São Paulo: Método, 2015. p. 183.

por empresas que tenham o número exigido por lei de empregados portadores de deficiência.

Todavia, entendemos que a preferência mencionada no §2º deve ser utilizada restritivamente apenas para os casos de desempate entre propostas e não deve vincular a interpretação do §8º, que trata de propostas diferentes (inexistência de empate) entre licitantes, razão pela qual o campo discricionário do regulamento deve estabelecer os critérios e os percentuais para aplicação da margem de preferência.

Em princípio, a empresa que cumprisse os requisitos das duas margens de preferência teria prioridade em relação aos demais licitantes. Na hipótese em que uma empresa cumprir uma margem de preferência e a outra empresa cumprir a outra margem (solução apresentada no exemplo hipotético acima), a solução, em princípio, deve ser resolvida em favor daquela que apresentar o menor preço.

Enquanto não regulamentada a margem de preferência para as empresas, com empregados portadores de deficiência, as empresas fornecedoras de bens e serviços nacionais, que já foram objeto de regulamentação específica, teriam preferência nas licitações.

Registre-se, ainda, que as empresas que tenham empregados portadores de deficiência ou reabilitados da Previdência, beneficiadas com a aplicação das regras favoráveis de desempate (art. 3º, §2º, V) e/ou pela margem de preferência (art. 3º, §5º, II), deverão cumprir, durante todo o período de execução do contrato, a reserva de empregos prevista em lei, bem como as regras de acessibilidade previstas na legislação, na forma do art. 66-A da Lei nº 8.666/1993, incluído pelo Estatuto da Pessoa com Deficiência.

Nesse caso, o descumprimento da exigência legal no curso do contrato poderia acarretar a sua rescisão, com a aplicação das sanções respectivas.

Por fim, é importante observar que o Estatuto da Pessoa com Deficiência alterou a Lei nº 8.429/1992 (Lei de Improbidade Administrativa) para incluir na tipificação do ato de improbidade administrativa, por violação aos princípios da Administração Pública, a ausência de cumprimento dos requisitos de acessibilidade previstos na legislação. É o que dispõe o inc. IX do art. 11 da LIA, incluído pela Lei nº 13.146/2015:

> Art. 11. Constitui ato de improbidade administrativa que atenta contra os princípios da administração pública qualquer ação ou omissão que

viole os deveres de honestidade, imparcialidade, legalidade, e lealdade às instituições, e notadamente: [...]
IX – deixar de cumprir a exigência de requisitos de acessibilidade previstos na legislação.

Lembre-se de que a configuração do ato de improbidade administrativa por violação aos princípios da Administração depende da comprovação do dolo ou da má-fé do infrator, não sendo suficiente a atuação culposa.[20]

4 Conclusões

Destarte, é possível concluir que o Estatuto da Pessoa com Deficiência estabelece importantes exigências para garantir a inclusão social e o exercício da cidadania pelos portadores de deficiência, inclusive no campo das licitações e contratações públicas.

O tratamento favorável às empresas que comprovem o cumprimento de reserva de empregos, prevista em lei, para pessoa com deficiência ou para reabilitado da Previdência Social, bem como que atendam às regras de acessibilidade previstas na legislação, encontra respaldo constitucional (arts. 1º, III, e 23, II, da CRFB) e cumpre valores constitucionais sensíveis (interesse público primário) ao relativizar, de forma proporcional, a economicidade (interesse público secundário) das contratações públicas.

Referências

ESTORNINHO, Maria João. *Curso de direito dos contratos públicos*. Coimbra: Almedina, 2012.

FERRAZ, Luciano. Função regulatória da licitação. *A&C – Revista de Direito Administrativo e Constitucional*, v. 37, p. 133-142, 2009.

GARCÍA DE ENTERRÍA, Eduardo. *Problemas del derecho público al comienzo de siglo*. Madrid: Civitas, 2001.

---

[20] Sobre o tema: NEVES, Daniel Amorim Assumpção; OLIVEIRA, Rafael Carvalho Rezende. *Manual de improbidade administrativa*. 3. ed. São Paulo: Método, 2015. p. 90-91.

GONÇALVES, Pedro Costa. *Direito dos contratos públicos*. Coimbra: Almedina, 2015.

JUSTEN FILHO, Marçal. *Comentários à Lei de Licitações e Contratos Administrativos*. 14. ed. São Paulo: Dialética, 2010.

MOREIRA, Egon Bockmann; GUIMARÃES, Fernando Vernalha. *Licitação pública*: a Lei Geral de Licitação – LGL e o Regime Diferenciado de Contratação – RDC. São Paulo: Malheiros, 2012.

NEVES, Daniel Amorim Assumpção; OLIVEIRA, Rafael Carvalho Rezende. *Manual de improbidade administrativa*. 3. ed. São Paulo: Método, 2015.

OLIVEIRA, Rafael Carvalho Rezende. *Curso de direito administrativo*. 3. ed. São Paulo: Método, 2015.

OLIVEIRA, Rafael Carvalho Rezende. *Licitações e contratos administrativos*. 5. ed. São Paulo: Método, 2015.

PEREIRA JUNIOR, Jessé Torres. *Comentários à Lei das Licitações e Contratações da Administração Pública*. 7. ed. Rio de Janeiro: Renovar, 2007.

PEREIRA JUNIOR, Jessé Torres. Desenvolvimento sustentável: a nova cláusula geral das contratações públicas brasileiras. *Interesse Público*, Belo Horizonte, ano 13, n. 67, maio/jun. 2011.

SOUTO, Marcos Juruena Villela. *Direito administrativo contratual*. Rio de Janeiro: Lumen Juris, 2004.

SOUTO, Marcos Juruena Villela. *Direito administrativo das parcerias*. Rio de Janeiro: Lumen Juris, 2005.

Informação bibliográfica deste texto, conforme a NBR 6023:2002 da Associação Brasileira de Normas Técnicas (ABNT):

OLIVEIRA, Rafael Carvalho Rezende. Licitações inclusivas: os impactos do Estatuto da Pessoa com Deficiência (Lei nº 13.146/2015) nas contratações públicas. *In*: CÂMARA, Alexandre Freitas; PIRES, Adilson Rodrigues; MARÇAL, Thaís Boia (Coords.). *Estudos de direito administrativo em homenagem ao professor Jessé Torres Pereira Junior*. Belo Horizonte: Fórum, 2016. p. 335-349. ISBN 978-85-450-0166-9.

A ADMINISTRAÇÃO PÚBLICA CONSENSUAL COMO MEIO ALTERNATIVO À IMPOSIÇÃO DE SANÇÃO ADMINISTRATIVA DISCIPLINAR: A CONCRETIZAÇÃO DO PRINCÍPIO CONSTITUCIONAL DA EFICIÊNCIA

Tiago Bockie

1 Introdução

O aumento do grau de complexidade das relações econômicas e sociais exige um novo modelo de Estado e, consequentemente, um novo modelo jurídico que lhe ofereça respaldo. Verifica-se, nesse diapasão, a necessidade de revisitar institutos clássicos do direito administrativo, a fim de que o Estado cumpra a sua obrigação constitucional de efetivar direitos fundamentais, como bem alerta o professor Dr. Jessé Torres em seus trabalhos acadêmicos.

Propõe-se, no presente artigo, analisar a natureza da sanção administrativa disciplinar, compreendendo o seu alcance e finalidade, bem como se a sua aplicação, como instituída nos regimes disciplinares previstos nos estatutos funcionais, atende aos postulados do princípio constitucional da eficiência.

Por fim, será apresentada a relevância do consenso na Administração Pública contemporânea, manifestado em fenômenos como a contratualização administrativa, apontando-se os fundamentos para o estabelecimento de uma Administração consensual no âmbito do regime disciplinar, como instrumento alternativo à imposição de sanções administrativas disciplinares e adequação à realidade cultural de cada grupo social.

2 A atividade punitiva do Estado: a sanção administrativa disciplinar

Com o monopólio do poder de punir os ilícios praticados pelas pessoas, incluindo as infrações administrativas disciplinares praticadas por servidores públicos, o Estado retira da sociedade a legitimidade para usar a força de modo geral e irrestrito para a resolução dos conflitos interpessoais.

O regime disciplinar, como decorrência da atividade punitiva do Estado, é compreendido como um conjunto sistematizado de normas (regras e princípios) que fundamentam a apuração, pela Administração Pública, da responsabilidade funcional de pessoas integradas à sua organização e que se encontram sujeitas à sua hierarquia (relação de subordinação), ensejando, a depender do caso concreto, a aplicação da devida penalidade administrativa, a fim de se ordenar a boa prestação do serviço público interno.

O regime disciplinar tem origem na teoria alemã da relação especial de sujeição, caracterizada como um vínculo entre pessoas desiguais perante o direito, a exemplo da Administração Pública de um lado e, do outro, uma pessoa que possuía com ela acentuada relação de dependência, como pode ser citada a figura do servidor público, o que justificava um estado de liberdade restringida. Tal restrição era estabelecida unilateralmente pela Administração, diante da inferioridade da outra parte na relação jurídica.[1]

A privação de direitos, com a imposição de deveres ou restrição de liberdades, constitui o traço característico da sanção administrativa punitiva, diferenciando-a dos prêmios (sanções premiativas ou sanções positivas), que visam estimular determinado comportamento.

Pode-se definir sanção administrativa disciplinar como a consequência jurídica aplicada pela Administração, a partir de uma relação jurídica hierárquica, em desfavor do servidor público faltoso que pratica um ilício administrativo relacionado à ordem interna e funcional da Administração que esteja previsto como falta funcional em lei (estatuto funcional correspondente) e que somente será passível de incidência após o curso do devido processo legal, para a boa prestação do serviço público.

---

[1] Cf. SILVA, Clarissa Sampaio. *Direitos fundamentais e relações especiais de sujeição*: o caso dos agentes públicos. Belo Horizonte: Fórum, 2009. p. 83-87.

Eis a principal diferença que se estabelece entre a sanção administrativa disciplinar e a sanção penal. Enquanto a primeira tem por objetivo resguardar a boa prestação do serviço público, a segunda visa estabelecer a paz social entre os integrantes de uma sociedade (ordem pública).[2]

A sanção administrativa disciplinar, diante da finalidade distinta que apresenta (não obstante decorra do poder punitivo do Estado, como ressaltado anteriormente), não dota do caráter de prevenção (geral ou especial). Ao contrário, tem natureza eminentemente pedagógica, de modo que o desvio de conduta na prestação do serviço público seja corrigido (o foco está na restauração do serviço e não do servidor).

Daí compreender a sanção disciplinar numa perspectiva restauradora, devendo ser utilizada no intuito de reorganizar o serviço público, sem que haja a repressão pelo dano causado. A sanção disciplinar, portanto, não dota do caráter retributivo ou preventivo geral (segregação) ou especial (ressocialização).[3]

A atividade disciplinar da Administração Pública, no entanto, nos moldes em que se encontra estruturada, não dota de mecanismos de prevenção ou restauração da boa qualidade do serviço que é prestado, caracterizando-se a sanção como retribuição por um mal causado, maculando os postulados do princípio constitucional da eficiência que serão apresentados no próximo capítulo.

3 O princípio da eficiência como vetor da Administração Pública em um Estado Neoconstitucional

A adoção do princípio da eficiência como vetor da atividade administrativa exige uma nova postura da Administração Pública,

---

[2] Tal critério diferenciador não é exclusivo, especialmente, diante dos crimes praticados por agente público contra a Administração Pública.

[3] A maioria da doutrina, no entanto, em sentido contrário ao que se apresenta no presente artigo, defende o caráter intimidativo das sanções administrativas disciplinares. Cita-se, a título exemplificativo, CAETANO, Caetano. *Manual de direito administrativo*. Lisboa: Coimbra Editora, 1965. p. 351.

com a preocupação de se atingir determinada finalidade, em vez de se ater à adoção de procedimentos preestabelecidos em lei.

A abordagem do princípio da eficiência tem como ponto de partida a crise no modelo burocrático, entendendo-se burocracia, de acordo com as linhas inicialmente traçadas por Max Weber, no início do século XX, como uma forma de combate à administração patrimonialista, em busca de um modelo de Administração Pública impessoal e racional.

Para a implementação do modelo burocrático, pautado nos pilares do controle, hierarquia e formalismo, propõe-se uma estrutura verticalizada, regida pela procedimentalização e formalização. Percebe-se, no entanto, como aponta Onofre Batista, algumas disfunções do modelo burocrático, entre eles:

a) procedimentos enrijecidos, que não acompanham a dinâmica evolutiva da sociedade;
b) procedimentos e regras como fins e não como meios;
c) estrutura altamente hierarquizada, afastando, de forma demasiada, o órgão responsável pelo processo decisório da realidade social.[4]

Assim, a partir desse contexto, atrelado ao alargamento da máquina administrativa com o Estado Providência, exige-se que o Estado possua uma estrutura mais eficiente, pautada na busca por resultados, na proteção dos direitos dos cidadãos e na existência de margens discricionárias para a adequação do ordenamento à realidade social.

O processo de constitucionalização do direito, como marca do neoconstitucionalismo, também produziu efeitos no direito administrativo. De acordo com Gustavo Binenbojm, tal fenômeno resulta na mudança de alguns paradigmas, entre eles a substituição da supremacia do interesse público pela ideia de dever de proporcionalidade, bem como a superação da vinculação estrita à lei, pela ideia de vinculação à juridicidade.[5]

---

[4] BATISTA JÚNIOR, Onofre Alves. *Princípio constitucional da eficiência administrativa*. Belo Horizonte: Fórum, 2012. p. 62.

[5] Para o autor, a "ideia de vinculação ao direito não plasmado na lei, marca a superação do positivismo legalista e abre caminho para um modelo jurídico baseado em princípios e regras, e não apenas nestas últimas" (BINENBOJM, Gustavo. *Uma teoria do direito administrativo*: direitos fundamentais, democracia e constitucionalização. Rio de Janeiro: Renovar, 2008. p. 141).

A valorização dos princípios constitucionais, dotados, agora, de eficácia normativa e força cogente (mandamentos de otimização para Robert Alexy),[6] no sentido de que são comandos normativos que apontam para uma finalidade ou estado de coisas a ser alcançado, destaca o princípio da eficiência como importante instrumento para dinamizar o ordenamento e, consequentemente, a estrutura da Administração Pública.

Não basta a obediência, pela Administração, de um procedimento preestabelecido em lei (legalidade), bem como a ausência de subjetivismo (impessoalidade) na atuação administrativa, para a busca da solução ótima que atenda às necessidades coletivas. Como dispõe Claus Wilhelm Canaris, a evolução da realidade exige uma nova compreensão da ciência jurídica, introduzindo-se um pensamento sistemático com as características essenciais da ordem e da unidade. Segundo o autor, os princípios são normas que exigem complementariedade, concordância prática e aplicação pautada na tópica.[7]

Impõe-se, dessa forma, a complementariedade dos princípios, entre eles, o da eficiência. Se, no modelo burocrático, o ótimo se verifica com o estrito cumprimento da lei, no modelo gerencial, existente em um Estado Democrático de Direito, exige-se o cumprimento de diferentes princípios (princípio da juridicidade) para o alcance da eficiência.

Conforme Onofre Batista, a Administração Pública, em um Estado Democrático de Direito eficiente, deve exercer a função administrativa, de modo que esteja alinhada ao bem comum, entendido como o conjunto de todas as condições da vida social que favoreçam o desenvolvimento integral da pessoa humana, bem como diante da estrutura policêntrica e pluralista, deve perseguir múltiplos interesses: segurança (individual e coletiva; interna e externa), justiça (comutativa e redistributiva) e bem-estar econômico, social e cultural.[8]

---

[6] Para Robert Alexy, os princípios são caracterizados por poderem ser satisfeitos em graus variados e pelo fato de que a medida devida de sua satisfação não depende somente das possibilidades fáticas, mas também das possibilidades jurídicas (ALEXY, Robert. *Teoria dos direitos fundamentais*. Tradução de Virgílio Afonso da Silva. São Paulo: Malheiros, 2008. p. 90).

[7] Cf. CANARIS, Claus-Wilhelm. *Pensamento sistemático e conceito de sistema na ciência do direito*. Tradução de Antônio Menezes Cordeiro. Lisboa: Fundação Calouste Gulbenkian, 2002. p. 12-15.

[8] BATISTA JÚNIOR, Onofre Alves. *Princípio constitucional da eficiência administrativa*. Belo Horizonte: Fórum, 2012. p. 71-73.

Para atuar na busca desses objetivos, a Administração Pública vale-se de meios, muitas vezes escassos, razão pela qual sua utilização deve ser otimizada, com a exigência do menor sacrifício possível dos cidadãos sujeitos à atividade administrativa.

Tem-se, pois, uma relação intrínseca do princípio da eficiência, em seus diversos aspectos (eficácia, produtividade, economicidade, qualidade, celeridade, presteza, continuidade do serviço público e desburocratização) com o postulado da proporcionalidade, em suas três dimensões: adequação, necessidade/exigibilidade e proporcionalidade em sentido estrito.

Nesse contexto, entende-se a proporcionalidade como um postulado normativo aplicativo (metanorma ou norma jurídica de segundo grau) que não possui, em seu conteúdo, uma pauta de conduta, mas, ao contrário, um mecanismo de leitura para a aplicação das normas jurídicas de primeiro grau. Representa, pois, uma forma de raciocínio e argumentação oferecendo condições para a compreensão e aplicação do direito.

Nesse sentido leciona Humberto Ávila,[9] para quem a interpretação de qualquer objeto cultural (e o direito se inclui nesse rol) se submete a algumas condições especiais, denominadas postulados, sem as quais não pode ser compreendido. Para o autor, os postulados normativos aplicativos são normas de segundo grau, que instituem os critérios de aplicação de outras normas que se situam no plano do objeto da aplicação (normas jurídicas de primeiro grau: as regras e os princípios). Destaca-se, pois uma das diferenças de funcionalidade em relação às normas jurídicas de primeiro grau, pois, ao contrário destas, que se dirigem ao Poder Público e aos administrados, possuem como destinatários o intérprete e o aplicador do direito.

A medida será adequada quando for apta para os fins a que se destina. A medida necessária ou exigível é aquela menos gravosa possível. Já a terceira dimensão do postulado da proporcionalidade (proporcionalidade em sentido estrito) impõe que os benefícios da medida sejam superiores aos prejuízos por ela causados.

Percebe-se, dessa forma, que o postulado da proporcionalidade, como ponto de otimização entre os interesses conflitantes

---

[9] ÁVILA, Humberto. *Teoria dos princípios*: da definição à aplicação dos princípios jurídicos. São Paulo: Malheiros, 2010. p. 123-124.

(ponderação) no processo de construção da decisão administrativa, constitui mecanismo fundamental para a efetivação do princípio da eficiência, seja para a satisfação dos padrões de economicidade, a partir da eliminação de processos burocráticos desnecessários (eficiência no âmbito interno), seja para a satisfação das necessidades sociais (eficiência no âmbito externo).

Ao contrário do que propõe a ciência da administração, com a distinção que se estabelece entre eficiência (preocupação com os meios – "fazer corretamente as coisas"), eficácia (preocupação como resultado – "fazer as coisas certas") e efetividade (atuação, ao mesmo tempo eficiente e eficaz), uma atuação para a ciência do direito somente se materializa quando se preocupa, ao mesmo tempo, com os meios e com os resultados.

Deve ser estabelecido, portanto, um novo papel do princípio da eficiência como mecanismo de controle da Administração Pública, prestigiando o controle de resultado em relação ao controle meramente formal. Tem-se, dessa forma, três espécies de controle:

a) controle de poder: controle de legalidade sobre o Estado;
b) controle dos meios: racionalidade das medidas administrativas; e
c) controle dos resultados: assegurar o cumprimento das políticas públicas.

Nesse sentido, cita-se, a título exemplificativo, o "contrato de autonomia" (como substitutivo do "contrato de gestão" previsto no art. 37, §8º, da Constituição Federal), que é apresentado no art. 28 da proposta de anteprojeto elaborada por comissão de juristas para a modernização da estrutura administrativa, estabelecendo normas gerais sobre a Administração Pública direta e indireta, as entidades paraestatais e as de colaboração.[10]

---

[10] Eis a redação do dispositivo acima referido: "Art. 28. O contrato de autonomia tem como objetivo fundamental a promoção da melhoria do desempenho do supervisionado, visando especialmente a: I – aperfeiçoar o acompanhamento e o controle de resultados da gestão pública, mediante instrumento caracterizado pela consensualidade, objetividade, responsabilidade e transparência; II – compatibilizar as atividades do supervisionado com as políticas públicas e os programas governamentais; III – facilitar o controle social sobre a atividade administrativa; IV – estabelecer indicadores objetivos para o controle de resultados, aperfeiçoando as relações de cooperação e supervisão; V – fixar a responsabilidade de dirigentes quanto aos resultados; e VI – promover o desenvolvimento e a implantação de modelos de gestão flexíveis, vinculados ao desempenho, propiciadores do envolvimento efetivo dos agentes e dirigentes na obtenção de melhorias contínuas da qualidade dos serviços prestados à comunidade".

Diante das linhas acima traçadas, verifica-se que o princípio da eficiência, como vetor da atividade administrativa, resta violado quando a condução do processo administrativo disciplinar encontrar-se dissociada da sua natureza e finalidade, proporcionando um resultado que não se encontra adequado à manutenção da boa prestação do serviço público.

4 A Administração Pública consensual

Tendo em vista o novo modelo de Estado que se estabelece a partir da evolução social (Estado Social e Democrático de Direito), com a necessidade de elevação dos padrões qualitativos na prestação do serviço público, o conteúdo do princípio da eficiência impõe uma mudança de paradigma[11] na estrutura da Administração Pública: da punição ao desempenho.

A ideia de consenso pode ser extraída, em certa medida, das lições apresentadas por Antônio Carlos Wolkmer[12] quando delineia os elementos de identificação e as condições para um pluralismo jurídico, compreendido como um modelo cultural, caracterizado pela aproximação entre Estado e sociedade, com a construção de um espaço comunitário de reordenação do espaço público e reconhecimento de novos sujeitos coletivos de juridicidade.

Segundo o citado autor, as relações individuais e coletivas devem ser pautadas na diversidade, na alteridade e na informalidade das identidades (ideia de consenso), a fim de que se conceba uma identidade comum em uma política descentralizadora, democrática e participativa.[13]

Importante que a Administração, ao invés de manter o foco na reprimenda da conduta, busque verificar as razões que levaram o servidor público a transgredir, encontrando mecanismos alternativos à aplicação de penalidades administrativas.

---

[11] A compreensão de paradigma como um conjunto de ilustrações recorrentes e padronizadas de determinados institutos, a partir de uma interpretação efetivada em determinado tempo e lugar, foi extraída das lições de KUHN, Thomas S. *A estrutura das revoluções científicas*. São Paulo: Perspectiva, 2006.

[12] WOLKMER, Antônio Carlos. *Pluralismo jurídico*. São Paulo: Alfa Ômega, 2011. p. 223-272.

[13] WOLKMER, Antônio Carlos. *Pluralismo jurídico*. São Paulo: Alfa Ômega, 2011. p. 174-180.

O foco no caráter punitivo pode ser verificado nos dados apresentados pela Controladoria Geral da União – CGU com a criação do cadastro de expulsões no serviço público federal, como forma de prevenir a corrupção.[14]

O cadastro disponível no Portal da Transparência do Poder Executivo Federal, acima referido, no qual é possível se realizar pesquisa acerca da situação funcional de cada servidor público, com a obtenção de dados como data e natureza da medida expulsiva do serviço público (demissão, destituição de cargo em comissão/função de confiança ou cassação de aposentadoria/disponibilidade), bem como a falta funcional que foi praticada (lesão aos cofres públicos, proveito pessoal em detrimento da dignidade da função pública, por exemplo), comprova o quanto afirmado anteriormente.

A própria atividade correcional é apresentada como uma das áreas fundamentais da Controladoria Geral da União, consistindo "nas atividades relacionadas à apuração de possíveis irregularidades cometidas por servidores públicos e à aplicação das devidas penalidades".[15]

Entende-se que há um desvirtuamento da atividade correicional pela Administração Pública, pois o objetivo não deve estar centrado tão somente na atividade punitiva, mas na prevenção do comportamento de desvio como forma de buscar a melhoria na prestação do serviço público.

Verifica-se que não há qualquer preocupação com a análise de fatos que levaram à transgressão,[16] não se mensurando, estatisticamente, as consequências advindas das medidas punitivas: a)

---

[14] Os dados são extraídos do Portal da Transparência: até 30 de agosto de 2012 (não há a informação do termo inicial), foram aplicadas 3.027 expulsões a 2.552 servidores. A relação entre sanções expulsivas aplicadas e o número de servidores não é correspondente, pois, em algumas situações, o mesmo servidor recebe mais de uma punição, diante da existência de diferentes processos administrativos disciplinares em face de sua pessoa (CGU lança cadastro de expulsões de servidores do Executivo Federal. *Ministério da Transparência, Fiscalização e Controle*, 6 set. 2012. Disponível em: <http://www.cgu.gov.br/noticias/2012/09/cgu-lanca-cadastro-de-expulsoes-de-servidores-do-executivo-federal>. Acesso em: 1º jan. 2014).

[15] CORREIÇÃO. *Ministério da Transparência, Fiscalização e Controle*. Disponível em: <http://www.cgu.gov.br/sobre/perguntas-frequentes/atividade-disciplinar/correicao>. Acesso em: 1º jan. 2014.

[16] Considerando que o direito é sempre uma decisão de conflito de interesses, que exige uma solução institucionalizada, dispõe Calmon de Passos que se torna fundamental compreender o que leva os homens ao conflito (PASSOS, José Joaquim Calmon de. *Direito, poder, justiça e processo*: julgando os que nos julgam. Rio de Janeiro: Forense, 2003. p. 27-30).

houve alguma melhoria na prestação do serviço? b) existem índices de produtividade da estrutura da Administração Pública? c) tais índices foram elevados com a aplicação da penalidade administrativa?

Em suma: as causas das transgressões não são investigadas nem as consequências práticas da aplicação das sanções são medidas. Tal postura não pode ser admitida, tendo em vista a necessidade premente de se restaurar a boa prestação do serviço público, com a identificação dos problemas que resultam no desvio de conduta na Administração Pública.

Não se propõe, no presente trabalho, a extinção do processo administrativo disciplinar como instrumento para a aplicação da sanção (a exemplo de casos envolvendo corrupção administrativa, nos quais não há a aplicação do consenso pela gravidade do dano causado) ou, até mesmo, a extinção das medidas punitivas no âmbito da Administração Pública. Ao contrário, partindo da hipótese de que a aplicação da sanção administrativa disciplinar não põe fim à prática de faltas funcionais na Administração Pública,[17] busca-se apresentar meios alternativos à aplicação de sanção, visando à boa prestação do serviço público.

Isso porque, às vezes, mesmo com a adoção de alguns mecanismos que serão apresentados ao longo do presente artigo, haverá a transgressão e, como consequência, a aplicação da sanção disciplinar. A adoção de tais instrumentos não consistirá, portanto, na única solução possível para um serviço público perfeito no âmbito da Administração Pública, mas contribuirá para que a atividade punitiva do Estado não esteja dissociada da realidade cultural de cada organização, importando que a medida administrativa seja eficiente e proporcional, resultando em um bônus maior que o ônus produzido.

Uma das prováveis causas[18] de transgressões funcionais no serviço público é a falta de *assimilação* que tem o servidor público,

---

[17] Encontra-se em desenvolvimento, no âmbito da Comissão Permanente de Inquérito Administrativo, órgão integrante da estrutura da Secretaria de Estado do Planejamento, Orçamento e Gestão – SEPLAG do Estado de Sergipe, pesquisa, realizada pelo autor do presente artigo, de todos os processos administrativos disciplinares nos anos de 2008 a 2013, a fim de se verificar a relação entre a variação do número de servidores lotados na estrutura da Administração Pública estadual dessa entidade federativa e o quantitativo de infrações funcionais praticadas.

[18] A conclusão da segunda pesquisa realizada pelo autor do presente artigo, ainda em fase de coleta de dados, com todos os servidores da Faculdade de Direito da Universidade Federal da Bahia (ocupantes de cargos públicos de provimento efetivo, que ingressaram, portanto, mediante a aprovação em concurso público e servidores estabilizados

sem que seja possível compreender a dimensão do resultado de sua conduta, o que enseja um estágio de *acomodação*[19] e, consequentemente, uma redução de rendimento funcional. Isso porque a atividade punitiva isoladamente considerada, com a aplicação da sanção disciplinar dissociada de uma política participativa e de fomento do desempenho pela Administração Pública, torna-se ineficaz.

A punição administrativa, que não possui o caráter de prevenção geral, como referido, pode ensejar a desmotivação (*acomodação*) do servidor no âmbito da Administração Pública, o que resulta na desproporcionalidade (em sentido estrito) da medida administrativa: os benefícios do ato administrativo sancionador serão inferiores aos prejuízos por ele causados.

Embora o intuito de uma norma seja o ajuste de determinado grupamento social, é preciso estar atento à realidade de cada organização, pois, a depender de diferentes circunstâncias, a exemplo de diferenças culturais de cada grupo, a efetividade da norma não será a mesma, impondo-se a adoção de mecanismos de ajuste diante das circunstâncias diferenciadas que são apresentadas como objeto de incidência.

Importante, portanto, que haja o processo de adequação, atentando-se à realidade de cada organização, com os influxos de cada cultura; é o que se demonstrará no próximo item.

4.1 A influência da cultura na construção do consenso na Administração Pública

Não se entende a cultura como algo estanque, imóvel, compreendida como uma composição lógica. Os aspectos sociais, econômicos, políticos, interferem no modo de ser e de se comportar de determinado grupamento social, de modo a se construir uma ideologia e um processo do conhecimento.

---

extraordinariamente pelo art. 19 do Ato das Disposições Constitucionais Transitórias), poderá apresentar soluções, com a delimitação das probabilidades ainda existentes nesse estágio embrionário de construção de tese.

[19] Os termos assimilação e acomodação são aqui utilizados como processos de interação social, ao lado da cooperação, do conflito e da competição.

De acordo com Antônio Carlos Wolkmer, a real compreensão do processo de conhecimento, resultado da cultura

[...] não se fundamenta em esquemas interpretativos ideais *a priori* e em proposições técnicas lógico-formais, mas, essencialmente, na práxis cotidiana interativa de um todo concreto que se organiza para produzir vida social. A totalidade das estruturas de uma dada organização social refletirá sempre a globalidade das relações de forças, o grau de desenvolvimento de sua riqueza material e os interesses e necessidades humanas fundamentais.[20]

Não é possível, portanto, compreender uma sociedade e a sua cultura sem a análise prévia dos diferentes fatores acima apontados, inerentes ao processo histórico de formação de determinado grupamento de seres humanos.

Como aponta Clifford Geertz,[21] a cultura, como sistemas entrelaçados de signos interpretáveis – que ele mesmo qualifica como símbolos –, não é um poder, algo ao qual podem ser atribuídos casualmente os acontecimentos sociais, os comportamentos, as instituições ou os processos; ela é um contexto, algo dentro do qual eles podem ser descritos de forma inteligível – isto é, descritos com densidade.

Para além do seu significado, importante que se verifique a importância da cultura. Tem-se que a cultura conduz o comportamento de uma sociedade, de modo que se tenha, em um grupamento de pessoas, algumas condutas como aceitáveis e outras como não aceitáveis, o que se modifica com o tempo. Tal modificação pode ocorrer, por exemplo, a partir da influência de determinada sociedade por outras culturas. A influência que uma cultura exerce sobre a outra, em maior ou menor grau, caracteriza-se como um fenômeno denominado multiculturalismo.

Algumas críticas são apontadas ao multiculturalismo, no sentido de que ele compromete a unidade social e política, prejudicando a dinâmica da integração em sociedade.

Como forma de combater tais críticas, Andrea Semprini[22] aponta que a coesão social não poderia ser reduzida a uma lógica binária, assinalando que existem quatro modelos de espaço multicultural:

---

[20] WOLKMER, Antônio Carlos. *Pluralismo jurídico*. São Paulo: Alfa Ômega, 2011. p. 25.

[21] Cf. GEERTZ, Clifford. *A interpretação das culturas*. Rio de Janeiro: LTC, 2012. p. 10.

[22] SEMPRINI, Andrea. *Multiculturalismo*. Tradução de Laureano Pelegrin. Bauru: EDUSC, 1999. p. 129-140.

i) modelo político liberal clássico; ii) modelo liberal multicultural; iii) modelo multicultural "maximalista"; iv) modelo de multiculturalismo combinado, mas que, na verdade, nenhum deles tem condições de prefigurar um espaço multicultural. Para tal representação, devem coexistir algumas condições, a exemplo da compreensão acerca das reivindicações, das identidades e dos valores exigidos por determinados grupos, que não devem ser considerados como dados sociais objetivos, historicamente fundamentados e estáveis. A cultura, ademais, deve ser entendida como pública. Como aponta Geertz,[23] uma ideação não existe na cabeça de alguém; embora não física, não é uma identidade oculta. Uma vez que o comportamento humano é visto como ação simbólica, o problema se a cultura é uma conduta padronizada ou um estado da mente, ou mesmo as duas coisas juntas, de alguma forma perde sentido. O que se deve indagar é qual a sua importância: o que está sendo transmitido com a sua ocorrência e através de sua agência. Isso pode parecer uma verdade óbvia, mas há inúmeras formas de obscurecê-la, a exemplo de: a) imaginar que a cultura é uma realidade "superorgânica" autocontida, com forças e propósitos em si mesma, i.e., reificá-la; b) alegar que ela consiste no padrão bruto de acontecimentos comportamentais que de fato observamos ocorrer em uma ou outra comunidade identificável – ou seja, reduzi-la ; e c) a ideia de que a cultura está localizada na mente e no coração dos homens – é etnociência, que afirma que a cultura é composta de estruturas psicológicas por meio das quais os indivíduos ou grupos de indivíduos guiam seu comportamento. A cultura é pública porque o seu significado o é. Dizer que a cultura consiste em estruturas de significado socialmente estabelecidas, nos termos das quais as pessoas fazem certas coisas como sinais de conspiração e se aliam ou percebem os insultos e respondem a eles, não é mais do que dizer que esse é um fenômeno psicológico, uma característica da mente, da personalidade, da estrutura cognitiva de alguém.

Stuart Hall,[24] discutindo a tensão entre o global e o local para a compreensão da identidade, seja com o fortalecimento das identidades locais, seja com a formação de novas identidades

---

[23] Cf. GEERTZ, Clifford. *A interpretação das culturas*. Rio de Janeiro: LTC, 2012. p. 8-10.

[24] HALL, Stuart. *A identidade cultural na pós-modernidade*. Tradução de Tomaz Tadeu da Silva e Guaracira Lopes Louro. 11. ed., 1. reimpr. Rio de Janeiro: DP&A, 2011. p. 9.

(a partir a influência do processo de globalização, por exemplo), dispõe que, para uma corrente teórica, as mudanças estruturais na sociedade moderna provocam uma mudança na concepção que os indivíduos têm de si mesmos (crise de identidade), o que vai refletir na própria sociedade em momento posterior.

O direito, como objeto cultural,[25] deve estar atento a essas peculiaridades, seja no processo de elaboração da norma, seja no momento de sua aplicação, buscando estabelecer um espaço para a adequação de acordo com a realidade de cada organização.

Calmon de Passos,[26] analisando a relação que se estabelece entre direito e cultura, adverte que, diante do objeto de regulação (a convivência social), o direito não é algo dado, pronto, mas, ao contrário, é o que dele faz o processo de produção, situando-se, pois, no universo do discurso e da ação.

A Administração consensual é apresentada, nesse contexto, como mecanismo de ajuste atento à realidade que é apresentada para a incidência da norma, com a análise das peculiaridades do caso concreto, servindo como instrumento alternativo à imposição de sanções administrativas disciplinares e, consequentemente, melhorando a qualidade do serviço prestado.

E em que consiste o consenso? A busca do consenso corresponde à existência de mecanismos institucionalizados ou que são construídos a partir da práxis – processos de audição e de participação, por exemplo – em que os interessados na decisão administrativa participam, ativamente, na formação dela. Cezar Saldanha Souza Júnior conceitua o consenso como o "acordo entre membros da Comunidade, sobre as bases da ordem desejável".[27]

Consoante dispõe Vasco Manoel Pascoal Dias Pereira da Silva, a consensualidade "é em si mesma, positiva, desde que existam – e

---

[25] Edmund Husserl, a partir da teoria geral dos objetos, entende que os objetos podem ser ideais, naturais, culturais e metafísicos, e enquadra o direito como fenômeno cultural, pois é produzido pelos seres humanos com existência referida no tempo e no espaço e passível de ser valorado (exame axiológico) (HUSSERL, Edmund. *Ideias para uma fenomenologia pura e para uma filosofia fenomenológica*: introdução geral à fenomenologia pura. Aparecida/SP: Ideias e Letras, 2006; HUSSERL, Edmund. *A ideia da fenomenologia*. Lisboa: Edições 70, 2008).

[26] PASSOS, José Joaquim Calmon de. *Direito, poder, justiça e processo*: julgando os que nos julgam. Rio de Janeiro: Forense, 2003. p. 24-25.

[27] SOUZA JÚNIOR, Cezar Saldanha. *Consenso e democracia constitucional*. Porto Alegre: Sagra Luzzato, 2002. p. 70.

funcionem – instrumentos destinados a evitar que se caia em 'tentações' de procura das 'soluções mais fáceis' ou do 'baixo-negócio' (*v.g.* princípio da imparcialidade, princípio da proporcionalidade)".[28]

A busca por uma consensualidade na atuação administrativa, como forma de redução da autoridade do Poder Público, constitui uma exigência na Administração Pública contemporânea, que deve estar atenta às especificidades de cada cultura, de modo a oferecer soluções que melhor se adequem a dada realidade.

Diferentes situações podem ser apontadas, a título exemplificativo, da busca do consenso na atividade administrativa. Quando a Administração Pública prefere chegar a um acordo com o proprietário particular para a compra de um terreno, em vez de proceder à desapropriação como forma de intervenção supressiva do Estado na propriedade privada, estará buscando uma alternativa no consenso.

Da mesma forma, quando a Administração Pública altera o traçado de determinada rodovia, escolhendo uma solução que resulte em maior custo para o Erário, a fim de atender aos interesses da população de certa localidade, também utiliza o consenso como alternativa para o conflito.

Por fim, a adoção de fórmulas convencionais, como contratos administrativos, convênios e termos de cooperação técnica, revela a prática administrativa consensual. Além dos exemplos citados, vale investigar, nesse passo, de que modo o consenso pode ser utilizado como instrumento alternativo de imposição de sanção administrativa na relação disciplinar que se estabelece entre servidor público e Administração Pública.

4.2 O consenso como instrumento alternativo de imposição de sanção

Uma Administração Pública autoritária e distante do servidor público, que impõe verticalmente as normas de conduta, não atingirá o objetivo que se espera: mínimo de infração (e, como consectário lógico, a sanção) e máximo de desempenho.

---

[28] SILVA, Vasco Manoel Pascoal Dias Pereira. *Em busca do acto administrativo perdido*. Lisboa: Almedina, 1996. p. 107.

A proposta que se apresenta é de substituição, quando possível, dos mecanismos de imposição unilateral (centrado no viés da autoridade)[29] por mecanismos que propiciem o acordo entre os partícipes da ação administrativa.

No âmbito da relação interna da Administração Pública, o próprio servidor público, que vivencia os problemas da prática administrativa, enquanto destinatário das decisões, pode oferecer soluções para a melhoria do serviço público a partir de um processo de interação com a Administração Pública. É estabelecido um diálogo entre a Administração Pública e o servidor público faltoso (*Administração dialógica*), buscando-se uma consensualidade como forma de legitimação da medida administrativa.

A participação do servidor público no processo construtivo decisório, com o estabelecimento de metas em termos de ajustamento de conduta, por exemplo, é fundamental por duas razões: a) permite que a Administração Pública tenha ciência dos entraves à boa prestação do serviço público, adotando-se medidas corretivas e prevenindo a prática de infrações funcionais; b) permite a aceitação da decisão administrativa, pois o destinatário estabelece, juntamente com a Administração, as bases nas quais se fundamentará a medida.

Nesse sentido são as lições de Vasco Manoel Pascoal Dias Pereira da Silva, para quem "a participação dos particulares no procedimento administrativo é a garantia de uma maior ponderação dos interesses dos envolvidos e de uma decisão administrativa mais correcta e eficaz, porque mais facilmente aceita pelos destinatários".[30]

Para além de uma justiça restaurativa, que funciona como instrumento institucionalizado de soluções preestabelecidas pelo Poder Público em que a outra parte (servidor público) apenas é convocada para a manifestação de vontade em relação ao que foi proposto, a administração consensual propõe a construção de uma decisão que é tida como solução para as duas partes a partir da análise do caso concreto.

---

[29] A ideia de autoridade, reforçada pela existência de poderes especiais de império – *puissance publique*, para os franceses – por parte do Estado, marcou várias construções teóricas do direito administrativo do século XIX e da primeira metade do século XX, a exemplo da supremacia do interesse público sobre o interesse privado e a teoria da irresponsabilidade do Estado.

[30] SILVA, Vasco Manoel Pascoal Dias Pereira. *Em busca do acto administrativo perdido*. Lisboa: Almedina, 1996. p. 107.

No âmbito do regime disciplinar, que constitui foco do presente ensaio, um exemplo que pode ser citado é o ajuste de conduta do servidor público faltoso, com a formalização de termos de ajustamento (ou acertamento) de conduta.

O ajustamento de conduta, caracterizado como um mecanismo de controle disciplinar alternativo à aplicação de penalidade administrativa, sem que haja, portanto, a instauração do processo administrativo disciplinar, tem fundamento no princípio constitucional da eficiência, permitindo que o serviço seja restaurado com maior rapidez, a partir da adoção de processos menos burocráticos.

O caráter educativo do termo de ajustamento de conduta permite que o servidor público compreenda, em melhor medida, o desajuste que a sua conduta causou na prestação do serviço público, o que torna a decisão administrativa mais eficaz, a fim de que a infração não seja praticada novamente. Tem-se, aqui, o caráter pedagógico da medida, o que contribui para a concretização do princípio constitucional da eficiência.

5 Conclusões

Diante do que foi apresentado ao longo do presente artigo, as conclusões podem ser assim sintetizadas:

1) A sanção administrativa disciplinar, com fundamento no poder punitivo do Estado, deve, diante da sua natureza pedagógica, buscar sempre a restauração do serviço público, não dotando do caráter de prevenção (geral ou especial).

2) A atividade disciplinar da Administração Pública, nos moldes em que se encontra estruturada, não dota de mecanismos de prevenção ou restauração da boa qualidade do serviço que é prestado, caracterizando-se a sanção como retribuição por um mal causado, maculando os postulados do princípio constitucional da eficiência.

3) Uma atuação administrativa somente será eficiente se, necessariamente, proporcional, pois pressupõe a otimização da relação entre meio e fim (adequação), a minimização dos sacrifícios (necessidade) e a busca da solução ótima, com a maximização dos resultados, a partir da preponderância dos benefícios em detrimento dos prejuízos.

4) Considerando os fins que são buscados pelo Estado, o princípio da eficiência, diante de sua força normativa e cogente, constitui vetor da Administração Pública em um Estado neoconstitucional, preocupando-se, ao mesmo tempo, com os meios e com os resultados da atividade administrativa.

5) A condução do processo administrativo disciplinar dissociado da sua natureza e finalidade, proporcionando um resultado que não se encontra adequado à manutenção da boa prestação do serviço público, resulta na violação do princípio constitucional da eficiência.

6) A cultura, compreendida como sistemas entrelaçados de signos interpretáveis, influencia na construção de uma Administração consensual, na medida em que conduz o comportamento de uma sociedade, de modo que se considere algumas condutas como aceitáveis e outras como não aceitáveis.

7) O consenso na Administração Pública, caracterizado como mecanismo de participação dos interessados na decisão administrativa (no caso, os servidores públicos) na construção do processo decisório, é apresentado como uma alternativa à imposição de sanções administrativas disciplinares, a partir da adequação à realidade cultural que é apresentada, a fim de que sejam elevados os padrões de qualidade na prestação do serviço público.

8) O termo de ajustamento de conduta é apresentado como exemplo da adoção do consenso no âmbito do regime administrativo disciplinar.

Referências

ALEXY, Robert. *Teoria dos direitos fundamentais*. Tradução de Virgílio Afonso da Silva. São Paulo: Malheiros, 2008.

ÁVILA, Humberto. *Teoria dos princípios*: da definição à aplicação dos princípios jurídicos. São Paulo: Malheiros, 2010.

BATISTA JÚNIOR, Onofre Alves. *Princípio constitucional da eficiência administrativa*. Belo Horizonte: Fórum, 2012.

BINENBOJM, Gustavo. *Uma teoria do direito administrativo*: direitos fundamentais, democracia e constitucionalização. Rio de Janeiro: Renovar, 2008.

CAETANO, Caetano. *Manual de direito administrativo*. Lisboa: Coimbra Editora, 1965.

CANARIS, Claus-Wilhelm. *Pensamento sistemático e conceito de sistema na ciência do direito*. Tradução de Antônio Menezes Cordeiro. Lisboa: Fundação Calouste Gulbenkian, 2002.

CGU lança cadastro de expulsões de servidores do Executivo Federal. *Ministério da Transparência, Fiscalização e Controle*, 6 set. 2012. Disponível em: <http://www.cgu.gov.br/noticias/2012/09/cgu-lanca-cadastro-de-expulsoes-de-servidores-do-executivo-federal>. Acesso em: 1º jan. 2014.

CORREIÇÃO. *Ministério da Transparência, Fiscalização e Controle*. Disponível em: <http://www.cgu.gov.br/sobre/perguntas-frequentes/atividade-disciplinar/correicao>. Acesso em: 1º jan. 2014.

GEERTZ, Clifford. *A interpretação das culturas*. Rio de Janeiro: LTC, 2012.

HALL, Stuart. *A identidade cultural na pós-modernidade*. Tradução de Tomaz Tadeu da Silva e Guaracira Lopes Louro. 11. ed. 1. reimpr. Rio de Janeiro: DP&A, 2011.

HUSSERL, Edmund. *A ideia da fenomenologia*. Lisboa: Edições 70, 2008.

HUSSERL, Edmund. *Ideias para uma fenomenologia pura e para uma filosofia fenomenológica*: introdução geral à fenomenologia pura. Aparecida: Ideias e Letras, 2006.

KUHN, Thomas S. *A estrutura das revoluções científicas*. São Paulo: Perspectiva, 2006.

PASSOS, José Joaquim Calmon de. *Direito, poder, justiça e processo*: julgando os que nos julgam. Rio de Janeiro: Forense, 2003.

SEMPRINI, Andrea. *Multiculturalismo*. Tradução de Laureano Pelegrin. Bauru: EDUSC, 1999.

SILVA, Clarissa Sampaio. *Direitos fundamentais e relações especiais de sujeição*: o caso dos agentes públicos. Belo Horizonte: Fórum, 2009.

SILVA, Vasco Manoel Pascoal Dias Pereira. *Em busca do acto administrativo perdido*. Lisboa: Almedina, 1996.

SOUZA JÚNIOR, Cezar Saldanha. *Consenso e democracia constitucional*. Porto Alegre: Sagra Luzzato, 2002.

WOLKMER, Antônio Carlos. *Pluralismo jurídico*. São Paulo: Alfa Ômega, 2011.

Informação bibliográfica deste texto, conforme a NBR 6023:2002 da Associação Brasileira de Normas Técnicas (ABNT):

BOCKIE, Tiago. A Administração Pública consensual como meio alternativo à imposição de sanção administrativa disciplinar: a concretização do princípio constitucional da eficiência. *In:* CÂMARA, Alexandre Freitas; PIRES, Adilson Rodrigues; MARÇAL, Thaís Boia (Coords.). *Estudos de direito administrativo em homenagem ao professor Jessé Torres Pereira Junior*. Belo Horizonte: Fórum, 2016. p. 351-369. ISBN 978-85-450-0166-9.

O PAPEL DA ADJUDICAÇÃO COMO MECANISMO SOCIAL DE COMPOSIÇÃO DE CONFLITOS

Vanice Regina Lírio do Valle

1 Introdução

Promover a transformação social foi um projeto inequivocamente manifesto na Carta de 1988. Mais do que superar o legado autoritário no campo político, com a redemocratização desse mesmo exercício, a Constituição Cidadã mereceu esse epíteto pela clara intenção de reconfigurar uma trilha de exclusão social reputada iníqua, e incompatível com o Estado Democrático de Direito.[1] Inserida no conjunto das constituições aspiracionais[2] ou transformadoras,[3] a Carta de 1988, normatizando objetivos postos à República, lançou na seara do direito e de seus mecanismos institucionais de operação o desafio da efetividade. Esse é o cenário em que se tem a eclosão do conhecido fenômeno da judicialização das políticas públicas e a afirmação empreendida pelo Supremo Tribunal Federal de que esse seja tema do domínio do Poder Judiciário.[4]

Essa premissa – da sindicabilidade das políticas públicas – se tem por hoje já assentada,[5] o que está longe de significar que

---

[1] VALLE, Vanice Regina Lírio do. Constitucionalismo e transição: sobre a arte de conciliar o aparentemente inconciliável. In: VALLE, Vanice Regina Lírio do (Org.). *Justiça e constitucionalismo em tempos de transição*. Belo Horizonte: Fórum, 2013. p. 88-119.

[2] DORF, Michael C. The Aspirational Constitution (October 7, 2009). 88 *N. W. U. L. Rev.*, v. 88, n. 1, p. 241-268, 1993. Disponível em: <http://ssrn.com/abstract=1484894ç>. Acesso em: 2 fev. 2015.

[3] LIEBENBERG, Sandra. Socio-economic rights. Adjudication under a transformative Constitution. *Int J Constitutional Law*, v. 11, n. 1, p. 270-274, 2013.

[4] VALLE, Vanice Regina Lírio do. Judicialização das políticas públicas no Brasil: até onde podem nos levar as asas de Ícaro. *Themis: Revista de Direito (Revista da Faculdade de Direito da Universidade Nova de Lisboa)*, ano 11, n. 20-21, p. 185-210, 2011.

[5] O conhecido *leading case* no tema do direito à creche e pré-escola, em que o STF afirmou sua competência para empreender o amplo controle de políticas públicas que tivessem assento em determinação constitucional (Segunda Turma. RE nº 410.715 AgR. Rel. Min. Celso de Mello. Julg. 22.11.2005. *DJ*, 3 fev. 2006, pp-00076 ement vol-02219-08 pp-01529

o resultado que ela pretendia viabilizar se tenha por atingido.

Judicializar políticas públicas no campo dos litígios individuais ou coletivos implica trasladar para o campo do Poder Judiciário uma espécie de conflito que não se coaduna com a moldura tradicional de aplicação da adjudicação. O resultado é o cometimento pela Corte Constitucional de um múnus ao Judiciário, sem que se tenha de outro lado o desenvolvimento das ferramentas necessárias ao cumprimento dessa tarefa. Seja na perspectiva do desenho institucional, seja naquela dos instrumentos processuais disponíveis, tem-se uma inaptidão inata para enfrentamento das substanciais modificações qualitativas e quantitativas àquilo que tradicionalmente se entendia por prestação da jurisdição.

O desafio, todavia, não obstante tematizado pela nossa específica experiência constitucional, não é inédito, tampouco único. Escrutínio judicial de estratégias públicas de garantias de direitos, com ou sem remodelagem institucional, é problema já enfrentado, seja em países do chamado *Global South*,[6] que compartilham com o Brasil o modelo de constituição aspiracional; seja na experiência estadunidense, na qual a mesma temática se viu examinada com a eclosão, na década de 70, da categoria por aquele país identificada como *public law litigation*.[7]

Destinam-se as presentes considerações a um percurso exploratório dos traços particularizadores desse tipo de litígio – que

---

RTJ, v. 00199-03 pp-01219. *RIP*, v. 7, n. 35, p. 291-300, 2006. *RMP*, n. 32, p. 279-290, 2009), foi depois por diversas vezes reiterado pela Corte na proteção a uma ampla gama de direitos como os da saúde, educação, proteção à infância, etc.

[6] A expressão foi originalmente cunhada por Maldonado, em obra dedicada à análise da atuação das cortes constitucionais de Índia, África do Sul e Colômbia (MALDONADO, Daniel Bonilla (Ed.). *Constitutionalism of the Global South*: The Activist Tribunals of India, South Africa, and Colombia. Cambridge: Cambridge University Press, 2013). Aplicando a mesma lógica – que reúne experiências nacionais distintas sob esse mesmo rótulo do *Global South*, consulte-se ainda SANTOS, Boaventura de Souza. *Refundación del Estado en América Latina*: perspectivas de una epistemología del Sur. Lima: Instituto Internacional de Derecho Constitucional Sociedad; Programa Democracia y Constitución. Transformación Global, 2010 e RODRIGUEZ-GARAVITO, Cesar; FRANCO, Diana Rodríguez. *Juicio a la exclusión*: el impacto de los tribunales sobre los derechos sociales en el Sur Global. Buenos Aires: Sieglo Vinteuno Editores, 2015.

[7] CHAYES, Abram. The role of the judge in public law litigation. *Harvard Law Review*, 1976. p. 1281-1316 (formulando o conceito de *public law litigation*, ilustrando a proposição com a indicação de vasta casuística em que a decisão judicial tem por objeto a intervenção em instituições e políticas públicas). Mais recentemente, evidenciando que o padrão de litígios (e decisões judiciais correspondentes) segue manifesto em terras estadunidenses, SABEL, Charles F.; SIMON, William H. Destabilization rights: how public law litigation succeeds. *Harvard Law Review*, p. 1015-1101, 2004.

envolve a materialização em sentido mais amplo de compromissos finalísticos estatais derivados do elenco de direitos fundamentais constitucionalmente estatuídos. O caráter transcendente desses mesmos direitos (ainda que suscetíveis de projeção na esfera individual) reclama mecanismos de composição dos conflitos sociais que nem sempre encontrarão na adjudicação a melhor resposta. Evidenciar as arestas que se possam revelar em relação ao modelo tradicional de adjudicação configura-se como exercício primário indispensável ao desenvolvimento de uma compreensão teórica mais abrangente dos atributos desejáveis à cunhagem do provimento jurisdicional nas demandas (em especial, coletivas) que envolvem o empoderamento de direitos fundamentais que, nos termos da narrativa de uma hipotética petição inicial, encontram-se negligenciados na sua dimensão operativa.

Mais ainda, a experiência já havida em outros países sujeitos ao mesmo tipo de conflito pode propor critérios a serem aplicados em nossa própria modelagem de solução do dilema. Afinal, se a fricção entre a reivindicação social (localizada ou coletiva) e o modelo adjudicativo se põe, a negativa de jurisdição não se apresenta como solução.

2 Conflito social, deliberação política e adjudicação

Identifica-se na raiz do fenômeno da judicialização de direitos fundamentais, a percepção de sua violação, no mais das vezes, reputada sistêmica. É certo que estes mesmos direitos fundamentais têm sido, no Brasil,[8] preferencialmente postulados em demandas individuais;[9] não obstante isso, a narrativa de fato subjacente a esses

---

[8] Também em outros países do chamado *Global South*, como a Índia e a Colômbia, a judicialização muitas vezes se dá a partir do conflito individual. Todavia, os respectivos sistemas contemplam mecanismos que permitem a coletivização – não necessariamente da demanda, como se tentou sem sucesso empreender no Novo CPC – mas da solução (VALLE, Vanice Lírio do. *Judicial Adjudication in housing rights in Brazil and Colombia*: a comparative perspective. Disponível em: <http://ssrn.com/abstract=2252991>. Acesso em: 13 set. 2015). Significa dizer que se constrói uma matriz teórica de composição do direito em discussão, e essa mesma moldura é depois aplicada a cada caso concreto. A solução é distinta de nosso modelo de repercussão geral ou mesmo de demandas repetitivas, em que a pretensão é de enunciação de um parâmetro sintético e abstrato que permita a resolução de outras hipóteses de mesmo contorno.

[9] Em que pese o apontamento já por boa doutrina, dos possíveis efeitos deletérios da preferência pelo ajuizamento de demandas relacionadas especialmente à tutela de direitos

feitos envolve a afirmação da inexistência de uma política pública orientada à garantia dos direitos, ou, ainda, à sua ineficiência – ambas patologias sistêmicas associadas à ação estatal. Significa dizer que numa ou noutra hipótese (demanda individual ou coletiva), tem-se como realidade subjacente a imputada falha sistêmica a ser reparada –[10] o que exigiria uma intervenção que se revele apta a promover a superação do bloqueio institucional, contingente ou permanente,[11] involuntário ou consciente,[12] que esteja se pondo em relação à pretensão social expressa na demanda.

Cumpre de já apontar que esse direcionamento da atividade jurisdicional, ainda que de forma implícita, a uma atuação que transcenda os limites do conflito individual e que incorpore a necessária intervenção institucional corretiva, se revela harmônica

---

socioeconômicos na matriz individual (BARROSO, Luís Roberto. Da falta de efetividade a judicialização excessiva: direito a saúde, fornecimento gratuito de medicamentos e parâmetros para a atuação judicial. *Revista da Procuradoria Geral do Estado – RPGE*, Porto Alegre, v. 31, n. 66, p. 89-114, jul./dez. 2007); a tendência de enfrentamento desses conflitos pela matriz individual segue praticamente inalterada, seja pela eventual necessidade específica e imediata do litigante, que não se coaduna com o *timing* que é próprio à demanda coletiva; seja pela percepção de que mais facilmente se logra obter a decisão pretendida na demanda individual a partir de uma análise consequencialista do provimento – normalmente, o julgador terá mais conforto em determinar a providencia no âmbito individual do que no coletivo.

[10] Diver, discorrendo sobre adjudicação e esfera política como modelos opostos de ajuste das condutas coletivas, sublinha a circunstância de que o modelo adjudicativo compreende sempre a identificação do *legal wrong* (a conduta reputada despida de respaldo legal), e ainda a constatação de uma lesão a direito sofrida pelo demandante. É no campo da afirmação do *legal wrong* que se terá o desenvolvimento do escrutínio e (eventual) censura à atuação do Poder Público (DIVER, Colin S. The judge as political powerbroker: Superintending structural change in public institutions. *Virginia Law Review*, p. 43-106, 1979).

[11] As causas para a inação administrativa podem estar associadas a fenômenos contingentes, notadamente no plano do financiamento dessas mesmas atividades. Assim, demora no repasse de verbas e contingenciamento de rubricas orçamentárias são exemplos de causas contingentes da inadequação da ação pública. Aqui não se cuida de um padrão (equívoco) de operação que reclame ajuste para futuro, mas de um evento pontual e localizado que merece superação específica. Distinta será a hipótese em que o padrão ordinário de ação pública não contempla a prestação reclamada na demanda; aqui o que se deseja é uma intervenção corretiva que, para que preserve na íntegra seu potencial de restauração da normalidade do funcionamento da máquina pública, intenta transcender (em seu caráter pedagógico) os limites das partes diretamente envolvidas na demanda.

[12] Em que pese um vício cultural de associar a inação da Administração Pública a uma resistência explícita aos seus condicionantes legais; inequívoco que existem zonas cinzentas de incerteza quanto ao dever de agir, ou, quando menos, à repartição dos ônus de cada qual das entidades federadas. Esse é o caso clássico das tarefas elencadas no art. 23, CF, como de competência comum, em que a inexistência de parâmetros mais claros quanto à repartição de obrigações tem determinado o emprego da cláusula da solidariedade entre os entes federados como uma suposta matriz de solução.

com a circunstância de que, a rigor, o controle jurisdicional (especialmente no campo da *judicial review*) não se tem por autorizado a negligenciar este vetor de necessária recondução do exercício do poder à sua trilha original de funcionamento.

Não obstante a sintonia entre a jurisdição que controle (ainda que como efeito secundário) um programa de ação pública, e a busca da garantia de direitos subjetivos veiculados ainda que em demandas individuais; fato é que essa associação implicará trazer para o conflito posto em juízo algum nível de intervenção institucional e estruturante. Isso significa, em maior ou menor porção, discutir-se a decisão política que estrutura até o momento a ação estatal; tal decisão é censurada porque não implementada, ou porque reputada inadequada.

Importante já aqui perceber uma primeira dissociação entre a matriz que é própria à adjudicação, e aquela que antes presidiu a decisão política – criticada na demanda. A busca da decisão judicial traduz, em verdade, a procura pelo demandante de uma solução de cariz autoritativo para o conflito. A ordem judicial se reveste de autoridade suficiente a suplantar (é o que se espera), ou a negativa formal ao direito; ou ainda o bloqueio operacional formal ou informal[13] que implica, como resultado, igualmente, a negação ao direito. O que se objetiva é a prevalência da decisão que venha a se materializar no campo da adjudicação, sobre aquela que antes se deu na seara da política (legislativa ou administrativa). Se essa substituição da escolha política por uma outra que se busca obter pela via da adjudicação se revela arrimada pela perspectiva democrática inerente ao contramajoritarianismo no campo da *judicial review*;[14] o mesmo não se pode dizer como certeza na seara das políticas públicas. Nesse campo deliberativo – estratégias de ação estatal para o desenvolvimento de determinada atividade que a constituição lhe reclama – nem sempre a aplicação da matriz

---

[13] Não se pode perder de perspectiva que nem toda demanda judicial postulando a garantia de direito social tem por premissa a sua negação. Da mesma maneira, o silêncio da Administração não importa necessariamente numa decisão ordenada (ao menos internamente) à sua negação. A inércia administrativa pode ser fruto da não decisão formal (*v.g.*, o tema pende de delimitação legal) ou ainda pode resultar de pura paralisia associada à perplexidade, ou ausência de vontade política.

[14] FRIEDMAN, Barry. The history of the countermajoritarian difficulty, part one: the road to judicial supremacy. *NYUl Rev.*, v. 73, 1998. p. 333.

constitucional permitirá de pronto a conclusão quanto à existência em si de um *wrong doing*. Na ausência da prejudicial lógica, o efeito haveria de ser a inviabilidade do reconhecimento de lesão a direito – afinal, existência em si de uma necessidade não se traduz necessariamente numa circunstância fática a merecer correção judicial. Dissociar os dois elementos (segregando o *wrong doing* da proclamação de uma lesão a direitos a ser reparada), associando à vulnerabilidade ou necessidade como fenômeno puramente fático um efeito jurídico, é atividade típica da seara da política, e não do campo da adjudicação. Se ao demandante se pode reconhecer como legítima a mudança de arena do processo político de negociação para a busca da decisão autoritativa superadora da derrota política; ao Judiciário é de se pôr, quando menos, a dúvida quanto à aderência desse tipo de escolha a seu real papel institucional no arsenal de alternativas postas à sociedade para o avanço de suas reivindicações.

A explicitação de um direito como fundamental no texto constitucional está longe de equacionar todos os elementos exigíveis à sua concretização enquanto ação pública – e o desenvolvimento normativo de seu conteúdo passa necessariamente por um juízo de valor quanto à escala de prioridades fixada por aquele grupo social, bem como ao ingresso desse (novo) direito no conjunto de relações estabelecidas por aqueles preexistentes, e que concorrem entre si.[15]

Tomemos por ilustração a recente inclusão pela Emenda Constitucional nº 90, do direito fundamental ao transporte, no *caput* do art. 6º, CF. A aplicação conjunta da referida preceituação com a cláusula constitucional assecuratória de eficácia imediata em favor dos direitos fundamentais induz à compreensão de que haja uma ação estatal exigível de plano, tendo em conta a promoção do transporte. Mas qual a ação estatal que o referido preceito estará a reclamar dos entes públicos? Tem-se aí a questão da conformação do conteúdo do direito, que é matéria claramente remetida pelo poder constituinte reformador, a seara da política.[16]

---

[15] Um sistema complexo como o brasileiro, em que todos os direitos fundamentais de distintas dimensões se têm por igualmente providos do mesmo nível de eficácia, propõe como questão prática relevante a concorrência de pretensões constitucionalmente fundadas, que podem eventualmente se posicionar até mesmo em rota de colisão.

[16] Sempre interessante observar a dinâmica do processo de emendamento constitucional brasileiro. Assim é que, se no campo da cultura (Emenda Constitucional nº 71) a alteração do texto se deu de maneira detalhada, com o desenho de uma principiologia (art. 216-A,

A ilustração é rica. Observe-se que no campo do provimento do transporte – consectário, a rigor, do próprio direito de primeira geração a ir e vir – tem-se um conjunto de políticas públicas já consolidadas, algumas delas até chanceladas judicialmente, como é o caso da gratuidade de transportes – constitucionalmente instituída em favor dos idosos, e frequentemente prevista em leis locais em favor dos estudantes (ora tão somente aqueles da rede pública, presumivelmente vulneráveis; ora em favor de todo aquele dedicado à sua própria formação educacional, ao menos nos patamares reputados obrigatórios *ex vi constituitionis*). Em outras ocasiões, o tema do transporte se põe de maneira complementar à garantia de um outro direito igualmente fundamental – e tem isso assegurado de modo mais localizado, como vetor indispensável à garantia de acesso à saúde[17] ou mesmo à educação.[18]

Ainda no tema do transporte, sempre se encontrarão (e isso se teve por ecoado ao longo das chamadas "Jornadas de Junho" em 2013) aqueles que defendam a necessidade da garantia de gratuidade ampla e irrestrita. A escolha quanto ao conteúdo do direito ao transporte assegurado constitucionalmente como direito social envolverá, portanto, uma disputa política entre distintas concepções de Estado, dos deveres que dele sejam de se exigir, e de quais trocas esteja a coletividade disposta a empreender tendo em conta o conjunto de direitos que concorrem entre si, para eventualmente assegurar um espectro mais amplo ao direito ao transporte, consagrado pela Emenda Constitucional nº 90.

É a derrota na seara política – que venha eventualmente a conduzir a um conteúdo mais recortado a esse mesmo direito – que induzirá a troca do meio de construção dos padrões de relações sociais, da arena política, para a decisão autoritativa. Na matriz de

---

§1º, CF) e de uma estrutura institucional (art. 216-A, §2º, CF) que se determina deva atuar de maneira articulada tendo em conta os diversos níveis federados (art. 216-A, §3º, CF), no tema do transporte, a intervenção reformadora limitou-se à inclusão dessa referência no *caput* do art. 6º, CF.

[17] Esse tipo de provimento é comum em demandas em que o acesso a tratamento médico regular (diálise, radioterapia ou outras medidas assemelhadas) exige o deslocamento do paciente à localidade distinta daquela de sua moradia.

[18] Também não é de todo incomum – em rincões mais remotos de um país de dimensões continentais como o Brasil – a determinação do provimento de transporte escolar em favor de localidades que não são servidas por linhas regulares de transporte público.

pensamento construída no direito brasileiro, no que toca ao litígio em matéria de direitos fundamentais, a translação de campo de combate soa ainda mais interessante como estratégia de reivindicação para o vencido. Isso porque se no terreno da política o caráter persuasório dos argumentos se mostra condição *sine qua non* para concluir o processo de negociação; na arena autoritativa presidida por um imperativo de conferir-se eficácia imediata a direitos fundamentais (seja qual for a sua manifestação), tem-se praticamente por dispensada a demonstração do *wrong doing*, numa presunção implícita[19] de que a ausência de ação estatal segundo o reclamo do autor já seja por si o malfeito a reclamar a correção judicial.

Verifica-se, portanto, que o câmbio de mecanismos de ajuste das condutas sociais desejadas ou asseguradas na linguagem dos direitos é uma estratégia que envolve necessariamente a abdicação ou a intencional superação da decisão que se tenha logrado obter na luta política – e isso não é desimportante, seja na perspectiva da efetividade dos direitos fundamentais, seja naquela da proteção ao desenho institucional que é próprio do Estado Democrático de Direito. A pergunta que se põe é se a intervenção judicial postulada claramente como substituto da política, em nome da proteção ao direito fundamental manifesto na esfera individual do demandante, não está a minar a prática democrática, reforçando uma desqualificação da política que aliena e solapa uma dimensão igualmente da dignidade, que é a participação na formulação das decisões públicas, especialmente aquelas que lhe dizem respeito mais de perto.

Não se está com isso pretendendo afirmar que seja ilegítima a busca pela adjudicação como mecanismo substitutivo à deliberação política. O que se quer demonstrar é que isso se tem não só nas grandes questões constitucionais, como também na rotina das demandas de massa envolvendo a proteção a direitos sociais. O que se pretende, na migração do conflito social do campo da política para aquele da

---

[19] Diz-se presunção implícita, porque esta muitas vezes repousa na combinação dos fatores enunciação de direito + regra de competência; como se esses dois elementos fossem por si só suficientes a reconhecer o signo de inércia constitucionalmente reprovável, ou errônea na formulação de suas estratégias de ação em relação aos entes públicos que, também *ex vi constituitionis*, se presumem regidos pelo princípio da juridicidade (MOREIRA NETO, Diogo de Figueiredo. *Quatro paradigmas do direito administrativo pós-moderno*: legitimidade, finalidade, eficiência; resultados. Belo Horizonte: Fórum, 2008. p. 139).

adjudicação, é uma atuação jurisdicional substitutiva – e essa não é a matriz de funcionamento prevista ordinariamente para o Judiciário.

3 Adjudicação e rigidez da composição do conflito

Segundo elemento de tensão na proposta da aplicação do modelo de adjudicação à tutela de direitos fundamentais, com o correspondente controle de políticas públicas, é a rigidez que é típica da primeira – em descompasso com o que é próprio aos programas de ação estatal. A pretensão de definitividade da adjudicação é consectário natural de um conjunto de vetores que informam o nosso sistema jurídico. Assim, já o ideário de segurança jurídica (elemento do Estado Democrático de Direito) reivindica estabilidade e previsibilidade nas relações – a fortiori, na declaração formal de quais sejam os critérios disciplinadores dessas mesmas relações sociais.

Firmado num modelo de controle retrospectivo da conduta proposta a sindicar,[20] a sentença pretende a solução do conflito de interesses, restaurando in natura o direito violado, ou ainda oferecendo medida compensatória. São igualmente manifestações desse modelo mais rígido da adjudicação o princípio da inércia e todos os seus consectários (estabilidade da demanda, vedação a julgamento distinto daquilo que foi postulado em juízo etc.).

Também como decorrência do ideário de segurança jurídica, a adjudicação pretende estabelecer uma homogeneidade no tratamento de situações idênticas – portanto, tende à reiteração dos padrões decisórios, e não a diferenciação da solução conforme o caso.[21] Tem-se aqui já mais um atrito entre este modelo de

---

[20] É de Chayes a sistematização das características do litigio ordinário (aquele relacionado a questões civis) como bipolar, retrospectivo, com uma interdependência entre direito e provimento jurisdicional correspondente, com efeitos limitados às partes envolvidas na demanda e orientado e controlado pelas partes (CHAYES, Abram. The role of the judge in public law litigation. *Harvard Law Review*, p. 1282-1283, 1976;

[21] A intensificação das demandas de massa tem decerto contribuído para um padrão de repetição de "modelos" de decisão judicial – fenômeno de grande relevância e que propõe importantes reflexões quanto a sua compatibilidade com a garantia do acesso à justiça, como se vem compreendendo no Brasil. Não é esse o fenômeno a que se está aqui referindo; o apontamento diz respeito a um atributo típico da função judicial que é a estabilização das expectativas – efeito que melhor se alcança pela reiteração de uma matriz de solução a situações assemelhadas.

solução de conflitos de interesse e o controle de políticas públicas materializadoras de direitos fundamentais.

Constitui elemento essencial nas políticas públicas – a referência já se tem nos textos clássicos da década de 60[22] – o seu caráter dinâmico, resiliente e aberto às adaptações que a sua implementação recomende. Em que pese seu caráter ordenador de um padrão genérico de conduta da Administração, uma política pública deve obrigatoriamente manter a perspectiva de seus efeitos também específicos – sob pena de falta de aderência para com a realidade sobre a qual ela pretende atuar.[23] O aprendizado por agregação, extraído da fase de avaliação, é igualmente elemento indissociável das políticas públicas, que têm na aptidão para adaptar-se a sua mais relevante garantia de sucesso. Flexibilidade é, pois, uma virtude que qualifica a política pública – o que instaura o referido ponto de tensão com o modelo adjudicatório de composição de conflitos.

Uma vez mais o traço de negociação, típico da seara política, vem à baila. Se a busca de soluções conciliadoras, em que se transige em relação a postulações iniciais, é o modo de operação típico da seara da política, isso se refletira naturalmente no instrumento que traduz essa mesma deliberação, a saber, o programa de ação estatal. Esse mesmo traço se mantém, ainda que já alcançada uma decisão primária – e por isso a política pública se revela necessariamente aberta a novas negociações.

No modelo adjudicativo, embora se tenha a conciliação como possibilidade,[24] esta (quando existe) se põe como elemento prévio à prolação da sentença – e não como uma constante na construção e execução da decisão.[25] A adjudicação busca uma solução abrangente,

---

[22] LINDBLOM, Charles E. The science of "muddling through". *Public Administration Review*, p. 79-88, 1959.

[23] Rodríguez-Arana aponta a abertura à realidade como elemento integrante do próprio conceito de boa administração, devendo ser entendida como "la aproximación abierta a las condiciones objetivas de cada situación, y la apertura a la experiencia son componentes esenciales, actitudes básicas para la buena Administración Pública" (RODRÍGUEZ-ARANA MUÑOZ, Jaime. La buena administración como princípio y como derecho fundamental en Europa. *Misión Jurídica: Revista de derecho y ciencias sociales*, n. 6, p. 23-56, 2013).

[24] Indiscutivelmente, o investimento na solução conciliadora é estratégia que tem encontrado fortalecimento no debate acadêmico e legislativo brasileiro; todavia, a ênfase tem sido na construção de mecanismos alternativos à busca da composição judicial.

[25] A rigor, no campo da execução da sentença, a lógica da rigidez se aprofunda, muitas vezes, como consequência de uma matriz também claramente adversarial na busca da composição

otimizadora e final, enquanto a seara da deliberação política opera ordinariamente com uma busca de ajuste de interesses que seja contínua e incremental.[26] Essa tensão entre rigidez e flexibilidade trasladada para o campo da adjudicação culmina por gerar dois possíveis efeitos – ambos, a seu modo, deletérios. De um lado, tem-se como possibilidade a prolação de uma decisão judicial que, imutável, não se beneficia da "calibragem" que venha a acontecer no futuro em relação a esse mesmo parâmetro de conduta estatal. Assim, as adaptações das políticas públicas havidas no seu processo natural de implementação e maturação – e, portanto, uma ampliação no grau de proteção do direito originalmente discutido – podem restar excluídas enquanto possibilidade, da hipótese fática que tenha já sido objeto de decisão judicial. Nessa situação, tem-se uma clara associação entre rigidez na solução adjudicativa, e regressão no grau de proteção ao direito discutido – o que pode se revelar uma contradição em termos; afinal, a translação do conflito da seara política para a adjudicativa se deu para incrementar o seu grau de proteção, e isso pode se ter por frustrado por conta da já *multirreferida* rigidez.

Outro efeito igualmente deletério da referida tensão entre a dinâmica dos fatos sobre os quais incide a ação administrativa e as políticas públicas é a possível paralisia ou perpetuação da demanda, a partir de uma dificuldade de incorporação técnica da mudança da situação de fato. Aqui, o traço eminentemente retrospectivo da adjudicação rejeita a mudança do quadro fático como uma possibilidade – e, porque rejeita essa alternativa, não consegue incorporar de maneira significativa essa ocorrência, recodificando a demanda. Salvo a conhecida alternativa da perda de objeto (hipótese extrema de mudança das condições de fato), o modelo adjudicativo não é capaz de readaptar os termos do conflito, até porque preso aos limites do pedido formulado, que não comportara alteração.[27]

---

pela adjudicação. Se o objetivo principal de quem move a máquina judiciaria é, não a garantia do direito, mas a vitória; não há espaço para a composição, especialmente no terreno da execução de sentença, quando já se tem claramente um "vencedor" e um "vencido".

[26] DIVER, Colin S. The judge as political powerbroker: Superintending structural change in public institutions. *Virginia Law Review*, 1979. p. 63.

[27] O princípio da estabilidade da demanda – firme ainda no Novo CPC –, cunhado originalmente numa lógica do litígio particular, em que o destino do processo é em

Disso decorre uma perenização do litígio, não porque se esteja, a rigor, a desenvolver atividade jurisdicional útil, mas porque não há tratamento legislativo específico para a hipótese. Também, aqui, a busca do modelo autoritativo como mecanismo de solução do conflito social não se revelara eficiente, pela simples circunstância de que não se logra alcançar uma decisão judicial defensável segundo os critérios técnicos aplicáveis àquela atividade.

Em que pese a preconização por alguns[28] da adoção de certo grau de experimentalismo na construção da decisão judicial, esse é um atributo normalmente rejeitado pela adjudicação –[29] e isso aprofunda as inadequações deste último modelo, especialmente quando se cuida de direitos cujos contornos não se tenham ainda claramente definidos, seja por seu ineditismo,[30] seja pela sua baixa densidade normativa.

Postas as inadequações iniciais do modelo adjudicativo como resposta ao clamor por um modelo de ação estatal que se reputa inadequado, cumpre indagar o que se possa oferecer como alternativa de solução para um sistema jurídico como o brasileiro, que opera com uma lógica de amplo acesso ao Judiciário, e de vedação ao *non liquet*.

---

boa parte conduzido pelas partes – transposto para os litígios individuais ou coletivos envolvendo políticas públicas, culmina por engessar as possibilidades decisórias, e determinar essa paralisia em hipóteses em que se tenha modificação substantiva do padrão de conduta em desenvolvimento pela Administração ao longo do processo.

[28] SABEL, Charles F.; SIMON, William H. Destabilization rights: how public law litigation succeeds. *Harvard Law Review*, p. 1015-1101, 2004 (sustentando que o êxito das *structural injunctions* decididas após a leva de conflitos da década de 70 se deve basicamente a um grau de experimentalismo nos *remedies* cunhados pelas cortes federais americanas, viabilizando tratamento distinto eventualmente até a conflitos afetos a um mesmo direito, desde que com isso se assegurasse uma maior adesão da decisão judicial à realidade fática sobre a qual incidiria a demanda).

[29] Ainda que se verifique mais recentemente um certo exercício de engenharia criativa, especialmente no âmbito da jurisdição constitucional; fato é que, na composição ordinária dos conflitos na rotina dos Tribunais, o modelo já testado e aprovado se afigura sempre como o mais atrativo, até porque tendencialmente, menos suscetível à revisão, fenômeno que, embora perfeitamente compatível com a lógica do devido processo, reveste-se ainda de certa carga negativa entre as instituições judiciárias; a revisão é ainda vista como um juízo de desvalor, ocorrência que todo ser humano, naturalmente, busca evitar.

[30] O ineditismo do direito em debate tende a agravar as deficiências do modelo adjudicatório, porque reclama um maior espaço de debate plural – incompatível, como já se disse, com o modelo de adjudicação tradicional. Assim, uma demanda que tenha por origem os desdobramentos do reconhecimento de um não determinismo genético do gênero envolve um debate que transcende os limites da relação entre autor e réu tradicionalmente posta no conflito judicial.

4 Constitucionalismo administrativo e deferência para com as escolhas administrativas

Parâmetro que se propõe para a superação do apontado impasse é o restabelecimento como possível vetor decisório, da deferência para com as opções administrativas – observadas condições específicas exigíveis dessa mesma escolha pública.

A opção constitucional por empreender à orientação finalística ao Estado, através dos direitos fundamentais emanados da ideia força da dignidade da pessoa, implica necessariamente tornar a Administração Pública coautora da interpretação constitucional. Afinal, é no plano das questões diárias postas à Administração que se empreende ao ajuste entre as enunciações constitucionais e a riqueza das circunstâncias apresentadas no cadinho do convívio social. O imperativo de ofertar resposta às demandas sociais exige da Administração um exercício criativo de densificação do texto constitucional, sem os benefícios da não resposta como alternativa – a exemplo do que se dá em favor do Legislativo.

O desenvolvimento pela Administração de novos entendimentos relacionados ao texto constitucional, assim como a construção do chamado Estado Administrativo pela adoção de medidas estruturais e substantivas, é identificado na doutrina norte-americana como constitucionalismo administrativo,[31] atividade ali associada especialmente ao exercício da regulação.[32] A categoria é objeto de extenso debate doutrinário, tendo em conta seu potencial para contribuir de forma decisiva ao processo de atualização de sentido do texto constitucional, impulsionada especialmente por esse contato direto com a realidade sobre a qual o texto constitucional incide.

É de Ross a explicitação de que a atualização de sentido constitucional empreendida no plano do constitucionalismo administrativo compreende pelo menos três distintas possíveis ações: 1) a interpretação de textos constitucionais abertos ou

---

[31] METZGER, Gillian E. Administrative Constitutionalism (May 23, 2013). *Texas Law Review*, v. 91, June 2013; *Columbia Public Law Research Paper*, n. 13-350. Disponível em: <http://ssrn.com/abstract=2269773>. Acesso em: 5 jun. 2015.

[32] LEE, Sophia Z. Race, sex, and rulemaking: administrative constitutionalism and the workplace, 1960 to the present. *Virginia Law Review*, p. 799-886, 2010.

ambíguos; 2) a extração de sentido de um texto constitucional pela derivação de outros princípios também constitucionais;[33] e 3) a aplicação desses mesmos textos ou princípios a hipóteses concretas.

É em especial no campo da aplicação dos textos ou princípios que a Administração encontrará espaço e oportunidade para o exercício de algum nível de experimentalismo –[34] aquele mesmo atributo que se aponta como relevante ao adequado enfrentamento no modelo adjudicativo, das complexas questões postas pelos desafios de efetividade de direitos fundamentais, que se revelam progressivamente competitivos entre si. A função administrativa é, por definição, adaptável e resiliente sob pena de infidelidade constitucional;[35] diferentemente do que se põe com a função judiciária, que, nos termos do já apontado, reclama estabilidade de reiteração de seus mesmos *outcomes*.

No cenário brasileiro em especial, a atualização de sentido originária da aplicação do diálogo com a riqueza do mundo da vida é atividade menos próxima, sob a perspectiva do desenho institucional, do Judiciário. Se na atuação em primeiro grau ainda se pode afirmar como possibilidade o contato entre o julgador e os fatos da demanda, essa aproximação resta progressivamente dificultada a medida que o mesmo litígio percorra os distintos níveis de apreciação judicial. Já no Tribunal, em sede de apelação, a matriz de pensamento milita no sentido de que a matéria de fato já se tenha apurado; e no campo das Cortes Superiores, tem-se a conhecida compreensão de que não lhes caiba reexame da matéria de ato – assim, mais uma vez, tem-se o referido distanciamento.[36]

---

[33] Esta é uma forma de exercício de constitucionalismo administrativo mais próxima, inequivocamente, da realidade norte-americana, na qual boa parte dos deveres de ação postos ao Estado *lato sensu* são afirmados como derivação de cláusulas constitucionais mais amplas, como a do devido processo, *equal protection* etc.

[34] ROSS, Bertrall L. Embracing Administrative Constitutionalism (March 8, 2015). *Boston University Law Review*, v. 95, 2015; *UC Berkeley Public Law Research Paper*, n. 2575399. Disponível em: <http://ssrn.com/abstract=2575399>. Acesso em: 14 jul. 2015.

[35] Não se pode perder de perspectiva que o vetor constitucional da eficiência, direcionado à Administração, tem um conteúdo claramente relacional. Significa dizer que modificadas as condições nas quais e sob as quais atua a Administração, modifica-se o juízo quanto à eficiência da sua atuação.

[36] Importante destacar que a dissociação entre jurisdição constitucional e matéria de fato não é padrão na experiência internacional, ao contrário, as cortes constitucionais da Índia e da Colômbia, por exemplo, municiam-se dos elementos de fato hauridos da demanda; promovem por vezes instrução processual reunindo elementos e informações de que se ressintam para fins de julgamento, e dialogam especificamente com esses elementos da decisão judicial finalmente proferida.

Distintos desenhos institucionais asseguram distintos *inputs* à atividade de determinação de sentido constitucional – e, por isso, recuperar o prestígio da interpretação resultante do constitucionalismo é relevante. Importante reiterar que a proposta aqui veiculada não envolve subordinação da apreciação judicial às conclusões expendidas no exercício do constitucionalismo administrativo. O que se está a evidenciar é que a opção localizada no extremo oposto, que identifica a autoridade da solução adjudicativa numa exclusividade na autoria da interpretação constitucional, parece equivocada.

Deferência para com a escolha administrativa é prática que pressupõe conhecimento dessas mesmas opções estratégicas – o que já induz um efeito secundário, mas nem por isso menos relevante, a saber, aquele do incremento da *accountability* para com essas mesmas escolhas. Afinal, só é possível exercer deferência para com uma escolha que se tenha por formalmente materializada e conhecida nos seus critérios definidores. Aqui é importante acolher a indicação formulada por Rodriguez-Garavito[37] de que a adjudicação pode ter efeitos indiretos, distintos da velha lógica do direito romano de dar a cada um o que é seu – efeitos estes, todavia igualmente relevantes a um projeto de longo prazo de efetivação da transformação social requerida pela Carta de 1988.

Apontou-se, em anterior passagem deste texto, que a busca da adjudicação como arena de composição do conflito social pode envolver opção estratégica daquele que tenha restado vencido na seara política – fenômeno que não se tem *a priori* por ilegítimo, mas que não deve se revelar indiferente à adjudicação, que não deve ordinariamente funcionar como instância revisora de deliberações políticas constitucionalmente possíveis, que se veem submetidas a controle tão somente porque não geraram, em favor do litigante, o resultado por ele pretendido.

A aproximação inicialmente deferente para com a escolha administrativa resgata a busca da análise da existência em si de um *wrong-doing* como premissa à ação corretiva, prestigiando a escolha política que, embora não agrade, não traduz em si uma violação à

---

[37] RODRIGUEZ-GARAVITO, César. Beyond the courtroom: the impact of judicial activism on socioeconomic rights in Latin America. *Texas Law Review*. v. 89, p. 1669, 2010.

normatividade vigente. Reforçado se tem a dimensão democrática do Estado de Direito que a Carta de 1988

O caráter autoritativo da adjudicação é atributo institucional primário e, a rigor, se vê fortalecido (e não erodido) pela ampliação do leque de alternativas interpretativas, eis que passa a ter a si agregado um diferenciado signo de legitimação. Nesses termos, deferência – recognitiva e valorativa – para com as escolhas administrativas se põe como uma opção que qualifica a adjudicação, ainda que o resultado final determinado pelo Judiciário não coincida com a interpretação fixada originalmente pela Administração.

Por fim, vale consignar que a deferência para com as escolhas administrativas pode comportar – como de fato se dá no cenário estadunidense – compreendendo distintos graus tendo em conta a espécie de constitucionalismo administrativo que se tenha manifesto na hipótese, observada a categorização proposta por Ross e reproduzida no início deste subitem. Afinal, as atividades desenvolvidas no exercício do constitucionalismo administrativo (interpretação de texto, extração de sentido a partir de princípios e aplicação de ambas as operações anteriores) expressam juízos que se aproximam, progressivamente, da seara de *expertise* típica da Administração. Construir, portanto, critérios de escrutínio que diferenciem as distintas expressões do constitucionalismo administrativo nada mais é do que preservar, em cada instituição, a autoridade que lhe é própria. Tais parâmetros de aferição judicial, todavia – maior ou menor deferência para essa ou aquela deliberação administrativa hipotética –, devem ser conhecidos para prevenir juízos subjetivos,[38] que militam (a rigor) em desfavor da segurança jurídica.

5 Conclusão

O modelo constitucional brasileiro, testado inclusive por momentos de grande tensão institucional, propõe uma sofisticada ordenação do convívio, que, adotando a ideia central da dignidade,

---

[38] ROSS, Bertrall L. Denying deference: civil rights and judicial resistance to administrative constitutionalism (December 8, 2014). *University of Chicago Legal Forum*, v. 2014; *UC Berkeley Public Law Research*, Paper n. 2535190, ago. 2015.

suscita o desafio de preservá-la através do aparato estatal – sem com isso esvaziar de conteúdo a autonomia e a responsabilidade, vetores dessa mesma dignidade.

O conflito de interesses é inerente ao convívio coletivo – e isso se tem por intensificado nas sociedades plurais. A atividade política como modelo tradicional de ajustamento do modelo de convívio social tende, portanto, a se revelar progressivamente mais espinhosa, eis que envolvera a conciliação de caleidoscópicas visões de mundo. Obstruídos os canais políticos, a busca pela solução autoritativa expressa pela adjudicação tende a se intensificar.

O desafio e a busca de uma jurisdição que, buscando solucionar o conflito, não culminem por minar a prática democrática – e com ela, a autonomia da pessoa.

A deferência para com as escolhas administrativas não se revela a solução definitiva para esse desafio; mas contribui para um equilíbrio entre a dimensão da autoridade e aquela do consenso, do fruto democrático da negociação. Em tempos de intensificação do dever de motivação das decisões judiciais, se não pelo reclamo já expresso no art. 93, IX, CF; pelos termos do Novo CPC, erigir critérios decisórios é exercício prioritário. Cuidou o presente texto de demonstrar que, na perspectiva puramente teórica, a deferência para com as escolhas administrativas não se revela superada enquanto possibilidade normativa. Ao contrário, ela traduz uma importante incorporação institucional da relevância de se preservar, na decisão adjudicatória, não só a dimensão dos direitos estatuída na Constituição, mas também aquela orgânica.

Enunciar direitos sem uma instância autoritativa para lhes preservar a eficácia é exercício de retórica. Mas exercer a adjudicação, dissociando direitos da dimensão política que lhes tenha conformado o conteúdo, é negar a história.

Informação bibliográfica deste texto, conforme a NBR 6023:2002 da Associação Brasileira de Normas Técnicas (ABNT):

VALLE, Vanice Regina Lírio do. O papel da adjudicação como mecanismo social de composição de conflitos. *In:* CÂMARA, Alexandre Freitas; PIRES, Adilson Rodrigues; MARÇAL, Thaís Boia (Coords.). *Estudos de direito administrativo em homenagem ao professor Jessé Torres Pereira Junior.* Belo Horizonte: Fórum, 2016. p. 371-387. ISBN 978-85-450-0166-9.

SOBRE OS AUTORES

Adilson Rodrigues Pires
Doutor em Direito Econômico e Sociedade pela UGF. Professor-Adjunto de Direito Financeiro da UERJ. Presidente da Comissão de Direito Financeiro e Tributário do IAB. Advogado no Rio de Janeiro.

Alexandre Freitas Câmara
Desembargador (TJRJ). Professor emérito de Direito Processual Civil (EMERJ). Doutorando em Direito Processual (PUC Minas).

Alexandre Santos de Aragão
Doutor em Direito do Estado pela Universidade de São Paulo. Mestre em Direito Público pela Universidade do Estado do Rio de Janeiro. Procurador do Estado do Rio de Janeiro. Advogado.

Carlos Roberto Siqueira Castro
Doutor em Direito Público. Professor Titular de Direito Constitucional da UERJ. Professor visitante da Faculdade de Direito da Universidade de Paris II.

Carolina Barros Fidalgo
Mestre em Direito Público pela Universidade do Estado do Rio de Janeiro. Advogada.

Cláudio Brandão de Oliveira
Desembargador (TJRJ). Professor de Direito Administrativo (EMERJ e UFF). Doutorando em Direito (Universidade de Coimbra).

Diogo de Figueiredo Moreira Neto
Doutor em Direito pela UFRJ. Professor Titular de Direito Administrativo da Universidade Cândido Mendes. Procurador do Estado do Rio de Janeiro aposentado.

Flávio Amaral Garcia
Professor da Pós-Graduação da FGV Direito Rio. Procurador do Estado do Rio de Janeiro. Sócio e Consultor do Escritório Juruena & Associados – Advogados.

Flávio de Araújo Willeman
Procurador do Estado do Rio de Janeiro e Advogado. Desembargador Eleitoral do TRE-RJ, biênio 2014/2016. Mestre em Direito pela Universidade Candido Mendes – UCAM-RJ. Professor dos cursos de Graduação e Pós-Graduação da Universidade Candido Mendes. Professor dos cursos de Pós-Graduação da Fundação Getúlio Vargas e da Escola Superior de Advocacia Pública do Estado do Rio de Janeiro – ESAP. Membro do Instituto de Direito Administrativo do Estado do Rio de Janeiro – IDAERJ. Autor dos livros: *Responsabilidade civil das agências reguladoras; Tópicos de direito administrativo* e *Manual de direito administrativo*.

Frederico Price Grechi
Advogado e Presidente da Comissão de Direito Agrário e Urbanístico do IAB. Pós-Doutor, Doutor e Mestre em Direito pela UERJ. Professor de Direito do IBMEC-RJ e da ESA-RJ.

Guilherme Peña de Moraes
Membro do Ministério Público do Estado do Rio de Janeiro. Professor de Direito Constitucional da Universidade Federal Fluminense (UFF). Mestre em Direito Constitucional pela Pontifícia Universidade Católica do Rio de Janeiro (PUC-Rio). Doutor em Direito Constitucional pela Pontifícia Universidade Católica de São Paulo (PUC/SP). Pós-Doutor em Direito Constitucional pela Fordham School of Law – Jesuit University of New York (FU/NY).

Gustavo Binenbojm
Professor Adjunto de Direito Administrativo da Faculdade de Direito da Universidade do Estado do Rio de Janeiro (UERJ). Professor Emérito da Escola da Magistratura do Estado do Rio de Janeiro (EMERJ). Doutor e Mestre em Direito Público pela UERJ. *Master of Laws* (LL.M.) pela Yale Law School (EUA). Procurador do Estado. Advogado.

Gustavo da Gama Vital de Oliveira
Professor Adjunto de Direito Financeiro da Universidade do Estado do Rio de Janeiro (UERJ). Doutor em Direito Público pela Universidade do Estado do Rio de Janeiro (UERJ). Procurador do município do Rio de Janeiro. Advogado. Diretor da Sociedade Brasileira de Direito Tributário (SBDT).

Marçal Justen Filho
Mestre e Doutor em Direito Público pela Pontifícia Universidade Católica de São Paulo. Foi Professor Titular da Faculdade de Direito da Universidade Federal do Paraná, de 1978 a 2006. *Visiting Researcher* no Instituto Universitário Europeu (Florença, Itália) e na Yale Law School (New Haven, EUA). Advogado. Coordenador da *Revista de Direito Administrativo Contemporâneo – ReDAC*.

Marco Antônio Ferreira Macedo
Professor Adjunto de Direito Financeiro da Universidade Federal Fluminense (UFF). Doutor em Direito Público pela Universidade do Estado do Rio de Janeiro (UERJ). Procurador do município do Rio de Janeiro.

Marco Antônio dos Santos Rodrigues
Procurador do Estado do Rio de Janeiro. Professor Adjunto de Direito Processual Civil da Faculdade de Direito da Universidade do Estado do Rio de Janeiro (UERJ). Pós-Doutorando pela Universidade de Coimbra/Portugal. Mestre em Direito Público e Doutor em Direito Processual pela UERJ. Advogado. Professor de cursos de Pós-Graduação em Direito pelo Brasil. Membro da *International Association of Procedural Law*, do Instituto Brasileiro de Direito Processual e do Instituto Ibero-Americano de Direito Processual.

Maria Sylvia Zanella Di Pietro
Professora Titular aposentada da Universidade de São Paulo.

Marinês Restelatto Dotti

Advogada da União. Especialista em Direito do Estado e em Direito e Economia pela Universidade Federal do Estado do Rio Grande do Sul (UFRGS). Autora de artigos jurídicos sobre licitações, contratos administrativos, convênios e outros instrumentos congêneres. Coautora das seguintes obras: (a) *Políticas públicas nas licitações e contratações administrativas*; (b) *Limitações constitucionais da atividade contratual da Administração Pública*; (c) *Convênios e outros instrumentos de Administração consensual na gestão pública do século XXI. Restrições em ano eleitoral*; (d) *Da responsabilidade de agentes públicos e privados nos processos administrativos de licitação e contratação*; (e) *Gestão e probidade na parceria entre Estado, OS e OSCIP*; (f) *Microempresas, empresas de pequeno porte e sociedades cooperativas nas contratações públicas*; (g) *Comentários ao RDC integrado ao Sistema Brasileiro de Licitações e Contratações Públicas*. Professora nos cursos de Especialização em Direito Público da Faculdade IDC (Instituto de Desenvolvimento Cultural), em Porto Alegre, e Especialização em Direito Público com ênfase em Direito Administrativo da UniRitter, em Porto Alegre. Coordenadora e professora nos cursos: Capacitação em licitações e contratos, Instrumento convocatório da licitação, Regime Diferenciado de Contratações Públicas (RDC) e Convênios e outros instrumentos congêneres, da Faculdade IDC, em Porto Alegre. *Homepage*: <www.marinesdotti.com.br>.

Maurício Caldas Lopes

Desembargador (TJRJ). Mestre e Doutorando em Ciências Jurídico-Políticas (Universidade de Lisboa).

Rafael Carvalho Rezende Oliveira

Pós-doutor pela *Fordham University School of Law* (New York). Doutor em Direito pela UVA-RJ. Mestre em Teoria do Estado e Direito Constitucional pela PUC Rio. Especialista em Direito do Estado pela UERJ. Membro do Instituto de Direito Administrativo do Estado do Rio de Janeiro (IDAERJ). Professor de Direito Administrativo do IBMEC, da EMERJ e do CURSO FORUM. Professor dos cursos de Pós-Graduação da FGV e Cândido Mendes. Ex-Defensor Público da União. Procurador do Município do Rio de Janeiro. Sócio-fundador do escritório Rafael Oliveira Advogados Associados. Árbitro e consultor jurídico.

Thaís Boia Marçal

Pós-Graduada em Direito pela EMERJ. Especialista em Direito Público pela UCAM. Mestranda em Direito da Cidade. Advogada no Rio de Janeiro.

Tiago Bockie

Procurador do estado de Sergipe. Mestre e Doutorando em Direito Público pela Universidade Federal da Bahia. Professor de Direito Administrativo. Autor de livros e artigos científicos na área jurídica. Coordenador Científico da CICLO – Renovando Conhecimento (<www.portalciclo.com.br>).

Vanice Regina Lírio do Valle

Visiting Fellow junto à Harvard Law School/*Human Rights Program*. Pós-Doutora em Administração na EBAPE/FGV. Doutora em Direito pela UGF. Professora Permanente do PPGD/UNESA. Procuradora do município do Rio de Janeiro.

"Esta obra foi composta em fonte Palatino Linotype, corpo 10,5
e impressa em papel Offset 75g (miolo) e Supremo 250g (capa)
pela Gráfica e Editora Laser Plus, em Belo Horizonte/MG."